古典文獻研究輯刊

十四編

潘美月・杜潔祥 主編

第 5 冊

金元少數民族詞人及其作品研究

郭翊雲 著

國家圖書館出版品預行編目資料

金元少數民族詞人及其作品研究／郭翊雲 著—初版—新北
市：花木蘭文化出版社，2012〔民 101〕
目 4+330 面；19×26 公分
（古典文獻研究輯刊 十四編；第 5 冊）
ISBN：978-986-254-838-7（精裝）
1. 少數民族 2. 詞論 3. 金代文學 4. 元代
011.08   101002977

ISBN-978-986-254-838-7

9 789862 548387

古典文獻研究輯刊
十四編 第 五 冊   ISBN：978-986-254-838-7

金元少數民族詞人及其作品研究

作　　者　郭翊雲
主　　編　潘美月　杜潔祥
總 編 輯　杜潔祥
企劃出版　北京大學文化資源研究中心
出　　版　花木蘭文化出版社
發 行 所　花木蘭文化出版社
發 行 人　高小娟
聯絡地址　新北市永和區中正路五九五號七樓
　　　　　電話：02-2923-1455／傳眞：02-2923-1452
網　　址　http://www.huamulan.tw 信箱 sut81518@gmail.com
印　　刷　普羅文化出版廣告事業
初　　版　2012 年 3 月
定　　價　十四編 20 冊（精裝）新台幣 31,000 元

金元少數民族詞人及其作品研究

郭翊雲　著

作者簡介

郭翊雲，1980 年生，臺灣臺南市人。從小對語文有濃厚的興趣，2002 年畢業於國立台中師範學院（現更名為台中教育大學）語文教育學系，之後投入教育職場，現任職於台南市立東區東光國民小學。2005 年於國立成功大學中國文學研究所在職進修，修業期間，幸得指導教授王偉勇先生之啟蒙開發，從事金元兩代詞學之研究。2010 年完成《金元少數民族詞人及其作品研究》之論文發表，2011 年又獲王偉勇教授之推薦，始成本書。

提　　要

　　金元少數民族詞人是指金、元之際，中國之少數民族或有少數民族之血統，且深受漢文化薰陶的作家，計有十八人，詞作一百二十六首。其中屬金詞者有七人，二十一首作品，屬元詞者有十一人，一百零五首作品。由於他們並非文學史上的重要詞家，詞作又多散佚流失，歷來少有人進行系統性的論述研究。因此，本論文分別從作品箋注、作家生平、內容分析、蘇黃詞論之繼承四個方面進行研析，期能為金元少數民族詞人及其作品做更深入的呈現，並對宋以後詞學發展及少數民族的創作有更清晰的認識。

　　由於金元少數民族詞人及其作品歷來未有完整的收錄和整理，故本論文綜合唐圭璋、張子良和黃兆漢等先生所錄版本，先做出較為完善的注本，以求其詞內容之全貌。再整理史傳資料，且融會作家其他體類的作品，從其生平際遇和其他體類作品做文史互證與交叉比對，深入研析一百二十六闋詞，並將內容論述的重點，予以分類說明。歸納得知此詞人群體及其作品，受到「蘇學北傳」的影響，多繼承蘇黃之學，呈現豐富多樣的題材、豪爽直率的風格，並鎔鑄口語方言、援引典故及化用前人作品，以抒發個人情志為主，足見金元時期在詞體文學上民族融合的成功；且這群少數民族詞人在語句、內容和風格上，皆能推陳出新，為金元詞壇帶來清新的風貌，對詞體文學創作生命的延續，極具影響力。

目

次

第一章 緒 論

第一節 研究動機

　　近來研究金元詞的論文或專書有越來越多的趨勢，研究的眼光多專注於南宋遺民或以漢人作家為主，例如研究蔡松年、元好問、白樸、張翥等單家的論文已經出版〔註1〕。至於金元兩代少數民族作家大量出現在文壇上的特殊現象卻較少人研究，即便是有一些學者已關注到這個問題，但研究的主題卻只偏向金元詩和元曲，如大陸學者楊鐮的專著《元西域詩人群體研究》〔註2〕，至於金元西域詞人的研究卻還不成系統。究其原因有三：金、元兩代文學主流不以詞為大宗，元代大放異彩的文學作品是散曲和雜劇，有很多作家三兼詩詞曲的創作，卻只以詩、曲聞名於世，如元散曲家白樸、貫雲石、薛昂夫等，此其一；再加上少數民族作家本就為數不多，後代以漢人為主的文學家依其漢民族的優越性，也較少關注到他們的作品，因此少數民族作家的作品較難完整的流傳下來，很多的作品都散佚了，以況周頤《蕙風詞話》來說，其中探討了大量金元之際重要的詞家，屬於少數民族者只佔約 6％〔註3〕，而

〔註 1〕 鍾屏蘭《元好問及其學術研究》，國立高雄師範大學國文學系碩士論文，1996
　　　　年；梁文櫻《蔡松年詞研究》，國立高雄師範大學國文教學碩士班碩士論文，
　　　　2003 年；卓惠婷《白樸及其《天籟集》研究》，國立成功大學中國文學系碩士
　　　　論文，2003 年；陳郁嬪《張翥《蛻巖詞》研究》，國立成功大學中國文學系碩
　　　　士論文，2004 年；柯正容《金詞「吳蔡體」研究》，國立成功大學中國文學系
　　　　碩士論文，2006 年。
〔註 2〕 楊鐮《元西域詩人群體研究》，烏魯木齊：新疆人民出版社，1998 年。
〔註 3〕 況周頤《蕙風詞話》評論金元少數民族詞人僅完顏璹、完顏璟、僕散汝弼、
　　　　耶律楚材、李齊賢等五人。

以唐圭璋《全金元詞》〔註4〕收錄作品的情況分析，許多少數民族作家的作品僅一、兩首傳世，如完顏雍一首，完顏璟兩首，完顏從郁一首，僕散汝弼一首，耶律楚材一首，兀顏思忠一首，貫雲石兩首，偰玉立一首等等，此其二；而各色人種，各種不同的異國文化時時互相影響，自古已然，要界定一個作家是否有少數民族血統，尚須詳細的考證，增加了研究的困難：以薩都剌爲例，考證其家世、血統和生平的期刊論文佔了多數，因資料不足，至今未有定論〔註5〕，而關注其詞作的研究卻仍有待開發，此其三。

　　中國本是一個多民族聚集的國家，在各朝代有許多外來民族的漢化，也出現過不少非漢族的文人，尤其在與國外交流十分發達的唐宋兩代，已有先例，例如五代詞人李珣有波斯人血統〔註6〕。綜觀金元時代是歷史上一個文化層次十分豐富的時代，各色人種聚集，不同的文化互相激盪，而產生了豐富的文學內涵，尤其在此時期所湧現的非漢族文人，其作品的素質與數量，更是遠遠超越前代，而他們所創作的題材和領域也大大的豐富了中國文學的內涵。民族傳統是任何時代文學創作的一個內在因素，因爲這個民族傳統，是來自血肉，來自環境，來自文字習慣和思維方式，這些持久的力量儘管不斷更新，卻存在於民族的潛意識之中。因此少數民族作家在文學創作上必然會保有其民族性格，爽颯豪健之氣必然充斥於作品之中，或詞彙，或詞境，或行文方式處處可見。元代由勇武善戰的蒙古族所統治，將人民劃分階級，分爲蒙古、色目人、南人和漢人，是一個極度貶低漢人的時代，因此其文學作

〔註4〕唐圭璋《全金元詞》，北京：中華書局，1979年。

〔註5〕「薩都剌研究論文中，重複研究比較多，新的開拓、新的見解還不夠多。又由於薩都剌生平和文獻有待考證的東西比較多，有些缺乏文獻功力的文章，對問題的討論缺乏堅實的文獻基礎，這些都是薩都剌研究需要注意和解決的問題。」引自查洪德〈20世紀薩都剌研究論述〉，《民族文學研究》第2期，2002年2月；「學術界對薩都剌的研究大多偏重其族屬和詩歌成就，詞作罕有所論。」引自張維民〈論薩都剌詞〉，《中央民族大學學報》第27卷第4期（總第131期），2000年。

〔註6〕「花間詞奠定了後代詞學的基礎，而不僅是一片淫靡之音，其中內容風格題材最多樣化的大家就是李珣。李珣，字德潤，爲波斯後裔。古往今來，唯其以外籍詞人身分蜚聲於中國詞壇。李珣詞拓展了多樣化的題材內容，突破了花間艷科的狹窄藩籬，獨樹一格，呈現出一種迥異的風貌，尤其表現在自述隱逸心志的漁隱詞和描寫南國風貌的風土詞，奠定了唐宋詞基礎，足以作爲花間詞典範，或許是因爲他身爲波斯後裔，其詞的特殊性和重要性，都值得吾人重新探討與發現。」引自邱柏瑜《李珣詞研究》，國立高雄師範大學國文學系碩士論文，2004年。

品也在這樣的環境下，表現出與其他朝代不同的時代特色。漢人作家不再獨擅文壇，取而代之的是異國文人受漢化之後所產生不同面貌的文學作品，以元代著名少數民族詞家薩都剌和李齊賢為例，前者是色目人，後者是高麗人，以外國血統之身分寫出一闋闋不亞於漢人作家高度成熟的詩詞，實屬難能可貴，成為金元少數民族詞人雙璧，對詞體題材的擴展，也有功不可沒的貢獻。陳廷焯《白雨齋詞話》曾說：「詞興於唐，盛於宋，衰於元，亡於明。」「元代尚曲，曲愈工而詞愈晦。周、秦、姜、史之風不可復見矣。」「元詞日就衰靡，愈趨愈下。」「詩衰於宋，詞衰於元。」〔註7〕況周頤《蕙風詞話》也說：「詞衰於元。」〔註8〕沈修〈彊村叢書序〉：「詞興於唐，成於南唐，大昌於兩宋，否於元，剝於明。」〔註9〕更有甚者，如陳銳《裛碧齋詞話》：「宋以後無詞。」〔註10〕這種詞亡於元的理論有待商榷，這些少數民族作家為元代文壇注入了一股清新的活力，雖然因漢化而大量承襲了原先漢民族所使用的格律和用語，但他們的生活歷練和經驗注入詞作之中，卻能表現出與漢族文人不同的民族特色和美感，充滿個人情致，從而拓展了詞體的眼界和規範，別有一番異國情調，草原民族性格與漢文化的融合呈現，詩詞風格便有了北方少數民族的標記。

　　雖然少數民族詞體作家族群在當時可謂是鳳毛麟角、微不足道，但後世流傳下他們零星的作品，是經過時代的焠鍊和考驗，必然有可觀之處，只有具代表性的作品，才能傳誦至今。筆者所以選定金元少數民族詞人作為研究對象，除了他們在當代所具有的特殊身分，推想其人作品的獨特風格；再加上研讀前輩學者專書，如張子良《金元詞述評》、黃兆漢《金元詞史》、趙維江《金元詞論稿》、陶然《金元詞通論》等書，發現雖有部分篇幅觸及少數民族詞人的議題，但都未對作品詳加申述分析。當筆者將各少數民族詞作讀過數遍，體會到這群不為人所熟知的詞人，所作亦言之有物、情感激烈高昂，竟不亞於當代大家。他們的作品雖不見得引起後世巨大的影響，但此一獨特

〔註7〕〔清〕陳廷焯《白雨齋詞話》卷一、卷三、卷八，收錄於唐圭璋編《詞話叢編》冊六，臺北：廣文書局，1967年，頁3799、3848、4010。

〔註8〕況周頤撰、屈興國輯注《蕙風詞話輯注》卷二，南昌：江西人民出版社，2000年，頁93。

〔註9〕沈修〈彊村叢書序〉，收錄於朱祖謀《彊村叢書》，臺北：廣文書局，1970年，頁4。

〔註10〕〔清〕陳銳《裛碧齋詞話》，收錄於唐圭璋編《詞話叢編》冊六，臺北：廣文書局，1967年，頁4210。

的詞人群體實不應湮滅在歷史洪流之中，甚至這群金元少數民族出類拔萃的人物，與中華民族的文人為文壇碰撞出光輝燦爛的火花，也是值得研究的議題，從而引發欲深入探究的動機，希望藉由此研究，為這群為人所忽略的小眾作家發聲，從他們所處的背景入手，知人論事，為他們的作品做前人未曾做過的深入剖析，進而了解其人其作在金元詞史中之成就與價值。

第二節　研究現況

對金元時代少數民族作家的研究有以下的發展：二十世紀以前，元末戴良曾云：「我元受命，由西北而興。若回回、吐蕃、康里、畏吾儿、也里可溫、唐兀之屬，往往率先臣順，奉職稱藩……積之既久，文軌日昌，而子若孫遂皆舍弓馬而事詩書。」〔註 11〕已初步發現西域文人興起的現象。清代顧嗣立曾對元代少數民族作家的情況有些論述：

> 有元之興，西北子弟盡為橫經。涵養既深，異才並出。雲石海涯、馬伯庸以綺麗清新之派振起於前，而天錫繼之……於是雅正卿、達兼善、迺賢易之、余廷心諸人，各逞才華，標奇竟秀，亦可為極一時之盛者歟。〔註12〕

他所說的「西北弟子」都是少數民族作家，但整體情況不算完整。近人陳垣的《元西域人華化考》〔註13〕，其卷二〈儒學篇〉、卷三〈佛老篇〉、卷四〈文學篇〉等則考查出元代少數民族詩文作家的大致情況。北京中華書局出版的《元詩選》癸集〔註 14〕收錄較多少數民族的詩人詩作，而柴劍虹據此進行考證，出版了《〈元詩選〉癸集西域作者考略》〔註 15〕，對三十三位西域作者的生平和族別做了大規模的考證。

而關注到金元少數民族詞人作家作品的要從唐圭璋於 1979 年出版的《全金元詞》開始，這是研究金元詞所不可或缺的底本，全面蒐集了金元時期的詞

〔註11〕〔元〕戴良〈丁鶴年詩集序〉，收錄於丁鶴年撰《丁鶴年集》，北京：中華書局，1985 年，頁 1。

〔註12〕〔清〕顧嗣立編《元詩選・初集卷》，北京：中華書局，1987 年，頁 34。

〔註13〕陳垣《元西域人華化考》，臺北：世界書局，1962 年。

〔註14〕〔清〕顧嗣立、席世臣編；吳申揚點校《元詩選癸集》，北京：中華書局，2001 年。

〔註15〕柴劍虹《〈元詩選〉癸集西域作者考略》，《文史》第 31 輯，中華書局，1989 年。

作。同時期的還有張子良 1979 年出版的《金元詞述評》〔註16〕分期探討金元詞的發展，對金元少數民族詞人作了部分的研究，他以「外國域外詞人」稱之，所論述的對象有四：薩都剌、薛昂夫、拜住和李齊賢，對他們的生平和重要的詞作有約略的分析。而黃兆漢於 1992 年出版的《金元詞史》〔註17〕也有對少數民族詞人的析究，他以「外國華化詞人」稱之，所論述的對象有三：蒲壽宬、薩都剌和李齊賢。其中要特別注意的是蒲壽宬，在唐圭璋的《全金元詞》中並無收錄他的作品，黃兆漢將《全宋詞》〔註18〕中出身於阿拉伯系統，降元又為元而仕的蒲壽宬歸為金元詞中的外國華化詞人。而到了陶然 2001 年出版的《金元詞通論》〔註19〕則十分有系統的將金元少數民族詞人分類出來，共分為女真族詞人、契丹族詞人、畏兀族詞人、回回詞人、高麗詞人等共十七人。以上四本專書，唐（圭璋）本僅詞之收錄，未有任何分析探究；黃（兆漢）本和張（子良）本則屬於概論性質的專書，談不上深入的研究；至於陶（然）本，則有全面的考究，釐定金元少數民族詞人的身分和範圍，但只揀取各作家少數代表作品做年表和時代背景的分析，佐以歷代詞評之評論，缺乏對作品的注解、詮釋以及全面性的觀照。因此筆者將以本論文補此四本專著之不足，再參考兩岸學者陸續發表的學術論文作補充與整理，以下是筆者所收集到近幾年來所發表的關於金元少數民族詞人論題的論文，並給予重點評述：

一、薩都剌

（一）族屬生平

1. 李延年〈論薩都剌的交遊與個性〉（1995）。
2. 薩兆溈〈元人薩都剌客籍大都說〉（1996）。
3. 尤德壽〈也論薩都剌的族別問題〉（1997）。
4. 薩兆溈〈一位蒙古族化的色目詩人薩都剌〉（1997）。
5. 白朝暉〈薩都剌生年新考〉（1999）。
6. 白・特木爾巴根〈元代詩壇巨匠薩都剌族屬考略〉（2002）。
7. 張迎勝〈薩都剌族籍諸說芻議〉（2004）。

〔註16〕張子良《金元詞述評》，臺北：華正書局，1979 年。
〔註17〕黃兆漢《金元詞史》，臺北：學生書局，1992 年。
〔註18〕唐圭璋《全宋詞》，臺北：中華書局，1965 年。
〔註19〕陶然《金元詞通論》，上海：上海古籍出版社，2001 年。

以上七篇文章對薩都剌的客籍、族屬、生平考證等有詳實的論述和考辨，但都未定於一說，族屬有回族和蒙古兩種說法，生卒年只有側面推斷，並無確切的年份。

（二）作品賞析

1. 張富華〈淺論薩都剌對宋詞的繼承與開拓〉（1994）。
2. 李增林、許興寶〈論薩都剌詩詞特色〉（1994）。
3. 李知文〈薩都剌詩歌「別開生面」的特色〉（1994）。
4. 雲峰〈元代傑出的蒙古族詩人薩都剌〉（1995）。
5. 丁俊〈駿馬西風冀北，杏花春雨江南－薩都拉（剌）詩歌藝術風格探析〉（1995）。
6. 李延年〈試談薩都剌別開生面的婦女題材詩〉（1996）。
7. 房日晰〈薩都剌與杜甫〉（1996）。
8. 曾曉玲〈從薩都剌詩歌看元朝政治的衰變〉（1997）。
9. 馬小平〈從《上京即事五首》看薩都剌詩歌的民族性特徵〉（1998）。
10. 龔世俊〈試論薩都剌的邊塞詩歌〉（2000）。
11. 馬晴〈論薩都剌在回族文學史上的地位及影響〉（2000）。
12. 張維民〈論薩都剌詞〉（2000）。
13. 李新濤〈薩都剌詩歌的審美特徵〉（2001）。
14. 楊同庚〈一種題材，兩朵奇葩－王安石、薩都剌詞作比析〉（2001）。
15. 王錫九〈論薩都剌的七言古詩〉（2001）。
16. 張澤洪〈元代回族詩人薩都剌與道教〉（2003）。
17. 龔世俊〈薩都剌的詩歌與元代宗教〉（2004）。
18. 馬燕〈薩都剌詩詞創作的審美風格〉（2004）。
19. 姚鮮梅〈薩都剌其人其詩〉（2005）。
20. 龔世俊、皋于厚〈試論薩都剌的宮詞與豔情詞〉（2005）。
21. 姚鮮梅〈西域詩人薩都剌詩歌中的江南情懷〉（2006）。
22. 李延年〈試論傳播接受視野中的薩都剌詩歌創作〉（2006）。
23. 姚鮮梅〈元代詩人薩都剌詩歌中的別情〉（2006）。
24. 姚鮮梅〈薩都剌詠物詩賞析〉（2007）。
25. 張迎勝〈元代回回詩人的山水吟唱〉（2007）。

以上二十五篇文章對薩都剌詩詞的內容風格、藝術技巧、思想情感、民族性

特徵、題材特色等，以及他在文學史上的影響和對宋詞的開拓與繼承，有多
方面深入的研究。

（三）版本考究

1. 楊光輝〈薩都剌佚作考〉（2004）。
2. 龔世俊〈日本刊《薩天錫雜詩》考論－兼談薩都剌集版本〉（2005）。
3. 段海蓉〈薩都剌詩歌辨僞管窺〉（2007）。

以上三篇文章考究薩都剌詩詞的版本，並由各種海內外文獻中輯得許多散逸
各處的佚作。

（四）專書論著

1. 薩兆潙《薩都剌考》（1997）。
2. 楊光輝《薩都剌生平及著作實證研究》（2005）。

以上兩篇專著訂定薩都剌年表和生平考略，並論述其交遊的情況、各版本的
匯集和比較。

二、李齊賢

1. 包文安、席永杰〈元代朝鮮族詩人李齊賢〉（1994）。
2. 李鳳能〈李齊賢和他的旅蜀詞〉（2000）。
3. 溫兆海〈李齊賢詩美理論探微〉（2000）。
4. 劉澤宇〈元高麗詞人李齊賢的兩首華山詞〉（2003）。
5. 衣若芬〈李齊賢八景詩詞與韓國地方八景之開創〉（2004）。
6. 徐健順〈李齊賢在中國行跡考〉（2005）。
7. 王汝良〈李齊賢筆下的中國形象〉（2007）。
8. 何永賢〈高麗李齊賢與鍾嗣成關係考證〉（2007）。
9. 何永波《李齊賢漢詩創作研究》（2007 博論）。

以上八篇文章和一本博論對李齊賢漢文詩詞創作的內容、藝術特色等作有系
統的分析研究，並深入探討李齊賢漢詩成熟完美的原因，和在中國的交遊與
行跡。

三、其他金元少數民族詞人

1. 張玉聲〈貫雲石何慕陶淵明〉（1997）。

2. 王開元〈貫雲石詩詞曲的浪漫色彩〉（1998）。

3. 郭亞賓《耶律楚材詩歌特質論》（2001 碩論）。

4. 周延良〈完顏亮的人性稟賦與詞作品第〉（2001）。

5. 周延良〈完顏雍心性素養與文化詞品〉（2002）。

6. 李成〈完顏亮詩詞藝術成就及影響〉（2003）。

7. 姜劍雲、孫昌武〈論完顏璹創作中的佛禪意蘊〉（2003）。

8. 周延良〈金源完顏璟文行詩詞考評〉（2004）。

9. 范學新、霍巍〈論民族傳統對貫雲石創作的影響〉（2005）。

以上九篇文章從民族文化、生平經歷、心性素養、人性稟賦等面向，探究金元少數民族作家貫雲石、耶律楚材、完顏亮、完顏雍、完顏璹、完顏璟等人詩詞創作的風格、特質、藝術成就和影響。

四、概論性論文

1. 查洪德〈20 世紀薩都剌研究述論〉（2002）

2. 胡蓉《元代少數民族詩人耶律楚材薩都剌詩歌用韻研究》（2005 碩論）。

3. 彭茵〈「不負科名」：元末文人余闕述略－兼論元代少數民族文人群體出現的土壤〉（2007）。

以上兩篇文章和一本碩論對薩都剌、耶律楚材，做了研究回顧、詩歌用韻的情形，以及元末少數民族文人的出現，與元代民族融合進程的密切關係。

以金元少數民族詞人姓名作關鍵詞，搜尋了國家圖書館全國碩博士論文期刊網，以及中國博碩士論文期刊網，有關金元少數民族詞人的研究，計有專書兩本，博碩士論文三冊，期刊論文 55 篇，發現臺灣學者對於金元少數民族詞人的研究甚少，只有衣若芬教授對李齊賢的八景詞做了詳盡的探討，而大陸學者的研究雖然較臺灣為多，但關注之處也極少在詞體的領域上，多圍繞在各個作者的生平考究或作品綜評，泰半多有偏重，或零碎簡括，未及全面觀照；而詩詞之字句篇章等形式風格的探討，也頗多專論，且細膩深入；然專以詞作論者且以金元少數民族詞人為群體的系統研究實不多見，可見此論題尚有可發揮的空間。本文欲從前人腳步，補齊前人對內容探討的不足（而形式探討前人已做足，怕流於空泛，故本文少有提及），希望從這些有相似民族背景的詞人群體作品中，發現其承先啟後的脈絡與軌跡，為其在詞史的價值與地位作另一客觀的探討。

第三節　研究方法

本文主要從金元時期少數民族作家之詞學分析與成就兩個重點來進行，以唐圭璋編《全金元詞》爲文本依據，研究過程中所引原文，除詞作之外又旁證部分詩文、曲作，深入探討一百二十六闋詞作，參考前輩學者之研究方法，以下依序進行說明：

一、研究範圍的釐定

〔清〕王士禎談到元代少數民族「名臣文士」時曾指出：「元名臣文士如伊喇（耶律）楚材，東丹王托雲（突欲）孫也；廉希憲、貫裕實（雲石），輝和爾（畏吾）人也；趙世賢（延）、馬祖常，雍古部人也；富珠哩狪，女直（眞）人也；……事功、節義、文章，彬彬極盛，雖齊、魯、吳、越衣冠士冑，何以過之！」〔註20〕詳細講明少數民族的族屬和身份，凡非漢地所生，故鄉在中原以外者，皆可納爲少數民族範疇之中。因此金元之際，所謂少數民族作家的定義，簡單來說爲金、元兩代中國之少數民族或有少數民族之血統、深受漢文化薰陶的作家。但擁有少數民族血統的定義過於空泛，因此本文以各作家之生平爲基礎，有明確說明其族屬和血統當屬此類，或在金代被區分爲女眞、北人（僅含遼代之契丹人）者，以及在元代被劃分爲國人、色目人、漢人（不含漢族）一類〔註21〕也包括其中。以耶律楚材爲例，在元代被劃分爲漢人，但其姓氏早在遼代便爲契丹國姓，其契丹血統不容置疑。又由於許多詞家的民族族屬還未得出詳明確切的考證結果，而本文論述主題重點不在考證詞家個人生平，因此對於此問題將採目前大多數學者所認同的結果爲主，以薩都剌爲例，其族屬尚有爭議，許多學者對薩都剌的論述重點多在此，對詞作的關注反而較少，目前以回族（又稱回回、回紇）一說最爲有力，元代將回族劃爲色目人，因此本文將薩都剌界定爲色目人，對其詞作做相關的連結與分析。

〔註20〕〔清〕王士禎《池北偶談・談獻三》卷七，收錄於紀昀編《文津閣四庫全書》第 288 冊，〈子部・雜家類〉，北京：商務印書館，2005 年，頁 183。

〔註21〕元代四等人的劃分：第一等蒙古人爲元朝的「國族」，蒙古統治者稱之爲「自家骨肉」。第二等爲色目人，如回回、大食、波斯等人。第三等漢人（又稱漢兒），概指淮河以北原金朝境內的漢族和契丹、女眞等族，以及較早爲蒙古征服的雲南、四川兩省人，高麗人也屬於這一等。

　　本文爲以金元少數民族詞人爲主的群體研究，由於選定的十八位作家，個人詞作寥寥可數，僅有部分大家有詞集傳世，在原著大量散佚流失的情況下，本文以唐圭璋《全金元詞》爲底本統計少數民族詞家與作品，屬金詞者有完顏亮四首，完顏雍一首，耶律履三首，完顏璹九首，完顏璟兩首，完顏從郁一首，僕散汝弼一首；屬元詞者有耶律楚材一首，耶律鑄九首，廉希憲一首，兀顏思忠一首，貫雲石兩首，薛昂夫三首，李齊賢五十三首（本有五十四首，其中一首有目無詞，實際爲五十三首），偰玉立一首，薩都剌十五首，共十六人，八十六首。再加上張子良、黃兆漢先生所另選的兩位詞人與詞作：拜住一首、蒲壽宬十八首（收錄於唐圭璋《全宋詞》），則金元少數民族詞人計有十八人，詞作共一百二十六首〔註22〕。由於薩都剌和李齊賢的作品較爲豐富完整，爲避免在分析內容、思想、特色時有所割裂，因此特爲兩人各獨立章節，做較有系統的分析陳述。

　　本論文主要以金元少數民族詞人的詞作研究爲主，結合各詞人的身分背景、民族特性、思想觀念、學習過程、交遊狀況等等，匯集多方傳記資料、友人、時人著作及個人其他詩、文、曲的作品，採文史互證、詩詞曲文交叉比對的方法，爲其詞作做綜合分析探討，全面細緻的研究金元少數民族詞人的詞作，不僅對宋以後詞學發展及少數民族的創作有更清晰的認識，更能從中體會到民族融合時期優秀的漢文學傳統對少數民族作家的親和力和對他族文化的巨大融化力量，從而顯示出少數民族詞人之作在金元兩代文學史上能大放異彩的原因，對各兄弟民族所共同培育和創造出來的詞體創作，乃至於我國燦爛的歷史文化，有更深刻的體會，是本文研究的最主要目的。

二、文獻資料的蒐集

　　利用國家及各地圖書館、工具書、網際網路等，舉凡與「金元詞學」有關的論述，包含金元少數民族十八位作家生平傳記及相關史書、方志、選集、文集、筆記、時人評論、前人著述或近人研究等，盡可能於寫作期間蒐集完備，並予以梳理統整、細研分析，期能有助論文寫作，做最有效益的運用。

〔註22〕　案：陶然《金元詞通論》所選女眞詞人—奧敦周卿，因其詞未傳，無從研究比較，故本論文略而不錄。

三、詳細箋注的進行

　　要對金元少數民族詞人詞作有整體且深入的了解，必須要先有完善的注本才行。因少有人重視此一獨特的詞人群體，現存注本中，只有夏承燾《域外詞選》針對李齊賢詞有簡略的箋注，內容稍有錯漏，而其他詞人的作品箋注，散見各鑑賞辭典、概論專書，唯蜻蜓點水，寥寥數語，不足以為觀。故聽從王師偉勇的建議，花費大量時間親自箋注，逐字逐句查詢每個詞語的出處和原意，力求每闋詞箋注之詳盡，對詞作內容嫻熟於心，務求降低錯誤的詮釋，以臻全境。

四、撰寫流程的規畫

　　本論文自確立題目，訂定大綱後，首先細讀詞作，使用《漢語大辭典》、《中文大辭典》等工具書作箋注的工夫。然後做十八位作家的傳記和生平探討，以及金元兩代少數民族之歷史背景研究，知人論事，藉此作詞之內容、特色之分析歸類，並參考歷來詞集評論，如況周頤《蕙風詞話》、元好問《中州集》、唐圭璋《詞話叢編》、鍾陵《金元詞紀事會評》或鑑賞辭典等，從中輯錄彙整前人對金元少數民族詞作的評論，再進行風格賞析和研究，精詳的內容探討為本論文最注重之處；而在箋注的過程當中，發現大量借鑑前人作品與典故之特點，歸納使用的偏好和頻率之後，再比較金元少數民族詞人和前人作品的繼承關係，從而確定其創作成就和文學價值。最後，根據前述探討，完成結論；又為避免有前後論點不一的情況產生，再次審視全文，做小幅的修正與改寫。

五、章節概要的劃分

　　本論文共分六章，文後附錄「金元少數民族詞作」箋注。各章內容簡述如下：

　　第一章〈緒論〉：陳述研究動機、研究現況和研究方法。

　　第二章〈色目詞人薩都剌及其詞作探析〉：整理色目詞人薩都剌之生平概況，並配合元代的文學風氣和政治情勢，以此作為內容探究之根據，為其作品做分類梳理，從薩都剌之詠物詞和酬贈詞之內容著手，找出其人其詞主要的思想脈絡。

　　第三章〈高麗詞人李齊賢及其詞作探析〉：整理高麗詞人李齊賢之生平概

況，並配合元代和高麗的文學風氣、社會風俗和政治情勢，以此作爲內容探究之根據，爲其作品做分類梳理，從李齊賢之詠懷詞、詠史詞、山水詞和民俗詞四類作品內容著手，找出其人其詞主要的思想脈絡。

　　第四章〈其他少數民族詞人及其作品探析〉：整理金元其他十六位少數民族詞人之生平概況，並配合金元兩代的文學風氣和政治情勢，以此作爲內容探究之根據，爲其作品做分類梳理，從他們的詠物詞、詠懷詞、題贈詞、節令詞和詠史詞五類作品內容著手，找出各人詞作獨有或共有的思想脈絡。

　　第五章〈金元少數民族詞人對宋詞的接受與繼承〉：從金元少數民族詞作中找出他們對蘇軾和黃庭堅詞論的接受和繼承現象，尤其著眼於口語、典故及化用前人詩詞的對應研究，從而了解他們如何繼承前人文學傳統，成就獨特的創作內涵與風格。

　　第六章〈結論〉：歸結本論文重點和研究結果，闡述筆者對金元少數民族詞人詞作之想法，並提出尚待解決的問題供學者後進批評指教。

　　附錄一〈薩都剌十五首註〉：以唐圭璋《全金元詞》爲底本，參考各家選注，分析薩都剌詞各語句的典故和意涵，完成較爲完整深入的箋注。

　　附錄二〈李齊賢五十四首註〉：以唐圭璋《全金元詞》爲底本，參考各家選注，分析李齊賢詞各語句的典故和意涵，完成較爲完整深入的箋注。

　　附錄三〈金元十六位少數民族詞人五十八首註〉：以唐圭璋《全金元詞》爲底本，參考各家選注，分析金元十六位少數民族詞作各語句的典故和意涵，完成較爲完整深入的箋注。

第二章　色目詞人薩都剌及其詞作探析

　　在歷史的洪流中，有許多不同的民族在中國的舞臺上更迭興替，最終皆被漢文化所同化。元代是第一個由非漢民族統治大中國的時代，照理說統治者蒙古人有其政治上的優勢地位，自可鞏固本身之傳統文化，但仍抵擋不了悠久且強大的漢文化潮流，逐漸與漢民族融合。諸如許多蒙古人、色目人以其出色的才華，用漢語、漢字創造出許多經典之作，為傳統的漢文化注入一股新血，而表現最為傑出的色目人，當屬薩都剌。

　　薩都剌傳世之作約有九百多首詩詞，集結於《雁門集》中，作品的質與量在當代可說是首屈一指，與他同時期的文人在當時對他就有許多高度的評價。人們對薩都剌的評價，一是認為他的創作獨具風格，能自成一家，二是認為他可稱為「元代詩人之冠」，成就尚在「元詩四大家」虞集、楊載、范梈、揭傒斯之上。〔註1〕虞集曾在〈清江集序〉評說薩都剌詩之創作特徵：「大德中，文章輩出，赫然鳴其治平者，則蒲城楊仲宏，江右范德機其人也。其後馬伯庸中丞用意深刻，思考高逸，自成一家。而進士薩天錫（都剌）者，最長於情，流麗清婉，作者深愛之。」〔註2〕虞集評薩都剌的詩以「情」為主，著重感人情懷的意境之美，恰可印證了〈元詩選序〉中所言：「元詩宋之變也，變而復於唐」〔註3〕，當可視薩詩為將言理之宋詩重新導向言情之唐詩的樞

〔註1〕周雙利〈薩都剌在文學史上的地位及其貢獻〉，《固原師專學報》，1987 年 2 期，頁 50～56。

〔註2〕引自〔元〕傅若金〈傅與礪詩文集序〉，收錄於紀昀編《文津閣四庫全書》第 1213 冊，〈集部・別集類〉第 152 冊，北京：商務印書館，2005 年，頁 184。

〔註3〕〈元詩選序〉：「宋與元皆宗唐也，而不能不變為宋，變為元。……論者謂元詩不如宋，其實不然，宋詩多沈僿，近少陵；元詩多輕揚，近太白。……其

紐，在元代詩壇上有舉足輕重的地位。

目前學界研究薩都刺的論文多達百餘篇，專著有兩部〔註4〕，多集中於薩都刺生卒年、家世族屬、著作版本、作品真偽、編年箋注、詩作評析等考證，而對其少量的詞作，關注不多，未有全面性的論述〔註5〕。詞到了元代逐漸勢微，一方面元代國祚短，且文人的才氣總體而言，較宋代文人遜色許多，即使有優秀之作，其鋒芒仍不敵達於巔峰的宋詞耀眼；另一方面元曲的興起更使文人對作詞的興趣大為減弱，元代作家之詞作大減〔註6〕，加之收藏不慎，所以傳世者更少，其中不乏精品佳作，如此佚失，甚為可惜〔註7〕。今人唐圭璋主編的《全金元詞》收薩都刺詞共有十五首〔註8〕，薩詞數量遠不如薩詩豐富，因此成為學界研究之遺珠。仔細閱讀這十五首作品，雖量少而質精，仍有深入闡釋的空間，故而本文欲由薩都刺的生平和文本入手，從考察經歷和

沿而變也則之唐，其沿而變也則之元。」〈元詩選凡例〉：「迨於有元，其變已極，故由宋返乎唐而諸體備焉。」見〔清〕顧嗣立編《元詩選》，北京：中華書局，1987年，頁5～7。

〔註4〕 兩部專著分別為薩都刺後世子孫薩兆溈之《薩都刺考》及楊光輝《薩都刺生平及著作實證研究》。薩兆溈《薩都刺考》，北京：北京燕山出版社，1997年；楊光輝《薩都刺生平及著作實證研究》，北京：高等教育出版社，2005年。

〔註5〕 目前學界對薩詞研究未有系統性的論述，多關注在薩都刺成就較高的懷古詞，如張富華〈淺論薩都刺對宋詞的繼承與開拓〉，《新疆大學學報》（哲學社會科學版）第22卷第4期，1994年；張維民〈論薩都刺詞〉，《中央民族大學學報》第27卷第4期，2000年；楊同庚〈一種題材，兩朵奇葩──王安石、薩都刺詞作比較〉，《六盤水詩專學報》第13卷第3期，2001年；馬燕〈薩都刺詩詞創作的審美風格〉，《青海民族學院學報》（社會科學版）第30卷第1期，2004年。以上多篇期刊論文都以相當篇幅深究薩都刺的懷古詞，而對其他的詞作並未作深入的探究。

〔註6〕 《全金元詞》中元代收212位詞人作品，作品超過五十闋者，僅劉秉忠、白樸、王惲、張之翰、姚燧、劉敏中、程文海、張埜、張雨、張可久、許有壬、張翥、李齊賢、沈禧、謝應芳、邵亨貞、尹志平、姬翼、李道純等19人，約佔元代詞人總數的9%。整理自唐圭璋編《全金元詞》，北京：中華書局，2000年。

〔註7〕 自元代薩都刺首刻《雁門集》後，直至清代康熙、嘉慶年間，其後裔薩葛齋、薩龍光才再重刻《雁門集》，收錄經多方收集的薩詞。薩葛齋請友人林人中作序，序言：「中向讀元人十種集，自元遺山裕之外，未嘗不推薩天錫先生為有元一代詞人之冠，但以篇什寥寥，未窺全豹為憾。」由此可知，薩詞在清代重刻之前，因未受重視而散佚，但重刻之後，始重見於世，獲得極高評價。詳見薩鎮冰、薩嘉曦修《雁門薩氏家譜‧敘贈錄》卷五，收錄於北京圖書館編《北京圖書館藏家譜叢刊‧閩粵（僑鄉）卷》第五十冊，北京：北京圖書館出版社，2000年，頁702。

〔註8〕 《全金元詞》，同註6，頁1089～1092。

分析作品的過程中，企圖為薩都剌的詞做一番解讀，體察他在民族融合的元代是如何以少數民族的身分繼承漢文學傳統，在詞體創作上大放異采，為宋詞以來詞的題材、意境與風格增添一股異族風情。

第一節　薩都剌之生平經歷

　　中國古代文論認為「詩品出於人品」〔註9〕，作家的生長環境、生活背景往往深刻影響作家的思想個性與行事風格，而作家所創作的作品，又時時反映其所處之外在環境與內在心理，故而在探究作品之前，若能對作家的生平有確切的了解，對作品的解讀將有一定的助益，能深入作品之中心思想，並貼近作家的創作動機與歷程。因此，本節擬從薩都剌的生平經歷入手，歸納其思想性格、處事態度對作品的影響，作為下一節對薩詞分析的前置探討。

一、家族考述

　　薩都剌，字天錫，號直齋，回回人〔註10〕，元代歸為色目人〔註11〕。其確切的生卒年不可考〔註12〕，但其生活的斷代可由其大量傳世的作品判定為元代中末期。《新元史》卷二三八有傳〔註13〕，但並不詳細，其生平事蹟亦散

〔註9〕　〔清〕劉熙載《藝概・詩概》，臺北：廣文書局，1964年，卷二之頁19。

〔註10〕其族屬有蒙古、回回、回鶻、答失蠻、色目、漢族、回族、維吾爾乃至阿拉伯諸說，未知孰是。楊光輝考證薩都剌本為回鶻人，後冒稱回回人。詳見楊光輝《薩都剌生平及著作實證研究》，北京：高等教育出版社，2005年，頁57～71。

〔註11〕元代社會分為四大等級：蒙古、色目、漢人、南人。色目人一般所指者為中亞一帶之西域人，地位僅次於蒙古人，較漢人、南人為高。薩都剌族屬至今雖未定於一說，但多為中亞一帶之民族，《雁門薩氏家譜》〈續修族譜序〉：「色目之祖，凡三世。入閩之祖，凡九世。」薩門後世子孫稱先世為色目人，故可稱薩都剌為色目人。詳見薩鎮冰、薩嘉曦修《雁門薩氏家譜・世系錄》卷三，收錄於北京圖書館編《北京圖書館藏家譜叢刊・閩粵（僑鄉）卷》第四十九冊，北京：北京圖書館出版社，2000年，頁13。

〔註12〕目前有關薩都剌生卒年的研究，生年有1272到1308年等八種說法，卒年也有1340到1347年的各種說法，眾說紛紜，楊光輝依《雁門集・干文傳序》云：「（薩都剌）逾弱冠，登丁卯進士第。」「丁卯」為泰定四年（1327）；《禮記・曲禮》上又說：「二十曰弱，冠。」因此推得薩都剌生年為元成宗大德十一年（1307）。楊光輝又考證薩龍光等人說法，定薩都剌卒年為元順帝至正十九年（1359）。詳見《薩都剌生平及著作實證研究》，同註10，頁5～40。

〔註13〕柯劭忞《新元史》卷二三八，臺北：新文豐出版公司，1975年，頁2125。

見於當代各類文籍之中，因年代久遠，資料散佚，或個人解讀不同，傳抄有誤而未定於一說，對拼湊薩都剌生平全貌，增加了一定的困難。關於薩都剌的家世，最早記載的是干文傳〈雁門集序〉〔註14〕，從干序可知，薩都剌祖父思蘭不花和父親阿魯赤都是武官，因為有功勛，鎮守雲、代兩郡，定居雁門（今山西大同、代縣一帶），因此，薩都剌自稱雁門人或代郡人。有關薩都剌家族考述，《雁門薩氏家譜》有詳盡的記載，薩氏一至三世歸為色目始祖，現列表如下〔註15〕：

世 系	姓 名	與薩都剌關係	備 註
一世	薩拉布哈	薩都剌祖父	累著佐命勳伐，受知於元世祖，命仗節鉞。公原名「思蘭不花」謹遵《欽定四庫書目》改正。
二世	傲拉齊	薩都剌父親	思蘭不花公子，元英宗朝，留鎮雲代。公原名「阿魯赤」謹遵《欽定四庫書目》改正。
三世	薩都拉		阿魯赤公長子，字天錫，號直齋，賜姓薩。生公於雁門，登元泰定丁卯科進士。有《雁門集》二十卷。公原名「薩都剌」謹遵《欽定四庫書目》改正。
	薩野芝	薩都剌弟	阿魯赤公次子，字天與，元江西建昌路總管，配王孺人，生仲禮、仲明。
	薩剌忽丁	薩都剌弟	阿魯赤公三子，卜居江西南昌府南昌縣。登元至正丁亥舉人，官龍興路錄事司司籍。

四世以後，即薩野芝子仲禮始入閩，歸為入閩始祖，至民國二十四年止，入閩宗族計有五大支十六世。〔註16〕

二、生平際遇

薩都剌的生平際遇，大約可分為三期：第一期為少年沉潛期，第二期為中年宦遊期，第三期為晚年歸隱期。〔註17〕

〔註14〕〔元〕干文傳〈雁門集序〉：「吾友薩君天錫，亦國之西北人也。自其祖思蘭不花、父阿魯赤世以臂力起家，累著勳伐，受知於世祖、英宗，命仗節鉞，留鎮雲、代，生君於雁門，故以為雁門人。」見《雁門薩氏家譜‧敕贈錄》卷五，同註7，頁692。

〔註15〕錄自《雁門薩氏家譜‧世系錄》卷三，同註11，頁175～177。

〔註16〕詳見《雁門薩氏家譜‧世系錄》卷三，同註11，頁179～592。

〔註17〕有關薩都剌之生平，因正史未為其列傳，只能從各府志、薩都剌本人與同期文人作品中所留存的蛛絲馬跡來推敲。學界歷來有不少考證與論述，亦留有不少歧異待解，由於薩都剌生平並非本文重點所在，故在此處筆者僅就前人研究成果作簡單的整理，不另贅述。此節談「生平際遇」與下節「詞作內容

（一）少年沉潛期

薩都剌少時聰敏好學，善於文詞書畫。青、中年時代因家境貧寒，遠到吳、夢經商，卻因不諳此道，屢受困頓〔註18〕。這段經歷使他有機會接近社會下層，切身感受生活疾苦，對他以後的政治生涯和作品起了一定的影響。遊歷期間，遍結詩友，切磋詩文，漢學修養因而精進不少。

（二）中年宦遊期

泰定四年（1327）中進士，是年秋，任京口（今江蘇鎮江）錄事司達魯花赤（掌印正官）之職〔註19〕，從此步入仕途。此後歷官翰林國史院應奉文字（北京）、江南諸道行御史臺掾史（南京）、燕南河北道肅政廉訪司照磨（眞定）、閩南福建道肅政廉訪司知事（福州）、河南江北道肅政廉訪司經歷（開封）、襄陽知縣、江浙行中書省郎中（杭州）、江南行御史臺御史（南京）、淮西江北道廉訪司經歷（廬州）等職〔註20〕。

分析」時的作品繫年，所參考的主要資料有歷代重刻之《雁門集》及目前學界研究成果，以周雙利〈薩都剌年譜〉，《內蒙古民族師範學院學報》第 2 期，1987 年；薩兆溈《薩都剌考・薩都剌編年紀事箋註》，北京：北京燕山出版社，1997 年，頁 131～307；楊光輝《薩都剌生平及著作實證研究》之〈薩都剌詩歌編年箋注考〉、〈薩都剌年譜長編〉，同註 10，頁 144～206、246～279 等為主。

〔註18〕〈客中九日〉自述：「寥落天涯歲月賒」、「佳節相逢作遠商」；〈溪行中秋翫月并序〉云：「家無田，囊無儲。」出自《雁門集》卷三、卷一，收錄於紀昀編《文津閣四庫全書》第 405 冊，〈集部・別集類〉，北京：商務印書館，2005 年，頁 213、197。

〔註19〕《至順鎮江志》：「薩都剌，字天錫，回回人，泰定四年（1327）登進士第，將仕郎，天歷元年（1328）七月至。」〔元〕俞希魯編纂《至順鎮江志》，南京：江蘇古籍出版社，1999 年，頁 631。案：「達魯花赤」是蒙古語，元蒙政權中的一種官制，意思是「掌印官」，成吉思汗十八年初設置，只由蒙古人或色目人擔任，漢人不可擔任的正官。

〔註20〕有關薩都剌歷任官職的參考資料：（1）〈題喜里客廳雪山壁圖〉自述入閩前之仕履：「一年在京口，雪片冬深大如手……。一年在建業，臘月梅花滿城雪……。一年在鎮陽，燕山積雪飛太行……。今年入閩關，馬蹄出沒千萬山……。」《雁門集》卷一，同註 18，頁 194。（2）〈溪行中秋翫月并序〉：「始以進士入官，爲京口錄事長，南行臺辟爲掾，繼而御史臺奏爲燕南架閣，官歲餘遷閩海廉訪知事，又歲餘詔進河北廉訪經歷。」《雁門集》卷一，同註 18，頁 197。（3）干文傳〈雁門集序〉：「登丁卯進士，應奉翰林文字。久之，除燕南經歷陞侍御史於南臺。以彈劾權貴不法，左遷鎮江錄事宣差，後陞官閩憲幕。」同註 7，頁 692。（4）實際官名係參照前述楊光輝、薩兆溈等人專著，同註 4。

　　一生遊宦各地，結交許多志同道合的朋友，從《雁門集》與朋友往來唱和的大量詩作中得知，知交滿天下，上自高官貴族，下至平民百姓、釋老之輩皆有所往來〔註21〕。

　　他自稱「名在儒籍」〔註22〕，一生以儒者自居，在學習以儒學爲核心的漢文典籍中，深受儒家文化陶冶，因此歷任官職雖不高，但能秉持儒家「仁政」的思想，勤政愛民，關心百姓疾苦。他平抑物價、開倉賑民、抑制強豪、破除迷信〔註23〕等政績，最爲人所稱道。在他的政治詩和社會詩中，對窮苦百姓，寄予深切的關心和同情，揭露了不少元代眞實的政治和社會面貌，直比「詩史」杜甫，如〈過居庸關〉如實的評論了致和元年（1328）七月，泰定帝崩後，兩個政權對立所引發的慘烈戰爭〔註24〕；〈早發黃河即事〉詳細描寫百姓在苛捐勞役壓迫下的悲慘生活與權貴們花天酒地、穿金戴銀的諷刺對比〔註25〕。

〔註21〕 薩都剌現存詩詞約九百多首，其中作品標題寫上友人名字的約有二百首，占全集的 22%，再加上還有一些沒有標明友人名字但實爲寫給友人之作，可見其交遊之廣泛。其中於《元史》有傳的就有曹鑒、許有壬、張翥、王守誠、趙世延、干文傳、蘇天爵、韓鏞、揭傒斯、觀音奴等人。且《雁門集》詩作中，詩題裡帶有僧道姓名者也有八十餘首，顯見薩都剌也喜親近這些超然物外的方外之士，如張雨、謝舜咨、吳閒閒、了即休等人。由於詞作中無法看出其交遊廣闊的狀況，故在本文中略而不談。

〔註22〕 〈溪行中秋翫月〉：「有子在官名在儒。」《雁門集》卷一，同註 18，頁 197。

〔註23〕 《丹徒縣志‧職官》卷二十一：「天歷元年（1328），任錄事達魯花赤。設閭閻，制權衡，俾市物者各得其平。」「己巳歲（1329），大侵，白太守，盡發倉庫以濟，所全活者八十餘萬人。」「太守有豪奴，裁抑之。」「俗有巫，以禍福惑愚民，悉捕治，俗爲變。」〔清〕何紹章等修、楊履泰等纂《江蘇省丹徒縣志》，臺北：成文出版社，1970 年，頁 382～383。

〔註24〕 〈過居庸關〉：「居庸關，山蒼蒼，關南暑多關北涼。天門曉開虎豹臥，石鼓晝擊雲雷張。關門鑄鐵半空倚，古來幾度壯士死。草根白骨棄不收，冷雨陰風泣山鬼。……夜來鋤豆得戈鐵，雨蝕風吹失顏色。鐵腥惟帶土花青，猶是將軍戰時血。前年人復鐵作門，貔貅萬竈如雲屯。生存有功掛玉印，死者誰復招孤魂。居庸關，何崢嶸，上天胡不呼六丁，驅之海外休兵甲。男耕女織天下平，千古萬古無戰爭。」其他反映政治事件引發社會問題的詩歌還有〈鬻女謠〉、〈大同驛〉等。《雁門集》卷一、卷四、卷二，同註 18，頁 192、215、208。

〔註25〕 〈早發黃河即事〉：「晨牽大河上，曙色滿船頭。依依樹林出，慘慘煙霧收。村墟雜雞犬，門巷出羊牛。炊煙動茅屋，秋稻上隴丘。嘗新未及試，官租急徵求。兩河水平堤，夜有盜賊憂。長安里中兒，生長不識愁。朝馳五花馬，暮脫千金裝。鬮雞五坊市，酣歌最高樓。繡被夜中酒，玉人坐更籌。豈知農家子，力穡望有秋。祖禍常不充，糧食常不周。……飢餓半欲死，驅之長河流……，我歌兩岸曲，庶達公與侯。凄風振枯槁，短髮涼颼颼。」其他反映

他深受「經世濟民」的儒家文化所影響，很想在仕途上有一番大作為，他曾作詩「滿江風浪晚來急，誰似中流砥柱人？」〔註 26〕「詞人多膽氣，未許百夫雄」〔註 27〕以明志，充滿雄心壯志，只可惜元末政府腐敗，官場黑暗，讓他有志難伸，不時有「忽然今日風打頭，寸波寸水逆上流」〔註 28〕的抑鬱與困頓之感。

（三）晚年歸隱期

薩都剌晚年記事不明，由於時值元末，推翻元蒙的起義軍此起彼落，到處狼煙四起，烽火連天，薩都剌在經歷了坎坷仕途，厭倦官場生活，遂棄官歸隱。他在許多詩作中都曾表明歸隱的志趣：「塵途宦遊二十年餘，每逢花月懷幽居」〔註 29〕、「掛冠何日賦歸來，掃石簟燈洞中宿」〔註 30〕、「歸隱知何日，分爐學煉砂」〔註 31〕、「請君聽我紫芝曲，手招白雲歸去來」〔註 32〕等，對歸隱生活十分嚮往。《兩浙明賢錄‧寓賢》言其晚年寓居武林，不改喜好遊歷名勝山水的興致〔註 33〕，又《江西通志‧流寓》言其喜愛司空山（在今安徽太湖）景致，最終在此處避世而居〔註 34〕。

總之，薩都剌雖出身少數民族，但由其生平經歷看來，漢化已深。自先祖入關以來，他捨弓馬而事詩書，從小便喜讀漢文經典，自詡為儒者，信奉「窮則獨善其身，達則兼善天下」的儒家教條，沈潛時，努力充實自我；顯達時，盡力為民服務。他不若一般漢儒溫文儒雅，從他性喜遊歷、不拘小節、

社會現實的詩歌還有〈寒夜聞角〉、〈鼎湖哀〉、〈咸武曲〉、〈季子廟〉等。《雁門集》卷一、二，同註 18，頁 189、192、191、205。

〔註 26〕　出自〈楊子江送同志〉，《雁門集》卷四，同註 18，頁 219。

〔註 27〕　出自〈泊黃河口登岸試弓〉，《雁門集》卷二，同註 18，頁 200。

〔註 28〕　出自〈高郵阻風〉，《雁門集》卷四，同註 18，頁 215。

〔註 29〕　出自〈為姑蘇陳子平題山居圖黃公望作〉，《雁門集》卷四，同註 18，頁 215。

〔註 30〕　出自〈偕卞敬之遊吳山駝峰紫陽洞〉，《雁門集》卷一，同註 18，頁 193。

〔註 31〕　出自〈遊梅仙山和唐人韻〉，《雁門集》卷二，同註 18，頁 202。

〔註 32〕　出自〈雲際感興〉，《雁門集》卷一，同註 18，頁 198。

〔註 33〕　《兩浙明賢錄‧寓賢》：「寓居武林。每風日晴美，輒肩一杖，掛瓢笠，腳踏雙不藉，走兩山間，凡深岩邃壑，人跡所不到者，無不窮其幽勝。至得意處，輒席地坐，徘徊終日不能去，興至則發為詩歌。」錄自〔明〕徐象梅撰《兩浙明賢錄‧寓賢》，收錄於《四庫全書存目叢書》史部第 114 冊，南縣：莊嚴文化公司，1997 年，頁 691。

〔註 34〕　《江南通志‧流寓》：「登司空山太白臺，嘆曰：此老真山水精也。遂結廬其下，避世終焉。」收錄於紀昀編《文津閣四庫全書》第 172 冊，〈史部‧地理類〉，北京：商務印書館，2005 年，頁 515。

交遊滿天下、敢於用詩直言諷刺時政等作爲來看，仍保有一份草原民族豪邁直率的氣息。他身逢亂世，從少時經商到中年遊宦，走遍大江南北，看盡世間百態，以他敏銳的觀察力、纖細的感受力，將種種人生經歷，發而爲詩歌，留下數量眾多、內涵豐富的作品。

第二節　詞作析論

　　薩都剌後人薩龍光所編注的《雁門集》附卷〔註35〕收薩都剌詞有十四首，共有〈法曲獻仙音〉、〈卜算子〉、〈滿江紅〉、〈酹江月〉、〈水龍吟〉、〈小闌〉（小闌干）、〈念奴嬌〉、〈木蘭花慢〉共八個詞牌十四首詞；唐圭璋主編的《全金元詞》承薩龍光所收薩都剌詞，將〈法曲獻仙音〉拆成兩首、〈小闌〉詞題改爲〈少年遊〉，共十五首詞。本文以《全金元詞》收錄爲主，薩都剌十五闋詞中，有小令〈法曲獻仙音〉兩首，中調〈少年遊〉、〈卜算子〉兩首，其他十一首皆長調，長調比例頗高。

　　由於薩都剌的詞作不比詩作完整，因此只能反映出薩都剌生平的片段，作爲生平資料的補充和對照。歷來學者並未將薩都剌詞作徹底的梳理分析〔註36〕，筆者依題材分薩詞爲二類，以詠物詞最多，次爲酬贈之作，期能闡發色目人薩都剌運用詞體創作之爐火純青，不輸漢人詞作大家，並從其詞作當中，發掘薩都剌細膩的思想情懷和獨特的寫作風格。

一、詠物詞

　　詠物作爲詞的題材，其內容包括節令、山川風雲、草木花果、蟲魚鳥獸、人物、名都勝跡、樓臺池館、雜物、雜事、題詠等，內容五花八門，包羅萬象。〔註37〕張源《詞源》中專列「詠物」一則云：「詩難於詠物，詞爲尤難，

〔註35〕〔清〕薩龍光編注《雁門集》附卷，收錄於《續修四庫全書》第 1324 冊，〈集部・別集類〉，上海：上海古籍出版社，2002 年，頁 187～189。

〔註36〕唯張維民〈論薩都剌詞〉一文曾針對全部薩詞作籠統的概述，主要論及薩都剌十五首詞之詞風、思想精髓與藝術特色，爲概論性質的專文。刊載於《中央民族大學學報》第 27 卷第 4 期，2000 年。

〔註37〕據張清徽〈南宋詞家詠物論述〉將詠物詞內容分爲十類：節令類第一，山川風雲類第二，草木花果類第三，蟲魚鳥獸類第四，人物類第五，名都勝跡類第六，樓臺池館類第七，雜物類第八，雜事類第九，題詠類第十。詳見《東吳文史學報》第二號，臺北：東吳大學出版社，1977 年，頁 34～53。

體認稍眞，則拘而不暢；模寫差遠，則晦而不明；要須收縱聯密，用事合題。一段意思，全在結句，斯爲絕妙。」此爲詠物詞寫作之原則。〔註38〕吾人若以詞題定薩都剌詠物之作共有十一闋；依張清徽〈南宋詞家詠物論述〉分類原則〔註39〕，則可分爲三類，依次爲（一）名勝懷古，屬名都勝跡類；（二）山水詠懷，屬山川風雲類；（三）依畫題詞，屬題詠類。

（一）名勝懷古

此類作品，由詞題來看大多點明遊歷之古蹟、勝地名稱，形式上可歸於詠物詞，而由內容來看絕大多數題旨是「懷古」，總括來說爲借詠物以寄託思古之幽情。方回《瀛奎律髓》稱：「懷古者，見古跡，思古人，其事無他，興亡賢愚而已。可以爲法而不之法，可以爲戒而不之戒，則又以悲夫後之人也。」〔註40〕歷來創作懷古詞，率爲藉眼前所見之古蹟名勝，吟詠歷史事件，並藉古傷今，以古喻今，直抒胸臆。薩都剌創作懷古詞的原則亦同，以下六詞多爲到處遊歷時，將所見名勝風光發而爲歷史興亡之慨嘆，著重在古今歷史對照所生發的感想，藉景抒發懷古之哀情，並與自身境遇作結合，非客觀描述外在風貌而已。

> 六代繁華，春去也、更無消息。空悵望、山川形勝，已非疇昔。王謝堂前雙燕子，烏衣巷口曾相識。聽夜深、寂寞打孤城，春潮急。
>
> 　思往事，愁如織。懷故國，空陳迹。但荒煙衰草，亂鴉斜日。玉樹歌殘秋露冷，胭脂井壞寒螿泣。到如今、惟有蔣山青，秦淮碧。
>
> 〈滿江紅·金陵懷古〉

此詞是薩都剌最爲人所熟知的作品。上片先寫金陵的繁華景象如春光般短暫且消失無蹤。「空悵望」以下兩句承接上句，抒發滄海桑田、人事變幻的慨嘆，寫出今昔對比——當年的山川依舊，但人事已非，往日繁華不再，令人感慨萬千。而「王謝堂前雙燕子，烏衣巷口曾相識」化用劉禹錫「朱雀橋邊野草花，烏衣巷口夕陽斜。舊時王謝堂前燕，飛入尋常百姓家」〔註41〕的詩

〔註38〕引自張炎《詞源》卷下「詠物」條，參見唐圭璋編《詞話叢編》冊一，臺北：新文豐出版公司，1988 年，頁 261。

〔註39〕同註 37。

〔註40〕見〔元〕方回《瀛奎律髓》卷三，收錄於紀昀編《文津閣四庫全書》第 456 冊，〈集部·總集類〉，北京：商務印書館，2005 年，頁 661。

〔註41〕劉禹錫〈烏衣巷〉，清聖祖敕編《全唐詩》卷三六五，北京：中華書局，1960 年，頁 4117。

句，以似曾相識的燕子，帶領讀者回到晉朝王謝家族興盛之時，更添繁華與寥落的對比。「聽夜深、寂寞打孤城，春潮急」再化用劉禹錫「潮打空城寂寞回」〔註42〕之句，寫回眼前實景，延續劉禹錫詩歌惆悵孤寂的意境，再以「急」字刻畫身在此景的薩都剌，心境也如潮水般寂寞卻又暗自澎湃。下片「思往事」以下三短句，將上片之哀情愈加激發，詞人更以「荒煙」、「衰草」、「亂鴉」、「斜日」、「秋露」、「寒螿」等衰敗的景象，搭配與亡國相關的典故〔註43〕，構成一片淒涼的殘秋景象，來諷刺庸主無能、沈迷聲色以致誤國的史事。結尾兩句，倏地收攝，透露出對時政強烈的無奈和悲哀。詞中句句是景，然而無景不融合著詞人故國蕭條、人生淒涼的感傷。翻開元朝歷史，皇室爭權奪位時有所聞〔註44〕，蒙古統治者極端腐敗〔註45〕，地方災禍飢荒連年不斷，百姓疾苦無人聞問，種種時局亂象，詞人只能藉前人古事，抒發感嘆。

　　楊光輝認為此詞作於至正八年（1348），薩都剌任江南諸道行御史臺御史期滿，將返大都，是薩都剌一生觀察時政與社會發展規律的總結〔註46〕。筆者以為此論點尚有疑慮：薩都剌曾多次到金陵任職或遊歷，留下了許多與六朝興衰有關的詩歌，如天曆二年（1329）初仕鎮江所作〈送友人之金陵〉：「六朝遺跡生暮煙，故家荒塚迷花鈿」〔註47〕等。至順三年（1332）薩都剌調任

〔註42〕 劉禹錫〈石頭城〉：「山圍故國周遭在，潮打空城寂寞回。淮水東邊舊時月，夜深還過女牆來。」同上註。

〔註43〕 「玉樹」，指南朝陳後主為后妃所制的《玉樹後庭花》一曲，被後人視為亡國之音；「胭脂井」，又名「辱井」，南朝陳景陽宮中之井，隋兵攻入陳宮時，陳後主與妃張麗華投此井，兩者都是「亡國」的象徵。見〔宋〕周應合《景定建康志》卷十九之頁18、19，臺北：臺灣商務印書館，1979年。

〔註44〕 〔清〕薩龍光《雁門集編注》：「公自世祖至順帝，身經十一主，歷八十餘年，所為詩長短凡七百首有奇。其間大者，於武、仁授受之際，明文篡、奪之謀，伯顏戕帝后於民舍，惠帝甃幼弟於中途，公目擊時變，往往發為詩歌。」同註35，頁212。

〔註45〕 當時百姓作有〈醉太平〉小令一首，揭露貪腐政權、民飢相食的社會現況：「堂堂大元，奸佞專權。……官法濫，刑法重，黎民怨。人吃人，鈔買鈔，何曾見。賊作官，官作賊，混賢愚，哀哉可憐！」出自〔元〕陶宗儀《南村輟耕錄》卷二十三，臺北：木鐸出版社，1982年，頁283。

〔註46〕 楊光輝《薩都剌生平及著作實證研究》：「年底，薩都剌返大都。薩都剌有〈金陵懷古〉一詞，似應作於金陵任職其內。從各種情況綜合分析，此詞作於臨返大都前夕，最為合理。……實係薩都剌一生觀察時政與社會發展規律的總結。」楊氏並未提出論證作說明。同註10，頁290～291。

〔註47〕 出自〈送友人之金陵〉，《雁門集》卷一，同註18，頁196～197。

江南諸道行御史台掾史，移居金陵，當時所作的詩如〈望金陵〉、〈秋日登石頭城〉等，有「五月潮聲方洶湧，六朝文物已凋零」〔註48〕、「六代興亡在何許？石頭依舊打寒潮」〔註49〕的句子，和〈金陵懷古〉的語句和意境甚為相似，可以互相對應；況且當時元朝政治已壞，薩都剌在此時以金陵的歷史規律，預見了元朝必將衰亡的未來，筆者判斷本詞大約做於任職江南之時，也可成理。

薩都剌以金陵為背景、六朝興衰為主題的詞作，尚有下面兩例：

> 石頭城上，望天低吳楚，眼空無物。指點六朝形勝地，唯有青山如壁。蔽日旌旗，連雲檣櫓，白骨紛如雪。一江南北，消磨多少豪傑。
>
> 　寂寞避暑離宮，東風輦路，芳草年年發。落日無人松徑裡，鬼火高低明滅。歌舞尊前，繁華鏡裡，暗換青青髮。傷心千古，秦淮一片明月。〈念奴嬌‧登石頭城次東坡韻〉

此詞也是薩都剌膾炙人口之作，寫詞人登上古金陵石頭城的所見所感，同上闋一樣，抒發一種撫今追昔之感。兩詞情景鋪排的表現手法亦十分相似，上片寫江山依舊壯麗雄奇的六朝故都，與悲壯淒婉的六朝歷史相互映襯，更烘托了下片冷落荒涼的意象所營造的氣氛，寓情於景，眼前之景不僅帶出詞人的歷史感慨，更帶出詞人對時局人事的深層體會。全篇處處可見蘇軾〈念奴嬌‧赤壁懷古〉的痕跡〔註50〕，全詞韻腳「物、壁、雪、傑、發、滅、髮、月」，均係次韻蘇作；用詞方面，詞人除了懂得鎔鑄前人詞句化為己用的技巧，也能善用切身經歷抒寫情志。面對滿目瘡痍，日暮風雨的元帝國，眼見戰爭飢荒帶來處處「白骨紛如雪」、「鬼火高低明滅」的場面，沉落下僚、一生南北奔波的詞人即使用盡心力，對元朝一片忠心也無力扭轉王朝頹勢；自比豪傑，卻難成大業，豪情壯志被現實無奈消磨，誰又能抗拒命運的安排？只見繁華鏡裡烏絲變白髮，痛惜哀悼之情深沉激越。

「金陵懷古」的主題，歷來騷人墨客為之而發的名篇佳句頗多〔註51〕，

〔註48〕 出自〈望金陵〉，《雁門集》卷二，同註18，頁204。

〔註49〕 出自〈登石頭〉，《雁門集》卷二，同註18，頁206。

〔註50〕 「蔽日旌旗，連雲檣櫓，白骨紛如雪」、「一江南北，消磨多少豪傑」兩句詞意分別化用蘇軾〈念奴嬌‧赤壁懷古〉：「檣櫓灰飛煙滅」、「江山如畫，一時多少豪傑」。《東坡詞》，收錄於紀昀編《文津閣四庫全書》第497冊，〈集部‧詩文評類〉，北京：商務印書館，2005年，頁579。

〔註51〕 直接以金陵懷古為題的詩有司空曙、李白、劉禹錫、許渾等人之作，詞有王安石、周邦彥、盧摯、張可久、劉秩、白樸、趙孟頫等人之作。

主要表現出的歷史情感，便是「山川滿目之嘆」〔註52〕，金陵的山川景物總能勾起文人無限的惆悵，薩都剌在金陵遊鳳凰臺時，也再次詠嘆金陵所代表的人生無常的悲情：

> 六朝形勝，想綺雲樓閣，翠簾如霧。聲斷玉簫明月底，臺上鳳凰飛去。天外三山，洲邊一鷺，李白題詩處。錦袍安在，淋漓醉墨飛雨。
>
> 遙憶王謝功名，人間富貴，散草頭朝露。淡淡長空孤鳥沒，落日招提鈴語。古往今來，人生無定，南北行人路。浩歌一曲，莫辭別酒頻注。〈醉江月・登鳳凰臺懷古〉

比起上兩闋詞的沉鬱之感，此詞多了一份轉念——人生自是無常，不如及時行樂。詞中多處化用李白〈登金陵鳳凰臺〉詩句〔註53〕，薩都剌善學李白，明詩論家胡應麟《詩藪》中曾說他：「誦法青蓮」〔註54〕，他在江南任職時，曾到處探訪李白遺跡，留下不少關於李白之作〔註55〕，其中〈登鳳凰臺〉詩可與本詞對讀，詩詞應作於同時。

> 鳳凰臺上望長安，五色宮袍照水寒。彩筆千年留翰墨，銀河半夜掛闌干。三山飛鳥江天暮，六代離宮草樹殘。始信人生如一夢，壯懷莫使酒盃乾。〔註56〕

兩首鳳凰臺詩詞，詞句、典故、意境完全雷同，都流露出對李白的緬懷傾慕之情，除了「淋漓醉墨飛雨」、「彩筆千年留翰墨」等句盛贊其非凡的才華，名留千古，也以東晉王謝之家輔佐王室與李白西望長安的典故，悲悼其在政治挫敗的不幸命運，有感人生如夢，一切是非功過轉瞬成過往雲煙，實說李白，卻也暗藉李白感懷身世。薩都剌與李白有頗多相似之處，同樣才情奔放，同喜到處遊歷，同在仕途上抑鬱不得志，但仍對生命充滿熱情，薩都剌特別認同李白「人生得意需盡歡，莫使金樽空對月」、「將進酒，杯莫停，與君歌

〔註52〕 何硯華〈論白樸的金陵懷古詞〉一文中指出：「山川滿目之嘆」正是白樸金陵懷古詞的主要情感，但這也是南朝以後金陵懷古詩詞中的主要情感。」《殷都學刊》第3期，南寧：廣西教育學院出版，1999年，頁61～62。

〔註53〕 「臺上鳳凰飛去」、「天外三山，洲邊一鷺」分別化用李白「鳳去臺空江自流」、「三山半落青天外，二水中分白鷺洲」詩句。

〔註54〕 語出〔明〕胡應麟《詩藪》，臺北：廣文書局，1973年，頁666。

〔註55〕 在當塗、青陽、九華山等地作〈過采石驛〉、〈采石懷李白〉、〈采石漫興〉、〈九華山石潭驛〉、〈過池陽有懷唐李翰林〉、〈宿青陽雲松臺〉等。如〈過池陽有懷唐李翰林〉：「我思李太白，有如雲中龍。我有一斗酒，和淚灑天風。」《雁門集》卷一，同註18，頁189。

〔註56〕 〈登鳳凰臺〉，《雁門集》卷四，同註18，頁217。

一曲」〔註57〕，自身亦能「浩歌一曲」、「壯懷莫使酒盃乾」，用及時行樂來面對人事無常的自然定律，也是一種對無奈現實的發洩。因此鳳凰臺懷古雖繼承金陵懷古和石頭城懷古的沉鬱之情，但少了歷史興廢的沈重，多了個人自嘲宣洩的抒懷。

薩都剌懷古詞，還有一首〈彭城懷古〉著稱於世：

> 古徐州形勝，消磨盡、幾英雄。想鐵甲重瞳，烏騅汗血，玉帳連空。
> 楚歌八千兵散，料夢魂、應不到江東。空有黃河如帶，亂山起伏如
> 龍。　　漢家陵闕動秋風。禾黍滿關中。更戲馬臺荒，畫眉人遠，
> 燕子樓空。人生百年如寄，且開懷、一盡千鍾。回首荒城斜日，倚
> 闌目送飛鴻。〈木蘭花慢‧彭城懷古〉

此詞的表現手法，一如前三闋詞，先由眼前景致，聯想項羽兵敗垓下、漢朝得失天下等歷史事件，抒發世事無常、人生如夢之感，但本詞最後與〈鳳凰台懷古〉一樣，看透自然定律，借酒暢懷，希望能一醉銷盡萬古愁。此詞亦作於任職江南時，薩都剌遊遍鎮江、金陵、彭城等地名勝，也寫了〈彭城雜詠〉詩〔註58〕，可與本詞對讀：

> 亞父塚前春草齊，楚王城上夕陽低。
> 黃鶯不解興亡事，飛過海棠枝上啼。（之一）
>
> 城下黃河去不回，四山依舊畫屏開。
> 無人念得登臨意，獨上將軍戲馬臺。（之二）
>
> 雪白楊花拍馬頭，行人春盡過徐州。
> 夜深一片城頭月，曾照張良案上籌。（之三）
>
> 何處春風燕子樓，斷碑落日古城頭。
> 畫眉人遠繁華歇，無數遠山生暮愁。（之四）
>
> 歌扇搖風噀酒香，舞裙今日動鵝黃。
> 柳邊今夜孤舟發，水遠山遙空斷腸。（之五）

在這兩首詩詞中，詞人學蘇軾寫〈永遇樂‧彭城夜宿燕子樓，夢盼盼，因作此詞〉〔註59〕，用到了唐代關盼盼的愛情遺事之典〔註60〕，但詞境更為開闊，

〔註57〕引自李白〈將進酒〉，《全唐詩》卷一六二，同註41，頁1682～1683。
〔註58〕〈彭城雜詠呈廉公亮僉事五首〉，《雁門集》卷三，同註18，頁213。
〔註59〕〔宋〕蘇軾〈永遇樂‧夜宿燕子樓，夢盼盼，因作此詞〉：「……。　　天涯倦客，山中歸路，望斷故人心眼。燕子樓空，佳人何在，空鎖樓中燕。……」

用楚、漢相爭各自的得失，著重彭城重要的地理戰略位置。尤其以漢初雖勝楚而王天下，漢末卻又因王朝的腐敗而亡天下，針對元朝政治的現實，作了一番寄意。同時也通過西楚霸王兵敗烏江、項羽戲馬臺與美人對愛情的忠貞執著，折射出自身對政治的一片熱忱，最終卻落得一身淒涼的複雜心情。「人生百年如寄，且開懷、一盡千鍾」正是詞人對世事滄桑、人事變幻的由衷嘆息。此外，尚有兩篇懷古詞，用不同的歷史事蹟，作相同的感嘆欷歔：

> 倚空台榭，愛朱闌飛瞰，百花洲渚。雲嶺回廊香徑悄，爭似舊時庭戶。檻外遊絲，水邊垂柳，猶學宮腰舞。繁華如夢，登臨無限清古。
>
> 果見荒台落日，麋鹿來遊，漫爾繁榛莽。忠臣抉目東門上，可退越來兵伍。空鑄干將，終爲池沼，掩面歸何所。遺風千載，尚聽儂歌白苧。〈酹江月·姑蘇臺懷古〉

此詞藉眼前所見之姑蘇臺景物，聯想吳越相爭之歷史，以吳王夫差不聽伍子胥勸諫終爲越王句踐所滅爲歷史戒鑒：春秋時吳國大夫伍員（字子胥）勸吳王夫差拒絕越國求和，夫差聽信讒言，賜子胥劍，令自盡。子胥臨死時說：「抉吾眼置之吳東門，以觀越之滅吳也。」〔註61〕詞意化用唐·許渾〈姑蘇懷古〉詩：「宮館餘基輟棹過，黍苗無限獨悲歌。荒臺麋鹿爭新草，空苑鳧鷖占淺莎。吳岫雨來虛檻冷，楚江風急遠帆多。可憐國破忠臣死，日日東流生白波。」〔註62〕將元朝比擬成吳國，在位者同樣不信任忠臣，聽信讒言，濫殺忠義之士，王朝最終走向滅亡。預告元將與吳越歷史相同，始終敵不過歲月流逝，湮沒在時光洪流，只能從民歌「白苧」的音韻中憑添懷想。

薩都剌對身爲功臣，卻遭殺身之禍的伍子胥寄予無限同情；對另一個有相似遭遇的韓信，也藉詞抒發感嘆：

《東坡詞》，同註50，頁579、580。

〔註60〕「畫眉人遠」借漢張敞畫眉事以詠唐治徐州的武寧軍節度使張愔與彭城名妓關盼盼的戀愛故事。「燕子樓」是張愔舊第的一座小樓，張愔卒後，關盼盼念舊愛而不嫁，獨守樓中十餘年，後人傳爲佳話。見〔唐〕白居易《白氏長慶集·燕子樓詩三首序》卷十五，收錄於紀昀編《文津閣四庫全書》第361冊，〈集部·別集類〉，北京：商務印書館，2005年，頁55；以及尤袤《全唐詩話》卷六，收錄於〔清〕何文煥編《歷代詩話》，北縣：漢京文化公司，1983年，頁256、257。

〔註61〕〔漢〕司馬遷《史記·吳太伯世家》，臺北：新文豐出版公司，1975年，頁568。

〔註62〕許渾〈姑蘇懷古〉，《全唐詩》卷五三九，同註41，頁6084。

> 短衣瘦馬，望楚天空闊，碧雲林杪。野水孤城斜日裡，猶憶那回曾
> 到。古木鴉啼，紙灰風起，飛入淮陰廟。椎牛釃酒，英雄千古誰弔。
>
> 何處漂母荒墳，清明落日，斷腸王孫草。鳥盡弓藏成底事，百
> 事不如歸好。半夜鐘聲，五更雞唱，南北行人老。道傍楊柳，青青
> 春又來了。〈酹江月·過淮陰〉

當他行經江蘇淮陰，看到一片蒼茫孤寂的景象，想到淮陰侯韓信，本是意氣風發的一介英雄，驍勇善戰，幫助劉邦打天下，卻因功高震主，落得鳥盡弓藏、兔死狗烹的淒涼下場。除了為韓信的英雄壯舉哀悼，也感嘆人生不過如此，又何必汲汲營營，虛度光陰。與此詞同時的還有〈登歌風臺〉詩〔註63〕，詩云：「淮陰年少韓將軍，金戈鐵馬立戰勳。藏弓烹狗太急迫，解衣推食何殷勤。致令英傑遭婦手，血濺紅裙急追首。蕭何下獄子房歸，左右功臣皆掣肘。還鄉卻賦大風歌，向來老將今無多。……古來此事無不然，稍稍昇平忘險阻。」亦以韓信、蕭何等漢朝名將功臣的遭遇感慨時人為追逐權位富貴，以身涉險，到頭來只是一場虛空。

（二）山水詠懷

薩都剌「山水詠懷」一類的作品，主要內容多藉眼前之景抒發個人情感思潮。此處所指「山水」包含廣義的自然與人事風光，詞意的重點在於以景抒懷。薩都剌未登仕途之前，於吳楚之地行旅經商；入仕之後，又調任江南各處，足跡遍佈大江南北。他每到一處，細細尋幽訪勝，將所見所聞，以敏銳的感官，選擇適合的意象，如繪畫般刻畫在詩詞中，同時亦藉詩詞言志，將羈旅思鄉、仕途不順、孤寂寥落、嚮往仙道等等的遭遇和心情，融入所見的山光水色之中，寓情於景。薩都剌半生羈旅在外，四處奔波，從未在故鄉長住，對故鄉有著一份深深的繫念；尤其人在孤單寂寞之時，更易觸動思鄉之情。這種澎湃又壓抑的情感隱隱充斥在他的作品之中，下詞即為代表。

> 秦淮曉發，掛雲帆十丈，天風如箭。一碧湖光三十里，落日水平天
> 遠。繫馬維舟，買魚沽酒，楊柳人家店。輕寒襲袂，淮南春色猶淺。
>
> 幾度暮鼓晨鐘，南來北去，遊子心倦。芳草萋萋天際綠，悵望
> 故人應轉。翠袖偎香，錦箏彈月，何處相留戀。有人獨自，燈花深
> 夜頻翦。〈酹江月·任御史有約不至〉

上片寫從舟中遠眺秦淮河一望無際的景象，「繫馬維舟，買魚沽酒，楊柳人家

〔註63〕〈登歌風臺〉，《雁門集》卷一，同註18，頁192。

店」三句點出作者停泊在環境優美的河畔等待友人的到來，也許是一路舟車勞頓，加之初春時節，春寒料峭，牽引出作者傷春悲秋的情懷。眼前春景提醒作者又在異鄉多滯留了一個年頭，思鄉之情油然而生。「幾度暮鼓晨鐘，南來北去」說明作者長年在外漂泊，日復一日，年復一年，倦遊之情不言可喻。看著象徵離情依依的春草，想到好久不見的友人任御史未能赴約，惆悵寂寥的心情無人能訴，更添愁思，以致輾轉難眠，頻剪燈花。

　　薩都剌以儒者自居，「士不可不弘毅，任重而道遠」的使命感，深深驅使著他希望能為世所用，負起匡世濟民的重責。薩都剌早年由於元朝廢除科舉，士人無入仕之階，不得已而從事經商，直到重開科舉〔註64〕，他以右榜三甲進士及第〔註65〕，格外珍惜此次躋身仕途的機會，渴望在政治舞台上施展抱負，但他無法打入政治核心，徙官無常，始終是一員下級官吏，滿腔的悲憤和落寞，都在下詞中表現出來：

　　　　去年人在鳳凰池。銀燭夜彈絲。沈火香消，梨雲夢暖，深院繡簾垂。

　　　　　　今年冷落江南夜，心事有誰知。楊柳風和，海棠月淡，獨自倚

　　欄時。〈少年遊〉

詞的上下片兩相對照，場面上，一是描寫在中央翰林院熱鬧的群集，一是描寫徙官鎮江孤獨的自賞〔註66〕；心情上，去年因安適而倍感溫暖，今年卻因冷落而悽楚傷感。作者並不直書其懷，也不著力渲染，只是自然對照，寓情於景，引人回味，令人深思，餘韻不絕。清·張宗橚《詞林紀事》引《司苑》評此詞：「天錫〈小欄杆詞〉，筆情何減宋人。」〔註67〕（詞牌名〈小闌〉與

<hr>

〔註64〕〔清〕薩龍光《雁門集編注》云：「元歷三主，四十餘年，自仁宗皇慶三年、四年（1314～1315）始行鄉會兩試，至是歷五科矣。許有壬序李孟《秋谷文集》曰：『貢舉倡於草昧，條於至元（1279～1294），議於大德（1297～1307），而始成於延佑（1314～1320），亦戞戞乎其難哉。』元人集中多有及第詩，亦此故歟。」元代入關後，科舉廢止多年，至元仁宗延佑年間始重開科舉。同註35，頁37。

〔註65〕〔清〕薩龍光《雁門集編注》云：「元朝分進士為兩榜，蒙古、色目人為右榜，漢人、南人為左榜」，同註35，頁37。〔明〕宋濂等編《元史·選舉志》：「第一名賜進士及第，從六品；第二名以下並第二甲，皆正七品；第三甲以下，皆正八品，兩榜並同。」臺北：新文豐出版公司，1975年，頁970。

〔註66〕楊光輝言：「元文宗至順三年（1332），薩都剌在京任應奉翰林文字。五月，貶官江南道御史臺令史。」由〈少年遊〉「去年中央」、「今年江南」的場景對照來判斷，詞應作於此時。楊光輝《薩都剌生平及著作實證研究》，同註10，頁256。

〔註67〕〔清〕張宗橚《詞林紀事》引《司苑》，臺北：廣文書局，1972年，頁979。

〈少年遊〉異名同調〉薩都剌筆下之情來自他在仕途上的不順遂，「心事有誰知」一句道盡懷才不遇的幽思，落寞的心情感染人心。下詞亦作於同時，整闋詞意仿蘇軾〈卜算子〉：「缺月挂疏桐，漏斷人初靜。誰見幽人獨往來，縹緲孤鴻影。　　驚起卻回頭，有恨無人省，揀盡寒枝不肯棲，寂寞沙洲冷。」〔註68〕一派的孤獨冷落：

> 明月麗長空，水淨秋宵水。悄無烏鵲向南飛，但見孤鴻影。　　自
> 離邊塞路，偏耐江波靜。西風鳴宿夢魂單，霜落蒹葭冷。〈卜算子‧
> 泊吳江夜見孤雁〉

金元時期詞的主流傾向於蘇辛詞風，翁方綱云：「程學盛南蘇學北」〔註69〕，蘇辛豪放詞風與北方少數民族剛健爽颯的性格極為契合，極易為他們所接受，薩都剌即是追隨蘇辛詞風最有代表的少數民族詞家。薩都剌有多闋詞作模仿東坡詞風，如〈念奴嬌〉詞序中標明「登石頭城次東坡韻」，以同調同韻仿效東坡〈念奴嬌‧赤壁懷古〉，而多數懷古詞亦有東坡懷古詞之遺風〔註70〕。〈卜算子〉一詞襲用東坡詞的韻腳，且遣詞造句與意象的揀擇，一如東坡，如「影」、「靜」、「冷」、「孤鴻」等字眼，營造出悲涼清冷的氛圍。薩都剌因彈劾權貴遷官江南〔註71〕，恰與東坡因「烏臺詩案」貶官黃州而作〈卜算子〉〔註72〕的境遇相似，薩都剌對東坡的遭遇心有戚戚，亦仿作一闋，藉「孤雁」比興，寫出自己不受朝廷重用、備受冷落、孤寂失意的心情。

　　薩都剌一生對訪真問道極有興趣，當代道教如北方的全真教和南方的正一道，正值興盛，為元代宗教注入一股活力。薩都剌於江南任職其間，尋訪參觀不少江南古道觀，如安徽紫薇觀〔註73〕、吳山紫陽庵〔註74〕、蘇州玄

〔註68〕〔宋〕蘇軾〈卜算子〉，收錄於《東坡詞》，同註50，頁569。

〔註69〕出於〔清〕翁方綱〈雷州道中讀《道園學古錄》憶甲申冬曾讀於此用錄中韻作詩寄撢石蘊山。未窺其旨也，爰為改作，時丁亥七月二十四日〉詩：「程學盛南蘇學北，各主一二難兼收。」，《復初齋詩集》卷四，收錄於《續修四庫全書》第1454冊，〈集部‧別集類〉，上海：上海古籍出版社，2002年，頁392。

〔註70〕詳見前述「詞作內容分析」之「名勝懷古」段。

〔註71〕干文傳《雁門集序》：「以彈劾權貴不法，左遷鎮江錄事宣差，後陞官閩憲幕。」同註7，頁692。

〔註72〕朱祖謀注此詞作於宋元豐五年壬戌（1082）十二月，約蘇軾貶官黃州後三年。見曹銘校編《東坡詞編年校注及其研究》，臺北：華正書局，1980年，頁82。

〔註73〕〈雲中過龍潭紫薇觀訪道士不值〉、〈題紫薇觀馮道士房〉等詩提及「紫薇觀」，《雁門集》卷三、卷二，同註18，頁211、200。

妙觀〔註75〕等；江南道教的名山勝景，如桐廬縣桐君山〔註76〕、江西梅仙山〔註77〕、武夷山〔註78〕等，也留下許多他跋涉的足跡。他的詩作中有數十首涉道詩，富有道家情韻，是元代道家風采的真實寫照。他在江南訪道時，與茅山情誼最深，以下是一首遊歷茅山時留下的詞作：

> 一壺幽綠，愛松陰滿地，蕊珠宮府。老鶴一聲霜觀屐，隔斷人間塵土。月戶雲窗，石田瑤草，丹井飛龍虎。荼蘼花落，東風吹散紅雨。
>
> 　　春透紫髓瓊漿，玻璃杯酒，滑瀉薔薇露。前度劉郎重到也，開盡碧桃無數。花外琵琶，柳邊鶯燕，玉珮搖金縷。三山何在，乘鸞便欲飛去。〈醉江月・遊句曲茅山〉

茅山為句曲山之洞，金壇華陽之天，為三十六洞天之第八洞天，七十二福地之第一福地。〔註79〕薩都剌在多首詩中紀錄著他訪道茅山的活動〔註80〕，詞作僅此一首，上闋描寫一幅悠閒、自然、恬靜的景象，以「一壺」洞天、天上「蕊珠宮」、騎「老鶴」仙人的與世隔絕，具體呈現茅山的寧靜幽遠、靈氣逼人；再以雲霧繚繞的修道者居室，處處充滿「石田」、「瑤草」、「丹井」、「龍虎」等用於煉丹的原料與器具，勾勒出茅山仙境的概況。下闋用劉晨、阮肇

〔註74〕〈贈吳山紫陽庵女道士〉一詩提及「紫陽庵」，《雁門集》卷二，同註18，頁204。

〔註75〕〈題玄妙觀玉皇殿〉一詩提及「玄妙觀」，《雁門集》卷二，同註18，頁209。

〔註76〕《雁門集》卷一〈過桐君山〉，同註18，頁193。

〔註77〕《雁門集》卷一〈梅仙山行〉、卷二〈遊梅仙山和唐人韻〉，同註18，頁194、201～202。

〔註78〕《雁門集》卷一〈武夷館方池〉、〈宿武夷〉等，同註18，頁194、190。

〔註79〕〔元〕劉大彬《茅山志》：「茅山本句曲山第八華陽洞天，第一地肺福地。」「《華陽洞天太元內傳》云：『大天之內，有地中之洞天三十六所，其第八是句曲山之洞，……，名曰金壇華陽之天。』……金陵地肺福地按《洞天福地記》：『福地有七十二，地肺福地為第一，即金陵之地是也。』」收錄於《道藏》第五冊，北京：文物出版社，1988年，頁548、582。

〔註80〕訪道茅山的詩作有〈宿茅山崇禧觀南塢樓〉、〈宿曲林仙館〉（宋元時期茅山崇禧觀在曲林仙館的基礎上修建）、〈題元符宮東秀軒又名日觀〉（元符宮為茅山上著名宮觀）、〈茅山玄洲精舍有道士號紫軒又號木通生白日坐解遺書其徒許道民者至今坐牆尚存為題其卷〉、〈夜宿昇龍觀〉（昇龍觀為茅山道士謝舜咨住持之道觀）、〈寓昇龍觀時吳宗師持旨先駕至大都度灤川遂次韻賦此以寄幷東舜咨先生〉、〈句曲山贈清玄道士陳玉泉朝京還山復拜廣陵觀〉、〈昇龍觀九日海棠杏花開二首〉、〈昇龍觀夜燒香印上有呂洞賓老樹精〉、〈紫薇觀道士馮友直與予同宿菌閣次日予過元符宮友直同僧安上人過五雲觀寫詩贈友直〉等約有數十首。節錄自張澤洪〈元代回族詩人薩都剌與道教〉，《西北民族研究》第38期，2003年，頁76～77。

在天臺桃源洞遇仙〔註81〕以及蕭史、弄玉夫婦「乘鸞」升仙〔註82〕的典故，流露出對修道成仙的思慕。薩都剌作為一個外來民族，卻能接受漢族的傳統宗教，了解道教文化，可見其心境視野的開闊，促進不同民族宗教間的對話。

（三）依畫題詠

元代文人作畫喜在畫上題詩詞文章，此潮流承自宋代。自宋代非職業畫家的文人如蘇軾、米芾投入繪畫創作以來，將文學性的詩文納入繪畫之中，以抒發胸中塊壘，「畫上題詩」便成為中國繪畫的潮流〔註83〕。薩都剌善畫，傳世之作有《嚴陵釣臺圖》、《梅雀圖》，是才情獨步的詩人，也是頗有造詣的畫家，其詩集《雁門集》中收錄的題畫詩約有三十首，題畫詞有一首，這些題畫詩詞可統歸於「題畫文學」的範疇。衣若芬界定「題畫文學」為：「凡以畫為題，以畫為命意，或讚賞，或寄興，或議論，或諷喻，而出之以詩詞歌賦及散文等體裁的文學作品，即是題畫文學。」〔註84〕觀之薩都剌唯一一首題畫詞，即為以畫寄意的代表作。

> 周郎幽趣，佔清溪一曲，小橋橫渡。溪上紅塵飛不到，惟有白雲來去。出岫無心，凌江有態，水面魚吹絮。倚門遙望，鍾山一半留住。
>
> 涵影淡蕩悠揚，朝朝暮暮，是幾番今古。指點昔人行樂地，半是鷺汀鷗渚。映水朱樓，踏歌畫舫，寂寞知何處。天涯倦客，幾時歸釣春雨。〈醉江月・題清溪白雲圖〉

這一首題畫詞，借題詠畫中之景透露出長年漂泊的倦遊之情。上片寫的是《清溪白雲圖》中所表現出來那種清雅幽靜的美好景致，先以周瑜「善顧曲」〔註85〕

〔註81〕相傳東漢永平年間，劉晨與阮肇至天臺山采藥迷路，遇二仙女，蹉跎半年始歸。時已入晉，子孫已過七代。後復入天臺山尋訪，舊蹤渺然。見〔南朝・宋〕劉義慶《幽明錄》，臺北：新興書局，1978年，頁4028〜4030。

〔註82〕傳說春秋時秦有蕭史善吹簫，穆公女弄玉慕之，穆公遂以女妻之。史教玉學簫作鳳鳴聲，後鳳凰飛止其家，穆公為作鳳臺。一日，夫婦俱乘鳳凰升天而去。見〔漢〕劉向《列仙傳》，收錄於紀昀編《文津閣四庫全書》第352冊，〈子部・道家類〉，北京：商務印書館，2005年，頁630。

〔註83〕出自錢天善《明三家畫題畫詩研究》，北縣：花木蘭文化出版社，2008年，頁40。

〔註84〕詳參衣若芬《鄭板橋題畫文學研究》，臺灣大學中文研究所碩士論文，1990年，頁1〜17。

〔註85〕《三國志・吳書・周瑜傳》卷五十四：「瑜少精意於音樂，雖三爵之後，其有闕誤，瑜必知之，知之必顧，故時人謠曰「『曲有誤，周郎顧』。」〔晉〕陳壽等編《三國志集解》，臺北：新文豐出版公司，1975年，頁1032。

之典帶出畫題「清溪」，再用「飛不到」、「來去」、「魚吹絮」等許多動態的語句，將靜止畫面中的小橋、溪水、白雲、溪魚等自然景物描寫的清新可人、活靈活現，滲透著作者超然物外的情致和心中理想的生活。下片寫的是作者觸景生情，以「鷺汀鷗渚」、「天涯倦客」、「歸釣春雨」等隱逸的象徵，抒發自己對畫中所表現出的世外桃源般美好生活和神仙般意境的傾慕和嚮往。全詞景色迷人，畫與詞融爲一體，亦是詞人心境的寄託。薩都剌的作品中，曾多次吐露歸隱的心情〔註86〕，此詞便是一首代表之作，反映出他對當時混亂政局的失望，想藉山野林泉的寧靜求得內心舒適平靜，畫中所見，都是他最深切的懸念和憧憬。

二、酬贈詞

　　詞體除以詠懷言志爲主要內容外，還可運用於慶賀、弔唁、餞別、題贈，做爲文人間交際應酬的工具，此即爲「酬贈詞」。薩都剌一生交遊廣闊，上至高官貴族、名門大臣，下至市井平民，甚至方外之士，與朋友之間往來酬贈的詩詞很多。綜觀薩都剌的應酬詩，範圍廣闊，包括恭賀聖節、慶壽名臣、祝賀升官、寄贈友人、遷職餞別等；但酬贈詞只有三首，以對象和內容來分，可分爲三類：一是，祝壽老臣，應酬交際；二是贈讚友人，相逢恨晚；三是交遊道士，遙念朝堂。

（一）祝壽老臣，應酬交際

　　至正五年（1345）干文傳七十壽辰，薩都剌寫壽詞〈法曲獻仙音〉致賀。唐圭璋《全金元詞》錄此壽詞題爲「致仕于公大宗伯」，「致仕」有辭官之意，「宗伯」爲禮部尚書的別稱，考之薩都剌交遊的對象，只有干文傳曾辭禮部尚書之職，因此「于公」應爲「干公」之誤。干文傳於《元史》有傳〔註87〕，身爲朝中棟樑，曾爲薩都剌《雁門集》寫序，由序文中知干文傳對薩都剌的瞭解及對其作品的推崇，兩人相交，不分階級尊卑，交情匪淺。因此〈法曲獻仙音〉一詞洵非單純應酬之作，而是對知交好友的誠摯祝福。

〔註86〕詳見前述薩都剌生平「晚年歸隱期」。

〔註87〕《元史‧干文傳傳》：「干文傳，字壽道。平江人。登延祐乙科。干文傳長於治劇，所至具有善政。長洲爲文傳鄉邑，文傳徙楊公署，無事未嘗輒出，而親舊莫敢通私謁。至正朝權集賢待制，無何，以嘉議大夫、禮部尚書致仕。卒於至正十三年（1353年），年七十八。致仕後居蘇州。」〔明〕宋濂等撰《元史》卷一八五，臺北：新文豐出版公司，1975年，頁2033～2034。

鬢未銀，東風早掛冠。侑詞圖、鄉稱人瑞，度蓬瀛、仙祝靈丹。遠
膝舞斕斒。　　天喉舌，尚書老布衣。向璇穹、嘗扶日出，捲珠箔、
閒看雲飛。成全今古稀。〈法曲獻仙音‧壽大宗伯致仕于（干）公大
宗伯〉

宋‧沈義父於《樂府指迷》中曾對壽詞的寫作模式有一番說解：「壽曲最難作，
切宜戒壽酒、壽香、老人星、千春百歲之類。須打破舊曲規模，只形容當人
事業才能，隱然有祝壽之意方好。」〔註88〕薩都剌此詞不脫壽詞的寫作模式，
先以「人瑞」、「天喉舌，尚書老布衣」讚揚其風采神韻、品德功績，再用「度
蓬瀛、仙祝靈丹」、「遶膝舞斕斒」給予福壽綿長的祝福，最後以「閒看雲飛」、
「成全今古稀」描寫干文傳功成身退之後能過著悠閒自在、閒雲野鶴、無拘
無束、來去自如的生活，是人生一大成就與樂事。全詞緊扣「祝壽」主題，
且處處體現對老友的關心與祝福。

（二）贈讚友人，相逢恨晚

　　薩都剌本著少數民族血液裡的豪邁本色，為人樂易，知交滿天下，《雁門
集》中有大量題為「贈友」、「別友」、「寄友」、「和友」的詩篇，大多可見他
對朋友真摯直爽的情懷，貼近生活，切人切事，俱見性情；〈水龍吟〉則是難
得的一篇贈友詞作：

王郎錦帶吳鈎，醉騎赤鯉銀河去。絳袍弄月，銀壺吸酒，錦箋揮兔。
禿鬢西風，短篷落月，東吳西楚。悵丹陽郭裡，相逢較晚，共翦燭、
西窗雨。　　文采風流俊偉，碧紗巾掛珊瑚樹。出門萬里，仙（掀）
髯一笑，青山無數。揚子江頭，凍沙寒雨，暮天飛鷺。待明朝酒醒
金山，□□過瓜洲渡。〈水龍吟‧贈友〉

上片以王凝之典故形容友人外貌的俊逸不凡〔註89〕，由「醉騎赤鯉」、「銀壺
吸酒」，可知友人好酒，醉態如同劉宋時琴高得仙騎鯉般飄然超忽〔註90〕，

〔註88〕引自〔宋〕沈義父《樂府指迷》中「壽詞須打破舊曲規模」條。收錄於唐圭
　　　　璋編《詞話叢編》冊一，同註38，頁234。

〔註89〕「王郎」，指東晉王凝之，後泛指俊傑之士，《晉書‧王凝之妻謝氏傳》記載
　　　　謝道韞出嫁王凝之時，曾讚嘆說：「不意天壤之中，乃有王郎！」出自〔唐〕
　　　　房玄齡等編《晉書斠注》卷九十六，臺北：新文豐出版公司，1975年，頁1621。

〔註90〕典出〔漢〕劉向《列仙傳‧琴高》卷上：「琴高者，趙人也。以鼓琴為宋康王
　　　　舍人。行涓彭之術，浮游冀州、涿郡之間，二百餘年。後辭入涿水中，取龍
　　　　子。與弟子期曰：『皆潔齋侍於水旁，設祠。』果乘赤鯉來，出坐祠中。旦有
　　　　萬人觀之，留一月，復入水去。」收錄於紀昀編《文津閣四庫全書》第 352

醉後如同李白欲水中撈月般天眞豪狂〔註91〕，趁醉揮毫賦詩，別有一番豪
情。在南來北往的旅途中，偶得一知己，友人的好酒量和好文采，令薩都剌
有相見恨晚之感。由詞中可知，這位友人是薩都剌偶然結識的，因此未言姓
名，兩人一見如故，剪燭夜談，開懷暢飲，相談甚歡，令薩都剌暫時忘卻羈
旅漂泊的惆悵。由「文采風流俊偉」、「碧紗巾掛珊瑚樹」〔註92〕可知友人外
表氣質皆俊，有著遺世獨立的清高志向，他的外貌內在都令薩都剌欣賞不
已。薩都剌喜結交志同道合的朋友，一旦兩人氣味相投，不管是初識或相交
已久，都可看出他熱情相待的一面，顯見其少數民族豪爽直率的眞性情。

（三）交遊道士，遙念朝堂

　　從薩都剌的〈偕侍御郭翰卿過鍾山大崇禧萬壽寺文皇潛邸所建御榻在焉
侍御索詩因爲賦此〉〔註93〕和〈再過鍾山大禧萬壽寺有感〉〔註94〕二詩得知
元文宗圖帖穆爾（1328～1332）在未繼帝位之前，被封懷王；就藩金陵時，
曾遊鍾山崇禧寺和紫薇觀。下詞又再次提及文宗遊紫薇觀事，但人事已非。
元至順三年（1332）薩都剌任江南諸道行御史臺掾史，是年八月，文宗崩殂，
據《元史・文宗本紀》載：「至順三年八月己酉帝崩，壽二十有九，在位五年。
癸丑，靈駕發引，葬起輦路，從諸帝陵。元統二年正月，上尊謚曰聖明元孝
皇帝，廟號文宗。」〔註95〕薩都剌對元文宗的英年早逝有所感觸，故賦下詞
贈好友謝道士：

　　　　冊，〈子部・道家類〉，北京：商務印書館，2005 年，頁 630。
〔註91〕典出〔宋〕歐陽脩等撰《新唐書・文藝傳中・李白》：「白浮游四方，嘗乘月
　　　　與崔宗之自采石至金陵，著宮錦袍坐舟中，旁若無人。」，臺北：新文豐出版
　　　　社，1975 年，頁 2268。
〔註92〕「珊瑚樹」，典出杜甫〈送孔巢父謝病歸遊江東兼呈李白〉詩：「釣竿欲拂珊
　　　　瑚樹」。孔巢父早年與李白等六人隱居山東徂徠山，並稱「竹溪六逸」，杜甫
　　　　此句寓孔巢父欲入海求仙（珊瑚樹生於海中），薩以此讚友人也有孔巢父那樣
　　　　遺世獨立的清高志向。《全唐詩》卷二一六，同註41，頁 2259。
〔註93〕〈偕侍御郭翰卿過鍾山大崇禧萬壽寺文皇潛邸所建御榻在焉侍御索詩因爲賦
　　　　此〉：「虎踞龍蟠王氣多，雲深石磴碧嵯峨。珠峰獨占金陵勝，寶地嘗經翠輦
　　　　過。花草舊曾沾雨露，殿臺今已近星河。登高願效封人祝，萬歲千秋保太和。」
　　　　《雁門集》卷二，同註18，頁 202。
〔註94〕〈再過鍾山大禧萬壽寺有感〉：「紫翠煙霞出上方，遊人登覽憶先皇。石闌空
　　　　見巖花落，翠輦不來山路荒。此日風雲消王氣，舊時草木染天香。夜深行殿
　　　　無人到，應有山靈護御牀。」《雁門集》卷二，同註18，頁 203。
〔註95〕節錄自《元史・文宗本紀》卷三十六，同註87，頁 436。

金陵王氣，繞道人丹室，紫霞紅霧。一夜神光雷電轉，江左雲龍飛去。翠輦金輿，綺窗朱戶，總是神遊處。至今花草，承恩猶帶風雨。

　　落魄野服黃冠，榻前賜號，染薔薇香露。歸臥蒲龕春睡暖，耳畔猶聞天語。萬壽無疆，九重閒暇，應憶江東路。遙瞻鳳闕，寸心江水東注。〈酹江月‧遊鍾山紫薇觀贈謝道士，其他乃文宗駐蹕升遐處〉

上闋「江左雲龍飛去」指的是文宗自金陵入正大統，「翠輦」以下，則說當年文宗遊觀，至今觀內花草仍「承恩」非淺，顯示文宗當時親臨紫薇觀，對紫薇觀來說是十分光榮之事。下闋三句，說到薩都剌的好友謝舜咨原本只是個無名的「黃冠」道士，得到文宗賜號的榮耀。由此詞可看出當時元代皇族和江南道教往來密切，也點出了薩都剌和謝舜咨的交情匪淺。從薩都剌的交遊詩來看，他與僧侶、道士頗多，《雁門集》中隨處可見薩都剌遊歷佛寺、道觀，與寺僧、道士往來酬唱之作。在道教人物方面，與他交往最頻繁的其中一位就是茅山派的謝舜咨，他在〈寄茅山謝舜咨〉〔註96〕、〈石門懷舜咨夜坐〉〔註97〕、〈贈謝舜咨羽士〉〔註98〕等詩中，或歌頌，或讚揚，或緬懷這位好友，兩人無話不談。當薩都剌再次來紫薇觀遊歷、探訪謝舜咨時，兩人與文宗的往事，又一一浮現，故以此詞贈予謝舜咨，共念朝堂恩澤，並傾訴己志，表達自己亦身受皇恩，拔擢為官，揭示自己對朝廷一片忠誠，必將鞠躬盡瘁，以報知遇之恩。薩都剌一生遊遍中國大江南北，羈旅漫遊期間，頗有漂泊無依之感；又心思敏感，往往見事起興，感時傷物，滿溢的情緒需有宗教的寄託，身在佛道之門的好友，常常是他紓解懷抱的對象，宗教力量的撫慰成為他精神的支柱。

第三節　小結

　　薩都剌出身少數民族，其詩歌有鮮明的民族與時代特色，留存詞作雖僅十五首，但每一首皆內容豐富、意涵博深。

〔註96〕〈寄茅山謝舜咨〉：「昇龍觀裡謝道士，一入茅山不肯回。白髮笑人年百歲，青天容我日千盃。已知聖主求方士，未必先生下釣臺。每向石頭城下望，順風應寄鶴書回。」《雁門集》卷四，同註18，頁218。

〔註97〕〈石門懷舜咨夜坐〉：「道人掛劍丹陽去，欲入茅山恐未曾。飛去難尋雲外鶴，歸來獨禮斗前燈。夢回洗缽分秋水，酒醉敲壺碎夜冰。獨有江東未歸客，西風詩骨瘦崚嶒。」《雁門集》卷二，同註18，頁208。

〔註98〕〈贈謝舜咨羽士〉：「揚子江頭春水動，三茅洞裡碧桃開。道人不問天南北，夜半月明騎鶴來。」《雁門集》卷四，同註18，頁219。

　　他對古景、古事情有獨鍾，對懷古題材的理解與運用有獨到之處。貫穿薩都剌懷古詩詞的基調是興廢之感，對社會的深層憂患有著清醒的認識，在審視歷史時，也能藉此關心民瘼，譏刺時政，詞中有強烈的現實感，同時又包含著對山川依舊，人事已非的哲理感悟。其中所流露的感情，和歷代漢人作家的懷古情緒一脈相通。他在懷古詞中表現出對吳越歷史、楚漢相爭、六朝興替、李白生平等史學人文知識的豐富，足見其對漢族歷史文化之尊重，從漢族優秀的文學傳統中攝取精華，化為自己創作的養分，成為一個憂國憂民的寫實作家。

　　他的詠物詞內容各有不同，但目的都是直抒己懷，忠實的反應深層內在和對現實強烈的關懷。劉熙載《藝概》：「昔人詞詠古詠物，隱然只是詠懷，蓋其中有我在也。然人亦孰不有我？惟『耿吾得此中正』者尚耳。」〔註 99〕他每到一處歷史陳跡，感嘆世易時移，寫下六首頗有言外之音的懷古詞；他半生羈旅，仕途不順，〈酹江月・任御史有約不至〉、〈少年遊〉和〈卜算子・泊吳江夜見孤雁〉三首作品，藉眼前之景表達孤寂寥落之情；他崇仙尚道，多次到道教殿堂——茅山拜訪，〈酹江月・遊句曲茅山〉將茅山仙境完整呈現，是一篇充滿道家風采的遊歷詞；他尚能以詞入畫，〈酹江月・題清溪白雲圖〉，以文辭靈動地示現出畫中意境，暗懷對政治的失望，憧憬歸隱的生活。

　　他的酬贈詞所贈與的對象不論親疏，總是充滿對朋友真摯懇切的心意。〈法曲獻仙音〉用詞貼切，顯見對老友干文傳的熟悉與認識；〈水龍吟・贈友〉熱情直率，毫不矯飾對初識之無名知音的欣賞與讚揚；〈酹江月・遊鍾山紫薇觀贈謝道士，其他乃文宗駐蹕升遐處〉寄友言志，在道友謝舜咨身上尋求寄託與認同。

　　由以上可知，薩都剌詞與詩風一致，皆「最長於情」〔註 100〕，無一不有情致。他能學習漢民族文史詩詞知識，運用在創作中，學識根底深厚：遇事用典、錘鍊詞句，善用前人名句，融鑄前人詩詞化為己用，並結合自身遭遇，創出舊詞新意，開闢新境〔註 101〕，在詞學領域中，獲得「筆情何減宋人」〔註 102〕的高度評價。剛勁質樸的民族本性，和深受漢族文化薰陶的敦

〔註99〕《藝概・詞曲概》，同註 9，卷四之頁 8。
〔註100〕同註 2。
〔註101〕本文未對薩詞形式特色多加著墨，將於第五章〈金元少數民族詞人對宋詞的接受與繼承〉之第四節「金元少數民族對蘇、黃詞學的實踐」深究之。
〔註102〕同註 67。

厚個性影響他在詞體創作時，能賦予作品深刻的思想內容，用詞句直陳心地，既有少數民族的豪邁率眞，又有承自漢民族的細膩深情，可以見得薩都剌以少數民族的身分爲元代詞壇注入一股新的生命與活力。

第三章　高麗詞人李齊賢及其
　　　　　詞作探析

　　地處中國東方的朝鮮半島，自古以來便與漢文化圈關係密切，《漢書·地
理志》記載著，箕子教朝鮮人民禮儀、農耕及養蠶，還帶入了大量青銅器。
中國歷史上所記載的朝鮮最早是西周滅商之後，商朝遺臣箕子到朝鮮半島與
當地土著建立了國家。〔註1〕西元前三世紀末，朝鮮在史籍上第一次出現。《史
記》記載，商代最後一個國王紂的叔叔箕子在周武王伐紂後，帶著商代的禮
儀和制度到了朝鮮半島北部，被那裡的人民推舉爲國君，並得到周朝的承認
而成爲諸侯，史稱「箕子朝鮮」〔註2〕。因此古代高麗朝鮮和我國「書同文」，
兩國文化和文學發生交流之後，古朝鮮文學幾乎和中國文學同步發展，朝鮮
在吸收中國文學創作經歷的同時，又保有了原本民族的特色。〔註3〕
　　朝鮮在十五世紀之前都沒有自己的文字，知識份子若要進行書寫或創作

〔註1〕　《漢書·地理志》：「殷道衰，箕子去之朝鮮，教民以禮義田蠶織作，樂浪朝
　　　　鮮民犯禁八條，……，今於犯禁多至六十餘條，可貴哉，仁賢之化也。」臺
　　　　北：新文豐出版公司，1975年，頁832、833。
〔註2〕　《史記·宋微子世家》：「武王既克殷，訪問箕子。武王曰：於乎。維天陰定
　　　　下民，相和其居，我不知其常倫所序。箕子對曰：在昔鯀陻鴻水，汩陳其五
　　　　行，帝乃震怒，不從鴻範九等，常倫所斁。鯀則殛死，禹乃嗣興。天乃錫禹
　　　　鴻範九等，常倫所序。……於是武王乃封箕子於朝鮮，而不臣也。其後箕子
　　　　朝周，過故殷墟，感宮室毀壞，生禾黍，箕子傷之，欲哭則不可，欲泣爲其
　　　　近婦人，乃作麥秀之詩以歌詠之。」臺北：新文豐出版公司，1975年，頁625
　　　　～627。
〔註3〕　陳蒲清〈三千年延續不斷的文學因緣：古代朝鮮與中國的文學交流說略〉，《益
　　　　陽師專學報》第19卷2期，1998年，頁64～68。

都要仰賴漢文。而朝鮮的漢詩成就尤高，最早可追溯至中國漢魏六朝時期。到了朝鮮新羅時期（660～936），有崔致遠（857-？）名重於晚唐詩壇，他是古朝鮮第一個用漢語寫出大量詩文的人，被稱爲朝鮮漢文文學的奠基者。而高麗（918～1392）的漢文詩，更是高麗文人應舉求官的必修課，也是抒情明志的工具，高麗王朝時代產生了很多重要的著名詩人，如鄭知常（？～1135）、「海左七賢」（李仁老、林椿、吳世才等）、李奎報（1169～1241）、李齊賢、李檣（1328～1396），其中李奎報、李齊賢與新羅時代的崔致遠，合稱東國古代三大詩人。反觀詞的創作，自唐以降，雖也遍及朝鮮上下，但由於詞要字字排律、合樂，形式的要求較詩更加嚴格，因此非漢族人寫詞相當困難，但李齊賢卻寫得極好，是朝鮮唯一以塡詞而自成一家的詩人，他跨越了語言障礙，並取得很高的藝術成就，凸顯其在元詞史上的地位和價值，完整性和獨特性獨霸中朝兩國詞壇。

　　高麗、朝鮮〔註4〕詞一向不被詞學界重視，第一次爲人所注意是在夏承燾選校的《域外詞選》中，收錄高麗、朝鮮詞僅李齊賢一人而已。他在後記說道：「數十年來，予搜求海外作家詞若干首，藏之行篋間。經歷滄桑，幸未墮失。近年檢得此稿，以爲稍加理懂詮釋，交付剞刻，將有助於中外文化交流。」〔註5〕朱祖謀《彊村叢書》早已收錄李齊賢詞五十三首〔註6〕，唐圭璋《全金元詞》〔註7〕亦收錄其全部詞作，本章即以唐所收版本爲研究文本。

　　目前學界多從鑑賞角度來探討李齊賢詞或其漢文創作，深入且專門研究李詞者並不多見：陶然等人曾針對幾首較爲膾炙人口的李詞作評點〔註8〕；另外也有一篇博士論文研究李齊賢漢詩創作，其中亦涉及李詞的探討〔註9〕。李齊賢做爲朝鮮最傑出的詞人，在朝鮮文學史上佔有很重要的地位；又作爲

〔註4〕 高麗王朝相當於中國五代至明初，即五代梁末帝貞明四年（918），王建篡新羅，改稱高麗，是爲高麗王朝；至明太祖洪武二十五年（1392），李桂成篡高麗，次年改稱朝鮮，是爲朝鮮李朝，直至清宣統二年（1910），被日本併吞，國亡。

〔註5〕 書中收錄日本日下部夢香等八人，高麗李齊賢一人，越南白毫子一人，並附錄五代波斯（今伊朗）李珣一人。夏承燾選校《域外詞選》，北京：書目文獻出版社，1981年。

〔註6〕 朱祖謀《彊村叢書》，臺北：廣文書局，1970年，頁6607～6628。

〔註7〕 唐圭璋《全金元詞》，北京：中華書局，1979年，頁1024～1031。

〔註8〕 陶然《金元詞通論》之〈「東方一人」的高麗作家李齊賢〉，上海：上海古籍出版社，2001年，頁175～181。

〔註9〕 何永波《李齊賢漢詩創作研究》，中央民族大學博士論文，2007年。

一個長期在元朝生活的高麗人，所留下的漢文創作更是中朝文學交流的碩果，羅忼烈說：「李齊賢是高麗末期的詞壇泰斗，後世詞人莫不忘風景從。」〔註 10〕他也是金元時期少數民族詞人中，唯一一位外國詞人，其五十三首詞作佔了少數民族一百二十六首作品的四成以上，是比例最多的一位，探討他如何使用對他而言是「外語」的漢文進行創作，如何嫻熟使用中華歷史人文於其詞作之中，十分具有研究價值，也是本章之研究方向。除了擷取前人的研究精華，由文本闡述李齊賢之思想情感與創作內涵之外，更將其詞作與其生平經歷或其他諸如詩作、文章、史傳紀錄等相互連結，印證李齊賢在元代少數民族詞人之中或是元蒙、朝鮮詞壇的首席地位。

第一節　李齊賢之生平經歷

　　李齊賢之所以能成就如此令人難以望其項背的詞壇地位，在於他獨特的身分、國別與經歷。他有著與一般漢族或漢化的少數民族詞人不同的生長背景，他的根在朝鮮，但他的一生與中國密不可分。他的所學、所見、所聞，深深受到中國文化的薰陶孕育，因此談他的作品，不得不從其生平經歷之探討開始。《高麗史》卷一百一十有傳〔註 11〕，以下多參照史籍記載，整理出他的一生概況。

一、生平際遇

（一）青少年以前

　　李齊賢（1287～1367），初名元公，字仲思，號益齋，又號櫟翁，高麗松京人，生於高麗忠烈王十三年，元世祖至元二十四年（1287）。他的父親李瑱出生在高麗首都松京（今朝鮮開城市），屬於進步的兩班文人〔註 12〕，好學不倦，博覽百家，亦能詩爲文，以文章聞名於世〔註 13〕。幼年的李齊賢在父親

〔註 10〕羅忼烈〈高麗、朝鮮詞瑣談〉，《文學評論》第 3 期，1991 年，頁 17。
〔註 11〕鄭麟趾等編《高麗史（三）·李齊賢傳》卷一百一十，列傳卷第二十三，臺北：文史哲出版社，1972 年，頁 320～328。
〔註 12〕朝鮮有嚴格的階級制度：兩班即所謂的貴族，有別於平民，有較高一等的社會地位。參考簡江作《韓國歷史》，臺北：五南出版社，1998 年，頁 169～175。
〔註 13〕《高麗史（三）·李瑱傳》卷一百九，列傳卷第二十二：「（李瑱）三韓功臣金書之後，少好學，博覽百家，有能詩聲，人或試以強韻，援筆輒賦，若宿構然。尚書李松縉，一見奇之曰：『大器也！』登第，調廣州司錄，被選直翰林

的影響之下，廣泛閱讀各類經卷，對文學產生很大的興趣，喜讀李奎報、李仁老等朝鮮詩人的作品，對中國的《史記》、《左傳》、《春秋》、《朱子綱目》等著作亦有涉獵，因此打下很好的文學基礎。自幼聰穎，高麗李穡爲他撰寫的墓誌銘有云：「公自幼嶷然如成人，既知爲文，已有作者氣。大德辛丑（1301），公年十五，鄭常善試成鈞，舉者負其能相頡頏，聞公所作，消縮莫敢爭先，公果爲魁……。戊申（1308），選入藝文春秋館，館中人推讓不敢論文。」〔註14〕小小年紀便中試及第，能以文儷人。

十五歲及第之後，與權溥（1262～1346）的女兒成婚〔註15〕。權溥爲程朱理學的重要傳播者之一，《高麗史》載云：「東方性理之學，自溥倡。」〔註16〕李齊賢《櫟翁稗說》亦云：「我外舅政丞菊齋權公得《四書集注》鏤版以廣其傳，學者又知有道學矣。」〔註17〕由於岳父權溥的大力推廣，再加上老師白頤正（1247～1323）亦爲引進朱子學的領導者之一，李齊賢的思想淵源也深受程朱性理學的影響。

（二）壯年時期

十七歲入仕，任錄事；二十二歲任職藝文春秋館〔註18〕；以後五年，先後歷任西海道按廉使、進賢館提學、知密直司、政堂文學、判三司事等官職。二十七歲以前已官名遠播，政績累累；二十七歲（1313）以後，是李齊賢人生中的轉捩點。

元大德十一年（1307），高麗第二十六代國王忠宣王（1275～1326，1308～1313 在位）佐元仁宗平定內亂，迎立武宗，有功於元朝，而受武宗、仁宗寵遇，遂以太尉身分留大都官邸，傳國於忠肅王。居留期間，在大都建構萬卷堂，以書史自娛，感到「京師文學之士，皆天下之選，吾府中未有其人，

院。……卒年七十八，諡文定，爲人體貌魁梧，局量寬洪。然在廟堂，無所建白，及解官居閒日，與儒釋，逍遙詩酒間。」同註11，頁300。

〔註14〕 李穡〈雞林府院君諡文忠李公墓誌銘〉，收錄於李齊賢《益齋集》，北京：中華書局，1985年，頁159。

〔註15〕 《高麗史（三）‧李齊賢傳》：「忠烈二十七年，年十五，魁，成均試又中丙科。」同註11，頁320。

〔註16〕 《高麗史（三）‧權溥傳》卷一○七，列傳卷第二十，同註11，頁282。

〔註17〕 李齊賢《櫟翁稗說》，收錄於李仁老著、李相寶譯《韓國名著大全集》，首爾：大洋書籍，1973年，頁350。

〔註18〕 《高麗史（三）‧李齊賢傳》：「（忠烈）三十四年，選入藝文春秋館。忠宣元年，擢糾正累遷成均樂正，嘗任豐儲內府監斗斛校錙銖無難色。人曰：『李公可謂不器君子。』」，同註11，頁320。

是吾羞也。」〔註 19〕因而詔李齊賢至中國以為文學侍從，開啓李齊賢與中國深長縣遠的關係。他一生大約八次來往於中國與高麗之間（自 1314 至 1348 年），足跡遍佈中國大江南北，留下許多充滿生命力的作品。他所創作的五十三首詞，也多在此時完成，除了讚嘆中國的山川風物，也抒發自身漂泊無依之感。

　　李齊賢的詞作內容，與在中國的遊歷息息相關，由其所做詩詞中所提及的地名，至少可知他曾歷遊河北、河南、陝西、四川、湖南、山東等地（詳見作品探析段）。延祐三年（1317），以成均館祭酒身分隨忠宣王奉使西蜀，入峨嵋山留下記遊之作；兩年後（1319），忠宣王又降香江南，李齊賢隨行記錄江南所見，不久歸國；元至治二年冬再赴大都，時忠宣王被讒而謫遷吐番，隔年，齊賢赴朵思麻（今甘肅臨夏）探望慰問，謳吟道中，忠憤之情藹然〔註 20〕，途經陝甘、山西等地，亦留有抒憤之作；而東北和山東，是他往來朝鮮與中國的必經之路，記錄這象徵第二故鄉的作品，更是感觸良多。他的壯年時期奔走於中國與朝鮮之間，使他的處世思想、人生閱歷、作品內涵兼容並蓄，融合了中朝兩國特有的歷史人文，是金元時期少數民族作家中最出類拔萃的奇葩。

（三）晚年時期

　　忠肅王末年，高麗內亂，齊賢能秉正處事，忠君之事，頗得忠惠王信任。但當時高麗朝中親元勢力熾盛，忠惠王又被元朝廷召回作人質，人心惶惶，齊賢反被小人讒言波及，暫將心力放在《櫟翁稗說》的著述上〔註 21〕。

　　李齊賢五十四歲（1341），回國擔任八歲忠穆王的老師，曾上書「請更擇賢儒二人，（為王）講孝經、語、孟、大學、中庸，以習格物致知，誠意正心之道」〔註 22〕，並且負責編寫忠烈、忠宣、忠肅三朝實錄及其他史書〔註 23〕。

〔註 19〕《高麗史（三）・李齊賢傳》：「忠宣佐仁宗定內亂，迎立武宗，寵遇無對，遂請傳國於忠肅，以大尉留燕邸，構萬卷堂書史自娛，因曰：『京師文學之士，皆天下之選，吾府中未有其人，是吾羞也。』」，同註 11，頁 320。

〔註 20〕《高麗史（三）・李齊賢傳》：「既而常命量移忠宣於朵思麻之地，從拜住所奏也。齊賢往謁忠宣，謳吟道中，忠憤藹然。」，同註 11，頁 324。

〔註 21〕《高麗史（三）・李齊賢傳》：「忠肅薨，曹頔構亂，忠惠擊殺之，然其黨在都者甚眾，必欲抵王罪，元遣使召王，人心疑懼，禍且不測，齊賢奮不顧曰：『吾知吾君之子而已。』從之如京師，事得辨析，功在一等，賜鐵券，既還，群小益煽，齊賢屏跡不出，著《櫟翁稗說》。」，同註 11，頁 324。

〔註 22〕同註 11，頁 325。

　　六十一歲（1348），他再度出使元朝，回國後，恭愍王任命他爲右政丞（相當於宰相的職位），封金海侯。他提出許多改革建言，欲重振王朝威嚴，卻屢遭拒絕，心灰意冷之際，翌年致仕，掛冠求去，專門從事著述活動。

　　致仕以後，又受封雞林府院君。他天資厚重，勤於治學，爲人光明正大，行事端正，其所發議論，所作事業，堪爲高麗表率；史學有春秋筆法，重朱子理學，言詞平和，朝鮮上下無不敬重。卒於元順帝至正二十七年（1367），朝鮮高麗恭愍王十六年，年八十一，諡文忠；他一生概括元朝，見證中朝兩國的興衰歷史。

二、交遊情況

　　元仁宗延祐元年（1314），李齊賢得到高麗忠宣王賞識，被詔至北京作文學侍從。忠宣王在大都府第建構萬卷堂，內藏圖書一萬八千卷，並廣結群賢，與當時京城著名學者元明善、張養浩、趙孟頫等人交流〔註24〕；周旋期間，學問益進，也在此時奠定了他深厚的漢學素養，與當時中朝兩國的學者唱和之作頗多。由於忠宣王的緣故，李齊賢能多次遊歷中國，豐富的山川風物，觸發了他擅長詠物寫景的文學特色；也由於忠宣王的引見，使他得以認識趙孟頫等文化精英，並深受這些中土學者的影響，對中國文化的感染更爲深刻，漢化的程度也更爲徹底，因此改變李齊賢一生際遇、給予他深刻影響的人可說是忠宣王。這些影響他一生至爲重要的人物，綜述如下：

（一）高麗忠宣王

　　忠宣王漢名王璋，蒙古名益智禮普化，爲高麗忠烈王（1274～1308 年在位）與元世祖忽必烈（1215～1294）之女齊國大長公主的長子，是高麗王室中第一位具有蒙元血統的王子，也是高麗與元同時期的七個國王裡，具有特殊經歷的人物。元朝對高麗始終採取武力高壓的治理態度，除了派達魯花赤

〔註23〕同註11，頁 326。

〔註24〕《高麗史（一）・忠宣王世家（二）》卷三十四：「（王）構萬卷堂於燕邸，招致大儒閻復、姚燧、趙孟頫、虞集等與之從遊，以考究自娛。」同註11，頁527。《高麗史（三）・李齊賢傳》：「（王）召齊賢至都時，姚燧、閻復、元明善、趙孟頫等，咸游王門，齊賢相從，學益進，燧等稱嘆。」同註 11，頁320。李穡〈雞林府院君諡文忠李公墓誌銘〉亦云：「姚牧庵（燧）、閻子靜（復）、元復初（明善）、趙子昂（孟頫）咸遊王門，公周旋其間，學益進，諸公稱嘆不置。」同註14。但由於李齊賢第一次去中國前（1314），姚燧（1238～1313）、閻復（1236～1312）就已去世，因此不可能和這兩位大家有直接接觸。

進行行政管理，並要求高麗太子必須入元爲人質（禿魯花），也必須娶蒙古公主結成聯姻關係，最後再回到高麗繼承王位，藉以維繫元朝對高麗的統治。忠烈王自至元十五年（1278 年，忠烈王四年）開始，共四次入元，備受忽必烈關愛，五十一年生命中，有三十五年的時間滯留中國，且繼位生涯幾乎在元朝度過。在元大都遙控高麗國內政事，因無法如願興利去弊，最後不願回歸故國，將王位傳與其子忠肅王。

　　性好文藝的忠宣王在傳位之後（1314），在燕京宅第建造萬卷堂，感嘆京都文士皆一時之選，自己府中卻無人，遂召來李齊賢作文學侍從〔註 25〕。李齊賢從此隨侍忠宣王左右，除了燕京之外，先與忠宣王暢遊江南，後又藉看望被流放吐番的忠宣王之際而遊覽了中國西北、西南地區的名川大山、古蹟名勝，中國的錦繡河山成爲他創作的對象和養分，因此寫出一首首充滿中國形象、洋溢中國情感的詩詞〔註 26〕。

（二）趙孟頫

　　趙孟頫（1254～1322），字子昂，號松雪，浙江吳興人，是宋太祖趙匡胤第十一世孫。元時官至翰林承旨，封魏國公，諡文敏，是元代最顯赫的畫家之一，也是最卓越的書法家之一，在中國書畫史上佔有一席之地，也對韓國書畫史影響甚鉅。他原是趙宋世家的沒落貴族，入元後被徵召爲官，後屢經升遷，得到「榮際五朝，名滿四海」的寵幸〔註 27〕，詩書畫方面極高的造詣，使他成爲元代文人畫的領袖人物。李齊賢〈巫山一段雲‧瀟湘八景〉兩組詞十六闋（其中一闋有目無詞）是仿效趙孟頫〈巫山一段雲〉以詞描繪巫山十二峰的體例所作，進而開展出〈巫山一段雲‧松都八景〉兩組詞十六闋，爲描摹故鄉——松都美景而創作。

　　李齊賢與趙孟頫相識於燕京忠宣王所建之萬卷堂。1317 年，李齊賢以成均館祭酒身分奉使峨嵋山，在離開京城的前夕，趙孟頫曾以古調一篇送別：「勿云錦城樂，早歸乃良圖」〔註 28〕，勸勉齊賢早日歸來，大展鴻圖；而後，李齊賢

〔註25〕《高麗史（一）‧忠宣王世家》，同註 11，頁 527。

〔註26〕李齊賢寫進詩詞的計有虎丘寺、焦山、金山寺、峨嵋山、華山、蜀道、黃河、汾河、洞庭湖、武則天陵、漢武帝茂陵、函谷關、揚州平山堂、姑蘇臺、井陘、華陰、長安豫讓橋等景觀。參考劉順利《半島唐風---朝韓作家與中國文化》，銀川：寧夏人民出版社，2004 年，頁 243。

〔註27〕〔明〕宋濂等撰《元史‧趙孟頫傳》卷一七二，列傳第五十九，臺北：新文豐出版公司，1975 年，頁 1917～1920。

〔註28〕趙孟頫古調一篇：「勿云錦城樂，早歸乃良圖」，《益齋集‧益齋亂稿》卷一，

於歸途中經過二陵〔註29〕，想起趙孟頫所贈之詩，遂作〈二陵早發〉〔註30〕回贈，表露心情。而在〈和呈趙學士子昂〉詩〔註31〕中，則對趙孟頫的詩文、書法極力讚美，並感佩他與夫人管道昇知遇照顧之情。

（三）元明善

元明善（1269～1322），字復初，大名清河人（今河北大名），先世為拓跋魏之裔。聰明穎悟，專精諸經，尤深於《春秋》。元仁宗居東宮時為太子文學，及即位，改翰林待制，修成宗、順宗實錄。延祐二年（1315），始開科取士，明善首任考試官，所取之士後多為名臣。後陞翰林學士，至治二年（1322）卒於位，諡文敏。以文章自豪，有文集行世，與虞集多有學問上的切磋。〔註32〕和李齊賢有唱和之作－〈奉和元復初學士贈別〉：「昔從傾蓋焉能者，載酒同遊遍洛城。直欲執鞭如魯叟，豈惟結襪比王生。感公燈火三更話，慰我關山萬里行，更得新詩入囊褚，劍南人識汝南評。」〔註33〕詩中先簡短回顧他與元復初初識相逢，進而互相往來的經過；接著表露感激之情，對方的親切接待與欣賞關愛，以及臨行前的挑燈談心，令李齊賢特別感懷在心；最後感謝元復初寫給他的贈別詩〔註34〕，在異鄉能得一知己摯友，欣慰之情溢於言表。

（四）張養浩

張養浩（1270～1329），字希孟，號雲莊，山東濟南人。歷任縣尹、監察御史、禮部尚書。以直言敢諫著稱，棄官歸隱後，因關中大旱，復出治旱救災，勞瘁而死。有散曲集《雲莊休居小樂府》，多寫寄情林泉之樂，間有關懷民瘼之作。和李齊賢詩作中，關心民生的主題有相合之處，志趣相投。張養浩曾贈詩予齊賢〔註35〕，稱讚他文章為高麗之冠，志氣崇高真誠，

北京：中華書局，1985年，頁8。

〔註29〕二陵指河南省洛寧縣崤山的南北二陵：南陵為夏禹之墓，北陵為周文王避雨之處。

〔註30〕李齊賢〈二陵早發〉，《益齋集・益齋亂稿》卷一，同註28，頁7。

〔註31〕李齊賢〈和呈趙學士子昂〉，《益齋集・益齋亂稿》卷一，同註28，頁9。

〔註32〕《元史・元明善傳》卷一八一，列傳第六十八，同註27，頁1993～1993。

〔註33〕同註28，頁4。

〔註34〕〈元學士詩〉：「峨嵋山色夢中青，人自雞林使錦城。九域圖經歸一姓，四川風物契三生。捫參歷井真盧語，詠月吟風足此行。細問孔明當日事，遼東卻對幼安評。」同註28，頁4。

〔註35〕〈張侍郎詩〉：「三韓文物盛當年，刮目青雲又此賢。壯志玉虹纏古劍，至誠石虎裂驚絃。，一鞭嵐翠遊山騎，滿紙珠璣詠月篇。此去浣花春正好，白鷗應為子來前。」同註28，頁3、4。

齊賢感謝他的讚譽，也作一詩答謝：「天斲文章數百年，一時輸與濟南賢。縱橫寶氣豐城劍，要妙古音清廟絃。便覺有功名教事，誰言費力短長篇。興來三復高聲讀，萬里江山只眼前。」〔註36〕詩中亦盛讚張養浩文章氣概萬千、古樸雅正，兩人對彼此作品熟悉且互相欣賞，可見交情匪淺、互動頻繁。

三、著作概況

　　李齊賢主要著述有《益齋亂稿》與《櫟翁稗說》〔註37〕、《益齋長短句》等，其創作之詩歌樂府表現濃烈的愛國心情和寫實風格，師法杜甫〔註38〕。有散曲傳世，詞體創作更是筆鋒健舉，以行旅、山水為主，寫景即工，筆姿靈活。詞有元好問風格〔註39〕，是朝鮮文學史上第一位大量寫詞的優秀詞人，在朝鮮族詞人中應推為巨擘。李德懋《清脾錄》：「益齋詩，為二千年來東方名家，其詩華豔韶雅，快脫東方僻滯之家。」〔註40〕古體詩、近體詩都寫得很好，在朝鮮文學史上評價極高。

　　《益齋亂稿》是齊賢少子彰路、長孫寶林裒集散篇成帙，於元至正末年刊板，有李穡序。明宣德七年（1432），朝鮮世宗命再刊板行世。1600年，其十一世孫李時發，校勘《亂稿》十三卷、《櫟翁稗說》四卷、《孝行錄》一卷、手寫《拾遺》，於慶州刊板印行。附柳成龍跋。1698年，裔孫黃海道觀察使李寅燁合李龜（齊賢之七世孫）《再思堂散稿》，於海州刊板，為第四刻。《益齋

〔註36〕〈張希孟侍郎見侍江湖長短句一篇以詩奉謝〉，同註28，頁3。

〔註37〕稗說體類似中國筆記小說，其內容包括歷史掌故、名人軼事、寓言傳說、世態風習、文物地理、詩文評話，以及其他瑣文雜感。

〔註38〕〈白溝〉（卷二，頁20）、〈七夕〉（卷一，頁1）、〈送金海府使鄭尚書〉（卷四，頁51、52）、〈送田孟耕祿生司諫按全羅道〉（卷四，頁54）等詩文中，以寫實的筆法，攝錄社會的黑暗與不公，與杜甫〈自京赴奉先縣詠懷五百字〉：「朱門酒肉臭，路有凍死骨」的長詩，如出一轍。同註28，以及清聖祖敕編《全唐詩》卷二一六，北京：中華書局，1960年，頁23。

〔註39〕夏承燾《域外詞選》：「其一生行歷，當我國元代之始終。兩宋之際，蘇學北行，金人詞多學蘇。元好問（遺山）在金末，上承蘇軾，其成就尤為突出。益齋翹企蘇軾，其詞雖動蕩開闔，尚有不足，然《念奴嬌》之〈過華陰〉，〈水調歌頭〉之〈過大散關〉、〈望華山〉，小令如〈鷓鴣天〉之〈飲麥酒〉，〈蝶戀花〉之〈漢武帝茂陵〉，〈巫山一段雲〉之〈北山煙雨〉、〈長湍石壁〉等，皆有遺山風格，在朝鮮詞人中，應推巨擘矣。」同註5，頁4。

〔註40〕〔韓〕李德懋《清脾錄》，收錄於《青莊館全書》卷三，韓國：□□□□書局，頁32。

亂稿》十卷，《拾遺》一卷，總二四二板，半葉十行十八字。〔註41〕。李穡說：
「學文之士，去其靡陋，而稍爾雅，皆先生化之也。」〔註42〕李齊賢留下的
詩文著述，量多質精，又有後人妥善保存、付梓重刻，堪爲朝鮮後世學文者，
尤其是欲承漢學之風爲文者之典範。

第二節　詞作析論

　　李齊賢所有的詞作，幾乎都是在中國行旅過程中所創作，舉凡城市、山
川、古蹟，如平山堂、鶴林寺、漢武帝茂陵、大散關、華山、馬嵬坡、杜子
美草堂、司馬相如橋、長安、成都、九店等，都是李詞重要的書寫對象和題
材。旅途中的所見所聞，他用文字以詞的形式記錄下來，有客觀的景物描寫，
也有主觀的情感抒發，寫景生動，筆觸靈活，處處可見其思鄉倦遊、身世感
懷、愛國熱忱、歷史批判和對造物主的欽羨之情。綜觀李齊賢五十三首詞作，
可依其內容和主題，分爲詠懷十三闋、詠史八闋、山水三十一闋、民俗一闋
等，茲分述如下：

一、詠懷詞

　　「詠懷」的定名始於阮籍，若從題材著眼，受外在環境刺激的「個人
心事」即爲詠懷的主題，是一種切近生命的詠歎，傳達出個人的嚮往、哀
戚、愉悅、擔憂等情懷，反映內在的自我。李齊賢的五十三首詞，或多或
少都有抒發胸中塊壘的基調，其中有十三首詞明顯是在異國旅途中的有感
而發。他較金元時期其他的少數民族詞人不同之處在於，他並非生長於中
國，他有自己歸屬的國家，而這個國家卻又臣服於中國，沒有獨立的主權，
歷史文化也與中國密不可分。因此李齊賢既可以是中國的少數民族詞人，
也可以是外國的華化詞人，身份上的矛盾，使他有了更複雜多樣的情感，
借詠懷詞直抒胸臆。李齊賢詠懷詞的情調，大抵是憂慮感慨，內容大致可
分：（一）懷鄉念國之情。（二）生命無常之思。（三）積極用世之志。（四）
佛道隱逸之想。

〔註41〕〔韓〕崔昌源《韓國文集中的元蒙史料》，桂林：廣西師範大學出版社，2004
　　　　年，頁140～142。
〔註42〕李穡〈雞林府院君諡文忠李公墓誌銘〉，同註14。

（一）懷鄉念國之情

　　李齊賢所處的時代，是元朝的鼎盛時期，卻是高麗的衰微時期。高麗王朝處處受蒙古的壓迫、牽制、干預、監視，元朝隨時可以將高麗王召入元都，甚至可以懲處、廢立。1259 年元蒙征服高麗，1271 年蒙古人入主中原建立元朝後，便將高麗西北部的東寧部、東北部的雙城總管部、濟州島等直接納入元朝版圖〔註43〕，等於降低高麗的國格，成為元朝的附屬國，國家命運處於風雨飄搖之中。除了外力侵擾，高麗內部亦暗濤洶湧，朝中親元勢力益盛，李仁任等人甚至上疏請求高麗納入元朝版圖，成為元之一省，高麗國之存廢，命懸一線，朝不保夕。李齊賢面對國家的衰微和江山的破敗，興起一片愛國的熱忱，是他在詞中所表現出的一個突出的主題。然而獨自在異鄉為故國奔走，身不由己所產生的思鄉倦遊之情，也不斷在他的詞中低迴盪漾。延祐丙辰（1316），李齊賢奉使西蜀，下詞所寫為赴四川前的心情寫照，由悲涼而高昂：

> 堪笑書生，謬算狂謀，所就幾何。謂一朝遭遇，雲龍風虎，五湖歸去，月艇煙蓑。人事多乖，君恩難報，爭奈光陰隨逝波。緣何事，背鄉關萬里，又向岷峨。　　幸今天下如家，故去日無多來日多。好輕裘快馬，窮探壯觀，馳山走海，總入清哦。安用平生，突黔席暖，空使毛群欺臥駝。休腸斷，聽陽關第四，倒捲金荷。〈沁園春‧將之成都〉

上片一開始就對策劃將高麗歸入元朝的賣國者，不假顏色的痛斥一番。對高麗朝中那些策畫狂妄不當計謀、背主投敵、背信棄義的高官大臣〔註44〕，進行辛辣的嘲諷：小人只能一朝得志，一旦失勢，朝中再無他們的立足之地；他又感慨世事無常的變遷，以致遲遲無法報答忠宣王對他的知遇之恩。為報君恩，他出發前往成都，但出發前又發出「背鄉關萬里，又向岷峨」的思鄉感慨，顯然這趟旅程仍是有些身不由己的。他的忠君之心，充滿在許多詩詞之中，如〈定興路上〉：「早晚歸來報明主」、〈北上〉：「主恩猶未報，努力敢求安？」、〈涇州道中〉：「主恩曾未答丘山，萬里驅馳敢道難」、「萬里思親淚，三年戀主情」等〔註45〕，為了效忠主上，他不辭辛勞，奔

〔註43〕《元史‧地理志》卷五十九、《元史‧外夷傳‧高麗》卷二百八，列傳第九十五，同註27，頁 695～696、2206～2207。

〔註44〕高麗王族內訌，親元一派，獻媚元朝，建議將高麗改為元朝一行省的建置。

〔註45〕〈定興路上〉（卷一，頁 2）、〈北上〉（卷一，頁 13）、〈涇州道中〉（卷三，頁 28），《益齋集‧益齋亂稿》，同註28。

波不止，即使必須忍受思親之情，即使小人當道，抱負難施，他也在所不惜。下片情志變得激昂，上片所呈現的悲涼心境，並不能打倒他的積極向上，對未來抱有無限希望。「好輕裘快馬，窮探壯觀，馳山走海，總入清喔」他對未來旅途中可以想見的雄壯景色，興致盎然，甚至願意久留其中，窮探宇宙天地的奧秘，藉此轉移對國事憂煩的注意力。李齊賢以異域人士的身分來到中國，生平不以突黔席暖、安富尊榮為事，而有心於登臨名山大川，一覽中土宏博絕特之觀，其高志可見一斑。「休腸斷，聽陽關第四，倒捲金荷」，痛快的喝下離情依依的美酒，分離是為了追尋更美好的未來，豪邁爽朗的氣氛沖淡了離別的感傷。

奉使西蜀，是為了代替主上到峨嵋山進香〔註 46〕。來到成都之後，李齊賢做了短暫的停留，瀏覽了不少四川名勝，如馬嵬坡、杜甫草堂、司馬相如駟馬橋等〔註47〕。即使江山如畫、遊人如織，使人流連忘返，一遇團圓佳節，仍令詞人興發一番羈旅倦遊的感嘆：

> 一年唯一日。遊人共惜，今宵明月。露洗霜磨，無限金波洋溢。幸有瑤琴玉笛，更是處、江樓清絕。邀俊逸。登臨一醉，將酬佳節。
>
> 豈料數陣頑雲，忽掩卻天涯，廣寒宮闕。失意初筵，唯聽秋蟲鳴咽。莫恨姮娥薄相，且吸盡、杯中之物。圓又缺。空使早生華髮。
>
> 〈玉漏遲·蜀中中秋值雨〉

「一年唯一日。遊人共惜，今宵明月」，李齊賢明辨自己「遊人」的身分，在一年一度月圓人團圓的中秋之夜，他邀約了幾個同是「天涯倦客」的朋友，到望江樓上聽曲飲酒、賞月怡情。「豈料數陣頑雲，忽掩卻天涯，廣寒宮闕」，但天公不作美，突如其來的烏雲遮住了皎皎玉盤，甚至下起大雨，大為掃興。失意的眾人，既無法與遠在千里之外的家人團圓，在異鄉又無法盡興賞月，耳邊響起秋蟲的鳴叫彷彿與他們同悲。還好酒能照飲，「人有悲歡離合，月有陰晴圓缺，此事古難全」〔註 48〕，既然天象無法改變，命運難以捉摸，又何必自尋煩惱，早生華髮？不如盡興喝酒，一醉方休。敏感的詞人，表面上因

〔註46〕《櫟翁稗說·後編》：「延祐丙辰，予奉使祠峨嵋山，道趙魏周秦之地，抵岐山之南，逾大散關，過褒城驛，登棧道，入劍門以至成都。」同註 17，頁 371。

〔註47〕 見本文有關〈人月圓·馬嵬效吳彥高〉、〈洞仙歌·杜子美草堂〉、〈滿江紅·相如駟馬橋〉詞之析探。

〔註48〕 蘇軾《東坡詞·水調歌頭》，收錄於紀昀編《文津閣四庫全書》第 497 冊，〈集部·詩文評類〉，北京：商務印書館，2005 年，頁 578。

無法賞月而哀愁，實際卻對國如累卵的危急時局有清醒的認識。「頑雲掩月」象徵著小人當道，惑主亂民，「失意初筵，唯聽秋蟲鳴咽」則是關切國家安危，卻遠在天涯，無法使力所發出的沉痛哀鳴。雖然詞人欲一醉解千愁，但酒醒之後，仍無法放下對國事的牽掛。

九九重陽又是另一個令詞人想起故鄉種種的佳節：

> 客裡良辰屢已孤。菊花明日共誰娛。閉門暮色迷紅草，敧枕秋聲度碧梧。　　三尺喙，數莖鬚。獨吟詩句當歌呼。故園依舊龍山會，賸肯樽前說我無。〈鷓鴣天·九月八日寄松京故舊〉

「寄松京故舊」，表面是酬贈朋友之詞，實際卻寄託了李齊賢深切的懷鄉之情。「松京」，即高麗的首都「開城」，也是李齊賢的故鄉，作者點明九月八日此一具體日期，有其深刻的涵義：隔日即九月九日重陽節，重陽正是菊花盛開之際，有登高賞菊、飲酒同娛的習俗，如唐·孟浩然〈過故人莊〉詩：「待到重陽日，還來就菊花。」又〈秋登蘭山寄張五〉：「共醉重陽節」〔註49〕。在這樣一個與家人朋友相聚的重要節日，李齊賢身在中國，無法與家鄉有所聯繫，「客裡良辰屢已孤，菊花明日共誰娛」，良辰美景，無知交相伴，孤身一人，因而思鄉萬里，感慨萬千。「閉門」、「敧枕」顯示他獨自一人在室內，欣賞著「紅草」、「秋聲」，但浸淫暮色的紅草和穿過梧桐的秋風，都更加引發他的孤獨和悵然。下片他以往事「三尺喙，數莖鬚。獨吟詩句當歌呼」來慰藉自己：從前在松京時，每到重陽，常與知交故舊歡聚一堂，談詩論事，把酒當歌，暢飲歡娛。然而今年聚會依舊，李齊賢藉詩問道：「你們是否也在席間談論到我呢？」，頗與唐·王維「獨在異鄉爲異客，每逢佳節倍思親。遙知兄弟登高處，遍插茱萸少一人」〔註50〕遊子思鄉的情緒相合。這是一種對家鄉的遐想與思念，希冀著有一天他能再回到故國，與兄弟朋友回味當年。

旅途中的漂泊無依之感，非親歷其境者無法想像，〈太常引·暮行〉就是詞人投宿的愁吟。

> 棲鴉去盡遠山青。看暝色、入林坰。燈火小於螢。人不見、苔扉半扃。　　照鞍涼月，滿衣白露，繫馬睡寒廳。今夜候明星。又何處、長亭短亭。〈太常引·暮行〉

〔註49〕孟浩然〈過故人莊〉、〈秋登蘭山寄張五〉，收錄於清聖祖敕編《全唐詩》卷一五九，北京：中華書局，1960年，頁1615、1618。

〔註50〕王維〈九月九日憶山東兄弟〉，收錄於《全唐詩》卷一二八，同上註，頁1307。

上片寫暮色疾行的景象，「燈火小於螢。人不見、苔扉半扃」空間的荒涼與黯淡凸顯出遊人獨自趕路的孤寂。暮色迷濛籠罩著遊人行經的林外，由淺而深的暮色象徵著遊人由淡而濃的客愁。下片寫行人歇宿的景況。詞人長途跋涉，一路上山高水遠，荒野獨宿，倍感蕭然，不得入夢，無止盡的旅程不知何時能結束？前道還有多少個五里十里、長亭短亭在等候著這個孤獨的天涯倦客，道出了詞人旅途的困難與辛苦。

（二）生命無常之思

李齊賢一生中多次來到中國，每次都有不同的任務和使命，為國家和君王的利益和前途奔走請命，卻往往乘興而來，敗興而歸，因此對生命的有限與世事的無常體認深刻：

> 宿雨連明半未晴。跨鞍療復問前程。野田立鶴何山意，驛柳鳴蜩是處聲。　　千古事，百年情。浮雲起滅月虧盈。詩成卻對青山笑，畢竟功名怎麼生。〈鷓鴣天・過新樂縣〉

新樂縣位在河北，是李齊賢往返中國和高麗的必經路線之一。行經此一路線時，他總帶著滿滿的期待來到中國，為了兩國的交流與和平努力；回程卻又帶著滿滿的失望離開，對高麗的內憂外患無能為力。此詞是李齊賢在旅途中興起的一種對人生的感悟。上片寫他對前程的期待，「宿雨連明半未晴」陰霾未開的下雨天象徵著渾沌不明的未來，即使未來充滿不確定性，詞人還是充滿信心地勇往直前。下片寫他由自然之景興起的人生體悟，浮雲起滅，月圓月缺，昭示著世事無常的自然定律，他告訴自己不要執著於功名得失，「詩成卻對青山笑，畢竟功名怎麼生」，面對如畫江山，應該放下執著，笑看人生。有時他卻無法如此豁達地看待人世的變化，當理想與現實差距甚多、期待幻滅、身不由己時，仍不免發出消極的嘆息：

> 將軍真好士，識半面、足吾生。況西自岷峨，北來燕趙，並轡論情。相牽挽、歸故里，有門前稚子、候淵明。對酒歡酣四坐，挑燈話到三更。　　高歌伐木鳥嚶嚶。懷抱向君傾。任客路光陰，欲停歸騎，更盡飛觥。人間世、逢與別，似浮雲聚散、月虧盈。但使金軀健在，白頭會得尋盟。〈木蘭花慢・書李將軍家壁〉

此詞所寫李將軍有一說為漢代名將李廣，但細看內容可知此李將軍與李齊賢是為當世知交，「對酒歡酣四坐，挑燈話到三更」，兩人交誼頗深，方能挑燈夜話，因此李將軍應為與李齊賢同期的當朝人物。兩個惺惺相惜的朋友，都

有相同的願望，「相牽挽、歸故里，有門前稚子、候淵明」，希望能能一起功成身退，辭官歸故里，過著如陶淵明般與世無爭的日子。下片「高歌伐木鳥嚶嚶。懷抱向君傾」，更見兩人互信互愛的情誼，「伐木」表達朋友間的深情厚誼〔註 51〕，也只有相互信任了解，才能互吐心聲，分享想法。可惜兩人相聚之期短暫，詞人放不下家國大事，明朝又要啓程到異地爲國事奔波，與好友別離，不禁發起感嘆。「人間世、逢與別，似浮雲聚散、月虧盈」，人生離合，一如浮雲月相，聚散無常、陰晴圓缺，寄望著終有一天，能實現共同的願望，一起過著閒適自在的歸隱生活。「但使金軀健在，白頭會得尋盟」，但詞人卻有「今日一別，不知何時再見」的隱憂，希望再見之時，兩人都能身體硬朗，重溫舊夢，對未來的茫茫前程，充滿迷惘和惆悵。

（三）積極用世之志

　　深受儒家思想薰陶的李齊賢，「士不可不弘毅，任重而道遠」〔註 52〕的使命感，不時驅使著他奉獻自己，即使君子困窮，亦堅志不移。在旅途中每遇壯闊奇景，更易比興託寓，感時言志，希望有用於世，實現抱負，貞志不休。這種積極用世的慷慨壯懷，特別顯見在詞人遭遇萬分苦痛、歷盡滄桑之時，越是處於逆境，越是堅忍不拔、奮進向上：

> 銀河秋畔鵲橋仙。每年年。好因緣。倦客胡爲，此日卻離筵。千里故鄉今更遠，腸正斷，眼空穿。　　夜寒茅店不成眠。一燈前。雨聲邊。寄語天孫，新巧欲誰傳。懶拙只宜閒處著，尋舊路，臥林泉。
> 〈江神子‧七夕冒雨到九店〉

李齊賢在七夕雨中來到山東蓬萊，由七夕牛郎織女在鵲橋相會的神話想到故鄉與家園。他身在異鄉，在此牛郎織女一年一度相見的日子裡，自己卻與家鄉思念之人分隔千里，反襯出身爲「倦客」卻在此佳節「獨在異鄉爲異客」的心情。蓬萊是神話中的仙境，李齊賢身在仙境卻無暇欣賞，心中被思鄉愁緒填滿，蓬萊便只是個令他肝腸寸斷、對故鄉望眼欲穿的傷心之地。他雖然有幸跟隨忠宣王在中國到處遊歷，但元朝政權對他們並不友善，使他總有一種寄人籬下的心理負擔，在處處受制於人的情況之下，無法施展抱負，「夜

〔註 51〕《詩‧小雅‧伐木》詩云：「伐木丁丁，鳥鳴嚶嚶……嚶其鳴矣，求其友聲。」《十三經注疏‧詩經》，臺北：宏業出版社，出版年不詳，頁 877。

〔註 52〕《論語‧泰伯第八》：「曾子曰：士不可不弘毅，任重而道遠。仁以爲己任，不亦重乎？死而後已，不亦遠乎？」《十三經注疏‧論語》，臺北：宏業出版社，出版年不詳，頁 5399。

寒」、「孤燈」、「雨聲」等詞句營造出孤獨淒涼的意象，象徵著他對國家處在孤立無援境地的憂慮，愁不成眠。藉著「寄語天孫，新巧欲誰傳」，欲將守護家國重任傳給有能之人，並自謙只因生性懶拙，願歸隱山林，過著不問世事的日子。然而更凸顯他牽掛家國大事、捨我其誰的用世心態，具有強烈的自尊心和責任感。

在旅途中歷盡艱難險阻，必須要有堅忍不拔的意志才能熬過一般人無法想像的勞累奔波：

> 旅枕生寒夜慘悽。半庭明月露淒迷。疲僮夢語馬頻嘶。　　人世幾
> 時能少壯，宦遊何處計東西。起來聊欲舞荒雞。〈浣溪沙・早行〉

此詞上片「旅枕生寒夜慘悽。半庭明月露淒迷」，可以看到一個羈旅在外的遊人淒苦悵惘：人困馬乏，疲憊的家僮還沒休息夠，頻嘶的馬鳴似在催促著眾人起行。遊人應是一夜無眠，當眾人還在夢鄉沉睡時，他卻清醒的看著在清晨未發前的寒涼夜景沉思。但見下片「人世幾時能少壯，宦遊何處計東西」，雖然時光飛逝，年華不再，他在外漂泊已久，居無定所，身心俱疲，仍能以積極奮進的想法來激勵自己。他以祖逖、劉琨深宵「聞雞起舞」〔註53〕的故事勉勵自己視逆境為磨練。野驛荒雞，古人認為不詳〔註54〕，對他來說並非「惡聲」，而是「雞啼催曙」，使人精神振奮之聲，寄寓著詞人的壯遊勵志，展現他不被逆境打倒、奮發向上的積極態度。

李齊賢除了能從逆境中自我激勵，也能藉由征服大自然的過程，鍛鍊心志：

> 行盡碧溪曲，漸到亂山中。山中白日無色，虎嘯谷生風。萬仞崩崖
> 疊嶂，千歲枯藤怪樹，嵐翠自濛濛。我馬汗如雨，修徑轉層空。　　登
> 絕頂，覽元化，意難窮。群峰半落天外，滅沒度秋鴻。男子平生大
> 志，造物當年真巧，相對孰為雄。老去臥丘壑，說此詫兒童。〈水調
> 歌頭・過大散關〉

此詞為李齊賢路經關中四關之一「大散關」的旅途觀感，為極佳的登臨覽勝之作。大散關控扼四川與陝西之間最重要的通道──陳倉道，是關中西南面的重要關隘，形勢異常險要，為「秦蜀之噤喉」。上片的「曲溪」、「亂山」、「無日」、「虎嘯」、「谷風」、「崩崖」、「疊嶂」、「枯藤」、「怪樹」顯現出大散關形

〔註53〕〔唐〕房玄齡等《晉書斠注・祖逖傳》卷六十二，列傳第三十二：「（祖逖）與司空劉琨俱為司州主簿，情好綢繆，共被同寢。中夜聞荒雞鳴，蹴琨覺曰：『此非惡聲也。』因起舞。」，臺北：新文豐出版公司，1975年，頁1112。
〔註54〕「荒雞」，指三更前啼叫的雞。舊以其鳴為惡聲，主不祥。

勢之險、氣勢之雄。「我馬汗如雨，修徑轉層空」，詞人在此體會到「蜀道之難」，過大散關需要有極佳的體力，甚至冒著命危險，置身在陡峻蜿蜒的山路中。下片寫詞人受此景激勵的豪情壯志：「登絕頂，覽元化，意難窮」，歷盡艱難險阻，詞人征服了大自然的壯觀奇景，站在最高處，觀覽腳下風景，氣吞天下，興味無窮，並以「男子平生大志」的豪邁言語表達出對此江山奇景的激動情懷。此登高覽勝之作，清楚表達出李齊賢勇於向困難挑戰，不輕言放棄的毅力和決心，其堅忍不拔的人格特質，讓他度過在政治路上的重重挫折與考驗，忠君愛國、為家為民的心始終如一。

（四）佛道隱逸之想

　　當人生無常、危機四伏、焦慮憂悶時，許多文人為了使精神超脫而寄託於佛老仙隱。李齊賢詞中也多有追求禪悅、老莊隱逸的思想，但並非代表他欲隱遁避世，不問世情。他只是想在佛門空境屏除心中的憂煩雜念，從想像中的隱逸生活，得到暫時的喘息，適度的心靈抽離，才能減輕他在現實生活中遭遇的苦痛。如以下四詞所云：

> 夾道修篁接斷山。小橋流水走平田。雲間無處尋黃鶴，雪裡何人聞杜鵑。　　誇富貴，慕神仙。到頭還是夢悠然。僧窗半日閒中味，只有詩人得祕傳。〈鷓鴣天‧鶴林寺〉

鶴林寺〔註55〕始建於晉代，南朝宋武帝劉裕微時曾遊於此，唐宋時已為古蹟，歷來題詠極多〔註56〕。上片略敘遊蹤，用殷七七「能開頃刻花」〔註57〕、韓湘子「冬日開花顯字」〔註58〕兩個道教典故，描寫出鶴林寺的清幽風物，竹

〔註55〕〔宋〕祝穆《方輿勝覽‧鎮江府》：「鶴林寺，在黃鶴山，舊名竹林寺。」，上海：上海古籍出版社，1991年，頁74。

〔註56〕如〔唐〕劉長卿〈送靈澈上人〉詩：「蒼蒼竹林寺，杳杳鐘聲晚。」（鶴林寺舊名竹林）綦毋潛〈題鶴林寺〉：「松覆山殿冷，花藏溪路遙」等。《全唐詩》卷一四七、一三五，同註49，頁1482、1368。

〔註57〕〔宋〕李昉等編《太平廣記》卷五十二引《續仙傳》殷七七「能開頃刻花」事，略謂周寶詢殷七七曰：「鶴林之花（指杜鵑花），天下奇絕，嘗聞能開頃刻花，此花可開否？」七七應可，乃前二日往鶴林宿，晨起，寺僧忽訝花漸吐蕊，及九日，爛漫如春。北京：中華書局，1961年，頁238、239。

〔註58〕〔唐〕段成式《酉陽雜俎‧廣動植類之四‧草篇‧牡丹》卷十九「韓湘冬日開花顯字」事，略謂韓愈之姪韓湘自江淮來，為韓愈冬日催開牡丹，每朵顯一聯詩，字色分明，乃韓出官時詩，一韻曰：「雲橫秦嶺家何在，雪擁藍關馬不前」，韓大驚異。姪後辭歸江淮，竟不願仕。北縣：漢京文化公司，1983年，頁185、186。

林夾道，杜鵑盛開，是為人間勝境，但隱隱透出對神話虛無飄渺、虛妄不實的批評。下片縱情寫志。雲間黃鶴，杳然不返，雪中杜鵑，頃刻虛花，功名富貴、神仙之境還不是到頭一夢、萬事皆空。對人生景況，深有所悟，於是「僧窗半日閒中味，只有詩人得秘傳」，心地空明，欲辯忘言，那就學習寺僧放意自適地去追尋不可言說的人生境界吧！禪機頗深，對佛門「空」的境界有所領悟。除了禪機的體會，詞人也嚮往隱逸忘機的生活：

> 西風吹雨鳴江樹。一邊殘照青山暮。繫纜近漁家。船頭人語譁。　　白
> 魚兼白酒。徑到無何有。自喜臥滄洲。那知是宦遊。〈菩薩蠻·舟中
> 夜宿〉

> 長江日落煙波綠。移舟漸近青山曲。隔竹一燈明。隨風百丈輕。
> 　　夜深篷底宿。暗浪鳴琴筑。夢與白鷗盟。朝來莫漫驚。〈菩薩蠻·
> 舟次青神〉

「青神」是四川岷江中游附近的一處城鎮，李齊賢至峨嵋山進香後，便乘船沿岷江順流而下。從「西風吹雨鳴江樹」可知時序深秋，但沿途的山光水色，尤其是薄暮至深夜之景，如「殘照青山」、「日落煙波」、「繫纜近漁家。船頭人語譁」、「夜深篷底宿。暗浪鳴琴筑」更是令他陶醉不已，心情隨之開朗明快，甚至到了物我兩忘的境界。吃著簡單的漁家食物，心滿意足；心無罣礙，心神能自由的在天地間馳騁，還夢到與白鷗相伴，過著自在悠閒的生活。「自喜臥滄洲。那知是宦遊」，他喜愛理想中逍遙忘機的生活，頓時將遠遊在外的漂泊無依之感忘卻。古來中國文人在遇到仕途或生活中的挫折時，總嚮往能過著如漁父般的隱士生活，享受著大自然對疲累心靈的洗禮，李齊賢受漢學影響至深，箇中情韻，自有體會。此舉並非消極逃避生活的重擔和壓力，而是藉此調節悲苦的心情，從自然的解放中重新獲得積極用世的力量。下詞亦是一例：

> 天地賦奇特，千古壯西州。三峰屹起相對，長劍凜清秋。鐵鏁高垂
> 翠壁，玉井冷涵銀漢，知在五雲頭。造物可無物，掌迹宛然留。　　記
> 重瞳，崇祀秩，答神休。真誠若契真境，青鳥引丹樓。我欲乘風歸
> 去，只恐煙霞深處，幽絕使人愁。一嘯寒驢背，潘閬亦風流。〈水調
> 歌頭·望華山〉

〈大江東去·過華陰〉所寫為由觀華山而思李白（見後段「詠史詞」），而〈水調歌頭·望華山〉則純寫華山，讚嘆造物主的偉大。上片先點出華山之奇—

——「天地賦奇特」，以及地理位置的重要性——「千古壯西州」〔註59〕，再一一細寫華山的著名景觀，如華山之芙蓉、明星、玉女三峰聳立相望，華山五雲峰之上的深潭「玉井」與銀河遙相呼應、華山東峰朝陽峰崖壁上傳說有仙人印下的巨型掌印石紋「華嶽仙掌」，壯闊雄奇、動盪開闊之景，令詞人深深著迷。下片連用兩個歷史人物的典故，來說明詞人如何深受感動，從壯麗山水中領悟人生哲學。「記重瞳，崇祀秩，答神休」謂舜東巡至泰山祭祀，以答謝神靈保佑的美意〔註60〕。詞人也有與舜相同的感覺，敬畏且崇拜造物主的偉大，感謝造物主創造此一人間絕景，並引發他欲效法潘閬超脫出世之想〔註61〕。李齊賢用他的真誠寫出華山仙境，也聯想到有仙人風味的潘閬，追慕潘閬曠達灑脫之風。大自然是紓解李齊賢鬱悶之氣的療養場所，受華山之景的洗禮，讓他能暫時拋開羈旅之愁、沉重的家國大事，學習大自然兼容並蓄的智慧，試著以一種瀟灑超脫的眼界來看待人生中所遭遇的挫折困難。

二、詠史詞

詠史是作者歌詠歷史題材，以寄寓思想感情，表達見解的一種文學類別。李齊賢對中國歷史人物、人文景觀的批判與讚美，作品數量非常多，散見於他的各類作品集中〔註62〕；或因觀覽古蹟、歷史勝地有感而發，或對史事和

〔註59〕 西州，即陝西地區，自古為軍事樞紐、政治中心，華山之奇險給予西州庇護屏障。

〔註60〕 《史記・項羽本紀》卷七：「舜目重瞳」；又《史記・封禪書》卷二十八謂：「舜東巡至泰山。柴，望秩於山川。」同註2，頁147、525；〔漢〕揚雄〈甘泉賦〉：「擁神休，尊明號。」收錄於〔梁〕蕭統編《文選》卷七，北京：中華書局，1977年，頁111；〔宋〕于石〈小石塘源〉詩：「豚蹄一盂酒，神休答豐穰。」《紫巖詩選》卷一，收錄於紀昀編《文津閣四庫全書》第397冊，〈集部・別集類〉，北京：商務印書館，2005年，頁524。

〔註61〕 潘閬，字逍遙（？～1009），曾為四門國子博士，後因受政治迫害，長期流亡，有《逍遙集》，詞集為《逍遙詞》，其〈過華山〉詩有「高愛三峰插太虛，掉頭吟望倒騎驢」。見《宋詩記事》卷五，收錄於紀昀編《文津閣四庫全書》第496冊，〈集部・詩文評類〉，北京：商務印書館，2005年，頁586。

〔註62〕 《益齋亂稿》中收錄的詠史作品有：卷一〈過中山府感倉唐事〉（頁2）、〈井陘〉（頁2）、〈過祁縣感祁奚事〉（頁2）、〈豫讓橋〉（頁3）、〈黃河〉（頁3）、〈諸葛孔明祠堂〉（頁4）、〈眉州〉（頁5、6）、〈函谷關〉（頁7）、〈澠池〉（頁7）、〈比干墓〉（頁8、9）、〈淮陰漂母墓〉（頁12）；卷二〈鄴城〉（頁20）、〈王祥碑〉（頁21、22）、〈崤陵行〉（頁22）、〈函關行〉（頁22、23）、〈鄭莊公墓〉（頁24）、〈漢武帝望思臺〉（頁25）；卷三〈則天陵〉（頁27）、〈唐肅宗陵〉（頁28）、〈菊齋橫坡十二詠〉（頁34～36）；卷四〈陳勝〉、〈項羽〉、〈田橫〉、

人物提出見解，詞作中亦有八首詠史之作，茲分爲歷史人物和歷史事件詳述
之：

（一）以歷史人物爲題材者

　　向來詠史之作，多以褒揚歷史人物爲主，但李齊賢卻常打破慣例，從不
同的觀點，提出批判，此舉絕非無的放矢，標新立異，而是欲從檢視歷史的
過程中反映現實，並從歷史的錯誤中學到教訓與智慧。詠古人而己之性情俱
見，從以下六詞，吾人可知其好惡：

　　　　見說軒皇此鍊丹。乘龍一去杳難攀。鼎湖流水自清閒。　　空把遺
　　　弓號地上，不蒙留藥在人間。古今無計駐朱顏。〈浣溪沙‧黃帝鑄鼎
　　　原〉

「鑄鼎原」在今陝西省黃陵縣西北之橋山，此詞是李齊賢遊歷經過此地，聯
想到「黃帝鑄鼎乘龍」的傳說〔註63〕，以表達對黃帝鼎湖仙去的感慨。上片
寫傳說鑄鼎原一地是黃帝的鍊丹之所，如今黃帝已乘龍而去，仙跡已杳，只
剩下鼎湖的流水，千百年來幽幽靜靜的流著，任後人憑弔。下片寫黃帝乘龍
而去時，百姓不捨，爭相而上，攀持龍鬚，黃帝之弓因而掉落人間，百姓撫
弓而泣〔註64〕。黃帝只留下一把「烏號弓」，曾鍊過的丹藥也未曾留下，使得
想要追隨黃帝、追求長生不老之人無計可施。李齊賢對黃帝只顧自己乘龍升
仙、不念百姓的作爲，頗有微詞。以黃帝比喻君王，江山社稷有賴君王領導，
君王一旦任意妄爲，千百臣民頓失所依。藉此上諫君王，要能體恤百姓，勿
因一己之私，而犧牲萬民福祉，顯見李齊賢愛民如子的高尚節操。詞人對漢
武帝也有不好的觀感，如下詞：

　　　　石室天壇封禪了。青鳥含書，細報長生道。寶鼎光沈仙掌倒。茂陵
　　　斜日空秋草。　　百歲眞同昏與曉。羽化何人，一見蓬萊島。海上
　　　安期今亦老。從教喫盡如瓜棗。〈蝶戀花‧漢武帝茂陵〉

茂陵是埋葬漢武帝劉徹的墳墓，他是一個雄才大略的君王，在歷史上有過偉

　　　〈劉向劉歆〉、〈韓信〉、〈蕭何〉、〈曹參〉、〈張良〉、〈陳平〉、〈王陵〉、〈夏侯
　　　嬰〉、〈蒯通〉、〈劉敬〉、〈陸賈〉（〈陳勝〉以下，頁47～49）等，同註28。

〔註63〕《史記‧封禪書（第六）》卷二十八：「黃帝采首山銅，鑄鼎於荊山下。鼎既
　　　成，有龍垂鬍髯下迎黃帝。黃帝上騎，群臣後宮從上者七十餘人，龍乃上去。
　　　餘小臣不得上，乃悉持龍髯，龍髯拔，墮，墮黃帝之弓。百姓仰望黃帝既上
　　　天，乃抱其弓與鬍髯號。」，同註2，頁538。

〔註64〕同上註。

大功績。李齊賢不從歌功頌德的角度來評斷漢武帝在政治上的傑出貢獻，反而放大檢視他嚮往長生不老所做的荒誕舉動。上片寫漢武帝求仙長生的失敗：他窺石室、封泰山，一心希望使者傳書，得到長生不老的秘訣，故遣方士往海上求長生不老之藥〔註65〕；又在建章宮前造神明臺，上鑄銅仙人，舒掌捧銅盤玉杯，以承接天上的仙露，和玉屑服用，以求仙道〔註66〕。可是費盡心思的安排，漢武帝仍然抵不過生老病死的自然定律，成為荒煙蔓草中的一座孤墳，甚至因他的執著與揮霍，使得漢家王氣就此消沉，在夕陽餘暉中，更見寥落悽涼。下片寫求仙長生的虛妄，人生短暫，一晃即逝，又有幾人真能得道成仙？就連吃盡長生不老仙棗的仙人「安期生」〔註67〕，也早已老去，不見蹤跡。想要長生不老，只是痴心妄想、愚昧無知，李齊賢否定漢武帝企求長生不老的舉動，並批判了道家求仙的虛幻不實。詞人不僅敢於批評名君聖王，對才華洋溢的文豪也不假辭色的指責：

> 漢代文章，誰獨步、上林詞客。遊曾倦、家徒四壁，氣吞七澤。華表留言朝禁闥，使星動彩歸鄉國。笑向來、父老到如今，知豪傑。
>
> 　人世事，真難測。君亦爾，將誰責。顧金多祿厚，頓忘疇昔。琴上早期心共赤，鏡中忍使頭先白。能不改、只有蜀江邊，青山色。
>
> 〈滿江紅·相如駟馬橋〉

此詞是作者西遊入蜀時，途經相如駟馬橋所作，既贊頌了司馬相如的才華與功績，也譴責了他富貴後對卓文君的負情，既褒又貶，「不匿其善，不隱其惡」的寫作手法，在詠史作品上別具一格。「漢代文章，誰獨步、上林詞客」，遙

〔註65〕 《史記·孝武本紀》卷十二載：武帝晚年寵信方士李少君、少翁等，冀得長生不老之術，曾派人至海上求仙；《史記·封禪書》卷二十八亦有記載。同註2，頁195～196、534～535。

〔註66〕 《三輔黃圖》卷三：「神明臺，漢武帝造。上有承露盤，有銅仙人舒掌捧銅盤玉杯，以承雲表之露，和玉屑服之，以求仙道。」，收錄於紀昀編《文津閣四庫全書》第159冊，〈史部·地理類〉，北京：商務印書館，2005年，頁30～31。

〔註67〕 〔漢〕劉向《列仙傳》卷上：「安期」，亦稱「安期生」、「安其生」，秦、漢間仙人名，傳說他曾從河上丈人習黃帝、老子之說，賣藥東海邊。秦始皇請與語三日夜，賜金璧數千萬，皆置之而去，留書曰：「後千歲求我於蓬萊山。」後始皇遣使入海求之，未至蓬萊山，遇風波而返。後之方士、道家因謂其為居海上之神仙。收錄於紀昀編《文津閣四庫全書》第352冊，〈子部·道家類〉，北京：商務印書館，2005年，頁630；《史記·封禪書》卷二十八：漢武帝時，方士李少君謂曰：「臣常遊海上，見安期生，食巨棗，大如瓜。」同註2，頁535。

想相如風采，先讚嘆司馬相如的文章獨步漢代；再寫出他的經歷與氣質：「遊曾倦、家徒四壁，氣吞七澤」，寫他與卓文君的愛情故事感人至深〔註68〕；「華表留言朝禁闥，使星動彩歸鄉國」，言其政治建樹，衣錦榮歸，巴蜀父老對他刮目相看〔註69〕。一生豪傑的司馬相如，難免也有過失，下片筆鋒一轉，寫司馬相如得到高官厚祿之後，見異思遷，貪新厭舊，「顧金多祿厚，頓忘疇昔」，忘了卓文君過去對他不離不棄的一片深情；「心共赤」和「頭先白」的對照，更是極盡譏諷地鞭撻了相如的薄倖。李齊賢用儒家道德式的教條「富貴不能淫」，主觀的評斷司馬相如的功過是非，司馬相如在歷來的評價上原是個傑出的文章大家，而詞人卻顛覆傳統，從道德上批判司馬相如的負心忘情，跳脫世俗觀點，別出心裁。由「人世事，真難測」、「能不改、只有蜀江邊，青山色」的前後對比，更可知作者對人心難測，人事複雜的惆悵和無奈，環境可以徹底改變一個人，他借古喻今，藉司馬相如對感情的不忠警惕自己潔身自愛，不要因變幻莫測、詭譎多變的朝政，而影響了自己忠君愛國的一片赤誠。

李齊賢對人的評斷原則並非以功業為主，而是注重人的性情品德，尤重「忠義」，對感情不忠、對國家不義，是他所不齒的；反之，奉獻自己為家為國為民的典型，則是他所讚賞的。

> 三峰奇絕，儘披露、一摑天慳風物。聞說翰林曾過此，長嘯蒼松翠壁。八表遊神，三杯通道，驢背鬚如雪。塵埃俗眼，豈知天下人傑。
>
> 　猶想居士胸中，倚天千丈氣，星虹閒發。縹渺仙蹤何處問，箭筈天光明滅。安得聯翩，雲裾霞佩，共散騧驪髮。花閒玉井，一樽轟醉秋月。〈大江東去‧過華陰〉

此詞寫華山的巍峨奇險、空靈玄幻，也寫李白的才華洋溢、豪放脫俗、風流倜儻。李白曾官翰林學士，因受權貴排斥，投閒置散，不得已離開長安，天寶十五年，寫〈西上蓮花山〉詩〔註70〕，華山的壯美奇絕和李白的狂放不羈互相襯托。「八表遊神，三杯通道，驢背鬚如雪」，所寫皆為李白不受世俗所限、自由自在的精神表態〔註71〕。李白嗜酒，崇拜仙道，醉後神遊太虛，在

〔註68〕 《史記‧司馬相如傳》卷一一七，列傳第五十七：「文君夜亡奔相如，相如乃與馳歸成都。家居徒四壁立。」，同註2，頁1217。

〔註69〕 相如曾以中郎將身份，通西南夷，獲得成就，寫下著名的〈論巴蜀檄〉、〈難蜀父老〉等。同上註，頁1229～1232。

〔註70〕 蓮花山即西嶽華山，在今陝西省華陰縣。

〔註71〕 「三杯通道」出自李白〈月下獨酌之二〉：「三杯通大道，一斗合自然。」收錄於《全唐詩》卷一八二，同註49，1960年，頁1853。「驢背鬚如雪」，出自

華山之陰倒騎驢背，在常人眼中，可謂離經叛道，但就是這種性情，才造就了他飄逸縱橫的才氣，世間俗人又豈能領會箇中滋味。李齊賢崇拜李白的不凡，倒把一干攀附權貴、重視功名利祿的人數落了一番。下片作者受到華山壯闊雄奇的感染，將華山之景比做李白胸中氣度，也激發了詩人的豪興，欲登臨絕頂，在玉井花池，邀月同飲，一樽轟醉，追隨李白「舉杯邀明月，對飲成三人」的瀟灑健邁之舉。李齊賢所處的時代、所受的教育和他對自我的要求，都有強烈的儒家入世精神，他忠君愛國，不齒賣國求榮的朝中小人，因此對蔑視權貴、將功名利祿棄若敝屣的李白，特別欽羨嚮往；對李白的文采氣質，超越時空，惺惺相惜。雖然從用韻、詞牌和內容來看，此詞與蘇軾〈念奴嬌‧赤壁懷古〉有繼承借鑑的關係，同押入聲韻，韻腳皆相同，都是借江山景物來抒發對歷史人物的情感或政治理想，將蘇詞的形式要素，模仿的唯妙唯肖，但卻能剪裁材料，運用適當的典故，使得豪放不羈、詩名蓋世的李白有別於英姿煥發、英武氣概的周瑜，營造出與蘇詞不同的意境和個性。而與李白齊名的杜甫同是李齊賢所仰慕仿效的對象，下詞對杜甫亦有深刻的評論：

> 百花潭上，但荒煙秋草。猶想君家屋烏好。記當年，遠道華髮歸來，妻子冷，短褐天吳顛倒。　　卜居少塵事，留得囊錢，買酒尋花被春惱。造物亦何心，枉了賢才，長羈旅、浪生虛老。卻不解消磨盡詩名，百代下，令人暗傷懷抱。〈洞仙歌‧杜子美草堂〉

李齊賢入蜀滯留成都期間，曾遊覽「杜子美草堂」，憑弔杜甫。上片簡略回顧杜甫一生：杜甫曾於百花潭畔建造草堂，事過境遷，原址如今只剩荒煙漫草、瑟瑟西風，但杜甫的詩篇卻永存人心，令人追念不已〔註72〕。杜甫中年曾到長安應試，卻抑鬱不得志，時不我予的境遇，令人同情。下片續寫杜甫擇地而居，過著清苦的生活，又逢戰亂，連最基本「買酒尋花」的悠閒生活，都被剝奪。「枉了賢才，長羈旅、浪生虛老」，作者嘆息天公何心，委屈賢才，表達對杜甫終生坎坷不遇、流離失所、飄零無依的哀憐與不平，徒令其詩名消磨於生時。杜甫困苦飄零、懷才不遇的身世，與詞人自己有幾分相似，羈

〔宋〕尤袤《全唐詩話‧鄭綮》卷五：「相國鄭綮善詩……或曰：『相國近為新詩否？』對曰：『詩思在灞橋風雪中驢子背上，此何所得之』蓋言生平苦心也。」，收錄於〔清〕何文煥編《歷代詩話》，北縣：漢京文化公司，1983年，頁216。

〔註72〕「猶想君家屋烏好」化用杜甫〈奉贈射洪李四丈〉詩：「丈人屋上烏，人好烏亦好。」收錄於《全唐詩》卷二百二十，同註49，頁2317。

於旅次，虛度光陰，因而感慨萬千。李齊賢在他的詩作中，曾流露出痛恨惡官酷吏、關心百姓疾苦的思想情感〔註73〕，因此特別認同杜甫反映社會現實、為苦難人民發聲的高潔情操，也欽羨杜甫「獨步百代」的高才，因此對杜甫的際遇深深惋惜，流露出更多的同情與不捨。

　　詩仙李白和詩聖杜甫不但是唐代著名的詩人，他們灑脫自由的情性為李齊賢所仰慕，心繫家國人民的使命感也與他產生共鳴，而坎坷不遇的際遇更令他心有戚戚焉。而一向被視為紅顏禍水的楊貴妃，詞人卻用顛覆歷史評斷的角度寄予同情：

　　　五雲繡嶺明珠殿，飛燕倚新妝。小輦中有，漁陽胡馬，驚破霓裳。

　　　　海棠正好，東風無賴，狼藉春光。明眸皓齒，如今何在，空斷

　　人腸。〈人月圓・馬嵬效吳彥高〉

李齊賢奉使西蜀時（1316）所走的路線，是沿著唐玄宗於安史亂時的逃亡路線，由陝西近入四川。此詞是途經馬嵬坡時，仿金・吳激〈人月圓〉詞中借追懷六朝舊事〔註74〕，撫今追昔的手法，詠嘆唐玄宗與楊貴妃的往事。起始寫出明珠殿前巧著新妝的楊貴妃，原是華貴無比，享受著集「三千寵愛於一身」的恩寵，與玄宗日日笙歌，夜夜宴飲，盡日不足。一片恩愛親密、歌舞昇平的景象，突然間，被戰爭的醜惡所破壞，留下血污遊魂，狼藉春光的悲劇，「海棠正好，東風無賴，狼藉春光」象徵著貴妃作為政治犧牲品，在馬嵬被逼自縊。貴妃的苦、玄宗的悲，詞人發出「明眸皓齒，如今何在」的感嘆，「空斷人腸」，令人不勝唏噓。前人詠馬嵬之變的作品很多，多是對玄宗親寵楊貴妃，紙醉金迷換得國破家亡，加以批評，把安史

〔註73〕如〈送田祿生司諫按全羅道〉詩：「南方近者頻荒年，捐瘠往往僵路旁。守令識字百二三，坐視弄法猶盲暗。旋驅農夫防海倭，賊刃未接先奔波。大將坐幕擁笙歌，小將汗馬輸弓女。豪奴聯騎攘公田，官徵逋租不計年。嗚呼民生至此極，誰與吾君寬旰食？」此詩嘆息民生艱難，餓殍載道，而守令失職，將帥貪歡，官府胡亂徵租，盼能有賢臣救人民於水火，為國君分憂解勞。再如〈七夕〉詩中，以牛郎織女為喻，描寫戰亂使人們顛沛流離，不得與親人團聚的苦難。又如〈送金海府使鄭尚書〉中，殷切希望地方父母官以德治善政愛護百姓，保障民眾的生命安全與生活安定。《益齋集・益齋亂稿》卷一，同註28，頁54。

〔註74〕吳激以前人（如杜牧、劉禹錫、白居易、王安石等人）的詩句入詞，〈人月圓・宴北人張侍御家有感〉：「南朝千古傷心事，猶唱後庭花。舊時王謝，堂前燕子，飛向誰家。　　恍然一夢，仙肌勝雪，宮髻堆鴉。江州司馬，青山淚濕，同是天涯。」用秦淮商女和王謝舊燕，來形容淪為金人歌伎的宋宮舊人，托古喻今，不勝故國滄桑之感。收錄於《全金元詞》，同註7，頁4。

之亂歸罪為貴妃的絕色〔註 75〕。李齊賢此詞淡化了對楊貴妃紅顏禍水的指控，而是如〈長恨歌〉一般對貴妃表達了深切的同情與惋惜。詞人之筆剪接楊貴妃從寵愛到委於塵土的不幸遭遇，喜悲之情，兩相對照，為貴妃無奈的一生做簡短精闢的註解，再以感慨萬千的設問句作結，一氣呵成，足見李齊賢對中國歷史的了解，用統一的觀點，表達對歷史人物的見解，並對弱者寄予悲憫的情懷。

（二）以歷史事件為題材者

　　除了歷史人物，李齊賢也透過對歷史事件的評述表達懷古情思，借古喻今，顯見他對對政治時局的敏感與關懷，且看以下二首：

> 樂府曾知有此堂。路人猶解說歐陽。堂前楊柳經搖落，壁上龍蛇逸
> 杳茫。　　　雲澹泞，月荒涼。感今懷古欲沾裳。胡僧可是無情物，
> 氍毹蒙頭入睡鄉。〈鷓鴣天・揚州平山堂，今為八哈師所居〉

此詞為李齊賢於延祐六年（1319）隨忠宣王降香江南〔註 76〕，路經揚州平山堂，為追念歐陽脩事蹟所寫。「平山堂」為北宋大文學家歐陽脩於宋慶歷年間，在揚州作官時所建。歐陽脩去世後，該處牆壁上還刻著他的手書筆跡，他也曾在平山堂前種植楊柳，其〈朝中措〉詞云：「文章太守，揮毫萬字，一飲千鍾」、「手種堂前垂柳，別來幾度春風」〔註 77〕。上片所寫的景物，都是對歐陽脩的追憶，平山堂在宋朝亡於元蒙之手後，便成為西域胡僧八哈師的居所，歐陽脩留在平山堂的遺跡已杳，詞人只能從世人的傳唱和他的作品中遙想他的風華氣度。下片由景入情，淒涼的月色，淡遠的雲氣，牽引出詞人懷古傷今的情緒，以宋朝比高麗，宋因積弱不振而亡於元，高麗被元設為征東行省〔註 78〕，前景亦岌岌可危；也以歐陽脩比自身，一代文豪的居所因改朝換代而易主，自己是否也會因國破家亡而失根。「胡僧可是無情物，氍毹蒙頭

〔註75〕 如羅隱〈馬嵬坡〉：「佛屋前頭野草春，貴妃輕骨此為塵。從來絕色知難得，不破中原未是人」、杜甫〈北征〉。收錄於《全唐詩》卷六七五、二一七，同註 49，頁 7557、2275。

〔註76〕 《高麗史（一）・忠宣王世家》：「六年三月請於帝降御香，南遊江浙至寶陀山而還。權漢功、李齊賢等從之，命從臣記所歷山川勝景為行錄一卷。」，同註 11，頁 527。

〔註77〕 歐陽脩〈朝中措〉，收錄於唐圭璋編《全宋詞》冊一，北京：中華書局，1965 年，頁 122。

〔註78〕 征東行省是元朝將高麗作為遠征日本的跳板所設的征伐型行政機關，後轉變為對高麗進行監督和控制的機關。

入睡鄉」，天下有情之人，皆會對此景況感到悲傷，更何況是來自西域、慈悲為懷的修道僧人，在夢鄉中也能感受到這深深的哀愁。

下一首懷古詞，更是藉眼前景、景中史，對高麗朝的衰微，發出深沉無奈的嘆息和委屈憤恨的宣洩：

> 騷人多感慨，況故國、遇秋風。望千里金城，一區天府，氣勢清雄。繁華事，無處問，但山川景物古今同。鶴去蒼雲太白，燕嘶紅樹新豐。　　夕陽西下水流東。興廢夢魂中。笑弱吐強吞，縱成橫破，鳥沒長空。爭如似犀首飲，向蝸牛角上任窮通。看取麟臺圖畫，□餘馬鬣蒿蓬。〈木蘭花慢・長安懷古〉

時值高麗朝中內亂，詞人作詞有感，〈木蘭花慢・長安懷古〉就是一首李齊賢在絕望中的啼泣，是一個愛國者對故國的一片熱忱。上片寫路經長安古城，聯想到故國種種。清峻雄渾的長安氣勢，歷久不衰，只是景物依舊，人事已非，歷代在長安建都繁榮美盛的歷史，白雲蒼狗，不復可尋。長安的歷史預告著李齊賢的國家正走著相同的道路，步向衰亡與毀滅。下片「夕陽西下水流東。興廢夢魂中。笑弱吐強吞，縱成橫破，鳥沒長空」將長安的歷史快速瀏覽一遍，並得到一個結論：漢高祖七年（公元前 200 年）定都於此。此後東漢獻帝初、西晉愍帝、前趙、前秦、後秦、西魏、北周、隋、唐皆於此定都。古往今來，弱肉強食的法則不變，一個走向衰亡的帝國必定被另一個強大的帝國所取代，想到自己的國家情勢狂瀾難挽，衰廢難興，空有一身救國扶邦的赤情，也無力回天。李齊賢雖有萬般無奈，卻並非一味的陷溺在自傷自憐的情懷中，他從長安的歷史看到時空有其不可逆轉的發展性，歷史的演進讓人覺得自己身陷的困境十分渺小。「爭如似犀首飲，向蝸牛角上任窮通。看取麟臺圖畫，□餘馬鬣蒿蓬」，各國爾虞我詐之爭地鬥爭，各人汲汲營營的建功立業，其成敗得失，在歷史中皆微不足道，榮華富貴轉眼成空，更是不足掛懷。這深沉浩茫的歷史興亡感，是李齊賢最直接的情感表現。

三、山水詞

李齊賢創作了兩套八景詩詞，分別以中國的「瀟湘八景」和高麗「松都八景」為對象，凡四組詞三十二闋（現存三十一闋，〈煙寺晚鐘〉一首失傳，有題無詞），佔了李齊賢現存五十三闋詞的三分之二左右，數量最為可

觀。「松都八景」以刻畫高麗首都松京，讚頌故鄉山川為主，是金元少數民族詞人中，唯一有「尋根」意義的作品。而「瀟湘八景」是仿效趙孟頫〈巫山一段雲〉詞作〔註79〕，〈巫山一段雲〉原為唐教坊曲，以描寫巫山神女和楚襄王豔事為主〔註80〕，而後演變為一種詞題的典型寫法——形容旅人行經巫峽，過巫山神女廟，想楚襄王逸事，弔古傷今。到了趙孟頫與李齊賢，則增加了寫景的比例，成為描寫自然風景的作品〔註81〕。詩詞山水題材興於南朝・宋・謝靈運，劉勰《文心雕龍・明詩篇》：「……山水方滋，儷采百字之偶，爭價一句之奇，情必極貌以寫物，辭必窮力而追新……。」〈物色篇〉又云：「……文貴形似，窺情風景之上，鑽貌草木之中。吟詠所發，志惟深遠，體物為妙，功在密附。故巧言切狀，如印之印泥，不加雕削，而曲寫毫芥，故能瞻言而見貌，即字而知時也。」〔註82〕以語言文字追摹山川美景，不如山水畫直接的形似，故新穎生動的意象選擇，能詮釋作者對山水的情思和啟發讀者對山水的想像，李齊賢的山水詞在這部分下了很大的功夫。

　　有人將李齊賢的〈巫山一段雲〉視為「題畫詞」一類。所謂「題畫詞」，有廣義和狹義兩種界定方式：狹義者，單只被書寫於畫幅上的文字；廣義者，則泛稱「凡以畫為題，以畫為命意，或讚賞，或寄興，或議論，或諷諭，而出之以詩詞歌賦及散文等體裁的文學作品」〔註83〕。宋・沈括《夢溪筆談》記載，瀟湘八景指的是宋代畫家宋迪的八幅山水圖畫，即山市晴嵐、遠浦歸帆、平沙落雁、瀟湘夜雨、煙寺晚鐘、漁村夕照、江天暮雪、洞庭秋月〔註84〕，此八景圖在兩宋頗負盛名，當時「好事者多傳之」〔註85〕，元代有許多詩人

〔註79〕　《御定詞譜》卷六有云：〈巫山一段雲〉都是雙調小令，四十四字，前後片各四句，三平韻的格式。收錄於紀昀編《文津閣四庫全書》第 500 冊，〈集部・詞曲類〉，北京：商務印書館，2005 年，頁 4、5。

〔註80〕　見宋玉〈高唐賦〉、〈神女賦〉，收錄於〔梁〕蕭統編《文選》卷十九，北京：中華書局，1977 年，頁 264～268。

〔註81〕　衣若芬〈李齊賢瀟湘八景詞與韓國地方八景的開創〉，《中國詩學》第九輯，2004 年，頁 152～153。

〔註82〕　劉勰《文心雕龍》〈明詩〉第六、〈物色〉第四十六，臺北：文史哲出版社，1985 年，上篇頁 85、下篇頁 302～303。

〔註83〕　衣若芬《鄭板橋題畫文學研究》，臺北：臺灣大學中文研究所碩士論文，1990 年，頁 1～8。

〔註84〕　〔宋〕沈括《夢溪筆談》卷十七，北京：中華書局，1985 年，頁 109。

〔註85〕　同上註。

或散曲家都有題詠「瀟湘八景」的作品〔註86〕。李齊賢〈巫山一段雲〉詠瀟湘八景和宋代所傳的瀟湘八景圖的標題不謀而合,因此有學者將李齊賢〈巫山一段雲〉歸類爲「題畫詞」。但筆者認爲歸類爲「山水詞」更爲貼切,理由有三:李齊賢曾隨忠宣王降香於江南〔註87〕,雖不能肯定他曾遊歷洞庭湖一帶,但作爲觸發創作靈感的契機,不無可能;其次,瀟湘文化自楚辭時代就是歷代遷人騷客多有發揮的書寫題材,歷史久遠,愛慕中國文化的李齊賢,受此文化和環境的感召,更加強他創作的動機;再者,〈巫山一段雲〉詠松都八景的十六闋詞從內容上來看是爲歌詠高麗故鄉的美景,故而推斷「瀟湘八景」也是李齊賢對中國自然風光給予的客觀描摹和讚美,兩者間應有其必然繼承之關係。因此〈巫山一段雲〉可視爲根據實景,佐以歷史文化背景的影響,所創造出的山水詞。以下分別就〈瀟湘八景〉和〈松都八景〉做分析與探討。

(一)瀟湘八景

李齊賢的瀟湘八景承襲趙孟頫而來,除了描寫瀟湘特有的風景之外,也寄寓了許多人事的感慨:

> 玉塞多繒繳,金河欠稻粱。兄兄弟弟自成行。萬里到瀟湘。　　遠
> 水澄拖練,平沙白耀霜。波頭人散近斜陽。欲下更悠揚。〈巫山一段
> 雲‧瀟湘八景‧平沙落雁〉之一

上詞用擬人化的手法,形容北方大雁南下的情景。雁往南行原是避冬,但詞人卻認爲是被環境逼迫,南行是爲了躲避獵人的獵殺和尋找足夠的食物。將大雁賦予人性,遷徙是時勢所迫,身不由己。姑且不論雁行的目的,詞人想像自己是雁群的一員,從高空俯看,只見一片空曠遼闊,在陽光的照射下,地上的河流蜿蜒澄澈如白練,廣闊的沙原閃爍耀眼似白霜。對詞人來說,此趟飛行也許只是爲了欣賞腳下這片壯闊優美的景致。當夕陽西下,成「人」字飛行之隊伍漸低飛分散,欲找尋今晚休憩之所,雁行更顯綿長悠遠、起伏不定。飄移的飛行弧線和地平線在夕照中融爲一體,有種不可言喻的美,足見詞人豐富的想像力和觀察力。

〔註86〕如元散曲家馬致遠〈壽陽曲〉、鮮于必仁〈普天樂〉、沈和〈賞花時〉等散曲
　　　　作品。收錄於隋樹森編《全元散曲》,北京:中華書局,1964年,頁244～249、
　　　　389～392、531～533。
〔註87〕同註76。

醉墨疏還密，殘棋整復斜。料應遺迹在泥沙。來往歲無差。　　水暖仍菰米，霜寒尚葦花。心安只合此爲家。何事客天涯。〈巫山一段雲‧平沙落雁〉之二

根據上詞，猶如「莊周夢蝶」的靈感，詞人在醉後提筆畫下平沙落雁圖，畫中歲末南下避冬的鴻雁，腳印應該還遺留在泥沙上，南來北往的經歷，年年相同。南行的大雁，終於找到避冬的場所，但本是春暖花開的時節，寒氣未盡，五穀不生，寒霜還凍結在葦花上，和北方的環境似乎沒有差別。就好像自己的遭遇，經常往來中國與高麗，經年累月，漂泊在外，在異鄉的生活少了穩定踏實，不禁要問到底爲了何事要浪跡天涯？此詞較上詞少了景物的描寫，多了情感的詮釋、心境的自白，藉南行的大雁，發出羈旅之愁的幽思喟嘆。

南浦寒潮急，西岑落日催。雲帆片片趁風開。遠映碧山來。　　出沒輕鷗舞，奔騰陣馬回。船頭浪吐雪花堆。畫鼓殷春雷。〈巫山一段雲‧遠浦歸帆〉之一

上片用「寒潮」、「落日」先寫出遠浦薄暮情景，雲帆出沒於波浪間，千帆競發、山隨水轉。下片以「輕鷗舞」形容帆的遠勢，在波浪間忽隱忽現的雲帆，似輕鷗旋舞，再以「陣馬回」形容波濤的奔騰，寫出歸船之健捷，充滿生命的活力。船頭激起的浪花如堆雪，乘風破浪的聲音如鼓似雷，猶如枚乘〈七發〉廣陵觀濤「沌沌渾渾，壯如奔馬；混混庉庉，聲如雷鼓」一般的氣勢磅礴。在畫面中營造聲音與動作足以顯現出漁村的蓬勃生氣，使靜態之景增添動感與活力。

解纜離淮甸，揚舲指楚鄉。風聲颯颯水茫茫。帆席上危檣。　　斷送浮雲影，驚回過雁行。江樓紅袖倚斜陽。遠引客心忙。〈巫山一段雲‧遠浦歸帆〉之二

此詞比之上詞情調較爲幽怨低迴，全詞並無「遠浦歸帆」之景，反倒是描寫詞人乘船遠去的的悲涼心境。遠遊的船帆在日暮時分一一入港，似在外漂泊的遊子回到溫暖的故鄉，反觀詞人歸鄉之路遙遙無期，只有他走著和故鄉相反的方向，向未知的旅程前進，颯颯風聲，蒼茫水面，與詞人遠遊羈旅的憂思互相應和，不知何時才能航向終點？

潮落蒹葭浦，煙沈橘柚洲。黃陵祠下雨聲秋。無限古今愁。　　漠漠迷漁火，蕭蕭滯客舟。箇中誰與共清幽。唯有一沙鷗。〈巫山一段雲‧瀟湘夜雨〉之一

「蒹葭」、「橘柚」爲瀟湘特有風物，點明瀟湘地理位置。上片因夜雨瀟湘而

發思古之情，瀟湘江面雨意正濃，正是舜之二妃娥皇、女英為舜殉情的淒絕之地〔註88〕，詞人因而勾起無限弔古傷今愁思。下片則寫瀟湘夜雨的清幽之境，夜色迷茫、雨聲蕭疏，被夜雨滯留的瀟湘客，心中惆悵，舟中羈旅的苦楚油然而生，只有水上浮鷗能共此清奇幽獨，寄託著詞人特立高潔的人格，不願流俗、飄然出群。

> 暗澹青楓樹，蕭疏斑竹林。篷窗夜雨冷難禁。敧枕故鄉心。
>
> 　　二女湘紅淚，三閭楚澤吟。白雲千載恨沈沈。滄海未為深。〈巫山一段雲・瀟湘夜雨〉之二

詞人遠離家鄉，客居瀟湘，客地雖好，「瀟湘夜雨」的淒情卻引發思鄉的愁緒，此詞較上詞用更多不同的角度寫內心孤獨淒苦的懷鄉之情。上片寫鄉愁之苦，因為苦悶不已，所見之景「青楓」、「斑竹」也是蕭颯淒涼，夜雨帶來的苦寒，加深了詞人對故鄉的思念與渴望。下片寫鄉愁之深，再用娥皇、女英為舜殉情，以及屈原以自沉汨羅江明志的典故寫自己的懷鄉之情，氣氛渲染，綿密深情。瀟湘之地萬年千載的悲劇性歷史，和詞人幽怨的思鄉之愁互相呼應牽引，綿綿不盡，深深不絕。

> 萬里天浮水，三秋露洗空。冰輪輾上海門東。弄影碧波中。　　蕩蕩開銀闕，亭亭插玉虹。雲帆便欲掛西風。直到廣寒宮。〈巫山一段雲・洞庭秋月〉之一

上片「萬里天浮水，三秋露洗空」寫出煙波浩淼，天水相接，皓月當空，明淨澄澈的洞庭湖秋夜，令人神往。月亮不再是靜止中的畫面，移動的月輪攪動了平靜無波的洞庭湖水。承接上片，明淨澄澈的湖面與晴朗無雲的夜空合而為一，更顯空間的無垠遼闊，似是為浪漫的作者開道，以月光引路，直達嫦娥住所——廣寒宮。作者在此詞增加了寫景的筆觸，寥寥數語便將洞庭湖的澄淨夜色和秋月用文字的畫筆如實的描繪出來；神話傳說是為輔助，人為的想像使畫面更充滿故事性，誇張奇特，頗有蘇軾〈水調歌頭〉：「明月幾時有，把酒問青天……我欲乘風歸去，又恐瓊樓玉宇，高處不勝寒」的奇幻浪漫色彩。

> 衡岳寬臨北，君山小近南。中開七百里湖潭。吳楚入包含。　　銀漢秋相接，金波夜正涵。舉杯長嘯待鸞驂。且對影成三。〈巫山一段

〔註88〕〔後魏〕酈道元《水經注》：「湘水又北經黃陵亭西，右合黃陵水口，其水上承太湖，湖水西流。經二妃廟南，世謂之黃陵廟也。言大舜之陟方也，二妃從征，溺於湘江，神遊洞庭之淵，出入瀟湘之浦……故民立為祠。」南京：江蘇古籍出版社，1989年，頁3151～3153。

雲‧洞庭秋月〉之二

此詞亦是描寫洞庭秋月的美感，唯較上詞多了客觀的陳述，寫出洞庭湖的地理位置、歷史背景。「衡岳寬臨北，君山小近南。中開七百里湖潭。吳楚入包含」，洞庭湖北臨寬廣挺拔的南嶽衡山，南立秀麗小巧的君山，這片平靜無波的湖面曾是春秋吳楚的故地。楚地文化華麗唯美的情調，搭配銀河與月光為洞庭湖刷上柔美的顏色，令詞人學起李白的詩情畫意，舉杯邀月，共享秋夜浪漫情懷。

風緊雲容慘，天寒雪勢嚴。篩寒灑白弄纖纖。萬屋盡堆鹽。　　遠浦回漁棹，孤村落酒帘。三更霽色妒銀蟾。更約掛疏簾。〈巫山一段雲‧江天暮雪〉之一

詠雪是中國傳統文學的重要主題，佳句名篇，不可勝數〔註 89〕，李齊賢所詠的銀白雪景亦可名列其中。「風緊雲容慘，天寒雪勢嚴」直言寒風冷冽，天寒地凍，大雪紛飛。「篩寒灑白弄纖纖。萬屋盡堆鹽」反用謝道韞典故〔註 90〕，將雪花比做片片柔細、晶瑩剔透的鹽粒，彷彿自空中篩落下來，堆積在萬千屋頂上，扭轉雪勢大作的嚴寒形象，增添雪景詩意的美感。下片「遠浦回漁棹，孤村落酒帘」，江面漫天飛雪，遠處的漁船趕緊歸航，曠野鄉村的小酒店也紛紛收起酒帘，人事因天氣不佳而漸趨靜默。歸於平靜的大地，讓詞人能細細品嚐雪後夜色，風雪的慘白、大地的雪白、月色的皎白交織出層次分明的銀色雪世界。

向夕迴征棹，凌寒上酒樓。江雲作雪使人愁。不見古潭洲。　　聲緊雲邊雁，魂清水上鷗。千金駿馬擁貂裘。何似臥漁舟。〈巫山一段雲‧江天暮雪〉之二

詠雪，表現了耐冷耐寒、重視節操的中國士大夫文人情調，李齊賢上詞細寫雪景，此詞則是借景抒懷，展示自己高潔的品行。當日暮時分，遠行的漁船

〔註89〕如王維〈冬晚對雪憶胡居士家〉：「隔牖風驚竹，開門雪滿山」、杜甫〈舟中夜雪有懷盧十四侍御弟〉：「暗度南樓月，寒深北渚雲」、柳宗元〈江雪〉：「萬徑人蹤滅，獨釣寒江雪」、韋應物〈休暇日訪王侍御不遇〉：「門對寒流雪滿山」、岑參〈白雪歌送武判官歸京〉等，收錄於《全唐詩》卷一二六、二三三、一九〇、一九九，同註 49，頁 1266、2573、3948、2050、1956；又如辛棄疾〈水調歌頭‧和王正之右司吳江觀雪見寄〉、史達祖〈東風第一枝〉等，收錄於《全宋詞》冊三、四，同註 77，頁 1871、2326～2327。

〔註90〕〔南朝‧宋〕劉義慶《世說新語‧言語》：「謝太傅寒雪日內集，與兒女講論文義。俄而雪驟，公欣然曰：『白雪紛紛何所似？』兄子胡兒曰：『撒鹽空中差可擬。』兄女曰『未若柳絮因風起。』」見余嘉錫《世說新語箋疏》，臺北：華正書局，1993 年，頁 131。

紛紛回航，詞人卻是冒著嚴寒，獨自登上高樓遠眺。詞人看見江上風雪大作，想到屈原、賈誼曾流放貶謫於此〔註91〕，化用唐・李白〈登金陵鳳凰臺〉詩意：「總為浮雲能蔽日，長安不見使人愁」〔註92〕，抒發千古風流人物的失意情懷。屈原、賈誼、李白雖同是天涯淪落人，空有滿腹才華，卻無可施展，但高潔的品行令人景仰欽佩。於是借著雪夜之寒、風雪之大來展示自己與古人同有「松柏後凋於歲寒」的節操；他寧可坐臥漁舟之中，休閒自得地觀賞這蒼茫風雪的美景，過著遺世獨立的生活，也不願過著坐擁千金、錦衣玉食卻與世道同流合污的富貴生活。

> 楚甸秋霖捲，湘岑暮靄濃。一春容罷一春容。何許日沈鐘。　　搖月傳空谷，隨風渡遠峰。溪橋有客倚寒筇。一徑入雲松。〈巫山一段雲・煙寺晚鐘〉

此詞上片寫的是暮色深沉中的蒼涼鐘聲。秋雨霏霏，暮靄沉沉，晚鐘一聲接著一聲傳來〔註93〕，似在催促太陽趕緊下山。昏暗的色調帶出下片旅人的孤獨。穩重悠遠的鐘聲震盪著月光，並隨著晚風傳送到遙遠的山頭，規律的節奏，像是一首安眠曲，讓天地萬物進入夢鄉。夜色漸深，有個旅人卻還未歇息，正倚著竹杖走過溪橋，走入松林中。這孤獨的旅人就是詞人的寫照，在每一次的旅途中，總是披星戴月、馬不停蹄的趕路，偶然間聽到的鐘聲，似在提醒他時光匆匆流逝的無情，明顯體現詞人的客居心態。

> 遠岫螺千點，長溪玉一圍。日高山店未開扉。嵐翠落殘霏。　　隱隱樓臺遠，濛濛草樹微。市橋曾記買魚歸。一望卻疑非。〈巫山一段雲・山市晴嵐〉之一
>
> 海氣蒸秋熱，山容媚曉晴。森森萬樹立無聲。空翠襲人清。　　鏡裡雙蛾斂，機中匹練橫。隔溪何處鷓鴣鳴。雲日翳還明。〈巫山一段雲・山市晴嵐〉之二

〔註91〕「潭洲」，今湖南長沙，隋、唐稱潭洲，北瞰洞庭，南依衡岳，為荊豫唇齒，扼黔粵咽喉，既是戰略要鎮，又是文化重鎮；歷代騷人遷客，名賢俊杰，都曾「一為遷客去長沙」，或謫居、或題詠，憂國憂民，以屈原、賈誼曾流放貶謫於此抒發情懷，被古人譽為「此地既佳麗，斯人亦豪英」的「屈賈之鄉」。

〔註92〕李白〈登金陵鳳凰臺〉，收錄於《全唐詩》卷一八0，同註49，頁1836。

〔註93〕《十三經注疏・禮記・學記》：「善待問者如撞鐘，叩之以小者則小鳴，叩之以大者則大鳴；待其從容，然後盡其聲。」鄭玄注：「『從』，讀如『富父舂戈』之『舂』。舂容，謂重撞擊也。」臺北：宏業出版社，出版年不詳，頁3301。

兩詞用雲霧縹緲的山市晴嵐營造出如真似幻的婉約山景。上詞用「螺髻」和「玉帶」描繪遠山、長溪的形象，下詞將氤氳繚繞的山嵐形容成如機杼中橫匹的白絹，彷彿將山妝點成一個風姿綽約的玉人，襯托山容的千嬌百媚。兩詞以去除人事和善用聲音對比的手法凸顯山的寧靜清幽。上詞「日高山店未開扉」、「市橋曾記買魚歸。一望卻疑非」，將可能會在山中出現的野店、樵夫、遊人等，用「海市蜃樓」的方式隱沒人事的痕跡。山嵐就像一層薄紗，輕輕地籠罩山頭，「隱隱樓臺遠，濛濛草樹微」遠處樓台若有若無、草樹是現非現，詞人將所有畫面採柔焦處理，呈現出一種如夢境般的朦朧之美。下詞「森森萬樹立無聲」，山中有萬樹林立，卻悄然無聲，而遠處鷗鴣的鳴叫，依稀傳入耳中，更顯山的寂靜安寧。飄動的雲氣，一下遮蔽陽光，大地昏晦，一下又消散無蹤，晴空萬里，使山容千變萬化、嬌媚可愛，引人入勝；然而靜默安詳的大地更是詞人嚮往的人間勝境，置身其中可以通體舒暢、平靜自在，達到物我兩忘的境界。

> 遠岫留殘照，微波映斷霞。竹籬茅舍是漁家。一徑傍林斜。　綠岸雙雙鷺，青山點點鴉。時聞笑語隔蘆花。白酒換魚蝦。〈巫山一段雲‧漁村落照〉之一

這是一幅充滿詩情畫意的漁村落照圖，處處散發自然的漁村生活氣息。「竹籬」、「茅舍」、小路、樹林等意象，寫出漁家遠離塵囂的恬淡生活。上片由遠景至近景，勾勒出一個依山傍水、純樸幽靜的漁村。下片寫出人物活動，雖是日暮時分，但聞「笑語」便可知漁村的人們生氣勃勃，「白酒換魚蝦」是真實漁村的人物互動，讓平靜的景物描繪，增添生氣活力。而顏色的運用，有金色餘暉、火紅晚霞、翠綠竹林，以及綠岸、青山、白鷺、烏鴉和雪白的蘆花，構成一幅五光十色的畫面，整個漁村生活的情景立體呈現在眾人眼前，不僅引人入勝，也是作者心中所嚮往的恬適自在的生活。

> 雨霽長江碧，雲歸遠岫青。一邊殘照在林坰。綠網曬苔局。　波影明重綺，沙痕射遠星。鱸魚白酒醉還醒。身世任浮萍。〈巫山一段雲‧漁村落照〉之二

此詞同上詞一樣，善用色彩來增加畫面活潑的感覺，尤其用「碧江」、「青山」、「林坰」、「綠網」、「苔局」等詞將綠色的層次區分出來，作者使用畫技於詞中，爐火純青。不同的是上詞呈現出漁村歡愉豐足的喜樂，此詞卻由景入情，道出詞人的身世之悲。「波影明重綺，沙痕射遠星」，夕陽餘暉、潮起潮落，

象徵著光陰流逝的無情，令詞人想起自身坎坷的際遇、飄零的身世，在變化無常的人世間，載浮載沉，無所依歸。

（二）松都八景

松都八景是形容高麗國都松都（今開城）的八個景觀：紫洞尋僧、青郊送客、北山煙雨、西江風雪、白岳晴雲、黃橋晚照、長湍石壁、朴淵瀑布，看似描繪自然景致，其中也不乏人事的描寫。「尋僧」和「送客」兩闋詞四首，即是借景抒情的代表：

> 傍石過清淺，穿林上翠微。逢人何更問僧扉。午梵出煙霏。　　草露沾芒屨，松花點葛衣。鬢絲禪榻坐忘機。山鳥漫催歸。〈巫山一段雲‧紫洞尋僧〉之一
>
> 老喜身猶健，聞知興更添。芒鞋竹杖度千巖。迎送有蒼髯。　　坐久雲歸岫，談餘月掛簷。但教沽酒引陶潛。來往意何厭。〈巫山一段雲‧紫洞尋僧〉之二

兩首詞寫景的部份不多，主要描述到紫霞洞尋僧的過程和心境，體現對山林隱逸的嚮往和對超曠精神的追求。「逢人何更問僧扉」，不需逢人便問寺廟在何處，只要循著僧人午間誦經的聲音，便可辨別方向。詞人並無計畫路線，隨性地在山間游走，心情輕鬆暢快；「草露沾芒屨，松花點葛衣」，衣著也不講究，穿著芒鞋布衣上山尋僧，體會自然風味，一派閒適自得，爲的就是要遠離勾心鬥角、充滿機心的塵囂。下詞尋得紫霞洞僧，與他相談甚歡，受到他的點撥感染，而能忘卻機心，掙脫外在束縛、世俗羈絆，領會甘於淡泊，與世無爭，佛家物我兩忘的精神境界，讓心靈能與自然的脈動相合。「山鳥漫催歸」、「來往意何厭」顯示詞人這趟心靈之旅所得豐富，欲罷不能；歸隱不問世事的陶淵明生活，是身在險惡官場、仕途失意的李齊賢最渴求的庇護之所。

> 芳草城東路，疏松野外坡。春風是處別離多。祖帳簇鳴珂。　　村暖雞呼屋，沙晴燕掠波。臨分立馬更婆娑。一曲渭城歌。〈巫山一段雲‧青郊送客〉之一
>
> 野寺松花落，晴川柳絮飛。臨風白馬紫金鞿。欲去惜芳菲。　　聚散今猶古，功名夢也非。青山不語暗相譏。誰見二疏歸。〈巫山一段雲‧青郊送客〉之二

二詞描述的是與友人在開城附近的青郊驛分離的場景。上詞萋萋芳草、春暖

花開象徵著離別的時節〔註94〕，爲友人設宴相送，「一曲渭城歌」道不盡離情依依的愁緒。下詞則是對離別的友人一番勸勉之語。他告訴爲了追求功名而離鄉背井的友人：「聚散今猶古，功名夢也非」，聚散乃人間常見，古今皆然；功名富貴轉眼成空，如夢境般捉摸不定。古今有幾人能像漢朝的疏廣和疏受叔姪倆不眷戀祿位，致仕還鄉呢？〔註95〕希望此番離別，友人能好自珍重，過著祥樂自適的生活，時時不忘故鄉人。

　　而此八景的命名和排列，圍繞著松都附近著名景點，也有其一番巧思：一是有遠近、大小、上下的地理排列。遠近之分者如松嶽山下的「紫霞洞」之於松都西方的「青郊驛」；大小之分者如松都西方的「青郊驛」之於青郊驛的「黃橋」；上下之分者如「煙雨」、「風雪」、「晴雲」、「晚照」等天象景觀之於「石壁」、「瀑布」的地象景觀。二是色彩的講究。詞人靈活運用豐富的文字和語彙，塑造出清晰鮮明的色彩──「紫」洞、「青」郊、「白」岳、「黃」橋等，如同用文字作畫般，忠實描摹出多姿多采的自然美景。

> 萬壑煙光動，千林雨氣通。五冠西畔九龍東。水墨古屏風。　　　嚴樹濃凝翠，溪花亂泛紅。斷虹殘照有無中。一鳥沒長空。〈巫山一段雲・北山煙雨〉之一

> 澹澹青空遠，亭亭碧巘重。忽驚雷雨送飛龍。欲洗玉芙蓉。　　　稍認巖開寺，都迷壑底松。良工吮筆未形容。疑是九疑峰。〈巫山一段雲・北山煙雨〉之二

兩詞純爲北山之景，寫北山煙雨瀰漫、樹木蒼翠欲滴的深幽。「九龍」、「五冠」是北山山群東西兩側的山名，是松都附近的風景名勝。「萬壑煙光動，千林雨氣通」將北山煙雨氤氳的景況描寫的氣勢盛大，煙雨的溼氣將蓊鬱山林洗滌的一塵不染、濃翠欲滴。下詞「忽驚雷雨送飛龍。欲洗玉芙蓉」更將雷雨比喻成活潑生動的飛龍，帶來豐沛的雨勢，淨化山容。「溪花泛紅」、「鳥沒長空」則是靜中有動，寫出山林蘊含的無限生機。眼前這幅煙雨濛濛的美景，世間絕無僅有，連技藝超群的畫師亦無法形諸筆墨。詞人因爲遊遍中國的名山大川，見多識廣，才聯想到同是煙雨瀟瀟的瀟湘之地，也有一座「九

〔註94〕舊俗於分別之際常折楊枝以送行，楊柳生於春天，柳條在春風的吹拂下，更添離愁。

〔註95〕《漢書・雋疏于薛平彭傳》卷七十一，列傳第四十一：漢宣帝時名臣疏廣與兄子受。廣爲太傅，受爲少傅，同時以年老乞致仕，辭官退隱，時人賢之。歸日，送者車數百輛，設祖道，供張東都門外。同註1，頁1331～1332。

疑山」〔註96〕可與北山之景相媲美，顯見詞人對中國山水的懷念和對故鄉山水的盛讚。若將同寫雨景的〈瀟湘夜雨〉和〈北山煙雨〉做比較，瀟湘雨景是低迴的思鄉情懷，而北山雨景則是高昂的故鄉認同。

> 過海風淒緊，連雲雪杳茫。落花飄絮滿紅鄉。偷放一春狂。　　漁市關門早，征帆入浦忙。酒樓何處咽絲簧。愁殺孟襄陽。〈巫山一段雲・西江風雪〉之一

李齊賢不論看到何等景致，想到的都是下層民眾的艱苦生活。當其他只會風花雪月、飲酒作樂的文人貴族在西江畔欣賞漫天風雪時，他關注的卻是一群靠天吃飯、苦不堪言的漁民。漁民以海為生的自然環境，正是海風狂嘯，雪花亂舞的惡劣天氣。紛飛大雪，疾屬寒風，將初春含苞待放的花蕊，打落一地，象徵著漁民在經過漫長寒冬，好不容易盼到春天來臨，能出海營生的希望再度破滅。有別於日暮遠浦歸帆，一派悠然自得的景象，漁民在嚴寒的天氣，為求生存，頂風冒雪，辛苦工作，在天氣轉變更為惡劣之前，他們必須冒著生命危險，出海捕魚。西江樓畔傳出悠揚的弦歌，似是嘲諷詞人對此景況，無能為力，他雖有救人民於水火的心意，但礙於仕途失意，有志難伸，只能發出無奈的嘆息。

> 雪壓江邊屋，風鳴浦口檣。時登草閣掛南窗。雲海杳茫忙。　　斫膾銀絲細，開尊綠蟻香。高歌一曲禮成江。腸斷賀頭綱。〈巫山一段雲・西江風雪〉之二

與上詞相同，藉著西江漫天風雪，陳述市井小民生活的艱苦。此詞李齊賢特別用了一個和高麗有關的歷史典故——〈禮成江曲〉〔註97〕：「禮成江」是高麗王朝和國外往來的一個重要門戶。高麗王朝時期，中國宋朝文化大量傳播到朝鮮，商船雲集禮成江，一位擅長下圍棋的中國商人「賀頭綱」愛上一位高麗美婦。婦人的丈夫好弈，商人便投其所好，和他下棋，並故意輸棋給他。到婦人丈夫確信商人棋藝甚劣之時，商人便建議和他打賭，以商船和美婦人為賭注。結果商人勝了，帶走了美婦人，高麗人失魂落魄，對著遠去商船擊

〔註96〕「九疑」，山名，在湖南寧遠縣南，《史記・五帝本紀》卷一：「〔舜〕葬於江南九疑，是為零陵。」同註2，頁36。

〔註97〕《高麗史・樂志》卷七十一：「昔有唐商賀頭綱，善棋，嘗至禮成江，見一美婦人，欲以棋賭之。與其夫棋，佯不勝，輸物倍其夫利之以妻注。頭綱一舉賭之，載舟而去，其夫悔恨，作是歌。世傳婦人去時，妝束甚固，頭綱欲亂之不得。舟至海中，旋迴不行，卜之曰：『節婦所感，不還其婦，舟必敗。』舟人懼，勸頭綱還之，婦人亦作歌，後篇是也。」，同註11，頁467。

節而歌，訴說自己悲傷的心情。〈禮成江曲〉所述和高麗人民的處境何其相似，忍受著元朝的強取豪奪、無理要求，而高麗朝中的親元官員竟還逢迎獻媚，上奏朝廷將高麗立爲元之一省〔註98〕。一旦立省，罷除國號，等於將高麗納入元朝版圖，如此賣國行徑，是置人民生死於不顧，西江的風雪就像是爲苦難的民眾所發出的哀鳴。

> 菖杏春風後，茅茨野水頭。晴雲弄色藹林丘。雨意未能休。　　京縣民無賦，郊田歲有秋。明朝去學種瓜侯。身世寄蓑裘。〈巫山一段雲・白岳晴雲〉之一

此詞上片所寫爲白岳晴雲的優美景致，但詞人並非指關注眼前美景，他看著雨後晴雲，寄託的是天下太平的渴望。「菖杏春風後，茅茨野水頭」溫暖的春風襲來，杏花菖草遍開，象徵著德政能澤被眾生，令飽受苦難的百姓苦盡甘來，重獲新生。下片所寫爲美好人世的嚮往，百姓的生活應該要像這片美景所呈現的優閒無虞。李齊賢是位以經世濟民爲己任的儒者，賦稅的輕重與否關係著農民生活的好壞，他希望國家能年歲上好，縣城的百姓沒有苛捐雜稅，郊野的田地也收穫豐盈，人人都過著衣食無憂的生活。當這樣一個天下太平的日子來臨，他也願意放下一切，告老還鄉，學習東陵侯召平當一個農民種瓜〔註99〕，與農民一起過著無憂無慮的農家生活，體現出他愛民如子、以民爲本、民胞物與的政治思想。

> 曉過青郊驛，春遊白岳山。提壺勸酒語關關。一聽一開顏。　　村舍疏林外，田畦亂水間。郊原雨足信風還。羨殺嶺雲閒。〈巫山一段雲・白岳晴雲〉之二

此詞所寫爲春遊白岳山的風光與遊興。「提壺」，即鵜鴣，又名「提胡蘆」，「提壺勸酒」化用宋・歐陽脩〈啼鳥〉詩：「獨有花上提壺蘆，勸我沽酒花前醉。」〔註100〕詞人遊覽白岳山，飲酒助興，鳥語花香、欣欣向榮的春日之景和「村舍疏林外，田畦亂水間」簡樸自然的鄉村生活令人一掃陰霾，心境舒適暢快，

〔註98〕終高麗之世，共有四度建議高麗立省之說，分別爲 1313 年、1323 年、1330年、1343 年。詳參丁崑健〈元代征東行省之研究〉，《史學彙刊》第 10 期，1980年，頁 157～190。

〔註99〕《史記・蕭相國世家》卷五十三：「召平者，故秦東陵侯。秦破，爲布衣，貧，種瓜於長安城東，瓜美，故世俗謂之『東陵瓜』，從召平以爲名也。」同註2，頁 792。

〔註100〕〔宋〕歐陽脩《文忠集・古詩三十一首・啼鳥詩》卷三，收錄於紀昀編《文津閣四庫全書》第 368 冊，〈集部・別集類〉，北京：商務印書館，頁 335。

優美的山景令詞人流連忘返。

> 隱見溪流轉，縱橫野壠分。隔林人語遠堪聞。村徑綠如裙。　　鳶集蜈山樹，鴉投鵠嶺雲。來牛去馬更紛紛。城郭日初曛。〈巫山一段雲·黃橋晚照〉之一

> 曠望苽田路，嵯峨柳院樓。夕陽行路卻回頭。紅樹五陵秋。　　城郭遺基壯，干戈往事悠。村家童子不知愁。橫笛倒騎牛。〈巫山一段雲·黃橋晚照〉之二

上詞所寫為黃橋晚照的景況。「蜈山」、「鵠嶺」為松都名勝，松都即被松嶽山、蜈蚣山等山脈環抱，鵠嶺就在松嶽山。詞中大量用人歸、鳶集、鴉投、牛來、馬去等生物動態行動，營造出一片「倦鳥歸巢」的日暮情景。下詞上片寫景，下片觸動懷古之念，況周頤《蕙風詞話》評：「『夕陽行路卻回頭。紅樹五陵秋』，置於唐宋名家詞中，亦庶幾無愧色。」〔註101〕日暮蒼涼之景與荒廢都城之跡，牽動易感的詞人，當年此地悲壯的慘烈戰爭和現今悠閒自在的農村景象形成強烈對比，古今興廢的變遷，借由「不知愁」的童子笛聲，吹奏出時間推移的快速與無情。

> 日照群峰秀，雲蒸一洞深。人言玉輦昔登臨。盤石在潭心。　　白練飛千尺，青銅徹萬尋。月明笙鶴下遙岑。吹送水龍吟。〈巫山一段雲·朴淵瀑布〉之一

> 絕壁開嵌竇，長川掛半天。跳珠噴玉幾千年。爽氣白如煙。　　豈學然犀客，誰期駐鶴仙。淋衣暑汗似流泉。到此欲裝綿。〈巫山一段雲·朴淵瀑布〉之二

兩詞極寫朴淵瀑布的清幽絕麗。「絕壁開嵌竇，長川掛半天」、「白練飛千尺」形容瀑布極高，猶如從天而降飛舞的白練。「跳珠噴玉幾千年。爽氣白如煙」狀水勢之盛，急流的河水撞擊嶙峋的山壁，噴濺出如珠似玉的水花。「雲蒸一洞深」、「青銅徹萬尋」言青潭之深，深不見底。接連幾個極致的勝景，令人彷彿置身在仙境：耳所聽瀑布入潭的水聲，如龍吟鳳鳴〔註102〕，仙樂飄飄；

〔註101〕況周頤撰、屈興國輯注《蕙風詞話輯注》卷三，南昌：江西人民出版社，2000年，頁154。

〔註102〕「笙鶴」，《列仙傳》卷上〈王子喬〉載：「周靈王太子晉（王子喬），好吹笙，作鳳鳴，游伊洛間，道士浮丘公接上嵩山，三十餘年後乘白鶴駐緱氏山頂，舉手謝時人仙去。」後以「笙鶴」指仙人乘騎之仙鶴。收錄於紀昀編《文津閣四庫全書》第352冊，〈子部·道家類〉，北京：商務印書館，2005年，頁

眼所見瀑布入潭之景，飛濺的水氣如騎鶴的仙人〔註103〕，青綠幽深的潭中似存有奇異的生物〔註104〕，想像馳騁，引人遐思。而「淋衣暑汗似流泉。到此欲裝綿」是爲皮膚觸感的摹寫，寫出瀑布所在爲清涼幽冷的山林，若非親身體驗，不能狀其「絕」。

> 插水雲根聳，橫空黛壁開。魚龍吹浪轉隅隈。百里綠徘徊。　　日
> 浸玻瓈色，花分錦繡堆。畫船載酒管絃催。一日繞千回。〈巫山一段
> 雲・長湍石壁〉之一

> 瘦骨千年立，蒼根百里盤。橫張側展綠波間。一帶玉屏顏。　　獵
> 騎何曾顧，漁郎只漫看。詩人強欲狀天慳。贏得鬢毛斑。〈巫山一段
> 雲・長湍石壁〉之二

兩詞極寫長湍石壁的奇麗壯觀，與〈朴淵瀑布〉有異曲同工之妙。一言瀑布由高處奔流而下的活潑動態，一言石壁高聳矗立的千變靜景。石壁彷若劈開碧空、由雲間而生的長柱，寫來石破天驚，氣勢豪邁，且年代久遠，似亙古不動的巨人，層層堆疊的亂石是其骨肉，盤根錯節的樹根是其筋脈，綿延不絕的綠叢是其毛髮，用詞誇張，將石壁的剛健雄奇，淋漓盡致的描繪出來。換個視角，「日浸玻瓈色，花分錦繡堆」，浸淫在粼粼波光，被萬紫千紅圍繞的石壁，光影交織，七彩繽紛，剛中帶柔，此天下絕景，更勝前述松都七景，造物者的鬼斧神工，吸引文人、墨客、獵者、漁郎等不論階級地位的眾人目光，駐足而顧，不肯離去。詞人搜索枯腸、勞心費神欲將此天地間少見的奇麗山景，形諸筆墨，卻無法盡言其精髓，一見詞人之癡，更顯景觀之盛。

四、民俗詞

　　文學中保存了許多古代生活的痕跡，從《詩經》、《楚辭》的時代以迄當

13。「水龍吟」，形容簫笛類管樂器聲音響亮，如龍吟水，取名於李白〈宮中行樂詞〉之三：「笛奏龍吟水，簫鳴鳳下空。」收錄於《全唐詩》卷一六四，同註49，頁7。

〔註103〕「駐鶴仙」，典出《列仙傳》：「王喬約家人七月七日會晤，至期，果乘白鶴駐山頭，望之不得到。」收錄於紀昀編《文津閣四庫全書》第352冊，〈子部・道家類〉，北京：商務印書館，2005年，頁630。

〔註104〕「然犀」，傳說點燃犀牛角可以照見水中之怪物，《晉書・溫嶠傳》卷六十七：「〔溫嶠〕至牛渚磯，水深不可測，世云其下多怪物，嶠遂燉犀角而照之。須臾見水族覆火，奇形異狀，或乘馬車著赤衣者。」，同註53，頁1175。

今，民俗生活真乃孕育文學之母。〔註105〕李齊賢的詞中有一闋關於宴飲民俗〔註106〕的酒詞，記錄了一種江南飲酒方式。

> 未用真珠滴夜風。碧筩醇酎氣相通。舌頭金液凝初滿，眼底黃雲陷欲空。　　香不斷，味難窮。更添春露吸長虹。飲中妙訣人如問，會得吹笙便可工。〈鷓鴣天・飲酒其法不篘不壓，插竹筒甕中，座客以次就而吸之，傍置杯水，量所飲多少，挹注其中，酒若不盡，其味不喻〉

這一首別開生面的飲酒詞，其序中詳細記載江南民間流行的飲酒方法，對新奇純樸的中國民俗，表示讚許並歌詠之。上片寫飲酒帶來的美妙感受，「真珠」〔註107〕、「醇酎」〔註108〕、「金液」〔註109〕、「黃雲」〔註110〕都是美酒或麥酒的別稱，詞人連用四種不同的稱呼，顯見他對飲酒頗有研究。香醇的美酒要搭配適當的酒器，才能喝出其獨特的風味，用蓮葉製成的「碧筩杯」〔註111〕最能將麥酒的香氣引發出來，使飲者的舌尖留下滿溢的餘味，精神臻至空靈的境界，飄飄欲仙。下片寫飲酒的助興之法。古時酒液是與酒糟混在一起的，飲酒時需用酒箏（一種濾酒器具）插在酒甕中壓取，是為壓酒〔註112〕，才能

〔註105〕黃杰《宋詞與民俗》，北京：商務印書館，2005 年，頁 7。

〔註106〕黃杰《宋詞與民俗》：「節日、結婚、壽誕、生子、升遷、離別、交遊、遷居等等，都要舉辦相應的大大小小的各類宴會，宴會分有酒、茶、湯（或熱水）幾個段落，唱詞以侑酒、茶、湯（或熱水），為席間用以助興的歌舞表演的主要形式。……大量的酒詞、茶詞、湯詞、熱水詞就產生於宴飲的場合，直接為宴飲服務。」同上註，頁 18。

〔註107〕〔宋〕羅大經《鶴林玉露》卷四：「太守王元邁以白酒之和者，紅酒之勁者，手自劑量，合而為一，殺以白灰一刀圭，風韻頓奇。索余作詩，余為長句云：『小槽真珠太森嚴，兵廚玉友專甘醇。兩家風味欠商略，偏剛偏柔俱可憐。』」，收錄於紀昀編《文津閣四庫全書》第 286 冊，〈子部・雜家類〉，北京：商務印書館，2005 年，頁 518。

〔註108〕〔晉〕葛洪《西京雜記》：「漢制以正月旦造酒，八月成，名為九醞，一名醇酎。」，臺北：廣文書局，1981 年，頁 5。

〔註109〕白居易《遊寶稱寺》詩：「酒嫩傾金液，茶新碾玉塵。」收錄於《全唐詩》卷四三九，同註 49，頁 4882。

〔註110〕「黃雲」，原比喻成熟的稻麥，此指金黃色的麥酒。

〔註111〕《酉陽雜俎》前集卷之七〈酒食〉：「魏鄭公愨率賓佐避暑，取荷葉盛酒，刺葉與柄通，屈莖如象鼻，傳吸之，名曰碧筩杯。」同註 58，頁 67；古代文人墨客喜歡剪荷葉製成荷葉盞來飲酒，既清新又瀟灑放達。郭泮溪《中國飲酒習俗》，臺北：文津出版社，1989 年，頁 74。

〔註112〕郭泮溪《中國飲酒習俗》，臺北：文津出版社，1989 年，頁 83。

喝到無渣滓的酒液，但此詞描述的飲酒之法是以長管插入杯中吸酒，與座客傳吸之，較一人獨自大口喝酒更能使酒香不絕、酒興高昂。若問吸酒訣竅，幾與吹笙動作一致：吹笙之法，吹氣孔用彎管，既能吹，也能吸。將飲酒與吹笙的技巧做經驗的連結，比喻精妙，只要細細品嚐，飲酒也能與樂器吹奏一樣怡情養性，可謂體悟高妙。此詞代表李齊賢對異國文化包容度極高，雖然每每短暫停留中國，卻能精準地融入中國文化，寫出一首首膾炙人口，且不輸漢族文人的傑出作品。

第三節　小結

　　若比之宋代蘇軾、辛棄疾或金元時期元好問、張翥等詞作大家，李齊賢的作品尚有不及，但在金元少數民族作家中，他是一位質量皆精的外國詞人，而在他的國家朝鮮，他更是一位填詞量居冠、帶領朝鮮填詞風氣的作家。他和其他的少數民族詞人不同的地方在於他並非是生長在中國這塊土地上的人民：其他的少數民族詞人因為政治和歷史的因素，多在中國生活已久，逐漸為漢文化所浸潤，生活舉止和習慣和漢民族幾無二致，因此創作的思想內涵也和漢人作家相似；而李齊賢卻是真正的外國人，雖然中朝兩國歷史淵源已久，使用的文字也相同，但畢竟語言和文化仍有差異，朝鮮始終未歸化元朝，李齊賢能在出使元朝，短短半生的時間，徹底的接受漢文化，並和自己原生的民族性互相撞擊，產出許多精采的作品，更加難能可貴。

　　他的五十三首作品，闋闋精采，不落俗套，首首言而有物。他的詠懷詞貼近生命的真諦，反映真實的自我，將身為元朝藩屬國臣子的矛盾情節，諸如思鄉念國的深切、積極用世的奮進、時不我予的無奈、求仙追道的希冀，透過旅途中所見之景、所生之事，一一牽引勾勒出來。他的詠史詞知人論事，擲地有聲，鏗鏘有力，能站在與眾不同的觀點，提出新意；而以民為本、同情弱者的史觀，凸顯他悲天憫人的仁愛情懷；又典故運用貼切，處處化用前人作品，用語精準，讓人更能深入其所論之歷史，更佩服他對中華文化的透徹了解。他的民俗詞忠實的紀錄地方特有的風俗民情，用一個外國人的眼光細膩的觀察、深刻的體會中國民情的親切可愛，酒似乎是不分種族的共通語言，李齊賢寫來既生動又有趣味，甚至留給後世對酒文化研究的第一手資料。而他所創作大量的山水詞，更是別樹一格，影響深遠，在金元時期大放異彩。他繼承趙孟頫的創作體例，用生動的比喻、傳神的聯想，寫出景中有情，情

中有景的山水詞，又影響了其他韓國的詞人大量創作山水聯章詞，為中朝的
文化交流，再添一筆精彩的元素。

第四章 其他少數民族詞人及其 作品探析

除了前兩章所論的薩都剌和李齊賢的輝煌成就之外，金元時期還有一些零星的少數民族詞人，他們有的是王公貴族，有的是朝廷重臣，有的是散曲名家，也有少量的詞作傳世。雖然為數不多，但仔細深入探討分析，仍可看出當代這些少數民族受時代文化素養薰陶之下，做出了許多成熟、具有獨特風格的詞作。

金代和元代由於少數民族入主中原，前者以女真族為主，後者以蒙古族為主，從政治、文化、民俗、心理，乃至於文學等都和中原漢族文化產生激烈的碰撞，最終走向漢化之路，使得金元兩代的文學作品，百家爭鳴，更加燦然可觀。

第一節 少數民族詞人之身分背景

作者的人性稟賦與詩詞內涵有必然的關聯，兩者密不可分，雖然本章所要探討的少數民族詞人之詞作只是佔各人創作中的極少部分，但作者的生平背景對這些零星作品仍有不小的影響，因此以下將參考陶然《金元詞通論》的分類〔註1〕，取各家詞人生平與詞作相關的部分陳述：

〔註 1〕 本文參照陶書依族別分為女真族、契丹族、畏兀族、回回、高麗等詞人。陶然《金元詞通論》，上海：上海古籍出版社，2001 年，頁 127～196。

一、女眞族

女眞宗室貴族之所以會形成的一個詞人群體，趙翼《二十二史箚記》卷二八云：「（金）帝王宗親性皆與文事相洽，是以朝野遂成風會。」〔註2〕這些王室貴族的塡詞創作是屬於宮廷文學的一部份，但戰亂頻仍，加上民族的仇視與偏見，多數的詞集均未收錄他們的作品，以致傳世者不多，王室詞人計有完顏亮、完顏璹、完顏雍、完顏璟、完顏從郁等五人，而貴族詞人有僕散汝弼、兀顏思忠兩人，此七人作品共有十九闋。數量雖不多，但可從前後期詞人的創作中，找出作品的共性和漢化程度的差別。大體而言，金朝國祚雖然不長，但全國上下致力漢化，「營國之本，禮教爲先」，因此元代史學家脫脫評說：「（金代）朝廷典策，鄰國書命，粲然有可觀者……而一代制作，能樹立唐宋之間，有非遼世所及。」〔註3〕從初期到後期，詞風由完顏亮（1122～1161）的豪爽遒勁到完顏璹（1172～1232）的漸次雅化，顯見文教愈加浸潤，漢化程度愈加深入。

（一）海陵王完顏亮（1122～1161）

本名迪古乃，後更名爲亮，字元功，爲金太祖完顏阿骨打之孫，完顏宗干第二子，與金熙宗（1119～1150）同輩。天輔六年（1122），生於上京（今黑龍江省阿城縣）。自幼聰敏好學，漢文化功底甚深，他雅歌儒服，能詩善文，並喜與留居金地的宋遼名士交往，是文韜武略兼備之人。

他爲人能言善辯，喜怒不形於色，極能揣摩他人心理，城府甚深，熙宗忌其才，未敢大用。熙宗天眷三年（1140），以宗室子曾受封奉國上將軍，赴梁王宗弼軍前任使，以爲行軍萬戶，遷驃騎上將軍。皇統四年（1144）加龍虎衛上將軍爲中京留守，遷光祿大夫，驍勇善戰，頗有戰功。由於熙宗執政後期，喜怒無常，嗜殺成性，倒行逆施，皇統九年（1149），完顏亮與朝中大臣同謀，弒熙宗完顏亶而自立，改元天德。貞元元年（1153），爲鞏固皇權，遷都燕京，並大力改革熙宗朝舊制。正隆六年（亦爲金世宗大定元年，1161 年），在瓜州攻打南宋失利，爲部下完顏元宜等所殺，得年四十，在位十三年。

因以陰謀弒君自立，非爲正統，在位期間，多荒淫殘暴、有失人倫舉止頻生，又非善終，故世宗完顏雍將他貶爲「海陵郡王」。《金史》贊曰：「海陵

〔註 2〕〔清〕趙翼《二十二史箚記》卷二十八，臺北：樂天出版社，1971 年。
〔註 3〕〔元〕脫脫等撰《金史・文藝上》卷一二五，列傳第六十三，臺北：新文豐出版公司，1975 年，頁 1216。

智足以拒諫，言足以飾非。欲爲君則弒其君，欲伐國則弒其母，欲奪人之妻則使之殺其夫。三綱絕矣，何暇他論。至於屠滅宗族，翦刈忠良，婦姑姊妹盡入嬪御。方以三十二總管之兵圖一天下，卒之戾氣感召，身由惡終，使天下後世稱無道主以海陵爲首。」〔註4〕其暴虐殘忍的形象，可比隋煬帝有過之而無不及，故諡號爲「煬」。《金史‧海陵紀》稱其人：「爲人慓急，多猜忌，殘忍任數。」〔註5〕對完顏亮的性格做了最好的註解。

金代皇帝漢文化水準都很高，海陵王更致力於詩詞的創作，甚至影響了金代的文風，也爲同期的南宋文學注入了少數民族特有的剛健質樸的元素。其詩詞充滿雄霸之氣，元‧劉祁《歸潛志》稱許「金海陵庶人，讀書有文才。爲藩王時，嘗書人扇云：『大柄若在手，清風滿天下』，人知其大志。正隆南征，至維揚，望江左，賦詩云：『屯兵百萬西湖上，立馬吳山第一峰』，其志氣亦不淺。」〔註6〕由此段文字可知，完顏亮的詩句用語雖直質，但霸氣十足，志在天下。他畢竟已經開始接受漢族文化，上舉「言志」的詩，雖稱不上是名家之作，但已透露出女眞族逐漸向漢族文化靠攏的趨勢；作爲剛接觸漢族文化時間不長的女眞人，他的確有著不錯的天賦和才情。他喜愛宋人的詞作，對柳永等人的詞更是經常閱讀和學習。只可惜受金代正統宗室的貶損和其頗受爭議的生平影響，限制其詩詞作品的流存，因此流傳於世的作品數量不多，多爲言志抒懷之作。

（二）金世宗完顏雍（1123～1189）

本名烏祿，漢名初名褎，後改雍，金太祖完顏阿骨打孫，晉王完顏宗輔之子。金熙宗朝封葛王，金海陵王時，累官東京留守，改封曹國公。正隆六年（1161），趁完顏亮南下伐宋之際，經部屬的安排敦促，完顏雍在遼陽稱帝，在位二十九年。期間推尚漢族文化，暢行儒風，醉心於儒家的仁政王道，對當時的社會、經濟、文化上有實質上的貢獻，《金史》稱讚他是「小堯舜」。有別於海陵王完顏亮的無道，他在歷經內憂外患之後，頗能偃息干戈，與民休息，崇尚禮治，注重孝悌，賞罰分明，甚得爲君之道〔註7〕，是金朝由征戰

〔註4〕《金史》卷五，同註3，頁72。

〔註5〕《金史》卷五，同註3，頁60。

〔註6〕〔元〕劉祁《歸潛志》卷一，北京：中華書局，1983年，頁3。

〔註7〕《金史‧世宗紀》卷八，贊曰：「蓋自太祖以來，海內用兵，寧歲無幾。重以海陵無道，賦役繁興，盜賊滿野，兵甲并起，萬姓盼盼，國內騷然，……。即位五載，而南北講好，與民休息。於是躬節儉，崇孝悌，信賞罰，重農桑，

轉向和平、由動亂轉向安定的平穩發展期。大定四年（1164）與南宋簽定「隆興和議」，金與南宋劃淮而治，此後二十年內，金宋再無戰爭。

他為人沉靜明達，有較高的漢文化修養。傳世的作品不多，僅存〈減字木蘭花‧贈玄悟玉禪師〉詞一首及〈本朝樂曲〉歌詞一首〔註8〕，在文學史上並無舉足輕重的地位。但作為一個少數民族的最高統治者，能嫺熟使用漢族的文字語言與文學創作形式──詩歌，足以視為促進漢族與女真文化融合的推手，起了一個上行下效的表率作用。

（三）金章宗完顏璟（1168～1208）

小字瑪達格，女真名麻達葛，世宗之孫，顯宗嫡子，其名乃世宗所賜，廟號為章宗。宋‧宇文懋昭《欽定重定大金國志‧紀年‧章宗帝》云：「幼好學，善屬文。寬裕溫和，朝野屬望。」「性好儒術，即位數年後，興建太學，儒風盛行……，群臣中，有詩文稍工者，必籍記名姓，擢居要地，庶幾文物彬彬矣。」〔註9〕又《金史‧章宗紀》云：「封金源郡王，始習本朝語言文字及漢字經書，以進士完顏匡、思經徐孝美等侍讀。」〔註10〕從小浸淫在文學之中，雅好文詞，亦重儒術。他在位十九年，繼行祖父世宗「仁政」之治的同時，卻有別於世宗兼顧女真舊制的復古主義，極力進行漢化改革，使漢族文化在女真民族中得到進一步的發展和浸潤。他繼承世宗大定盛世，為金朝最繁榮昌盛的時期，經濟發達，人口增長，府庫充實，天下富庶，史家評為「宇內小康」〔註11〕。

甚守令之選，嚴廉察之責……，可謂得為君之道矣！當此之時，群臣守職，上下相安，家給人足，倉廩有餘，刑部歲斬死罪，或十七人，或二十人，號稱『小堯舜』，此其效驗也！」，同註3，頁112。

〔註8〕　《金史‧樂志‧本朝樂曲》卷三十九：「猗歟我祖，聖矣武元。誕膺明命，功光於天。拯溺救焚，深根固蒂。克開我侯，傳福萬世。無何海陵，淫昏多罪。反易天道，荼毒海內。自昔肇基，至於繼體。積累之業，淪胥且墜。望載所歸，不謀同意。宗廟至重，人心難拒。勉副樂推，肆予嗣緒。二十四年，兢業萬幾。億兆庶姓，懷保安綏。國家閒暇，廓然無事。乃眷上都，興帝之第。屬茲來游，惻然於思。風物減耗，殆非昔時。於鄉於里，皆非初始。雖非初始，朕自樂此。雖非昔時，朕無異視。瞻戀慨想，祖宗舊宇。屬屬音容，宛然如睹。童嬉孺慕，歷歷其處。壯歲經行，恍然如故。舊年從游，依稀如昨。歡誠契闊，日暮之若。於嗟闊別兮，云胡不樂。」，同註3，頁394。

〔註9〕　〔宋〕宇文懋昭《大金國志》，北京：中華書局，1986年，頁257、289。

〔註10〕　《金史》卷九，同註3，頁114。

〔註11〕　《金史》卷十二，同註3，頁150。

章宗末年，內憂外患頻仍，又因其沉湎於聲色而致國勢日衰，大抵知音識律的君王，多無法兼顧朝政〔註12〕，章宗時期也是金源王朝由盛世轉向衰微的關鍵。《歸潛志》點出章宗無法延續金源盛世的原因：「然文學止於詞章，不知講明經術，爲保國保民之道，以圖基祚久長。又頗好浮侈，崇建宮闕。外戚小人多預政，且無志勝賢。高躅大臣，惟知奉承，不敢逆其所好。故上下皆無維持長世之策，安樂一時，此所以啓大安、貞祐之弱也。」〔註13〕一味的安逸，反倒失去了金源本有的剽悍之風，亦無法延續祖宗打下的良好基礎。

他不僅是位文學之士，繼承世宗致力於漢族與女眞文化溝通，也是位傑出的書法家和音樂家。明‧陶宗儀《書史會要》載：「章宗，完顏氏，諱璟。臨軒之餘，喜作字，專師宋徽宗瘦金體。」〔註14〕另外《輟耕錄》也提及金章宗爲「知音五帝」其中一人，通曉音律的章宗，對詞的創作自有一番造詣。所傳詩詞之作，有兩首詞和十首左右的詩歌（含殘文）；其詞作被清‧徐釚評爲「亦南唐父子李氏之流」〔註15〕，因其詩詞內容多應景體物之作，與南唐李氏父子所做豔情宮詞風格相近，後文再做詳述。

（四）金宗室完顏璹（1172～1232）

生於大定十二年，長於金代歷史上最繁榮昌盛的世宗大定（1161～1189）、章宗明昌（1190～1196）盛世，字子瑜，原名壽孫，字仲實，自號樗軒居士。金世宗完顏雍之孫，越王完顏永功之子。其性資質簡重，博學多才，工詩詞眞草，喜藏書法名畫。仕歷奉國上將軍、銀青光祿大夫、開府儀同三司等職銜，哀宗正大初（1224～1231），由胙國公進封密國公。他不以政績著稱，僅以文才名世，平生詩文甚多，晚年自刪其詩存三百首、詞一百首，號《如庵小稿》。金末元初之際，其文學成就便受到高度重視，元好問對他推崇備至〔註16〕，並

〔註12〕〔元〕陶宗儀《輟耕錄‧雜劇曲名》卷二十七：所提知音五帝：「帝王知音者五人：唐玄宗、後唐莊宗、南唐後主、宋徽宗、金章宗。」知音五帝多是使國家由盛轉衰或走向滅亡之路的帝王：唐玄宗、金章宗是使帝國由盛轉衰的關鍵，而後唐莊宗、南唐後主、宋徽宗皆是末代君王。臺北：木鐸出版社，1982年，頁335～336。

〔註13〕《歸潛志‧辯亡》卷十二，同註6，頁136。

〔註14〕〔明〕陶宗儀《書史會要》，北京：北京圖書館出版社，2004年，頁413。

〔註15〕〔清〕徐釚《詞苑叢談》卷三，臺北：廣文書局，1968年，頁73。

〔註16〕〔金〕元好問《遺山集‧密公寶章小集》卷三：「天東長白大寶幢，天河發源導三江。有木蔽映山朝陽，雲誰業者雛鳳凰。雲間吐氣日五色，百鳥不敢言

在《中州集》中稱他爲「百年以來宗室中第一流人」〔註 17〕，但作品大多散佚，今可在《金文最》、《全金元詞》、《全遼金詩》中尋其作品，共有兩篇文章〔註 18〕、九首詞、四十四首詩〔註 19〕。他的作品在金宗室之中，不僅數量眾多，所蘊含的情感和寫作技巧也是箇中翹楚，除了因自身資質聰穎，和他所處的時空環境也頗有關係。

金宣宗貞祐時期（1214～1217），由於元蒙勢力不斷強大，金室被迫南渡，遷都汴京。完顏璹身逢金末亂世，所感受的情懷自是跳脫宮廷靡靡之音，轉而抒發故土幽思之情，流露出蒼涼悲切的情調。至天興元年（1232），蒙古軍隊圍攻汴梁，璹因疾亡故，年六十一。從金盛世至金亡的此段時期，女眞文人可謂全面漢化，完顏璹即是代表之一，他不僅有漢族文人的溫文儒雅，作品中除有觸景興歎的黍離之悲，也和一般的漢族文人一樣，遭逢不得志之境遇時，多有追尋隱逸幽閒之趣。

（五）金宗室完顏從郁

生卒年不詳，金宗室，字文卿，本名璕，字子玉，衛紹王賜名從郁。因父蔭襲符寶郎。金章宗時試一日百篇，文采粲然，因而賜第，仕至安肅（今河北徐水）刺史。詞僅存一首〈西江月〉，收錄於《中州樂府》〔註 20〕。

（六）其他：僕散汝弼、兀顏思忠

1. 僕散汝弼

金末女眞貴族，生卒年不詳，字良弼，況周頤《蕙風詞話》卷四云其官近侍副使，並錄其詞〈風流子〉一闋〔註 21〕。《金石萃編》亦載此詞，稱「溫

文章……執經侍帝旁，十八健筆陵阿房。撐腸文字五千卷，靈臺架構森鋪張。高陽苗裔襲眾芳，胡不置之貢玉堂？袖中正有活國手，地下才得修文郎……。」收錄於紀昀編《文淵閣四庫全書》第 1191 冊，〈集部・別集類〉第 130 冊，臺北：臺灣商務印書館，1983 年，頁 38。

〔註 17〕〔金〕元好問《中州集・密國公璹小傳》卷五，收錄於紀昀編《文津閣四庫全書》第 1365 冊，〈集部・總集類〉第 456 冊，北京：商務印書館，2005 年，頁 497。

〔註 18〕〔清〕金吾編《金文最》卷四十一〈全眞教祖碑〉、〈長眞子潭眞人仙跡碑〉，臺北：成文出版社，1967 年，頁 448～451。

〔註 19〕閻鳳梧、康金聲編《全遼金詩》，太原：山西古籍出版社，1999 年，頁 1846～1855。

〔註 20〕〔金〕元好問《中州樂府》，收錄於紀昀編《文淵閣四庫全書》第 304 冊，〈集部・總集類〉，臺北：臺灣商務印書館，1983 年，頁 374～745。

〔註 21〕況周頤撰、屈興國輯注《蕙風詞話輯注》卷四：「金古齋僕散汝弼，字良弼，

泉風流子詞」，原注云：「近侍副使僕散公，博學能文，尤工於詩。」〔註22〕
由此可知，僕散汝弼雖為勇武的女眞族，卻也以詩名見於世。

2. 兀顏思忠

生卒年不詳，字子中。《至正金陵新志》載其元順帝至正元年（1341）爲
南臺御史，歷任總管，至正十二年（1352）復寶慶路，官至淮西憲副〔註23〕。
他是所有金元女眞詞人中，唯一一位元代的女眞人。金代的女眞詞人共有六
位，傳世的詞作有十八首，其數量和成就是元代的女眞詞人無可比擬的。

二、契丹族

（一）耶律履（1131～1191）

字履道，號忘言居士，遼太祖長子東丹王耶律突欲七世孫，耶律德元之
子，廣寧（今遼寧北鎭）人。元好問爲撰神道碑有云：「通六經百家之書，尤
邃於易、太玄，至於陰陽方技之說，曆象推步之術，無不洞究。善屬文，早
爲時輩所推。」〔註24〕博學多才，精通《易》、《太玄》，通曉陰陽方技、曆法、
數術等，以文章行義見知於金世宗。歷任國史院編纂、薊州刺史、翰林修撰、
禮部尙書、參知政事，明昌元年（1190）直至尙書右丞，隔年卒，年六十一，
諡文獻，《金史》卷九十五有傳〔註25〕。《中州集》卷九記載他對金世宗說：「世
徒知軾之詩文，人不可及。臣觀其論天下事，實經濟之良才，求之古人，陸
贄而下，未見其比。」〔註26〕可見他相當推崇蘇軾的文才和政治理念。詞存
三首。

（二）耶律楚材（1190～1244）

字晉卿，號湛然居士，又號玉泉老人，是元蒙初期一位傑出的政治、
軍事和文學家。他是契丹皇族的後裔，東丹王突欲的八世孫。而耶律突欲
是遼太祖耶律阿保機的長子，醉心於漢族文化，曾提議建立孔廟，治理東

官近侍副使。〈風流子〉過華清作云……。正大三年刻石臨潼縣。今存。」，
南昌：江西人民出版社，2000 年，頁 207。
〔註22〕〔清〕王昶《金石萃編》卷一五八，臺北：藝文出版社，1966 年，頁 511。
〔註23〕〔元〕張鉉《至正金陵新志》卷六，臺北：成文出版社，1983 年，頁 1835。
〔註24〕元好問〈尚書右丞耶律公神道碑〉，收錄於《金文最》卷五十四，同註18，頁
569～570。
〔註25〕《金史・耶律履傳》卷九十五，列傳第三十三，同註3，頁 925～928。
〔註26〕《中州集》卷九，同註17，頁 537。

丹也多用漢法，後因皇位之爭失利而避難中原，其後代世居遼國顯位，至耶律德元始降金朝。其父耶律履善屬文（詳見上文），楚材承自家學，深受漢文化薰陶。兩歲喪父，由母親楊氏撫養長大，楊氏乃名士楊縣之女，對楚材「海育備至」，曾有詩句「挑燈教子哦新句，冷淡生涯樂有餘」〔註27〕。由此可知，這個契丹家庭深受漢族文化的浸淫，培養出一位富有漢文學素養的文學家。

早年仕金，十三歲習詩書，「及長，博極群書，旁通天文、地理、律曆、術數及釋老、醫卜之說，下筆爲文，若宿購者。」十七歲應試中甲科，「歲辟爲掾」，二十四歲出任開州同知，二十五歲留守燕京，任左右司員外郎。同年拜曹洞宗萬松行秀爲師，參習佛法，後得號「湛然居士」，期間燕京被圍，最終失陷。元太祖入燕京，以才名召用，頗受愛重。二十九歲追隨成吉思汗西征，輾轉西域各地將近十年，在軍中負責漢文書記與星相占卜。成吉思汗對他很是器重，「帝每征討，必命楚材，帝亦自灼羊胛，以相符應。指楚材謂太宗曰：『此人，天賜我家，爾後軍國庶政，當悉委之。』」〔註28〕元太宗時爲中書令，輔佐掌管軍國重事，注意改革弊政，致力推行漢法。元代立國規模，多出其手。晚年，在窩闊臺死後，抑鬱不得志，被權力核心排擠在外，享年五十五歲。在文學以詩著名，風格清新優美。有《湛然居士集》十四卷問世，文集中收錄雜文 58 篇，詩歌 718 首，共有 776 篇作品，詞僅傳〈鷓鴣天・題七眞洞〉一首。

（三）耶律鑄（1221～1285）

字成仲，號雙溪，耶律楚材之子。和祖、父一樣善屬文，也工騎射，《元史》卷一四六有傳〔註29〕。楚材卒後，任中書省事，元世祖中統二年（1261）拜中書左丞相，至元二十年（1285）因事免職，二十二年卒，年六十五，元順帝時，追贈懿寧王，諡文忠。有作品集《雙溪醉隱集》，多金朝和燕京故實。《四庫全書總目提要》卷一六六謂其：「經濟不愧乃父，而文章亦具有父風。故元好問、李治諸人皆與款契。……從征伐，足跡涉歷，多西北極遠之區，

〔註27〕〔元〕耶律楚材《湛然居士集》〈思母用舊韻二首〉其二「燈下幾時哦麗句」下之註，收錄於紀昀編《文淵閣四庫全書》第 1191 冊，〈集部・別集類〉第 130 冊，臺北：臺灣商務印書館，1983 年，頁 540。

〔註28〕〔明〕宋濂等撰《元史》卷一四六，列傳第三十三，臺北：新文豐出版公司，1975 年，頁 1646。

〔註29〕同上註，頁 1651。

故所述塞外地理典故往往詳核。……家在金元之間，累世貴顯，諳習朝廷舊聞。集中如〈瓊林園〉、〈龍和宮〉諸賦，敘述海陵、章宗軼事及宮室制度，多《金史》所未及。其他題詠，亦多關係燕都故實，而《帝京景物略》諸書均未記錄。亦足以資博識也。」〔註30〕另有《雙溪醉隱詩餘》一卷，錄四闋詞，《全金元詞》又補輯五闋，共存詞九首。

三、畏兀族

（一）廉希憲（1231～1280）

字善輔，號野雲，有文武之才。其父布魯海牙，擔任肅政廉防史（簡稱「廉使」）之際，其子希憲適生，遂以官名為「廉」氏，稱「廉希憲」。元世祖即位時，希憲得以入宮為官，一日讀《孟子》，用性善與仁義答世祖，被視為「廉孟子」，學問深受漢族儒家文化的影響。歷任京兆宣撫使、中書右丞、中書平章政事等，官至宰相，諡號文正，得年五十。自幼魁偉，舉止非凡，九歲便能明辨善惡、仗義直言，為盜馬與酗酒家奴泣諫父親，行仁義之施。十九歲，入侍元世祖，因機智有威儀，議論精闢宏深，而深受賞識。《元史》卷一百二十六有傳，元明善撰有神道碑〔註31〕。

（二）薛昂夫（1273～1345）

薛昂夫，名薛超兀兒、薛超吾，回鶻（今維吾爾族）人。漢姓馬，字昂夫，號九皋，故亦稱馬昂夫、馬九皋。先世內遷，居懷慶路（治所在今河南沁陽縣）。出身官宦之家，父親是御史大夫，父及祖俱封覃國公。羅忼烈推測他約生於元至元十年（1273），卒於至正五年（1345）〔註32〕。歷官江西行中書省令史、僉典瑞院事、太平路總管、池州路總管、衢州路達魯花赤等職。晚年因不滿腐敗政治，辭官閒居杭州西湖。善篆書，有詩名，詩集已佚，曾與楊載、虞集、薩都剌等相唱和。現存詞三首，頗具散曲情韻。元人周南瑞《天下同文集》載王德淵之〈薛昂夫詩集序〉，稱其詩詞「新麗飄逸，如龍駒

〔註30〕　〔清〕紀昀總纂《四庫全書總目提要》卷一六六，石家莊：河北人民出版社，2000 年，頁 4272。

〔註31〕　《元史》卷一二六，列傳第十三，同註 28，頁 1458～1465。元明善《清河集‧平章政事廉文正王神道碑》卷五，收錄於《續修四庫全書》第 1323 冊，〈集部‧別集類〉，上海：上海古籍出版社，2002 年，頁 23～28。

〔註32〕　羅忼烈《兩小山齋論文集‧維吾爾兄弟民族的兩位元曲家——貫雲石和薛昂夫》，臺北：中華書局，1982 年，頁 221～222。

奮進，有並驅八駿，一日千里之想。」〔註33〕以散曲著稱於世，其散曲風格以疏宕豪放爲主，思想內容以傲物歎世、歸隱懷古爲主。詩詞雖非其主要創作內容，但詩詞曲互相參看，更能了解其人思想內涵與創作歷程。

（三）貫雲石（1286～1324）

原名小雲石海涯，因父名貫只歌，遂以貫爲氏。字浮岑，號酸齋，先後用過成齋、疏仙、蘆花道人、石屛等別號。祖籍西域北庭（今新疆吉木薩爾縣），出身屬色目人的維吾爾家族，是元代的新貴裔胄。其祖父阿里海涯跟隨忽必烈南征北討，官至湖廣行省左丞相，死後追封楚國公，又追贈長沙王，後改贈江陵王；其伯父忽失海涯，官至湖廣行中書省左丞；其父貫只歌曾任江西行中書省平章政事；其外祖父廉希閔曾出任中書左丞；其舅父廉恂、廉惇也是多年爲官，家世顯赫。《元史》本傳稱：「年十二三，臂力絕人，使健兒驅三惡馬疾馳，持槊立而待，馬至，騰上之，越二而跨三，運槊生風，觀者避易。或挽彊射生，逐猛獸，上下峻阪如飛。」〔註34〕可見其善於騎射的工夫，無與倫比。個性豁達爽朗，「稍暇，輒投壺雅歌，意所暢適，不爲形跡所拘。」在治軍方面，他也是一位「御軍極威猛，行軍肅然」的統帥，其成就遠超過乃父貫只哥，能文能武。剛成年的貫雲石，「襲父官」，先以宣武將軍出任兩淮萬戶府達魯花赤，後調任湖廣，鎮永州。

如此出眾的武藝，有著可以成爲出類拔萃將領的可能，他卻主動將職位讓予弟弟忽都海涯：「一日，呼弟忽都海涯語之曰：『吾生宦情素薄，顧祖父之爵不敢不襲，今已數年矣，願以讓弟，弟幸勿辭。』語已，即解所縚黃金虎符佩之。」〔註35〕他之所以辭官，並非不戀宦情，而是看準時機，辭武官，從姚燧學，爲進入朝廷中心作準備〔註36〕。後終於打進朝廷中心，全力輔佐元仁宗。姚燧說他：「古文峭厲有法」〔註37〕，擅長以萬言長書持論，所言關乎朝廷重大政事，可見其對仁宗忠心一片、對治國雄心勃勃。其後，他成爲

〔註33〕〔元〕周南瑞《天下同文集》前甲集卷十五，收錄於紀昀編《文津閣四庫全書》第 457 冊，〈集部・總集類〉，北京：商務印書館，2005 年，頁 27。

〔註34〕《元史・貫雲石傳》卷一百四十三，列傳第三十，同註 28，頁 1628。

〔註35〕同上註。

〔註36〕張玉聲〈貫雲石何慕陶淵明〉，《新疆師範大學學報》第 18 卷 4 期，1997 年，頁 15、16。

〔註37〕〔元〕歐陽玄《圭齋文集・貫公神道碑》卷九，收錄於紀昀編《文淵閣四庫全書》第 1210 冊，〈集部・別集類〉第 149 冊，臺北：臺灣商務印書館，1983 年，頁 84～86。

仁宗的翰林侍讀學士，擢中奉大夫、知制誥、同修國史，是朝中要員與棟樑。但他的萬言書卻不被採納：「上疏六條事：一曰釋邊戌以修文德，二曰教太子以正國本，三曰設諫官以輔聖德，四曰表姓氏以旌勛胄，五曰定服色以變風俗，六曰舉賢才以恢至道。書凡萬餘言。」〔註38〕想起祖父因懷才不遇而仰藥自盡的悲慘結局，於是於仕途中急流勇退，放棄功名，全真養性，歸隱山林。

　　他本為西域維吾爾族人，心繫北方故鄉是必然的，但最終卻為景色秀麗的江南風光所吸引，退隱於南方。《元史》：「辭還江南，賣藥錢塘市中，……偶過梁山泊，……所至，士大夫從之若雲。」〔註39〕其友錢惟善說他退隱後「萬里壯遊」〔註40〕，可知其退隱後的生活飄忽不定，恣意馳騁，如同他的作品〈雙調‧清江引〉其三自述：「似這般得清閒的誰似我」〔註41〕，最後定居在錢塘（今浙江杭州市）南門外海鮮巷，泰定元年去世，追封京兆郡公，諡文靖。生活中豐滿的經歷，成為他文學創作的材料，而深入民間的生活，也使得他的曲作特別突出。現存文學作品詩三十八首，詞兩首，小令三十八首，套數十套〔註42〕。周密《癸辛雜識》說：「回回〔註43〕皆以中原為家，江南尤多，宜乎不復回首故國。」〔註44〕貫雲石和薛昂夫晚年的生活皆選擇歸隱江南林泉，繁華的水鄉對他們有極大的誘惑，因此他們最後的歸宿並不是回到苦寒的家鄉，和周密所說頗為一致。

（四）偰玉立

　　生卒年不詳，字世玉，號止堂、止庵，高昌回鶻人。合剌普華之孫，父名文質〔註45〕，居溧陽（今江蘇）。其祖合剌普華，讀畏兀書及經史，記誦精敏，出於天性，任行都漕運使，曾上疏言：「親肺腑，禮大臣，以存國家之體。

〔註38〕 同註34。

〔註39〕 《元史‧貫雲石傳》卷一百四十三，列傳第三十，同註28，頁1629。

〔註40〕 〔元〕錢惟善《江月松風集‧酸齋學士輓詩》卷三，收錄於紀昀編《文津閣四庫全書》第406冊，〈集部‧別集類〉，北京：商務印書館，2005年，頁755。

〔註41〕 徐征等編《全元曲》第十一卷，石家莊：河北教育出版社，1998年，頁8183。

〔註42〕 參照胥惠民等《貫雲石作品輯注》，烏魯木齊：新疆人民出版社，1986年，頁146。

〔註43〕 案：畏兀人也有一說是回回人。

〔註44〕 〔宋〕周密《癸辛雜識》續集卷上，收錄於紀昀編《文津閣四庫全書》第346冊，〈子部‧小說家類〉，北京：商務印書館，2005年，頁107。

〔註45〕 《元史‧合剌普華傳》卷一百九十三，列傳第八十，合剌普華為偰玉立之祖，同註28，頁2098～2099。

興學校，獎名節，以勵天下之士。正名分，嚴考課，以定百官之法。通泉幣，却貢獻，以厚民生之本。」又言：「江南新附，宜招舊族，力稽通商，弛征薄入，以撫馴其民，不然，恐尙煩宵旰之慮。」〔註46〕帝多採用其言，所言不脫儒家以禮治國，後贈戶部尙書、守忠全節功臣，諡忠愍。其父文質，官至吉安路達魯花赤，贈宣惠安遠功臣、禮部尙書，追封雲中郡侯，諡忠襄。有兄弟五人，其中偰玉立與偰直堅、偰哲篤、偰朝吾、偰列箎，皆第進士。偰哲篤官至江西行省右丞，以文學政事稱於世。又玉立侄偰百僚遜、正宗、阿兒思蘭皆相繼登第，一門科甲之盛是當時所稀有，也是少數民族中，文風熾盛的一個家族。延祐五年（1318）進士授祕書監著作佐郎，歷翰林院待制，兼國史院編修官。至正九年（1349）任泉州路達魯花赤，後遷湖廣僉事、海北海南道肅政廉訪使。〔註47〕著有《世玉集》一卷。

四、其他少數民族

（一）阿拉伯　蒲壽宬

生卒年不詳，號心泉，是泉州人阿拉伯僑民的後代，信仰回教，宋度宗咸淳間（1265～1274），曾守梅州〔註48〕，著有《心泉學詩稿》六卷。蒲開宗之子，宋末提舉泉州市舶使蒲壽庚之兄，先世十世紀之前是定居占城（今越南）的阿拉伯裔海商，後移居廣州，再定居泉州，蒲氏家族主管泉州市舶三十年。

宋度宗咸淳末年，壽宬與弟壽庚（1205～1290）因助平海寇有功，官至福建安撫沿海制置使，後又授福建、廣東招撫使，統領閩、廣海舶。宋端宗景炎元年（1276）爲弟獻策，助弟蒲壽庚降元〔註49〕，元至元十五年（1278）任壽庚爲福建行省中書左丞，蒲氏家族遂成爲福建權貴，且獨擅市舶，富甲一方。壽宬於元蒙統一中國後，又嘗出仕，〈譜系表〉云：「元至元二十三年丙戌（1286），三月間，世祖遣御史程文海詔求江南人才，公

〔註46〕同上註，頁 2099。
〔註47〕〔元〕蘇天爵《元文類》卷七十有歐陽玄〈高昌偰氏家傳〉，收錄於紀昀編《文津閣四庫全書》第 457 冊，〈集部‧總集類〉，北京：商務印書館，2005 年，頁 466～468。
〔註48〕〔元〕蒲壽宬《心泉學詩稿》，收錄於紀昀編《文津閣四庫全書》第 397 冊，〈集部‧別集類〉，北京：商務印書館，2005 年，頁 585。
〔註49〕詳見〔明〕黃仲昭修纂《八閩通志》卷八十六，福州：福建人民出版社，1990年，頁 1008。

（壽宬）赴試，中第一甲第一名，賜狀元及第。」〔註 50〕本爲宋人，降元後亦可視爲元人〔註 51〕，故將之歸爲金元少數民族詞人群中。存《心泉詩餘》十八首，其中十五首爲〈漁父詞〉。

（二）蒙古　拜住

生卒年不詳，是一位眞正的蒙古貴族，也是金元時期唯一留有詞作的蒙古詞人。元世祖元勳重臣安童孫，成宗時榮祿大夫兀都帶子也。五歲時父親去世，由母親怯烈氏撫養長大，稍長，宏達端亮有祖風。元英宗至治初，拜中書平章政事，位居朝廷中樞，竭智盡忠，憂國忘家，是一代良臣，後卻於英年死於兵變。泰定初，追封東平王，諡忠獻。〔註 52〕存〈菩薩蠻〉詞一首。

第二節　詞作析論

此章分類亦從前章，惟牽涉人物眾多，內容細膩繁多，細目多有增刪，更可窺各家偏好。

一、詠物詞

如「薩都剌」一章所定義，詠物作爲詞的題材，其內容包括節令、山川風雲、草木花果、蟲魚鳥獸、人物、名都勝跡、樓臺池館、雜物、雜事、題詠等〔註 53〕，但凡題目中有上述所列，皆可歸爲詠物詞。由於薩詞僅十五闋，以此標準分類，尚合乎原則；而金元其他少數民族作家人物眾多，作品亦繁，若以以上標準區分體類，則盡可歸爲詠物詞，然卻顯龐雜無章，因此將從詞題和內容來做更精確的分類。《文心雕龍・物色》：「春秋代序，陰陽慘舒，物色之動，心亦搖焉……歲有其物，物有其容；情以物遷，辭以情發。一葉且或迎意，蟲聲有足引心，況清風與明月同夜，白日與春林共朝哉！是以詩人感物，聯類不窮。流連萬象之際，沉吟視聽之區。寫氣圖貌，既隨物以宛轉；

〔註 50〕羅香林《蒲壽庚研究》第三章，香港：香港中國學社出版，1959 年，頁 56。
〔註 51〕同黃兆漢《金元詞史》的說法。臺北：臺灣學生書局，1992 年，頁 303。
〔註 52〕《元史・拜住傳》卷一百三十六，同註 28，頁 1564～1568。
〔註 53〕據張清徽〈南宋詞家詠物論述〉將詠物詞內容分爲十類：節令類第一，山川風雲類第二，草木花果類第三，蟲魚鳥獸類第四，人物類第五，名都勝跡類第六，樓臺池館類第七，雜物類第八，雜事類第九，題詠類第十。詳見《東吳文史學報》第二號，臺北：東吳大學出版社，1977 年，頁 34～53。

屬采附聲，亦與心而徘徊。」〔註 54〕作者觸物而感興，是詠物作品的最大特徵，以此觀之，以下詠物詞則多以詠物來寄託作者之情感，即使是純爲詠物之作，也非完全客觀的審美，反而留有部分作者主觀情感的投射。

（一）純粹詠物

詞爲「豔科」，自《花間》以來奠定了創作方向和理論基礎，延續到北宋就形成了婉約詞派，生活在金代盛世的女眞帝王完顏璟和位在上層階級的蒙古貴族拜住，也繼承了此種詞風，他們受到歌舞昇平、歡歌醉舞的階級氛圍和時代風氣的影響，所詠的物品「聚骨扇」、「軟金杯」和「仕女鞦韆」，呈現一種富貴享樂的氣息，體現一種貴族生活的雅趣。以下先舉完顏璟詞二例：

> 幾股湘江龍骨瘦。巧樣翻騰，疊作湘波皺。金縷小鈿花草鬥。翠條更結同心扣。　　金殿珠簾閒永晝。一握清風，暫喜懷中透。忽聽傳宣須急奏。輕輕褪入香羅袖。〈蝶戀花・聚骨扇〉

> 風流紫府郎，痛飲烏紗岸。柔軟九回腸，冷怯玻璃盌。　　纖纖白玉蔥，分破黃金彈。惜得洞庭春，飛上桃花面。〈生查子・軟金杯〉

兩首詠物之作，一首詠聚骨扇，一首詠剝橙用的軟金杯，所詠二物皆爲宮中貴重物品，寫來柔婉幽微，繼承北宋婉約詞風，徐釚《詞苑叢談》所謂「亦南唐李氏父子之流」〔註 55〕，誠的論也。吳梅《詞學通論》云：「章宗穎悟，亦多題詠。聚骨扇詞，一時絕唱。……雖爲賦物，而雅煉不苟，來自宸翰，率多俚鄙，似此寡矣。」〔註 56〕兩闋詞都側重寫物工巧，爲純綷詠物之佳作。〈蝶戀花・聚骨扇〉上片描述聚骨扇的精雕細球，由「湘江龍骨」（即湘妃竹）、「金縷小鈿」和「翠條同心扣」等句，可知扇骨、扇面的材質與花樣都是精挑細選、手工費時，此等精巧雅緻的工藝品，自是令主人愛不釋手。下片寫聚骨扇的用途，除可供欣賞把玩之外，還能爲主人帶來清涼，但當要處理緊急公務時，個人的清玩也必須放在一旁，不因玩物而喪志，如〈扇銘〉所說：「知進知退，隨時出處」〔註 57〕，給予聚骨扇人性化的比附；而物隨

〔註 54〕〔南朝・梁〕劉勰《文心雕龍》，臺北：文史哲出版社，1985 年，下篇頁 301～302。

〔註 55〕《詞苑叢談》卷三，同註 15，頁 72、73。

〔註 56〕吳梅《詞學通論》，臺北：臺灣商務印書館，1932 年，頁 113。

〔註 57〕《佩文齋詠物詩選》卷二百七有〔漢〕傅毅〈扇銘〉，收錄於紀昀編《文淵閣四庫全書》第 1433 冊，〈集部・總集類〉第 372 冊，臺北：臺灣商務印書館，1983 年，頁 242。

人性，進退有度，境界自是高出同類作品一等。至於〈牛查子・軟金杯〉，由內容看來，既詠酒亦詠杯。上片寫道無酒不歡的紫府郎，因未得佳釀，而冷落玻璃酒杯；下片則敘由美人玉手所剝金橘釀成的「洞庭春色」〔註58〕，十分珍貴，酒後面成桃紅，與金杯相互輝映。此詞純粹描述杯與酒，用色極為豔麗，玻璃碗的「透」、玉手的「白」、酒色的「金橙」、面色的「桃紅」都與金杯互為映襯，眾星拱月的烘托手法，全首雖未見金杯，實已將金杯的華麗精緻勾勒出來，而精美的容器又能襯托美酒的香醇，是一首色香味俱全的詠物佳詞。而拜住詠鞦韆之詞，亦清麗可愛，皆似《花間》一類的宮詞，情調旖旎婉約：

> 紅繩畫板柔荑指，東風燕子雙雙起。誇俊與爭高，更將裙繫牢。　　牙
> 床和困睡，一任金釵墜。推枕起來遲，紗窗月上時。〈菩薩蠻〉

《樂府紀聞》引元人小說嘗謂此詞拜住乞婚於宣徽院使孛羅所做，後孛羅以女許之。〔註59〕上片描繪女子高盪鞦韆的景象，長年在深閨之中的閨秀，只有在盪鞦韆的時候能盡情自在，享受自由的天空。鞦韆越盪越高，好似東風催助，能與燕子爭高。一般漢族閨秀即使是從事這樣的動態活動，也是文靜低盪，少有詞中女子的活潑直爽，天真可愛。下片寫女子海棠春睡的姿態，從「和衣而睡」、「任金釵垂墜」和「轉醒月上時」，可知她因為玩得盡興忘我，體力耗盡，不顧形象的睡到中夜，嬌憨慵懶的形象，自然不造作。此詞不僅詠鞦韆，更在詠盪鞦韆女子的閨中豔情，嬌俏直率的性格，頗有大漠兒女的氣質，風情萬種。

　　以上三詞風格近似《花間》的柔靡豔情，而以下三詞風格全然不同，表面似純為詠物，實暗合耶律鑄、貫雲石和偰玉立脫俗高雅的志趣。首先，介紹耶律鑄的作品：

> 崇霞臺外，明霞觀裡，著處蟠桃栽遍。花開動是一千年，知閱了春
> 風幾面。　　丁寧休把，玉鸞金鳳，也比雲間雞犬。且傾靈液莫留
> 殘，說道蓬萊路遠。〈鵲橋仙・崇霞臺〉

〔註58〕「洞庭春」，酒名，「洞庭春色」之省稱，以黃柑釀就，蘇軾〈洞庭春色〉詩序：「安定郡王（趙世準）以黃柑釀酒，謂之洞庭春色，色香味三絕。」《全宋詩》卷八一七，北京：北京大學出版社，1991年，頁9458。

〔註59〕〔清〕沈雄《古今詞話》卷下引《樂府紀聞》：「孛羅有杏園春時，諸女鞦韆為戲，拜住立馬牆頭見之求婚焉，令賦鞦韆寄菩薩蠻、詠鶯寄滿江紅，詞意可喜，許之。按安童孫曰：拜住，延祐中，少年平章也。」，收錄於唐圭璋編《詞話叢編》冊二，臺北：廣文書局，1967年，頁778。

這是一首關於樓臺池館的詠物之作，充滿道家神仙色彩。「崇霞臺」，傳說是
燕昭王爲玄天二女所設的住所〔註60〕，「明霞觀」，相傳爲老子傳道居所，處
處種滿千年才能結果的蟠桃；「雲間」、「靈液」、「蓬萊」也都是神話用詞，起
句就將崇霞臺的神幻描寫的活靈活現。只是「說道蓬萊路遠」，顯示追慕仙道
對詞人來說不是一件易事，但詞人仍是對追求仙道有無盡的嚮往。金元之際
的北方社會正處於多元文化相互衝突、滲透和發展的階段，儒、釋、道三家
思想尤然。耶律鑄受父親影響，以儒者自居，亦從家族傳統，浸淫佛理，但
本人又好道，曾明白表示自己「老夫亦慕道者」〔註61〕，因此其文集中關於
遊仙宮觀的詩詞很多〔註62〕，此詞除純爲詠物，尚可作爲抒發慕道之情的代
表。

另一首關於樓臺池館的詠物之作，爲北人中極慕江南風光的貫雲石所
作。元仁宗延祐元年（1314），貫雲石二十八歲，因無法在仕途上施展抱負，
因而稱疾辭官，結束官場生涯，直到三十八歲時在杭州英年早逝。這段時間
他漫遊江南名山大川，飽覽壯麗河山，最後隱居杭州，與湖光山色爲伴。他
自稱「宦情素薄」，喜歡山水田園，西湖勝景、岳陽高樓、揚州明月、錢塘
燈夕等，都曾留下他駐足的痕跡，用他的文學創作，記錄當下的感動與激情
〔註63〕：

> 晚來碧海風沈，滿樓明月留人住。璚花香外，玉笙初響，修眉如妒。
> 十二闌干，等閒隔斷，人間風雨。望畫橋橋影，紫芝塵暖，又喚起、
> 登臨趣。　　　回首西山南浦。問雲物、爲誰掀舞。關河如此，不須
> 騎鶴，儘堪來去。月落潮平，小衾夢轉，已非吾土。且從容對酒，
> 龍香涴繭，寫平山賦。〈水龍吟·詠揚州明月樓〉

〔註60〕〔宋〕李昉等編《太平廣記·女仙一·玄天二女》第一卷·卷五十六：「燕昭
　　　　王即位二年，廣延國來獻善舞者二人，一名旋波，一名提謨。……昭王知爲
　　　　神異，處於崇霞之台，設枕席以寢宴，遣人以衛之。王好神仙之術，故玄天
　　　　之女，托形作二人。」北京：中華書局，1961年，頁349。
〔註61〕〔元〕耶律鑄《雙溪醉隱集》卷四，收錄於紀昀編《文津閣四庫全書》第400
　　　　冊，〈集部·別集類〉，北京：商務印書館，2005年，頁709。
〔註62〕《雙溪醉隱集》有關遊仙宮觀的詩詞大約有〈上雲樂〉（卷二，頁695）、〈遊
　　　　僊〉（卷二，頁696）、〈擬遊仙〉（卷三，頁706）、〈遊僊〉（卷四，頁709）、〈奉
　　　　答翠華仙伯〉（卷四，頁709）等，同上註。
〔註63〕貫雲石〈〔雙調〕蟾宮曲·玩西湖〉、〈岳陽樓〉詩。《全元曲》第十一卷，同
　　　　註41，頁8181；《全遼金詩》，同註19，頁。

曾有一說：「元盛時，揚州有趙氏者，富而好客。其家有明月樓，人作春題，多未當其意者。一日，趙子昂過揚，主人知之，迎致樓上，盛筵相款，所用皆銀器。酒半，出紙筆求作春題。子昂援筆書云：『春風閬苑三千客，明月揚州第一樓。』主人得之喜甚，盡徹酒器以贈子昂。貫雲石亦有詞詠樓，調寄《水龍吟》云……。」〔註64〕熱情外向的詞人來到名滿天下的揚州明月樓，看盡「她」風姿綽約的形態美：登樓賞月，月照高樓，詞人浸淫在月光之中，不捨離去，幽冷的月色與襲人的橘花香、動人的玉笙響，交織成的立體景象是如修眉斂黛的遠山所無可比擬的。明月樓的萬種風情使得「滿樓明月留人住」，再用高樓欄杆隔斷人間風雨，令置身其中的人們流連忘返、駐足不前，只為享受這安寧舒適的片刻。詞人便是被這景致留住的其中一人，登臨之趣也因此被激起。居高臨下，思緒隨遼闊的景象無限伸展，「不須騎鶴，盡堪來去」，詞人可隨心所欲、恣意馳騁在雲間月前，遠離故土，不受形體所羈絆，充滿浪漫的想像。貫雲石著名的是曲作，其曲風歸為豪放一路，此詞從此處來看也有李白式的豪放飄逸。當思緒收束、回歸現實後，他尚能仿效歐陽脩〔註65〕與朋友飲酒賦詩，享受著逍遙自在、優哉游哉的生活情趣。貫雲石「仕而優則隱」，人生最後的十年在杭州逍遙度日，結交了許多當時著名的曲家，如盧摯、馬致遠、張可久等。文獻上說他「所至，士大夫從之若雲」，常和一班騷人墨客遊賞西湖，詩酒唱和，聽歌賞花，流連光景〔註66〕，「且從容對酒，龍香浣繭，寫平山賦」，可說是他在杭州生活的寫照，充滿悠閒寫意的歡情。

　　至於偰玉立的詠景之作（廣義的詠物詞亦包含詠景），除詠眼前實景，亦有絃外之音：

　　　　蒙崀幾日桃花雨。依稀流水章橋去。只恐到天台。誤通劉阮來。　　玉
　　　　堂開綺戶。不隔塵寰路。休認避秦人。壺中別有春。〈菩薩蠻・蒙崀
　　　　石刻〉

〔註64〕《詞苑叢談》卷八，同註15，頁10。
〔註65〕歐陽脩貶謫揚州太守時，在西湖蜀崗建一「平山堂」，史載，每到暑天，公餘之暇，他常攜朋友來此飲酒賦詩。見《江南通志》卷三十三，收錄於紀昀編《文津閣四庫全書》第172冊，〈史部・地理類〉，北京：商務印書館，2005年，頁298。
〔註66〕羅忼烈《兩小山齋論文集・維吾爾兄弟民族的兩位元曲家》，同註32，頁213～215。

此詞爲石刻，《湖南通志》錄此詞有云：「至正戊子（1348）二月朔，偕憲掾戴仲治，奏差劉右卿祝釐來遊。時山陶爛漫，煙雨冥濛，恍隔塵世。汲泉煮茗，清話移時，爲賦菩薩蠻一闋云。通議大夫憲僉偰世玉題。」〔註67〕由此可知這闋詞是偰玉立和友人出遊，一邊欣賞煙雨濛濛的美景，一邊煮茶品茗，閒話家常所寫成。「春遊」與「品茗」是一般漢人士大夫慣常的生活情趣，由此跋亦可知當時少數民族士大夫的生活方式與漢人幾無差異，有明顯漢化的痕跡。上片寫眼前所見之景——暮春時分，正是郊遊踏青的好時節，桃花被雨淋落，讓詞人聯想到東漢劉晨和阮肇誤入天臺，偶遇仙人的故事〔註 68〕，頗有陶淵明〈桃花源記〉中所描述的境界。下片「避秦人」亦引用〈桃花源記〉：「自云先世避秦時亂，率妻子邑人，來此絕境，不復出焉。」〔註 69〕以及東漢費長房遇老翁入壺中，並與之於壺中飲酒之典〔註 70〕，來讚美春之盛景，猶如仙境。詠桃花與仙境常用「劉阮」與「陶淵明」之典，偰玉立用來明快自然，更顯和友人出遊時，心情的閒適自在，彷彿煩惱隨水流逝，心境清明澄澈，思路浪漫可愛，也彰顯他以士大夫自居的生活情調。

（二）託物言志

詠物而有寄託，在宋代詠物詞中是種典型之作，最爲人所知著當屬蘇軾詠孤雁的〈卜算子〉〔註 71〕，將「烏臺詩案」之後的悽慘心情投入失群孤雁的形象之中，詞擺脫了豔情，有詞人更深層的心情與志向。而金元少數民族詞人的詞作內容有別於宋代詞人在仕途上的失意之情，則以身在高位的歡情和得意取代，完顏亮即爲代表，他的詞充滿一統天下的豪情壯志。

〔註67〕《湖南通志‧文藝志‧宜章縣陳志‧碑在縣之艮巖》卷二八六，臺北：京華出版社，1967 年，頁 9455。

〔註68〕相傳東漢永平年間，劉晨與阮肇至天臺山采藥迷路，遇二仙女，蹉跎半年始歸。時已入晉，子孫已過七代。後復入天臺山尋訪，舊蹤渺然。見〔南朝‧宋〕劉義慶《幽明錄》，臺北：新興書局，1978 年，頁 4028～4030。

〔註69〕〔晉〕陶淵明《靖節先生集‧桃花源記》卷六，臺北：華正書局，1982 年，卷六之頁 2。

〔註70〕見〔宋〕范曄等撰《後漢書‧方術傳下‧費長房》卷一一二：傳說東漢費長房爲市掾時，市中有老翁賣藥，懸一壺於肆頭，市罷，跳入壺中。長房於樓上見之，知爲非常人。次日復詣翁，翁與俱入壺中，唯見玉堂嚴麗，旨酒甘肴盈衍其中，共飲畢而出。臺北：新文豐出版公司，1975 年，頁 942。

〔註71〕蘇軾〈卜算子〉，唐圭璋編《全宋詞》冊一，北京：中華書局，1965 年，頁295。

昨日樵村漁浦。今日瓊川銀渚。山色捲簾看。老峰巒。　　錦帳美

人貪睡。不覺天孫剪水。驚問是楊花。是蘆花。〈昭君怨・雪〉

這首詞表面看來似繼承花間詞派的婉約風格，完顏亮用少數民族粗獷直率的
內在創作出婉約詞派的作品，形成一種衝突的美感。全篇寫雪卻未見雪字，
沈雄《古今詞話》下卷引《藝苑雌黃》評說此詞曰：「是則詭而有致。」〔註
72〕但筆者認爲評此詞曰「詭」，似乎不甚妥當，此詞在上半闋運用時空變化、
色彩的變幻，寫出眼前動態的雪景，由靜而動，時間的推移造成景物的變遷，
將雪景描寫的維妙維肖，視角的轉換，稱「詭」不如稱「奇」，篇幅雖小，但
韻味雋永。明・陳霆《渚山堂詩話》卷二謂：「亮之他作，例倔強怪誕，殊有
桀驁不在人下之氣，此詞稍和平奇俊。」〔註73〕時人因此稱他「一吟一咏，
冠絕當時」〔註74〕，似楊花、蘆花的飛雪輕盈飄舞的優美姿態、萬里江山銀
裝素裹的潔白晶瑩，是溫暖江南秀美雪景所難以比擬的。北國飛雪、萬里銀
色江山的景色用一「驚」字，給人一種天地突然巨變之感，而如楊花、蘆花
飛舞的雪的清新意境，則蘊含了一種怡然自得的心情，若對照詞人政治生涯
可知此詠雪詞實爲抒發隱忍多年，在朝廷上下毫無知覺的情況下，血刃無道
天子政變成功，對王位志在必得，終於成就大業的一種喜悅心情。這表現出
詞人有作爲一個統治者的積極進取、力求改革、極欲建功立業的價值觀，有
一種除去政敵而君臨天下的暢快，氣概豪邁不凡。此處完顏亮所言之志是「權
欲」和「佔有欲」，和歷來「言志」的定義稍有不同，但仍可視爲廣義的言志；
而下詞由「待月」一事更可見其企圖與野心：

停杯不舉，停歌不發，等候銀蟾出海。不知何處片雲來，做許大、

通天障礙。　　蚍蜉撼斷，星眸睜裂，唯恨劍鋒不快。一揮截斷紫

雲腰，仔細看、嫦娥體態。〈鵲橋仙・待月〉

據岳珂《桯史》記載，此詞乃完顏亮準備發兵南進滅宋，中秋待月不至而賦。
〔註75〕洗淨鉛華，不避俚俗，一股豪爽霸氣溢於言表，沈雄《古今詞話・詞
話》下卷引《藝苑雌黃》謂此詞「俚而實豪」〔註76〕，徐釚《詞苑叢談》卷

〔註72〕《古今詞話》卷下，同註59，頁767。

〔註73〕〔明〕陳霆《渚山堂詩話》卷二，收錄於唐圭璋編《詞話叢編》冊一，臺北：
　　　　廣文書局，1967年，頁322。

〔註74〕《大金國志》，同註9，頁212。

〔註75〕〔宋〕岳珂《桯史》卷八：「遷汴之歲，以弒其母。又二日，而中秋待月，不
　　　　至，賦〈鵲橋仙〉……。」，北京：中華書局，1981年，頁95。

〔註76〕《古今詞話・詞話》下卷引《藝苑雌黃》謂此詞「俚而實豪」，同註59，頁767。

三亦謂其「出語倔強，眞是咄咄逼人。」〔註77〕歷代褒貶不盡相同，但皆稱此詞風格雄豪爲基本特色。此詞雖以「待月」爲題，表面意義在記敘作者急切賞月的心情，但因作詞的時序在滅宋之際，或可將月比爲宋，言外之意卻是對滅宋的急進心理，充分顯現出完顏亮野心勃勃，欲逐鹿中原，成就雄圖霸業的決心。其中「一揮截斷紫雲腰」一句，也可對照當時朝中發生完顏亮弒母事件，《金史・海陵紀》記載他弒母的原因，是因其母「諫伐宋」，他將母親的諫言比作阻擋他獨霸中國的陰霾，弒母象徵掃除陰霾。他不甘屈居人下，由「蚍鬐撚斷，星眸睜裂，唯恨劍鋒不快」句，一方面可知，他的宏圖霸業正遭到阻礙，胸有壯志而未酬；另一方面，他也伺機而動，在機會未來臨之前，他必須強自隱忍那顆躁動激進的心，這位女眞帝王將他積極進取，欲建功立業的決心和魄力，毫無保留的展露出來，這就是少數民族最率眞質樸的本色。

　　歷來詠雪和詠月的詩詞作品多呈現婉約清麗、玉潔冰清的氣質，而完顏亮卻以反差的方式將自己激進的野心寄託在其中。不同於完顏亮的霸道外顯，完顏璹的詠梅詞就較爲幽獨內斂：

　　　　凍雲封卻駝岡路。有誰訪、溪梅去。夢裡疏香風似度。覺來惟見，

　　　　一窗涼月，瘦影無尋處。　　　明朝畫筆江天暮。定向漁蓑得奇句。

　　　　試問簾前深幾許。兒童笑道，黃昏時候，猶是廉纖雨。〈青玉案〉

此詞藉詠梅，訴說個人遺世獨立的情懷，題旨十分含蓄，似將自己的心跡隱藏在景物。上片所寫梅之風姿，絕無俗態，先寫天氣的晦暗陰鬱，烘托出一種幽冷昏暝的氣氛，爲梅花的出場，創造出具體的環境和氣氛：在這種凍雲橫空，晦暗昏暝之時，還有誰能去賞梅呢？只有暗香飄送。梅花幽獨的個性，只有同是幽峭高潔的自己所能欣賞，頗似宋・林逋〈山園小梅〉的詠梅絕句：「疏影橫斜水清淺，暗香浮動月黃昏」〔註78〕的意境，表現詞人高朗的襟懷。雖尋不得梅樹嶙峋身影，但還能以詩畫自娛，排遣自己的愁緒。完顏璹雖貴爲王公，卻個性簡淡，自甘清寒，立身行事宛若寒儒，劉祁《歸潛志》卷一曾說：「其舉止談笑眞一老儒，殊無驕貴之態。後因造其第，一室蕭然，琴書滿案。」〔註79〕再由借問兒童之事，點出淫雨霏霏、黃昏寂寞的景況，詞人

〔註77〕《詞苑叢談》卷三亦謂其「出語倔強，眞是咄咄逼人。」，同註15，頁73。
〔註78〕〔宋〕林逋〈山園小梅〉，《全宋詩》卷一百六，同註58，頁1218。
〔註79〕《歸潛志》卷一，同註6，頁4。

慵懶惆悵，百無聊賴，無以打發時日，有一種未見重用，只得獨善其身的無奈。

　　金元時期，自少數民族統治中原之後，在政治上他們以武力壓迫漢人，但在文化上卻無形中被漢人同化，勇武善戰的草原民族也成為了影響中國三千年儒家思想的信徒。下詞廉希憲藉詠「讀書巖」，可以看出他對讀書的重視，並以此為一生職志：

> 杜陵佳麗地，千古盡英遊。雲煙去天尺五，繡閣倚朱樓。碧草荒巖五畝，翠靄丹崖百尺，宇宙為吾留。讀書名始起，萬古入冥搜。　　鳳池崇，金谷樹，一浮鷗。彭殤爾能何許，也欲接余眸。喚起終南靈與，商略昔時名物，誰劣復誰優。白鹿廬山夢，頡頏天地秋。〈水調歌頭・讀書巖〉

元明善《清河集・讀書巖記》謂讀書巖為廉氏別業，在京兆樊川（近長安）少陵原之陽，鄰近杜陵。廉希憲藉詠讀書巖來表明自己讀書之志，與漢族文人以儒家立身的心態並無二致。上片描述讀書巖的景致，原是一片野草叢生、險要高拔的岩壁，因為地理位置與杜陵相近，他將讀書巖自比為杜陵，以此作為他讀書立志的一方天地。杜陵是漢宣帝的陵寢，漢宣帝在位時是確立儒家地位的重要人物，廉希憲深受儒家文化影響，心生嚮往，他知道宇宙天地間存在無窮無盡的知識，希望以讀書巖為起點，作為鑽研學問的地方。下片說明世間最令人嚮往之事莫過於知識，其他如位居高位、富貴顯達、延年長壽皆於我如浮雲，唯有讀書才能窮盡古今天地間的道理，非但能順知既往，亦可預知將來，期勉讀書巖能像廬山「白鹿國學」〔註80〕般成為知識寶庫和傳承學問之所。由此詞可知廉希憲是一個深愛儒家文化的少數民族，元世祖賜「廉孟子」之譽，當之無愧。

二、詠懷詞

　　「詠懷」的定名始於阮籍，若從題材著眼，受外在環境刺激的「個人心

〔註80〕　「白鹿廬山」，指廬山白鹿洞，唐貞元中李渤與兄涉隱居讀書於此，畜一白鹿，因名。《續資治通鑑長編・宋太宗太平興國五年》卷二十一：「白鹿洞在廬山之陽，常聚生徒數百人。」南唐昇元年間（940年），朝廷在此建立學館，稱「廬山國學」，又稱「白鹿國學」，置田藏書。宋代成為研學中心，至南宋朱熹時，更成為理學傳播重地。收錄於紀昀編《文津閣四庫全書》第109冊，〈史部・編年類〉，北京：商務印書館，2005年，頁103。

事」即爲詠懷的主題，是一種切近生命的詠歎，傳達出個人的嚮往、哀戚、愉悅、擔憂等情懷，反映內在的自我。以下幾首作品，表達出個人惆悵哀淒之思、積極用世之志、佛道隱逸之想、開朗暢達之情，詠懷的主題與歷代漢族文人的詩詞作品幾無二致。

（一）惆悵哀淒之思

即使是身爲金元之際地位較高的少數民族，仍擺脫不了俗情憂思：當遇到仕途不順時，也會發出不平之鳴，感慨時不我予；當遭遇時局混沌時，也會興起興亡之感，流露悲涼心境。生在風雨飄搖的宋末和金末的蒲壽宬與完顏璹，他們的作品中更是充滿了個人惆悵之思，但蒲壽宬較關注的是自身不得志，而完顏璹則因家國動亂，情思更爲沉痛悲切。首先析論蒲壽宬的作品：

> 樓倚虛空，覺人世，不知何處。人縹緲，半簷星斗，一窗風露。潮
> 退沙平鳧雁靜，夜深月黑魚龍怒。把清樽，獨自笑餘生，成何事。
>
> 　塵埃外，談高趣。煙波上，題詩句。這美景良宵，且休虛度。
> 夢覺宦情甜似蠟，老來況味酸如醋。念兒曹，南北幾時歸，情朝暮。
>
> 〈滿江紅・登樓偶作〉

此詞所寫爲登高倚樓所興起的漂泊無依之感，是詩詞中常見的主題，蒲壽宬上世源出阿拉伯，而華化甚深，因此其詩詞內容和情感與中國一般文人具有相同之型態亦不足爲奇。上片見景觸情，倚靠在樓頭欄干上感到一陣空虛，發覺一生隨波逐流，不知身在何處。和天際星斗、廣闊的宇宙相比，人可說是渺小得微不足道；夜闌人靜的夜晚，天地一片靜默，唯有詞人自斟杯酒，苦笑餘生一事無成。下片欲強打精神，不願辜負眼前的良辰美景，附庸風雅一番才是此時此刻應做的事，不該爲俗事憂煩。然而詞人放不下仕宦之情，「夢覺宦情甜似蠟」，對仕途的美好多有憧憬，他曾於宋度宗咸淳九年，官蒲州知州，且有美政〔註81〕，受民愛戴，只可惜宋末改朝換代，他雖於元至元二十三年赴試及第，欲求仕途的另一高峰，但未受重用，對照前述「獨自笑餘生，成何事」，晚景淒涼，抑鬱不得志，只得寄情故國，尋找人生最後的歸宿。《四庫全書總目提要》說他是「一狡黠之叛人」〔註82〕，傳說他曾助弟蒲壽庚降

〔註81〕 羅香林《蒲壽庚研究》云：「壽宬，宋度宗咸淳九年，官蒲州知州，性儉約，於民一毫無取。曾建曾井，汲水二瓶，置於座右。人頌曰：『曾氏井泉千古冽，蒲家心事一般清。』遂於宦後居蒲州。今山西陝西，多其苗裔。」同註50，頁55。

〔註82〕 《四庫全書總目提要》卷一六五，同註30，頁48，頁4238。

元，造成宋元時局急遽轉變之勢，為忠於宋朝人士所憤慨。但壽宬是否參與壽庚降元密謀，至今尚未有定論〔註83〕，因此不須蓋棺論定其人格操守，單就其詞之內容來看，他只是一個欲在仕途上有所作為卻又無法如願的傷心人。而下詞是完顏璹對自己的悲痛命運做的形象描述，是他中年以後生活的實錄，看似平淡，卻句句寫實的透露出心底深層的哀愁：

> 壯歲耽書，黃卷青燈，留連寸陰。到中年贏得，清貧更甚，蒼顏明鏡，白髮輕簪。衲被蒙頭，草鞋著腳，風雨瀟瀟秋意深。淒涼否，鉼中匱粟，指下忘琴。　　一篇梁父高吟。看谷變陵遷古又今。便離騷經了，靈光賦就，行歌白雪，愈少知音。試問先生，如何即是，布袖長垂不上襟。掀髯笑，一杯有味，萬事無心。〈沁園春〉

詞人以白描手法敘寫「壯歲」的失意到「中年」的潦倒：壯年酷嗜書籍，將青春年華奉獻在學問之中。畢生致力作學，到了中年，卻只換來更加清苦的生活，不僅年華老去，日子過的更加窮困淒涼，為生活所需而奔波勞碌，連怎麼彈琴都忘了。吟誦一篇〈梁父吟〉〔註84〕，看古往今來，時光飛逝；讀〈離騷〉〔註85〕、〈靈光賦〉〔註86〕、〈念奴嬌〉〔註87〕，嘆哲人已遠，感慨

〔註83〕 羅香林《蒲壽庚研究》云：「據其同時學者泉州邱葵之《釣磯詩集》推論，則壽宬似與壽庚之降元無關。蓋邱葵為呂大奎弟子，大奎死於壽庚降元之難，葵痛憤忘生，為詩感激壯烈，一意著書以終。而其《釣磯詩集》卷三，有與壽宬唱和詩，卷四復有〈挽壽宬詩〉，於壽宬始終無異詞。」，同註50，頁61。

〔註84〕 「梁父吟」，蓋言人死葬於梁父山（泰山下的一座小山，在今山東省新泰市西。古代皇帝常在此山闢基祭奠山川），亦為葬歌，今傳諸葛亮所作〈梁父吟〉辭，乃述春秋齊相晏嬰二桃殺三士事；李白所作辭，則抒寫其抱負不能實現的悲憤。《三國志・蜀志・諸葛亮傳》卷五：「亮躬耕隴畝，好為〈梁父吟〉。」臺北：新文豐出版公司，1975年，頁784。

〔註85〕 「離騷經」，指屈原所做之《楚辭・離騷》，〔漢〕王逸注：「離，別也；騷，愁也；經，徑也。言己放逐離別，中心愁思，猶陳直徑，以風諫君也。」《楚辭章句》卷一，收錄於紀昀編《文淵閣四庫全書》第1062冊，〈集部・楚辭類〉，臺北：臺灣商務印書館，1983年，頁3。

〔註86〕 「靈光賦」，指〔漢〕王延壽所作〈魯靈光殿賦〉的略稱，〔北周〕庾信〈哀江南賦〉：「死生契闊，不可問天。況復零落將盡，靈光歸然。」倪璠注：「喻知交將盡，惟己獨存，若魯靈光矣。」，《庾子山集》卷一，臺北：商務印書館，1979年，頁19。

〔註87〕 「白雪」，此應指〈白雪詞〉，即蘇軾〈念奴嬌〉，蘇軾於北宋神宗元豐三年(1080)被貶到黃州作團練副使，其住所在黃岡縣的大雪中建成，四壁都畫有雪景，故稱其堂為「雪堂」，蘇軾也因雪堂建於黃岡縣東坡之上而自號「東坡居士」，後人想起東坡天縱英才而被貶，故稱〈念奴嬌〉為〈白雪詞〉。《御定詞譜》卷二十八謂：念奴嬌十二體中「白雪詞」得名於米友仁，收錄於紀昀編《文

自己懷才不遇、知音凋零的遭遇。試問自己，不如過著瀟灑豁達、開懷長笑
的日子，只要沈醉在酒中滋味，其他一切事物都拋諸腦後、毋須在意。完顏
璹被時人稱譽爲「百年宗室中第一流人」，原本是志在有爲，之所以浸心修佛，
萬事無心，是由於金宗室南渡後防忌同宗，他無法參議朝政〔註88〕，爲了迴
避政治嫌疑，是在政治壓迫下所做的一種無可奈何的人生選擇。另一方面也
是他才不外顯、韜光養晦、潔身自愛的表現，其自號「樗軒居士」，樗（臭椿），
即樗材，比喻無用之材〔註89〕，是一種明哲保身、珍愛自我生命的精神體現。
《金史》本傳記載，完顏璹貴爲國公，其「奉朝請四十年，日以講誦吟詠爲
事，時時潛與士大夫唱酬，然不敢明白往來。」〔註90〕身爲皇室貴族，卻儼
然爲一隱者。完顏璹早年寫〈東郊瘦馬〉詩：「此歲無秋畎畝空，病驂難遣齧
枯叢。倉儲自益駑駘肉，獨爾空嘶苜宿風。」〔註91〕世無伯樂識馬，已有懷
才不遇之嘆；而至晚年做此首〈沁園春〉更是對自己悲苦的命運作陳述，志
在有爲卻投閒置散，只得效法諸葛亮〈梁父〉高吟，過著躬耕隴畝、「掀髯笑，
一杯有味，萬事無心」的日子，甘於清貧，掙脫官場束縛、名利羈絆，以此
做自我消解，顯出他超逸從容、恬靜平實的一面。下詞完顏璹雖寫飲酒歌唱，
登高賞景和個人惆悵，但其實有更深刻豐富的言外之意：

> 倦容更遭塵事冗，故尋閒地婆娑。一尊芳酒一聲歌。盧郎心未老，
> 潘令鬢先皤。　　醉向繁臺臺上問，滿川細柳新荷。薰風樓閣夕陽
> 多。倚闌凝思久，漁笛起煙波。〈臨江仙〉

況周頤在《蕙風詞話》卷三評此詞：「淡淡著筆，言外卻有無限感愴。」〔註92〕

津閣四庫全書》第 500 冊，〈集部・詞曲類〉，北京：商務印書館，2005 年，
　　　頁 6。
〔註88〕《遺山集・如庵詩文序》卷三十六：「金紫苕國公，雖大官，無所事事，止於
　　　奉朝請而已。密公班朝著者，如是四十年。」，同註 16，頁 1191。
〔註89〕《莊子》書中反覆申述臭椿的無用之用。〔晉〕郭象注《莊子注・逍遙遊》
　　　卷一：「惠子謂莊子曰：『吾有大樹，人謂之樗，其大本擁腫而不中繩墨，其
　　　小枝拳曲而不中規矩，立之，塗匠者不顧。今子之言大而無用，眾所同去也。』
　　　莊子曰：『……子有大樹，患其無用，何不樹之於無何有之鄉，廣莫之野。徬
　　　徨乎，無爲其側，逍遙乎，寢臥其下，不夭斤斧。物無害者，無所可用，安
　　　所困苦哉！』」，收錄於紀昀編《文津閣四庫全書》第 351 冊，〈子部・道家類〉，
　　　北京：商務印書館，2005 年，頁 570。
〔註90〕《金史・完顏璹傳》卷八十五，列傳第二十三，同註 3，頁 833。
〔註91〕完顏璹〈東郊瘦馬〉詩中「苜蓿」是用來餵馬的上乘飼料，良馬卻無法吃到，
　　　世無伯樂識馬，是良馬的可悲。《全遼金詩》，同註 19，頁 1852。
〔註92〕《蕙風詞話輯注》卷三，同註 21，頁 119。

由「倦容更遭塵事冗」知此詞作於金室南渡汴京之後，時值多事之秋，詞人跟著顛沛奔走，身心疲憊不堪，卻又遭逢冗雜的俗事，對社會現實有著幾許感慨和不平。以盧思道、潘岳二人典故〔註93〕，寄託言外之意，希望能充分利用殘燭之年以酬素志。《金史》本傳記載：金哀宗天興初年，璹已臥疾，論及時事，猶十分關心。見哀宗於隆德殿，談論國事，「君臣相顧泣下」〔註94〕，可知詞人願為朝廷建功立業之志，始終如一。只可惜「夕陽無限好，只是近黃昏」，眼前滿目清新的柳荷和暖風中的樓閣，表面上雖綺麗壯美，實際上不正走向即將來臨的衰颯之秋嗎？暗示王朝末日將近，筆有餘韻，託意高遠，深沉委婉，令人回味不盡。而「倚闌凝思久，漁笛起煙波」，言外有無限感愴，無聲地訴說時不我予的悲淒之情。

（二）積極用世之志

完顏亮僅存的四首詞皆有抒發其雄心壯志，欲發動戰爭，一統天下的統治者心態，充分表現出身為女真帝王「一夫當關，萬夫莫敵」的傲氣，和北方民族崇勇尚武、率直粗豪的民族性格。雄壯霸氣是完顏亮作品的風格寫照，〈念奴嬌〉一詞堪稱箇中代表作：

> 天丁震怒，掀翻銀海，散亂珠箔。六出奇花飛滾滾，平填了、山中丘壑。皓虎顛狂，素麟猖獗，掣段真珠索。玉龍酣戰，鱗甲滿天飄落。　　誰念萬里關山，征夫僵立，縞帶占旗腳。色映戈矛，光搖劍戟，殺氣橫戎幕。貔虎豪雄，偏禆真勇，非與談兵略。須拚一醉，看取碧空寥廓。〈念奴嬌〉

此詞為吟詠宋金水上激戰的情景。上片藉北國冰雪壯美狂暴的景色極力渲

〔註93〕〔隋〕盧思道、〔晉〕潘岳二人有才名於世，仕途際遇皆不遂，完顏璹以此二人自比。《北史・盧思道傳》卷三十云：「文宣帝崩，當朝文士各作挽歌十首，擇其善者而用之。魏收、陽休之、祖孝徵等不過得一、二首，唯思道獨有八篇，故時人稱為『八米盧郎』。……為〈孤鴻賦〉以寄其情，其序曰：『雖籠絆朝市且三十載，而獨往之心未始去懷也。』」臺北：新文豐出版公司，1975年，頁455。《晉書・潘岳列傳》卷五十五：「岳才名冠世，為眾所疾，遂棲遲十年，出為河陽令，負其才而鬱鬱不得志。」「石崇已送在市，岳後至，崇謂之曰：『安仁，卿亦復爾邪！』岳曰：『可謂白首同所歸。』岳金谷詩云：『投分寄石友，白首同所歸。』乃成其讖。」臺北：新文豐出版公司，1975年，頁997、1000、1001。又潘岳在〈秋興賦序〉有言：「晉十有四年，余春秋三十有二，始見二毛。」〔梁〕蕭統編《文選》卷十三，北京：中華書局，1977年，頁192。

〔註94〕《金史・完顏璹傳》卷八十五，列傳第二十三，同註3，頁834。

染，顯示出金國強大壯盛的武力，氣魄宏偉。下片真實再現宋金交戰的壯觀場面，充滿必勝的自豪心態。「看取碧空寥廓」是征戰的目的，女真將士拼命死戰的壯烈，展示出詞人執著於殺伐、置將士生死於度外、極於求成而寡於謀略的性格，也反映其欲一統天下的內心世界，印證「出語倔強，真是咄咄逼人」〔註95〕的評論。《金史‧佞幸‧李通傳》卷一二九：「海陵恃累世強盛，欲大肆征伐，以一天下。曰：『天下一家，然後可以為正統』。」〔註96〕《歸潛志》卷一二亦載：「至海陵庶人，雖淫暴自強，然英銳有大志，定官制、律令皆可觀。又擢用人才，將混一天下。」〔註97〕一統天下的情結，是形成完顏亮豪放踔厲詞風的重要因素。這位生長於東北，叱吒風雲於中原的女真帝王，文學作品中充滿渴望建功立業、一統天下的內心世界，遂形成其豪放粗獷的風格。

（三）佛道隱逸之想

佛教自東漢時期傳入中國，在魏晉六朝普及全國，並與道家思想合流，歷經信徒與文人譯介、改造，逐漸成為中國文化組成的一部分。金代崇佛風氣盛，帝王貴族尤然〔註98〕，完顏璹亦篤信佛教，佛教隨遇而安、無欲無求的修行境界，是他能從痛苦不堪的人世中所能得到的自我救贖，如下詞：

> 一百八般佛事，二十四考中書。山林城市等區區。著甚由來自苦。
>
> 　　過寺談些波若，逢花倒箇葫蘆。少時伶俐老來愚。萬事安於所遇。〈西江月〉

此詞表現出完顏璹對佛禪的體悟，描寫隨緣自適的心態。「著甚由來自苦」的「著」即執著，過於執著則無明淨之心。「談些般若」，「般若」為梵語音譯，意思是智慧，即除無明、去妄執，以體驗真實的智慧。般若智慧能把握實相，不為虛相混淆，證得涅盤而超脫。真正的解脫在於自身開悟，「老來愚」是難得之「糊塗」，即大智若愚，能達般若智慧的境界，唯其如此，才能隨遇而安，心無罣礙。此詞蘊含深刻的人生哲理，顯示詞人對佛理了然於心，過著充滿

〔註95〕同註77。
〔註96〕《金史‧佞幸‧李通傳》卷一百二十九，同註3，頁1247。
〔註97〕《歸潛志》卷十二，同註6，頁136。
〔註98〕〔宋〕洪皓《松漠紀聞》卷上載：「金俗奉佛尤謹，帝后見像設皆梵拜，公卿詣寺則僧坐上坐。」「貴族之家，多為僧衣盂（注：衣鉢也）甚厚。」收錄於紀昀編《文津閣四庫全書》第140冊，〈史部‧雜史類〉，北京：商務印書館，2005年，頁784。

閑逸之趣的生活。完顏璹之所以浸心修佛，萬事無心，是受到時代、家族風氣和政治遭遇的影響。其祖父金世宗完顏雍對佛道信仰虔誠〔註99〕，父親完顏永功也喜與僧人交遊往來，完顏璹自小便受到佛理的薰染；而被時人贊譽爲「百年宗室中第一流人」的他，原本也是志在有爲，但由於金宗室南渡後防忌同宗〔註100〕，避免宗室相殘，他就不能參議朝政〔註101〕，爲了迴避政治嫌疑，潛心向佛、談佛論禪變成他在政治壓迫下所做的一種安慰自我的人生選擇。

　　宗教可以超脫人生所遭遇的痛苦，歸隱更是在動盪不安的時局中，文人嚮往心境安寧的方法。中國的隱逸文化源遠流長，影響亦深遠，始於先秦兩漢，成於魏晉六朝，宋元明後承之繼之。而元代一如魏晉六朝，政治紛亂，動盪不安，士人無安身立命之所，因此元人之作，充斥隱逸思想，由大量「漁父」題材的詩、詞、曲、畫等作品，可以知道「歸隱」是這個時代的士人共有的思想情懷。茲舉兀顏思忠作品爲例：

> 白雲渺何許，目斷楚江天。悲風大河南北，跋涉幾山川。手綻征衫塵暗，雁足帛書天闊，恨入短長篇。青鏡曉慵看，華髮早盈顛。　　嘆流光，眞逝水，自堪憐。明年屈指半百，勳業愧前賢。霄漢駸駸無夢，桑梓歸耕有計，醉且付高眠。寄謝鹿門老，待我共談玄〈水調歌頭·偕憲掾分司尉邑，偶得友人招隱之章，率爾次韻〉

兀顏思忠偶然得一招人歸隱的詩詞，極有共鳴，遂和詩中韻作詞，表達自己對隱逸生活的欽羨。上片敘說半生的跋涉，風塵僕僕，汲汲營營，終日爲生計誠惶誠恐，換來的只是滿頭白髮，驚覺時光匆匆流逝，卻無任何成就可言。下片「嘆流光，眞逝水，自堪憐」想到半生付出的辛勞無法得到相應的回報，失去的比得到的更多，自傷自憐之際，轉念一想，不如辭官回鄉，過著悠然自在、高枕安眠、與知交談天說地的閒適生活，頗有厭倦官場生活，心生倦勤之意；兀顏思忠雖無實際歸隱的舉動，心思卻早已投身隱逸靜心的嚮往中。而以下大篇幅的詞作，更是充滿漁父格調，顯見蒲壽宬和完顏璹也是楚國漁父和晉人陶潛的追隨者。

〔註99〕金世宗早年受母親貞懿皇后的影響，「頗信浮圖神仙之事」。《金史·徒單克寧傳》卷九十二，同註3，頁903。

〔註100〕同註88。

〔註101〕同註90。

　　中唐詞人張志和開漁父詞創作先河後，漁父詞便備受文人士大夫的青睞，代代吟唱，綿延不絕，其〈漁父〉五首〔註102〕處處體現出漁父的逍遙自在。詩人以詩中漁翁的形象來表明自己是一個十足的漁翁，以山爲朋，以水爲友，以舟爲家，以魚、野菜爲肴的生活，即使孤獨、貧困，卻能得到祥和與安穩。「斜風細雨不須歸」，詩人「笑著荷葉不嘆窮」、「樂在風中不用仙」的生活，正是詩人離開世俗生活而逍遙自在的心靈寫照。詞人以遠離塵囂、閒適曠達的漁父和漁父生活爲寫作對象，表現煙波之樂，寄託自己的隱逸志趣。歷代所流傳的漁父詞的思想內容一致，歌頌的是理想化的漁父生活，刻畫的是鮮明生動的漁父形象。蒲壽宬是金元時期創作漁父詞最多的少數民族詞人，他的詞作處處充滿對漁父生活的嚮往：

　　萬里長江一釣絲。蕭蕭蓬鬢任風吹。
　　微雨過，片帆敧。青山濃淡更多奇。

　　江渚春風澹蕩時。斜陽芳草鷓鴣飛。
　　蓴菜滑，白魚肥。浮家泛宅不曾歸。

　　煙浦迴環幾百灣。無人知此艖頭船。
　　風露冷，月娟娟。雲間一過看飛仙。

　　野纜閒移石筍江。旁人爭看老眉龐。
　　鋪月席，展風窗。飛來何處白鷗雙。

　　蒹葭橫披眾木束。浪花如雪晚來風。
　　雲母幌，水晶宮。蓮花一葉白頭翁。

　　飄忽狂風一霎間。長魚吹浪勢如山。
　　牢繫纜，蓼花灣。白鷗沙上伴人間。

　　清曉朦朧古渡頭。煙中人語艣聲柔。
　　雲五色，蜃成樓。雞鳴日出似羅浮。

〔註102〕〔唐〕張志和〈漁父〉其一：「西塞山前白鷺飛，桃花流水鱖魚肥。青篛笠，綠蓑衣，斜風細雨不須歸。」其二：「釣臺漁父褐爲裘，兩兩三三舴艋舟。能縱棹，慣乘流，長江白浪不曾憂。」其三：「雲溪灣里釣魚翁，舴艋爲家西復東。江上雪，浦邊風，笑著荷葉不嘆窮。」其四：「松江蟹舍主人歡，旅飯蓴羹亦共餐。楓葉落，荻花乾，醉宿漁舟不覺寒。」其五：「青草湖中月正圓，巴陵漁父棹歌連。釣車子，掘頭船，樂在風波不用仙。」清聖祖輯《全唐詩》卷三百八，北京：中華書局，1960 年，頁 3491。

搔首推蓬曉色新。雪花飄瞥大江濱。

漁父醉，不收緡。白髭紅頰玉爲人。

明月愁人夜未央。篷窗如畫水浪浪。

何處笛，起淒涼。梅花噴作一天霜。

白首漁郎不解愁，長歌箕踞亦風流。

江上事，寄蜉蝣。靈均那更恨悠悠。

琉璃爲地水精天。一葉漁舟浪滿顚。

風蕭蕭，露娟娟。家在蘆花何處邊。

江上浪花飛灑天。拍堦鞈鞈屋如船。

月不夜，水無邊。何處笛聲人未眠。

遠入茫茫無盡邊。漁舟來往似行天。

敧枕看，不成眠。誰識人間太乙仙。〈漁父詞十三首〉

白水塘邊白鷺飛。龍湫山下鯽魚肥。敧雨笠，著雲衣。玄眞不見又

空歸。　　巖下無心雲自飛。塘邊足雨水初肥。龜曳尾，綠毛衣。

荷盤無數爾安歸。〈漁父詞二首・書玄眞祠壁〉

漁父不拘小節，「萬里長江一釣絲，蕭蕭蓬鬢任風吹」，乘著一葉扁舟，舟行
在「春風澹蕩時」，飄盪於「煙浦迴環」、「蒹荻橫披」間，過著「浮家泛宅不
曾歸」〔註103〕、「白鷗沙上伴人間」、「漁父醉，不收緡」，「長歌箕踞」等以船
爲家、一任性情、風流瀟灑的悠閒自適生活，沉醉於「雲母幌，水晶宮」、「蓼
花灣」、「雲五色，蜃成樓」、「琉璃爲地水精天」等，只有放任自己流浪才能
欣賞到的天地絕景，甚至「家在蘆花何處邊」，忘了家在何方。以「白首漁郎」、
「太乙仙」自比，「寄蜉蝣於天地，渺滄海之一粟」〔註104〕，感悟天地的永恆、
人物的渺小，看透人事變幻，超脫俗世凡情，「靈均那更恨悠悠」〔註105〕對屈
原的遭遇寄予同情。又過玄眞祠〔註106〕時，因感念張志和，仿其漁父詞而作

〔註103〕「浮家泛宅」謂以船爲家，《新唐書・隱逸傳・張志和》卷一九六：「顏眞卿
　　　　爲湖州刺史，志和來謁，眞卿以舟敝漏，請更之，志和曰：『願爲浮家泛宅，
　　　　往來苕霅間。』」，臺北：新文豐出版公司，1975年，頁2195～2196。
〔註104〕蘇軾《東坡全集・前赤壁賦》卷三十三，收錄於紀昀編《文津閣四庫全書》
　　　　第370冊，〈集部・別集類〉，北京：商務印書館，2005年，頁11。
〔註105〕「靈均」是屈原的字，《楚辭・離騷》：「名余曰正則兮，字余曰靈均。」《楚
　　　　辭章句》卷一，同註85，頁4。
〔註106〕《新唐書・隱逸傳・張志和》：「唐張志和坐事貶南浦尉，會赦還，以親既喪，

〈漁父詞二首・書玄眞祠壁〉，抒發與其顯身揚名於廟堂之上而毀身滅性，不如過貧賤的隱居生活而得逍遙全身的志趣〔註107〕。蒲壽宬的漁父詞風流蘊藉，清麗雋永，極得張志和之格調。他生長在沿海繁榮的都市，蒲氏家族又是掌管泉州市舶的顯要世家，自幼所接觸的都是富庶豐饒魚米之鄉的景況，漁歌唱晚、打魚曬網的漁家生活是他所熟悉的環境，自然而然成爲他最佳的創作題材。他也喜與漁父交遊，有〈欸乃詞・贈漁父劉四〉可爲證：

> 白頭翁，白頭翁。江海爲田魚作糧。相逢祇可喚劉四，不受人呼劉
> 四郎。〈欸乃詞・贈漁父劉四〉

此詞文辭簡易，文意通俗，更近似〈竹枝詞〉、〈楊柳詞〉一類的民間小調。漁父劉四也許是個純樸的普通漁夫，爲方便使他了解內容，或也有易於傳唱的考量，因此淺白質樸的語言是必然呈現結果。《四庫全書總目提要》稱其詩：「沖淡閑遠，在宋元之際，猶屬雅音。」〔註108〕「漁父」從《楚辭》開始就是隱逸的象徵，寄情山水，視富貴功名如浮雲〔註109〕，歷來也藉漁父的形象曲折地表達出作者對現實的不滿，或寄託著對理想不悔的追求。蒲壽宬的詩詞多是慕仙仰道、江邊垂釣的隱逸生活，淡泊名利，無爲自治，〈漁父詞〉就是他道家思想的反映。而另一個創作漁父詞的金元少數民族作家－金末王孫完顏璹，寫出漁父逍遙平淡的生活，生動的漁父形象，宛如詞人自況：

> 楊柳風前白板扉。荷花雨裡綠蓑衣。
>
> 紅稻美，錦鱗肥。漁笛閑拈月下吹。
>
> 釣得魚來臥看書。船頭穩置酒葫蘆。

不復仕，居江湖，自稱「煙波釣徒」，著《玄眞子》，亦以自號。」，同註103，頁2196。《太平廣記》卷二十七引沈汾《續仙傳》云：「玄眞子姓張名志和……飲酒三斗不醉。……魯國公顏眞卿與之善。」，同註60，頁180。「玄眞祠」此應指祭祀張志和的廟祠。

〔註107〕「龜曳尾」，典出《莊子・秋水》卷六：「莊子持竿不顧，曰：『吾聞楚有神龜，死已三千歲矣，王巾笥而藏之廟堂之上。此龜者寧其死爲留骨而貴乎？寧其生而曳尾於塗中乎？』二大夫曰：『寧生而曳尾塗中。』」，同註89，頁612。

〔註108〕《四庫全書總目提要》卷一六五，同註30，頁4239。

〔註109〕漁父形象最初見於《楚辭・漁父篇》。篇中漁父是作爲屈原的反面形象出現的。屈原說：「舉世皆醉我獨醒，眾人皆濁我獨清，是以見放。」而漁父卻用與屈原不同的人生觀來開導他：「漁父莞而笑，鼓木枻而去，歌曰：『滄浪之水清兮，可以濯吾纓；滄浪之水濁兮，可以濯吾足。』遂去，不復與言。」漁父就此飄然而去，順性自然，是一個看破人生、超然曠達、恬淡自適的隱者。《楚辭章句・漁父章句第七》卷七，同註85，頁54。

煙際柳，雨中蒲。乞與人間作畫圖。〈漁父〉二首

隱居的漁父每天的生活就是自娛式的捕魚，即使下雨，也能於雨中山湖林野間自得其樂，漁笛、書、酒是生活中不可或缺的精神糧食，此等淡泊悠遠、風雅愜意的世外生活是詞人心靈的避風港。完顏璹在溷濁不堪的政治鬥爭中抑鬱不達，以漁父詞表現出一種超然物外、孤寂高潔的自我標榜，這種隱逸情懷和實際「大隱隱於市」的作爲是一致的。

（四）開朗暢達之情

耶律鑄是元初重臣，在朝堂他雖爲經世濟民的國家棟樑，但平常也出席各式筵席交際應酬，席間飲酒作樂，歡愉喜悅之情，一任自然，毫不掩飾。如以下作品：

> 酒陣詩壇，徵兵命將，得無傾動華筵擬勤春事，還自要相先。天地元如逆旅，應自愧、不駐流年。憑誰問，姮娥心事，何惜月長圓。
> 西園張樂地，獻歌呈舞，燕擾鶯喧。儘未妨頹玉，錦瑟旁邊。脫落塵凡健筆，終不負、與染芳煙。歡緣在，判家視草，仍是玉堂仙。〈滿庭芳·西園席間用人韻〉

> 鳴珂繡轂，錦帶吳鈎。曾雅量、量金結勝游。信人間無點事、可掛心頭。須知，不待把閑情釀做閑愁。只恐落高人第二籌。 歌雲容裔，夢雨遲留。殢慣振芳塵，不夜樓。光飾仙春盛跡，點化溫柔。索教頹縱惜花人，標榜風流。快入醉鄉來，劉醉侯。〈六國朝令·家園席間作〉

西園，園林名，在河南省臨漳縣鄴縣舊治北，傳爲曹操所建。宴席中如同曹操在軍帳中沙盤推演調兵遣將，擺出酒陣詩壇。文人雅士聚會喝酒、吟詩、行酒令是當時風行的娛樂活動，飲酒行令，是中國人在飲酒時助興的一種特有方式。實行酒令最主要的目的是活躍飲酒時的氣氛。行令就像催化劑，頓使酒席上的氣氛就活躍起來。「西園張樂地，獻歌呈舞，燕擾鶯喧」，可以看到飲酒習俗中必有歌伎樂伶環繞；「信人間無點事、可掛心頭」，席間充滿歡快的氣氛，讓人拋卻憂愁；「歌雲容裔，夢雨遲留。殢慣振芳塵，不夜樓。」徹夜笙歌，珠環翠繞，是爲人間樂事；「快入醉鄉來，劉醉侯」，沉入醉鄉，似劉伶享受縱酒放誕的情趣，使筵席特有的歡快氣氛到達極致。一入筵席，可使人沉浸在歡樂的氣氛中，狂放不羈，而由耶律鑄讀《稼軒樂府全集》所填之詞作，更可見其豪放豁達的情性：

皇都門外，玄都觀裡。露井樹旁歌意。先生憑恁作生涯，只嘲柳嘲桃嘲李。　　酒龍歌鳳，莫相迴避。就取逢場□戲。且聽人勸要推移，更宜笑宜狂宜醉。〈鵲橋仙・閬州得《稼軒樂府全集》，有〈西江月〉：「而今何事最相宜？宜醉宜閑宜睡。」或曰，不若道「宜笑宜狂宜醉」，請足成之。〉

此詞爲耶律鑄得當世傳頌之《稼軒樂府全集》，對其中〈西江月・示兒曹以家事付之〉〔註110〕有些許的改動和個人的見解。詞序中所題辛稼軒〈西江月〉在所傳版本中都是「宜醉宜遊宜睡」，和耶律鑄所得版本略有出入，但不管如何，他卻覺得改成「宜笑宜狂宜醉」會更好。他認爲人間最逍遙事並非隱居避世，消極的逃避紛爭和難題無濟於事，樂觀正面的看待世事的自然發展才是更好的人生態度。另一個樂觀開朗的金元少數民族詞人代表，就是具有阿拉伯血統的蒲壽宬。他的仕途並不順遂，卻不因此而自傷自憐，欣賞陶淵明作風的他〔註111〕，選擇放下一切執著，另有一番豁達疏朗的想法，且看下詞：

鐵笛穿花去。問長安，市上生涯，而今何似。破帽青衫塵滿面。不識何人共語。且面壁，聽風雨。惟我盧中元識破，笑人間，日月無停杼。名與利，莫輕許。　　人生窮達皆天鑄。試燈前，爲問靈龜，勸君休怒。心肯命通元有數，何幸知音記取。季主也，應留得住。百歲光陰彈指過，算伯夷，盜跖俱塵土。心一寸，人千古。〈賀新郎・贈鐵笛〉

元人統一中國後，降元的南宋遺臣蒲壽宬未受重用，因而歸里閑居，以讀書吟詩終老〔註112〕，其所作〈漁父詞〉可謂當時寫照（詳見「漁父情調」所述）。

〔註110〕案：陶然《金元詞通論》提及詞序中所題辛稼軒〈西江月〉在所傳版本中都是「宜醉宜遊宜睡」，未見「宜醉宜閑宜睡」之版本。然此處未論及版本考究，故略而不談。上海：上海古籍出版社，2001年，頁166。附：〔宋〕辛棄疾〈西江月・示兒曹以家事付之〉：「萬事雲煙忽過，百年蒲柳先衰。而今何事最相宜？宜醉宜遊宜睡。早趁催科了納，更量出入收支。乃翁依舊管些兒，管竹管山管水。」《全宋詞》冊三，同註71，頁1920。

〔註111〕羅香林《蒲壽庚研究》：「壽宬嗜淵明詩，所作有淵明蕭閒風味，故時人亦遂以似淵明稱之。而壽宬則以不逮爲愧，觀其所作〈再用韻和韋航〉（七言律）云：『……世無劉表誰知己，人說淵明我厚顏……』（《心泉學詩稿》卷五）可知當時或有人以壽宬之詩擬淵明也。」同註50，頁137～138。

〔註112〕《心泉學詩稿・嶺後山莊詩》卷五可爲證：「感慨重來歲月深，手栽松柏已成林。萬山自此無南北，一水長流不古今。先訊丁寧猶在耳，老吾寂寞自沾襟。

由「破帽青衫塵滿面。不識何人共語」，可知此詞爲歸隱後所做，隱居已久，閉門獨處，不與聞外事，雖蓬頭垢面，然心不受俗塵蒙污，沒有雜念，心神專注，而能看透俗人所衝不破的難關，看破名利生死，笑看人生。他認爲人生的窮困與顯達由天注定，不須強求，也不用求神問卜知吉凶，其〈戲效浪仙體〉詩亦云：「碌碌復碌碌，世事安可卜？」〔註113〕就算是名臣伯夷或賊首盜跖，彈指歲月一過，皆爲塵土，又何須執著？此詞可見其豁達的心境，其中頗多瀟灑之語：「惟我虛中元識破，笑人間，日月無停杼。名與利，莫輕許」、「人生窮達皆天鑄」、「百歲光陰彈指過，算伯夷，盜跖俱塵土」，寫出蒲壽宬豪放瀟脫的胸襟，不失少數民族的豪爽本色。

三、題贈詞

　　題贈詞是文人雅士於酒席歌筵用於酬贈唱和的其中一個主題〔註114〕，詞題中必附上題贈的對象，此體製格式的形成可追溯到北宋初期，如晏殊〈山亭柳・贈歌者〉〔註115〕、毛滂〈惜分飛・富陽僧舍作別語贈妓瓊芳〉〔註116〕等。因此凡詞題中附有酬贈對象者皆屬此類，然內容卻不一定只有客套虛應或只針對被贈者所寫，而往往帶有作者自己主觀意識的投射和情感；被題贈者也不一定是人物，廣義來說，凡題於文集作品、亭臺樓閣，用以抒發作者情懷之作品，筆者亦將之歸爲題贈詞。

　　完顏亮在僅存的四首作品中一貫的流露出欲稱霸中原的野心，〈喜遷鶯〉一詞即藉由激勵將帥士氣，來完成他一統大業的理想：

> 旌麾初舉。正駃騠力健，嘶風江渚。射虎將軍，落鵰都尉，繡帽錦袍翹楚。怒磔戟髯，爭奮捲地，一聲鼙鼓。笑談頃，指長江齊楚，六師飛渡。　　此去。無自墮，金印如斗，獨在功名取。斷鎖機謀，垂鞭方略，人事本無今古。試展臥龍韜韞，果見成功旦莫。問江左，

君恩已遂祈閒請，莘野歸耕是本心。」，同註48，頁594。又〔清〕李清馥《閩中理學淵源考》卷三十六云：「蒲仲昭，晉江人。祖心泉，故梅州守。察宋國危，遂隱身讀書。遺詩若干卷，劉克莊序之。」，收錄於紀昀編《文津閣四庫全書》第157冊，〈史部・傳記類〉，北京：商務印書館，2005年，頁314。

〔註113〕《心泉學詩稿》卷二，同註48，頁589。
〔註114〕酬贈主題包含慶賀、弔唁、祝壽、餞別和題贈等。
〔註115〕晏殊〈山亭柳・贈歌者〉爲寄寓身世之作。《全宋詞》冊一，同註71，頁106。
〔註116〕毛滂〈惜分飛・富陽僧舍作別語贈妓瓊芳〉寫與歌妓相別的情態。《全宋詞》冊二，同註71，頁677。

想雲霓望切，玄黃迎路。〈喜遷鶯・賜大將軍韓夷耶〉

岳珂《桯史》卷八載云：「使御前都統驃騎衛大將軍韓夷耶將射雕軍二萬三千，圍子細軍一萬，先下兩淮。臨發，賜所製〈喜遷鶯〉以爲寵。」〔註117〕寫作的目的是爲鼓舞其部將韓夷耶軍隊的士氣，拼死攻陷南宋而作，氣魄宏大，雄健豪壯，將大將軍出征的威武氣概、軍容壯盛渲染得淋漓盡致，充滿自信與豪情。吳梅《詞學通論》謂：「南征之作，豪邁無及。」〔註118〕完顏亮登基之後，始終不甘與南宋隔江對峙、對分天下，爲一統天下而御駕親征，有不可一世的自信。他嫻熟地運用典故，將自己的精銳兵將比做智勇雙全、精射善戰的西漢名將李廣和北齊左丞相斛律光〔註119〕所率領的軍隊，而把自己比做運籌帷幄的諸葛亮，編織著雄霸天下的美夢，「一聲鼙鼓。笑談頃，指長江齊楚，六師飛渡」，希望能在極短的時間，指揮六師，飛渡天塹，直指江南。而以「無自墮，金印如斗，獨在功名取。斷鎖機謀，垂鞭方略，人事本無今古。試展臥龍韜韞，果見成功旦莫」的豪邁之語，激勵兵將爲國爲家出生入死、建功立業，令人感到軍容的盛大與銳不可當的士氣。只可惜爲達「功成旦莫（即「暮」字）」的目的，他不管金世宗已擁兵自立於遼陽、軍心早已渙散、人心背離的現實，不顧一切的繼續發動宋金之戰，終於招致敗亡的命運，兵敗瓜州，甚至爲部將所殺，他的自信自傲反倒蒙蔽了他的理智，〈喜遷鶯〉一詞成爲他人生註解中最大的諷刺。和完顏亮的霸道雄贄極爲不同的另一位金代君主金世宗完顏雍，篤信佛教，慈悲爲懷，懂得與民休息的道理，因而開創了金代盛世，獲得「小堯舜」的美名，且看他贈賜給玄悟玉禪師的佛理詞：

但能了淨。萬法因緣何足問。日月無爲。十二時中更勿疑。　　常須自在。識取從來無罣礙。佛佛心心。佛若休心也是塵。〈減字木蘭花・賜玄悟玉禪師〉

這是一首闡示佛教哲理的宗教詞，可看出完顏雍以女眞君主的身份能對已成漢文化一部份的佛理如此熟悉，而且用詞的形式表現出來，可說明其漢化程度之深。金世宗曾在手心書非心非佛示玄悟玉禪師，討論佛理，玄悟玉禪師有詞和之：「無爲無作，認著無爲還是縛。照用同時，電捲星流已太遲。　　非

〔註117〕《桯史》卷八，同註75，頁96。
〔註118〕吳梅《詞學通論》，同註56，頁113。
〔註119〕西漢名將李廣事蹟，見《漢書・李廣傳》卷五十四，列傳第二十三，頁1115～1122；和北齊左丞相斛律光事蹟，見《北史・斛律光傳》卷五十四，列傳第四十二，頁852～854。臺北：新文豐出版公司，1975年。

心非佛，喚作非心猶是物。人境俱空，萬象森羅一鏡中。」〔註120〕從「佛心」二字可知，金世宗與玄悟玉禪師所談佛理與六祖慧能所云：「菩提本無樹，明鏡亦非臺；本來無一物，何使惹塵埃」之「萬物皆空」的禪宗宗旨相合。世宗認為「問萬法因緣」是為「不能了淨」，此不能了淨的佛心是為「塵心」，無欲無念、無為自在才是「了淨」之境，但過於執著「非」，即存有辨別之心，仍是「有」的境界；玄悟玉禪師點化世宗，「非心」仍是一物，「心無一物」才是「空」，看破一切貪痴嗔，心境自然永太平，同時也認同和讚賞世宗自在無礙、無為而治的風尚，兩人皆表述了佛、道「空」與「無」兼容合流的意蘊。此佛理詞雖無文學價值，但完顏雍對佛教深刻的理解與闡說，體認佛家虛空隨緣的道理，正是顯現以異族身分對中國文化的了解與融入。

　　遊仙是以歌詠仙人漫遊之情為主，將仙化傳說通過「遊」的描寫以表現逍遙世界，抒發內心情感的一種文學題材，通常充滿求仙意味與反映神仙思想，往往表現出超越世俗社會侷限的強烈欲望，因常運用道家神仙典故，故充滿道家情韻與浪漫想像之風。以下三首是耶律履寄給好友雲中完顏公的詞作，從〈朝中措〉和〈念奴嬌〉可知完顏公是一位身居朝廷但志在玄遠的人物，而耶律履與他交遊，引為知己，自是氣味相投，反映出耶律履對道家思想的傾慕，這和他精通《易》、《太玄》，通曉陰陽方技、曆法、數術等玄妙之道的背景，極為相合。茲錄三闋詞作論述之：

> 水收霜落雲中早。群雁雲中道。夜來明月過西山。料得水邊石上不勝寒。　　黃塵堆裡人相看。未慣雲林眼。當年曾說探崆峒。怕有黃庭消息寄西風。〈虞美人‧寄雲中完顏公〉

> 何年仙節弭人寰。玉立紫雲間。氣吐虹蜺千丈，辭源江漢翻瀾。　　金門大隱，管中誰見，位列清班。看取酒酣風味，何如明月緱山。〈朝中措‧寄雲中完顏公〉

> 紫瓊窪楄，算何年、礱琢雲根山骨。理潤堅溫，知雅稱、絕格風流人物。待價因循，一時奇遇，得失纔容髮。千金先許，玉堂初認髣髴。　　老坡疑是前身，赤蛇宵吼，肯遲留捫拂。尚有當時耽玩趣，習氣終難摩沒。更莫矜誇，武夷玉竇，千尺興平窟。開奩發冪，隸僮已倦嗟咄。〈念奴嬌‧寄雲中完顏公〉

〔註120〕《全金元詞》收玄悟玉禪師詞，北京：中華書局，2000年，頁27。

〈朝中措〉起句便言完顏公氣概不同於凡人，以「虹蜺」比喻他的才華如彩虹般妍麗，「辭源江漢翻瀾」又說他的文思如源源江水，文章具有倒捲江河的力量。並用李白〈玉壺吟〉的典故：「世人不識東方朔，大隱金門是謫仙。」〔註 121〕稱許完顏公就像東方朔一般的人物，是皇帝身邊的文學侍從，也是「天上謫仙人」。東方朔是「大隱隱於朝」的代表人物，不但機智風趣，且他的事蹟常被神化〔註 122〕，〈虞美人〉詞也具體神化了完顏公的事蹟。上片寫他上天下地，雲遊四海的經歷，可以高入雲霄之中、日入之處，站在高山水邊，頗有「高處不勝寒」的感慨；下片寫他將人間塵世作為隱居之所，並對人述說他曾探訪崆峒仙山〔註 123〕，接受道教經典《黃庭經》的洗禮。完顏公身在朝廷，但從王子喬在緱山得道成仙的典故〔註 124〕可知其心慕得道成仙之事，含有遊仙意味。耶律履長期浸淫《易經》、《太玄》，對仙道玄遠之事自是特別親近，因此寫這三首詞也是表達自己欽慕完顏公的際遇與歌詠仙人漫遊人世的情懷。「老坡疑是前身，赤蛇宵吼，肯遲留挦撦。」以詞證明對蘇軾的推崇，其筆鋒飄逸瀟灑，顯受東坡詞所影響。詞中大量使用道家、佛教用語，三首寄雲中完顏公的詞，把他的形象形容的仙風道骨、仙氣飄然。許是家學淵源，耶律履的兒孫耶律楚材和耶律鑄的以下兩首作品，也充滿了道家情韻。先舉耶律鑄之作品如次：

> 扣聲寂寞播陽春。看流水、混行雲。大雅□扶輪。忍顏繼、齊梁後塵。　　清風明月，四時長在，光景自長新。不見謫仙人。更何處、乘槎問津。〈太常引・題李隱君文集〉

〔註 121〕 李白〈玉壺吟〉：「世人不識東方朔，大隱金門是謫仙。」，《全唐詩》卷一六六，同註 102，頁 1716。

〔註 122〕 詳見《太平廣記・神仙六》卷六：東方朔幼時曾有仙緣。漢武帝老年篤信仙術，東方朔常指點迷津，令武帝深信不疑。朔卒，武帝尋朔身世，始知朔為歲星也。同註 60，頁 39～41。

〔註 123〕 相傳是黃帝問道於廣成子之所，《莊子・在宥》卷四：「黃帝立為天子，十九年，令行天下，聞廣成子在於空同（即「崆峒」）之上，故往見之。」，同註 89，頁 596。

〔註 124〕 〔漢〕劉向《列仙傳・王子喬》：「王子喬者，周靈王太子晉也。好吹笙，作鳳凰鳴。游伊洛之間，道士浮丘公接以上嵩高山。三十餘年後，求之於山上，見桓良曰：『告我家：七月七日待我於緱氏山巔。』至時，果乘白鶴駐山頭，望之不得到，舉手謝時人，數日而去。」王子喬於緱山得道成仙，後引為修道升仙之典。收錄於紀昀編《文津閣四庫全書》第 352 冊，〈子部・道家類〉，北京：商務印書館，2005 年，頁 630。

此詞相當於耶律鑄爲人作序，言中極爲推崇李隱君〔註125〕之文。「扣聲寂寞播陽春。看流水、混行雲」，此句是說李隱君的文章能打破嚴冬的死寂，帶來春天的溫暖，純任自然，毫無拘執；再用杜甫〈戲爲六絕句〉之五：「竊攀屈宋宜方駕，恐與齊梁作後塵」〔註126〕，說明他的文章內容上與屈原、宋玉並駕齊驅，不若一般僅追求詞藻形式之美而落入齊、梁委靡後塵的空泛作品。下片又具體說出他的文章風格，猶如清風明月、四時光景，暗合天地運行的脈動，清詞麗句，優美宜人，清新脫俗，讚嘆他的文章如謫居世間的仙人，世間少有，備極推崇。耶律鑄說自己「老夫亦慕道者」〔註127〕，他用帶有遊仙意味的語句：「不見謫仙人。更何處、乘槎問津」，形容李隱君的文章世間少有，顯見文集內容富有道家情韻，故能與之產生共鳴。而下詞耶律楚材以道觀爲引，用道家語，卻未提道家事，顯示其另有一番見解和寄託，他與父親、兒子不同之處在於較少談論玄遠飄渺之事，而著眼於務實的政治情懷：

> 花界傾頹事已遷。浩歌遙望意茫然。江山王氣空千劫，桃李春風又
> 一年。　　橫翠嶂，架寒煙。野花平碧怨啼鵑。不知何限人間夢，
> 併觸沉思到酒邊。〈鷓鴣天・題七眞洞〉

全詞由見一衰敗道觀始起，詞中多處有道家用語──「七眞」爲道教祖師茅盈、茅固、茅衷、許旌等七人的合稱；「花界」，即「香界」，本指佛寺，此處借指道觀。耶律楚材本遼國後代，又由金入元，身經國家喪亂，歷仕兩朝，心靈深處的隱痛是不言而喻的。「江山王氣空千劫」，山野之間傾頹的道觀就像歷盡千劫、戰亂蹂躪的故國，引起詞人家國興亡、人事變幻之感。「煙泛寒」、「鵑啼怨」都顯示出詞人觸目成愁，眼前景物皆成寄情寓思的對象。

　　除了景物可以引起詞人愁緒，若遇到同病相憐的人事，更能牽動詞人的同情與感嘆。且看耶律鑄的作品：

> 恨凝積。佳人薄命尤堪惜。尤堪惜。事如春夢，了無遺跡。　　人

〔註125〕案：筆者推論李隱君是與耶律鑄有所往來的慕道人士之一，《雙溪醉隱集》卷四云：「李隱卿名谷，與青城劉翁同舟至蘭溪，卿大夫脩生者館之。道侶贈李詩云：『李郎涉世似虛舟，片帆來度楚江秋』。又毗陵家弟季天和此篇云：『夢蝶豈知眞是蝶，騎牛何必更尋牛』。老夫亦慕道者，次韻和之，記劉李事蹟。劉本書生，工詩奇異，飄然塵外也。」集中「李隱卿」許是「李隱君」。同註61，頁709。

〔註126〕杜甫〈戲爲六絕句〉之五：「不薄今人愛古人，清詞麗句必爲鄰。竊攀屈宋宜方駕，恐與齊梁作後塵。」《全唐詩》卷二二七，同註102，頁2453。

〔註127〕同註125。

生適意無南北。相逢何必曾相識。曾相識。恍疑猶覽，內家圖籍。(憶
秦娥‧贈前朝宮人琵琶色蘭蘭)

「前朝宮人琵琶色蘭蘭」，是金代宮中的侍女，「恨凝積。佳人薄命尤堪惜」，
流露出詞人對此女的憐惜與不捨。金末政治紛亂，宗室相殘，元蒙進逼，積
弱不振，個人性命危如累卵，貴族士大夫尚無法保障自己的未來，更何況一
個微不足道的小小宮人？沒有人會在意一個名不見經傳、身處深宮、不見天
日的薄命佳人，她短暫的生命就像一場春夢，清醒後不留痕跡。「人生適意無
南北。相逢何必曾相識」，化用白居易〈琵琶行〉：「同是天涯淪落人，相逢何
必曾相識」〔註128〕，詞人與色蘭蘭就像江州司馬與琵琶女的偶遇，即使是短
暫的聚首，也能因身世命運的連結而互有共鳴。敏感的詞人看出她的凄苦，
如紅葉題詩的宮女〔註129〕般，身如柳絮隨風擺，激起詞人悲天憫人的情懷。
古時宮女一入宮中必須得皇帝許可才可出宮，大半生的青春年華虛耗宮中，
忍受無盡的孤寂愁悶，「恍疑猶覽，內家圖籍」，詞人看遍古往今來不斷重複
的歷史悲劇，藉色蘭蘭的遭遇為萬千宮女的幽魂發聲，因而寫下此詞憑弔，
悵懷今昔，獨多感慨。而下詞是完顏從郁藉道家仙人呂洞賓因正陽子師父點
化黃粱一夢，而得道成仙的故事，來對照自身不能超脫凡塵俗世的一番感懷：

壁斷何人舊字，鑪寒隔歲殘香。洞天人去海茫茫。玩世仙翁已往。
西日長安道遠，春風趙國臺荒。行人雖不悟黃粱。依舊紅塵陌
上。〈西江月‧題邯鄲王化呂仙翁祠堂〉

斷牆上褪色的舊字、香案上早已冷卻的香鑪和燒盡的殘香，這一片衰敗的景
象，顯示這座道觀已許久未有香火了。詞人推論是因仙人的豁達，不為區區
人間香火而屈就小廟，擺脫信眾信仰的枷鎖，才能到處雲遊四海、遊戲人間，
而心生思慕。想到自身仍身在紅塵，為俗事所羈絆，在強烈的對比之下，眼
前荒涼的景象，尤其「遠」、「荒」二字，更襯托了詞人的無奈與悲涼。恨自
己參不透世情，為眼前一片「逝者已矣」的景象而牽動了對輝煌過去逝去的
悲哀。詞中除表現對仙人得道的嚮往，也表達出感懷身世的情調。

〔註128〕白居易〈琵琶行〉：「同是天涯淪落人，相逢何必曾相識。」《全唐詩》卷四三
五，同註102，頁4822。

〔註129〕〔唐〕范攄《雲溪友議》卷下：「唐宣宗時，盧渥舍人應舉之歲，偶臨御溝，
見一紅葉，命僕寧來，葉上乃有一絕句：『水流何太急，深宮竟日閒；殷勤謝
紅葉，好去到人間。』乃藏於笥。及帝出宮人，許適人，其歸渥者，適為題
葉之人，睹紅葉曰：『當時偶題，不意郎君得之。』」藉紅葉表達在深宮中的
孤寂愁悶。臺北：廣文書局，1971年，頁33。

送別的主題也時常出現在酬贈詞中，離別的情致越濃，更見詞人與友人的情意深厚。如耶律鑄所作：

> 匹馬赴嚴宸。將謂青雲上致身。不是男兒容易事，風塵。水遠山長愁殺人。　　離別若爲情。雪暗西山淚滿巾。還憶夜來分手處，天津。桃李無言各自春。〈南鄉子‧送人北行入燕作〉

此詞爲耶律鑄送友人入燕京出仕之作。爲了實現遠大的抱負和志向，成全青雲之志，即使旅途再怎麼勞頓困乏、風塵僕僕，友人仍義無反顧的走向山長水遠的異鄉，詞人感佩其作爲，並以「將謂青雲上致身。不是男兒容易事」，勉勵他仕宦路途艱辛難行，一定要堅守信念，竭力事君，才能成就大業。耶律鑄本人受家學影響信守儒術〔註130〕，深知儒家立德、立功、立言之道，見友人爲建立自己的豐功偉業而離鄉，頗有共鳴，即使必須忍受離別之苦，也願意祝福他未來一切順遂。但到了離別時刻，仍不免離情依依，「離別若爲情。雪暗西山淚滿巾」，詞人不捨友人離去，淚濕衣襟，午夜夢迴時分，還會想起分離當晚的星河，直比江淹〈別賦〉：「黯然銷魂者，唯別而已矣！」〔註131〕，一任深情。薛昂夫亦有爲友人送別之作，同樣情深意重，別情眞摯：

> 冷煙千頃釀寒威。曉霜重壓征衣。休教六花飛。憶尚有、遊人未歸。　　江空歲晚，故園秋老，行色莫依違。特地與君期。趁南浦、蓴鱸正肥。〈太常引‧題朝宗亭督孟博早歸〉

詞人爲即將出征的友人踐別，以雪花飛舞、霜雪漫天的嚴寒天氣象徵友人出征前和他臨行送別的沉重心情，征戰沙場的將士總是生死未卜，前程茫茫，頗有「風蕭蕭兮易水寒，壯士一去兮不復還」〔註132〕的悲慨，也象徵著詞人厭戰、崇尚和平的心態，但詞人趕緊跳脫出此一哀情中，而用南方的春江暖水、蓴茱鱸魚作爲來日再聚的期望和依戀，對友人此去送上深深的祝福，希望他早日平安歸來，與他團聚，顯見兩人深厚的情誼。王德淵說薛昂夫的詩「新麗飄逸，如龍駒奮迅」〔註133〕，此詞上片「冷煙千頃釀寒威。曉霜重壓征衣」，即充滿豪壯之氣；而「休教六花飛。憶尚有、遊人未歸」，又帶有些

〔註130〕耶律楚材《湛然居士集》卷十二〈爲子鑄作詩三十韻〉：「儒術勿疏廢，徂道宜薰灸。汝父不足學，汝祖眞宜式。」，同註27，頁608。

〔註131〕江淹〈別賦〉，收錄於〔梁〕蕭統編《文選》卷十六，臺北：華正書局，1984年，頁238。

〔註132〕《史記‧荊軻傳》卷八十六：「風蕭蕭兮易水寒，壯士一去兮不復還。」，臺北：新文豐出版公司，1975年，頁1011。

〔註133〕同註33。

許柔情。下片眞情流露,「特地與君期。趁南浦、蓴鱸正肥」,將思念友人的時間從出發前延伸到他未來回歸時,情致綿長不絕。

四、節令詞

詞詠時節,蓋始於北宋,如柳永〈玉蝴蝶‧重陽〉等,後世效之,尤以詠四時者最多,而詠節令者,則以重陽、中秋者最多。此類題材,並非單純吟詠時序,意涵多半由描述眼前之景擴及身世家國之悲,主要目的在書寫個人情懷。金元少數民族詞作中亦有詠重陽、元宵和暮春,有繼承歷代節令詞的痕跡。

(一)重陽節

重九登高、居高臨下多給人「高處不勝寒」的想法,少有人能有豪放豁達的心境,薛昂夫則是一個例外:

> 登高嬾,且平地過重陽。風雨又何妨。問牛山悲淚又何苦,龍山佳會又何狂。笑淵明,便歸去,又何忙。　　也休說、玉堂金馬樂。也休說、竹籬茅舍惡。花與酒,一般香。西風莫放秋容老,時時留待客徜徉。便百年,渾是醉,幾千場。〈最高樓‧九日〉

他沒有一般居高登臨、惆悵身世的悲情,而有超脫一切世俗憂煩的歡情。對他來說,風吹雨淋不算什麼,也不必爲人生苦短而悲嘆〔註134〕;孟嘉龍山佳會的醉飲癲狂〔註135〕亦無須傾羨,對陶淵明回歸田園〔註136〕更是一笑置之。詞人覺得進朝廷做官〔註137〕非人間最大樂事,而居住在鄉村因陋就簡的屋舍

〔註134〕〔周〕晏嬰《晏子春秋‧諫上第一》卷一:「景公遊於牛山,北臨其國城而流涕曰:『若何滂滂去此而死乎?』」後以「牛山歎」、「牛山淚」、「牛山悲」、「牛山下涕」喻爲人生短暫而悲嘆。收錄於紀昀編《文津閣四庫全書》第152冊,〈史部‧傳記類〉,北京:商務印書館,2005年,頁660。

〔註135〕「龍山佳會」出於「孟嘉落帽」之典,《晉書‧孟嘉傳》卷九十八:「九月九日,溫(桓溫)燕龍山,僚佐畢集。時佐吏並著戎服。有風至,吹嘉帽墮落,嘉不之覺。溫使左右勿言,欲觀其舉止。嘉良久如廁,溫令取還之,命孫盛作文嘲嘉,著嘉坐處。嘉還見,即答之,其文甚美,四坐嗟歎。」孟嘉在宴席上雖被風將帽子吹落,仍顯得瀟脫風流,後形容才子名士的瀟灑儒雅、才思敏捷。臺北:新文豐出版公司,1975年,頁1667。李白亦有〈九日龍山飲〉詩:「九日龍山飲,黃花笑逐臣。」,《全唐詩》卷一七九,同註102,頁1832。

〔註136〕「笑淵明,便歸去」典故出自《靖節先生集‧歸去來兮辭》卷五:「歸去來兮!田園將蕪,胡不歸?」,同註69,卷五之頁11。

〔註137〕「玉堂金馬」,金馬門與玉堂署,漢時學士待詔之處,後因以稱翰林院或翰林

也非惡事，只要有美酒相伴，醉裡人生自徜徉，是詞人寄酒抒懷、遊戲人間、做精神上的自我超脫之作。薛昂夫晚年因不滿腐敗政治，辭官閒居杭州西湖，作品中充滿玩世避世的情懷，但這卻是人生悲劇的衍生物，是失意絕望時，作為自我解脫的一帖良藥。元王朝馬上得天下，卻始終內亂不斷，天災人禍頻仍，部份元代文人苦無施展抱負救世之處，只好在玩世避世中求得安慰，尋找寄託，或效法李白狂放、淵明歸隱。薛昂夫作為無拘無束、好動不羈的游牧民族後裔，更是無法忍受紛亂世俗的束縛，於是「笑」看世情，過著慵懶閒適的生活，並以充滿散曲情韻的語句入詞，詞中俚俗之調流利、明快、直率、淺白，充分顯現出民族血液中的灑脫不羈、樂觀熱情的天性。

（二）元宵節

農曆正月十五元宵佳節，燈紅酒綠、歡悅熱鬧的氣氛充斥整個市集，民間習俗盛行通宵張燈，故又稱此為「燈夕」，遊人賞玩皆不捨離去，因此燈夕最具象徵性的景觀便是繁盛繽紛的燈綵和遊人浩鬧的遊性。且看貫雲石的作品：

> 燈意留人雲自列。六市輕簾，鬥露錢塘月。十二脩鬟流翠結。東風搖落仙肌雪。　　淺淺銀壺催曉色。蘭影香中，總是江南客。去國一場春夢滅。關情不記分吳越。〈蝶戀花・錢塘燈夕〉

此詞乃描寫錢塘燈夕仕女出遊盛況之作，與辛棄疾〈青玉案・元夕〉〔註138〕一詞頗有共鳴。貫雲石辭官後定居錢塘，因此留下大量歌詠錢塘潮景的作品，他抱持著「陰晴晝永皆行樂」、「雪月風花事事可」〔註139〕的心態，看「魚吹浪、雁落沙」、「江潮鼓聲千萬家，捲朱簾玉人如畫」〔註140〕，在萬頭鑽動的觀潮大軍中，詞人只注意高捲朱簾觀潮的美人，用人間的嬌美反襯海潮的壯觀。用美人比擬錢塘勝景，在〈蝶戀花〉中亦得見。詞人在張燈遊樂的元宵夜，欣賞錢塘月色，眼光更集中在皓腕凝霜雪、如花似玉、鶯聲燕語的出遊仕女，仕女們的柔情豔色與錢塘燈夕相互輝映，營造出一片熱鬧歡騰的景象。但「淺淺銀壺催曉色」，當夜深燈熄，繁華落盡，留下的卻是淡淡的空虛寂寥，

學士，也指進朝廷做官。

〔註138〕辛棄疾〈青玉案・元夕〉：「東風夜放千花樹。更吹落、星如雨。寶馬雕車香滿路。鳳簫聲動，玉壺光轉，一夜魚龍舞。蛾兒雪柳黃金縷。笑語盈盈暗香去。眾裡尋他千百度。驀然回首，那人卻再，燈火闌珊處。」《全宋詞》冊三，同註71，頁1884。

〔註139〕貫雲石〈〔中呂〕粉蝶兒〉，《全元曲》第十一卷，同註41，頁8202～8203。

〔註140〕貫雲石〈〔雙調〕壽陽曲〉五首之三，《全元曲》第十一卷，同註41，頁8189。

離家萬里，在一個和北地全然不同的江南生活的詞人不禁興起身世之憐，「乾坤空際落春帆，身在東南憶西北」〔註141〕，昨日的衣香鬢影譬如往日故鄉種種都似一場春夢，夢醒則煙消雲散，有一種無所歸依的漂泊之感，充滿了今衰昔盛、韶光易逝、不可捉摸的感觸。

（三）暮春

暮春零落衰敗的景象，牽引著古今無數的文人心中那份纖細易感的情懷，殘景往往折射出文人內心深層濃鬱的惆悵落寞。如薛昂夫所作：

> 花信緊，二十四番愁。風雨五更頭。侵階苔蘚宜羅襪，逗衣梅潤試香篝。綠窗閒，人夢覺，鳥聲幽。　　按銀箏、學弄相思調。寫幽情、恨殺知音少。向何處，說風流。一絲楊柳千絲恨，三分春色二分休。落花中，流水裡，兩悠悠。〈最高樓・暮春〉

此詞描寫暮春時序的愁思，「花信緊，二十四番愁」，自早春至暮春，每次花開花謝，都牽繫著主人翁的情懷，使他憂愁多於喜悅，「緊」字強化了主人翁的愁緒，春光毫無喘息的流逝著，每一番風雨便帶來更深一層的愁悶，即使極力想留住眼前的韶光春景，卻也無可奈何。而黃梅時節，陰雨綿綿的天氣，令主人翁只能在室內反覆的將潮濕的衣裳烘乾。長滿苔蘚的臺階除了呼應潮濕的梅雨季節，也顯示出此居室很久沒人進出了。「閒」與「幽」更點出主人翁的孤獨與寂寞，雖身在這個春末夏初、綠肥紅瘦、生機勃勃的自然圖景裡，卻無人可與之分享。由上片約略可看出，此詞的主人翁應是一位久鎖深閨的思婦，精緻細膩的景物描寫，帶出了她的閨中怨情。下片藉彈琴來抒發憂思，卻更有知音難覓的惆悵，由上片至下片，本是暮春之景牽引出自身的愁思，欲宣洩哀愁卻又引來更深一層的思情，心情的變化刻畫得層次分明。最後再由情入景，心情呼應眼前殘春之景，隨風飄盪的柳條、幽幽飄落的落花與流逝的流水，象徵時光將逝、紅顏將老的殘酷，讓主人翁愈加見景自憐。詞中處處可見散曲中常用虛字語助詞「頭、殺、裡」，顯示詞之曲化痕跡，使詞中的情感，更加直率流利的表達出來。下詞完顏璹也是以風雨暮春、花事凋零的景象，寫出對時局無可奈何的傷感和個人的惆悵情思：

> 幾番風雨西城陌。不見海棠紅、梨花白。底事勝賞匆匆，正自天付酒腸窄。　　更笑老東君、人間客。賴有玉管新翻，羅襟醉墨。望

〔註141〕貫雲石〈觀日行〉詩，〔清〕顧嗣立《元詩選》二集卷七，北京：中華書局，1987年，頁267。

中倚闌人，如曾識。舊夢回首何堪，故苑春光又陳迹。落盡後庭花，
春草碧。〈春草碧〉

完顏璹的傷春之情與國事有所關聯－在風雨中凋零的春花象徵著金王朝後期已
失去前期的銳氣，變得委靡不振，而女真貴族也逐漸喪失勇武精神，愈加奢華
腐朽。南渡以後，國勢日頹，元蒙鐵騎不斷進逼，而金朝軍隊則不斷敗北，金
王朝處於風雨飄搖。又南渡之後，金宣宗對宗室頗多猜忌，防範甚嚴，完顏璹
作爲宗室，心情亦趨於悲涼慘澹。《歸潛志》云：「宣宗南渡，防忌同宗，親王
皆有門禁。公（指完顏璹）以開府儀同三司奉朝請。家居只以講誦吟詠爲樂。
時時潛與士大夫唱酬，然不敢彰露。」〔註142〕王朝盛況轉眼成空，教詞人怎能
不借酒澆愁？「舊夢回首何堪，故苑春光又陳迹。落盡後庭花，春草碧」，暮春
繁花被風雨打落，聯想到南朝陳後主耽樂亡國，隱含亡國之憂，傷春之情勾起
舊日情懷，身爲金代末帝金哀宗的叔父，兵連禍結，內外交困的現況，令他不
禁回憶起過往大定、明昌盛世，流露出一種衰颯悲涼的情調。由此可見，面對
國之將亡，完顏璹的心境是孤危黯淡的，因而借傷春，寫對時局興亡之感。

五、詠史詞

　　詠史是作者歌詠歷史題材，以寄寓思想感情，表達見解的一種文學類別，
是文學作品中常見的體類。金元少數民族作家亦遵循著此一文學傳統，分別
對一些歷史人物和歷史事件做了精闢的批判：
　　唐玄宗和楊貴妃的愛情故事最爲人津津樂道，歷代有許多詩詞作品是以
他們爲主角，而在金元少數民族作家中，李齊賢曾在〈人月圓‧馬嵬效吳彥
高〉一詞中對楊貴妃寄予同情〔註143〕，而僕散汝弼和耶律鑄也對這段故事抒
發自己的感想，先舉僕散汝弼爲例：

三郎年少客，風流夢、繡嶺蠱瑤環。看浴酒發春，海棠睡暖，笑波
生媚，荔子漿寒。況此際、曲江人不見，偃月事無端。羯鼓數聲，
打開蜀道，霓裳一曲，舞破潼關。　　馬嵬西去路，愁來無會處，
但淚滿關山。賴有紫囊來進，錦韉傳看。嘆玉笛聲，落葉長安。〈風
流子〉

《金石萃編》卷一百五十八原注云：「昔過華清，嘗作風流子長短句，題之于

〔註142〕《歸潛志》卷一，同註6，頁4。
〔註143〕詳見第三章〈高麗詞人李齊賢及其詞作探析〉

－123－

壁，其清新婉麗，不減秦晏。四方衣冠，爭誦傳之，稱為今之絕唱。恐久而
湮滅，命刻於石，以傳不朽。正大三年（金哀宗，1226）重九日承務郎主簿
幕蘭記。」〔註144〕此為詞人嘗過華清池，聯想玄宗與貴妃事所寫的詠史詞。
時值金末動盪不安，眼見兵馬倥傯，國勢危殆，復國無望，故借玄宗事抒興
亡之慨，豪放中見悲愴之情，所以此詞並不純粹是為同情玄宗和貴妃所寫，
而是另有一番對國事的寄寓。鋪陳與敘事過程頗似〈長恨歌〉，可視為以詞的
形式所作的改寫。上片起始寫玄宗與貴妃的相遇，況周頤評此詞時曾說「三
郎年少客」不符合年過六十的玄宗形象，筆者覺得應是詞人故意用「年少客」
來形容玄宗，欲以文詞的加工，美化他與貴妃千古流傳的淒美愛情。其中貴
妃醉酒、賜浴華清池、快馬送荔枝等，是大家耳熟能詳的典故，刻畫出兩人
相處的甜蜜情趣；而一曲《霓裳羽衣曲》帶來了一連串不幸的轉折，下片描
寫貴妃被迫賜死於馬嵬，玄宗只能睹物思人，寄予他最深沉的悔恨與思念。「金
釵信杳，天上人間」，化用白居易〈長恨歌〉：「但令心似金鈿堅，天上人間會
相見」，但兩句相比，前者用「沉、下、杳、落」等字，將白居易原本營造能
再相見的希望氛圍變成了遙不可及的夢想，使情感更加的低迴傷感。況周頤
給予此詞極高的評價，稱其「詞筆藻耀高翔，極慷慨低徊之致。其『浴酒生
春』、『笑波生媚』，句法矜煉，雅近專家。」〔註145〕而下詞是耶律鑄遊歷唐代
永安故宮，想玄宗和貴妃事有感而發，和僕散汝弼相同，皆寫亡國之慨：

> 花枝臨太液，□解語、入溫柔。衒桂窟低迷，天香飄蕩，倒影遲留。
> 須知畫圖難足，更青山環抱帝王州。□□□□□□，□□□□□□。
> 　　□□□□□□□。鳳吹繞瀛洲。記水淺蓬萊，塵揚滄海，一醉
> 都休。華胥夢，雖無迹，甚鼎湖、龍去水空流。青鳥不來難問，玉
> 妃幾度仙遊。〈木蘭花慢・丙戌歲，遊永安故宮，徧覽太液池、蓮瀛
> 桂窟殿、天香閣，同坐中諸客，感而賦此〉

大多數文人多著眼玄宗與貴妃之間的故事予以歌頌或感懷，且多用白居易
〈長恨歌〉或陳鴻〈長恨歌傳〉的成句和典故，但耶律鑄此詞則大量使用眼
前所見永安宮之景，貴妃之事只是襯托玄宗亡國之實，教後人記取教訓，與
下闋〈眼兒媚〉藉遊隋煬帝故宮所興發的慨歎，有異曲同工之妙。上片以花
枝（即牡丹）代指貴妃，玄宗和貴妃曾在太液池賞花，稱貴妃為溫柔可人的

〔註144〕《金石萃編》卷一五八，同註22，卷一五八之頁511～512。
〔註145〕《蕙風詞話輯注》卷四，同註21，頁207。

解語花〔註146〕，她的美圖畫無法表達，帝王亦爲之傾倒。下片承接著恩愛甜蜜的氣氛，化用李白詩：「鸞歌聞太液，鳳吹遶瀛洲」〔註147〕描述兩人在宮中行樂，如神仙眷侶般的感情。但就因爲太耽溺於兒女私情，而造成無可收拾的局面。耶律鑄跳脫了安史之亂、馬嵬賜死之事，急轉直敘永安宮現況已是人去樓空、人事全非，「華胥夢，雖無迹，甚鼎湖、龍去水空流」寫出安樂和平之境〔註148〕和曾開創盛世的帝王〔註149〕皆已逝去，下片強烈的對比，顯現出王朝衰亡的事實，連傳說升仙的貴妃〔註150〕幾度念舊回來看望，都找不到當年輝煌王朝的痕跡，以此作爲作者對此事的嘆息，並再次引伸出君王不可爲一己之私情而置國家興亡於不顧的政治諫言。而〈眼兒媚〉詞亦借另一末代亡國之君「隋煬帝」作歷史興亡的借鑑。

　　　隔江誰唱後庭花。煙淡月籠沙。水雲凝恨，錦帆何事，也到天涯。

　　　　寄聲衰柳將煙草，且莫怨年華。東君也是，世間行客，知遇誰

　　　家。〈眼兒媚・醴泉和高齋，欲煬帝故宮〉

上片化用杜牧〈泊秦淮〉：「煙籠寒水月籠沙，夜泊秦淮近酒家。商女不知亡國恨，隔江猶唱〈後庭花〉」〔註151〕和李商隱〈隋宮〉：「玉璽不緣歸日角，錦帆應是到天涯」〔註152〕之句題煬帝故宮，運用唐詩渾然天成，除表現深厚的漢文學功底，也能充分表達撫今追昔的感慨。隋煬帝以殘暴聞名，遊幸江南時，曾乘錦帆綵船，窮極奢侈，又奴役大量民夫在河岸邊拉船，貪圖享樂又

〔註146〕〔五代〕王仁裕《開元天寶遺事・解語花》卷三：「明皇秋八月，太液池有千葉白蓮數枝盛開，帝與貴戚宴賞焉。左右皆歎羨，久之，帝指貴妃示於左右曰：『爭如我解語花？』」收錄於紀昀編《文津閣四庫全書》第344冊，〈子部・小說家類〉，北京：商務印書館，2005年，頁604。

〔註147〕李白〈宮中行樂詞〉之八，《全唐詩》卷一六四，同註102，頁1703。

〔註148〕「華胥夢」，〔周〕列禦寇撰、〔後魏〕張湛注《列子・黃帝》卷二：「〔黃帝〕晝寢，而夢遊於華胥氏之國。華胥氏之國在弇州之西，台州之北，不知斯齊國幾千萬里。蓋非舟車足力之所及，神遊而已。其國無帥長，自然而已；其民無嗜欲，自然而已……黃帝既寤，怡然自得。」後用以指理想的安樂和平之境，或作夢境的代稱。收錄於紀昀編《文津閣四庫全書》第351冊，〈子部・道家類〉，北京：商務印書館，2005年，頁493。

〔註149〕「鼎湖」，古代傳說黃帝在鼎湖乘龍升天，借指帝王。

〔註150〕「玉妃」，指楊貴妃，〔唐〕白居易《白氏長慶集》卷十二附陳鴻〈長恨歌傳〉：「見最高仙山，上多樓闕，西廂下有洞戶，東向，闔其門，署曰：『玉妃太眞院』。」，收錄於紀昀編《文津閣四庫全書》第362冊，〈集部・別集類〉，北京：商務印書館，2005年，頁42～43。

〔註151〕杜牧〈泊秦淮〉，《全唐詩》卷五二三，同註102，頁5980。

〔註152〕李商隱〈隋宮〉，《全唐詩》卷五三九，同註102，頁6161。

虐待百姓，都是亡國的主因。下片用眼前荒涼衰敗的煬帝故宮，伴隨者歷史的教訓，告誡著歷屆君主勿重蹈覆轍。末句用遊戲人間的司春之神象徵希望和重生，只要君王能行仁政，必能受上天眷顧、天下昇平。隋代至元，約末過了六百多年，歷史的輪迴不斷重演，身為政治世家的耶律鑄認為應盡臣子本份，給予君主適當的諫言，引領君主走向仁德大道，當他任中書省事時，曾上言宜疏禁錮，採歷代德政合於時宜者八十一章以進，恰是此詞所要訴求的希望運用在實際施政上的行動。

　　抒寫盛衰興亡之傷感或發思古懷古之幽情，是每個對人生有理想、對政治有抱負、且充滿生命熱情的文人都會觸及的主題，金元少數民族作家也不例外，如薩都剌的〈滿江紅・金陵懷古〉、〈念奴嬌・登石頭城次東坡韻〉、〈酹江月・登鳳凰臺懷古〉、〈木蘭花慢・彭城懷古〉〔註153〕，李齊賢的〈木蘭花慢・長安懷古〉〔註154〕等作品都有類似的情調。下舉完顏璹的兩首詞亦訴說相同的情懷：

　　　　襄陽古道灞陵橋。詩興與秋高。千古風流人物，一時多少雄豪。　　霜
　　清玉塞，雲飛隴首，風落江皋。夢到鳳凰臺上，山圍故國周遭。〈朝
　　中措〉

完顏璹的作品，多抒寫個人一己之情思，風格閑逸典雅，略帶憂患色彩。善描寫荒涼衰敗的景象，表現懷古幽思與思鄉懷國的情結，此詞可謂代表。劉勰《文心雕龍・神思》云：「文之思也，其神遠矣。故寂然凝慮，思接千載；悄焉動容，視通萬里。」〔註155〕此詞想像豐富，就時間而言，忽而「千古」，忽而眼前；就空間來看，跳接見證三國歷史的湖北襄陽古道、象徵送別之地的陝西灞陵橋、蕭瑟蒼涼的甘肅玉門關、橫亙於陝甘兩省的隴山之頂，以及江蘇南京之鳳凰山上鳳凰臺與石頭城，地域遍及大江南北，打破此疆彼界的隔閡，使時空交錯成極為遼闊的境界，撫今追昔，充滿盛衰興亡之感。他身為女真貴族，在國之衰微時，隨宗室南遷定居異鄉〔註156〕，他仍舊記掛著白山黑水的故鄉，時空在他眼前飄忽不定，卻無一處可憑依，充滿了對故土深切的眷戀。而下詞則從憑弔歷史遺跡入手，為感時傷古之作，撫今追昔，發思古之幽情：

　　　　寒仍暑。春去秋來無今古。無今古。梁臺風月，汴堤煙語。　　　水

〔註153〕詳見第二章〈色目詞人薩都剌及其詞作探析〉
〔註154〕詳見第三章〈高麗詞人李齊賢及其詞作探析〉
〔註155〕《文心雕龍・神思》卷六，同註54，下篇頁3。
〔註156〕貞祐南渡（1214），金室遷都汴京。

涵天影秋如許。夕陽低處征帆舉。征帆舉。一行驚雁，數聲柔艣。〈秦
　　樓月〉

從過去南朝梁的禁城，到今日貞祐南渡後定都汴京的坡堤，不同時空的景物，同時在眼前呈現，過往覆亡的歷史，好似又要重演，古今對照，情思更為幽遠綿延，再加上碧水、藍天、夕陽、征帆、驚雁、柔艣所組成的一幅空闊高遠的秋色圖，蒼茫空放的空間，寄託著詞人無盡的悼古之情。

第三節　小結

　　由於本章所探討的十六位作家，詞作零散，雖然部分作家如完顏璹、耶律楚材、薛昂夫、貫雲石等人存有大量其他詩、曲、文之作，然與他們所留詞作關聯性不大，只能作為生平的考證和性格的分析，因此本章僅就現存作品縱向做內容的深究，橫向做粗略的歸納分析。即使同為金元兩代的少數民族詞人，個人不同的際遇和時代的先後次序也影響他們創作的偏好。

　　生在歌舞昇平治世的王公貴族們：金世宗完顏雍、金章宗完顏璟、金宗室完顏從郁、耶律履、耶律鑄、廉希憲、偰玉立、拜住等人，他們的作品較偏向花間詞派的婉約詞風，以題詠性情為主，詞作的內容較無淒苦不忍的情緒，反映出的多是自身所感興趣的議題，有些正面積極，有些自我勉勵，有些倒像是點綴生活的調劑。例如完顏雍浸淫佛理因而寫下精闢入裡的佛理詞、完顏璟描寫金碧輝煌的宮廷情態、完顏從郁和耶律履、耶律鑄崇尚遊仙道趣、耶律鑄開席享樂、廉希憲和偰玉立顯現出士大夫悠閒雅致的平日生活、拜住寫出香豔閨情，這都是安逸的環境帶給他們潛移默化的影響，因此他們的作品以詠物、題贈者居多。

　　而生在開國或末世或時局動盪不安的詞人，不論是布衣將相、貧富顯微，如：金海陵王完顏亮、金末王孫完顏璹、僕散汝弼、兀顏思忠、耶律楚材、薛昂夫、貫雲石、蒲壽宬等人，他們的作品有更多發自內心感受，因為動亂，讓他們更加敏感，有許多因環境帶給他們的無奈，情感較為熱烈懇切。例如金代前期國富兵強，因而增長完顏亮一統中原的信心和野心，為滿足自我期待，他的作品中充滿肅殺、雄快、躁進的氣氛，讓人感受他沸騰的熱血和急進的企圖；而末代王孫完顏璹，空有一身抱負卻無處施展，為避免遭受政治牽連，他雖選擇隱忍沉潛，但在作品中卻真實的流露出他的辛酸和悲切；僕

散汝弼處在金末亂世，也藉唐玄宗楊貴妃事反映衰亡的國事，以史作鑑；而兀顏思忠、薛昂夫、貫雲石、蒲壽宬，人生閱歷豐富，看盡一切是非榮辱、成敗興衰，淡然處之，或崇尚漁樵耕讀，或辭官歸隱田園，享受煙波之樂，這都是環境逼他們必須做的選擇，因此他們的作品以詠懷、詠史者爲重。

再者，若從時代先後次序來看，這十六位少數民族作家的內容詞風也有漸進的轉變：金代前期，如完顏亮、完顏雍、完顏璟、耶律履等人，對漢族文學傳統才剛開始接納，因此詞句或較爲質樸白描、或因循花間詞派傳統，也由於民族性使然，情感直接率眞，較少漢詞的含蓄敦厚；金代後期到元代初期，如完顏璹、耶律楚材、耶律鑄、廉希憲、蒲壽宬等人，身受漢學文化薰陶，詞作所寫內容和情致，幾乎繼承並融入宋詞體系；而元代中後期，如薛昂夫、貫雲石等人，受到新興文學「曲」的影響，作品中多有曲化的痕跡，詞句較爲口語，內容貼近生活。

總之，此十六位詞家雖非大家，對詞學的影響亦有限，但透過分析探究，能更瞭解在民族性衝突的金元兩代少數民族詞人的思想、情感，和他們創作的動機與過程。

第五章　金元少數民族詞人對宋詞的接受與繼承

　　在金源一代，由於「蘇學盛於北」〔註1〕，蘇詞被充分的接收、繼承和發展，元詞大抵承接著金詞的路子，兩代的文學觀念和審美傾向因地域環境和時代背景的影響，不僅在詞學的風格和思想，甚至創作的技法和方式，都遵循著蘇軾與黃庭堅的理論而行，這在身為金元北方強勢民族、有著率真自然本性的少數民族詞人的作品中更為明顯。雖然他們的詞作因政治情勢的遞變而變得零散殘缺，但仍可由完顏亮、完顏璹、耶律鑄、李齊賢、薩都剌等人留下的較多詞作中，找到繼承蘇軾和黃庭堅詩詞理論的脈絡。基於此一共同的脈絡和相似的民族稟性，特將他們視為金元時代一個獨立的詞人文學集團。他們詞作的鮮明特色有其研究價值，足以與當時漢人組成的文學集團（如金初的吳蔡體〔註2〕、金元的中州文派〔註3〕等）相互媲美。有鑒於此，本章試

〔註1〕〔清〕翁方綱《石洲詩話》卷五：「有宋南渡以後，程學行於南，蘇學行於北。」「當日程學盛於南，蘇學盛於北，如蔡松年、趙秉文之屬，蓋皆蘇氏之支流餘裔。遺山崛起黨、趙之後，器識超拔，始不盡為蘇氏餘波沾沾一得，是以開啟百年後文士之詠。」臺北：廣文書局，1971年，頁201～202。又翁方綱〈雷州道中讀《道園學古錄》憶甲申冬曾讀於此用錄中韻作詩寄犖石蘊山。未窺其旨也，爰為改作，時丁亥七月二十四日〉詩：「程學盛南蘇學北，各主一二難兼收。」，《復初齋詩集》卷四，收錄於《續修四庫全書》第1454冊，〈集部・別集類〉，上海：上海古籍出版社，2002年，頁392。

〔註2〕吳激（1090～1142）與蔡松年（1107～1159）由宋入金，開啟金源一代詞風。〔金〕元好問《中州集》：「百年以來，樂府推伯堅與吳彥高，號『吳蔡體』。」，收錄於紀昀編《文津閣四庫全書》第456冊，〈集部・總集類〉，北京：商務印書館，2005年，頁443。

〔註3〕中州文派主要人物為師法韓愈的姚燧（1238～1313）、姚燧弟子，及受姚燧影響與其文風接近者。

著從蘇（軾）、黃（庭堅）二人的詩詞理論切入，細理出金元少數民族詞人作品相關特徵，爬梳兩者間的繼承關係，並從中闡示他們在金元詞史之文學價值。

第一節　蘇軾的詞學觀

　　蘇軾的豪放詞爲宋詞開啓了新的方向，但在當時和南宋的詞壇不曾被視爲主流。隨著蘇學北傳，蘇詞中豪放的因子，和北人情性相投，因而在北地落地生根，被金元詞家發揚光大，而少數民族詞家對蘇詞的學習仿效更爲全面，蘇軾的詞學觀無形中對他們影響深遠。蘇軾論詞的文字並不多，相關的理論散見於部分題跋、序引及宋人所撰的詩話、詞話、筆記之中，也反映在他的創作中。因此以下將根據蘇軾的作品，參考歷來的研究〔註4〕，重點歸納出蘇軾的詞學觀有：詩詞一體、詞「自是一家」、以詩爲詞三個方面。

一、詩詞一體

　　胡寅〈酒邊集序〉說明詞在宋初文人心中的價值只是「詞曲者，古樂府之末造也。文章豪放之士，鮮不寄意於此者，隨亦自掃其跡，曰謔浪遊戲而已也」〔註5〕，是「方之曲藝，猶不逮焉」，詞的地位只是遊戲文章，不可與「載道」、「言志」的詩相提並論。而蘇軾卻持不同看法，主張「詞爲詩裔」

〔註4〕有關蘇詞詞學觀的研究著作相當多，碩博士論文有：陳啓仁《蘇軾詞之創作美學研究》，中國文化大學中國文學研究所碩士，2002年。王秀珊《東坡「以詩爲詞」之論述研究》，東華大學中國語文研究所博士，2008年。邱全成《蘇軾詞的接受與影響——從期待視野的角度觀之》，彰化師範大學國文研究所碩士，2008年。專書則有：王洪《蘇軾詩歌研究》，北京：朝華出版社，1993年。王保珍《東坡詞研究》，臺北：長安出版社，1992年。唐玲玲、周偉民合著《蘇軾思想研究》，臺北：文史哲出版社，1996年。郭美美《東坡在詞風上的承繼與創新》，臺北：文津出版社，1990年。劉石《蘇軾詞研究》，臺北：文津出版社，1992年。期刊論文族繁不及備載，可見前人研究成果之豐碩。故本節以前人研究爲基礎，以影響金元少數民族詞家的部分爲歸納重點來闡示兩者間的關係，其餘則略而不談。

〔註5〕胡寅〈酒邊詞序〉：「詞曲者，古樂府之末造也。文章豪放之士，鮮不寄意於此者，隨亦自掃其跡，曰謔浪遊戲而已也。唐人爲之最工者。柳耆卿後出，掩眾製而盡其妙，好之者以爲不可復加。及眉山蘇氏，一洗綺羅香澤之態，擺脫綢繆宛轉之度，使人登高望遠，舉首高歌，而逸懷浩氣，超然乎塵垢之外，於是花間爲皂隸，而柳氏爲輿臺矣。」見向子諲《酒邊詞》，收錄於紀昀編《文津閣四庫全書》第498冊，〈集部·別集類〉，北京：商務印書館，2005年，頁85。

〔註6〕。詩和詞雖然外在形式有所不同，但同出一源、一脈相承，本質和功能是相同的，都是「搜研物情，刮發幽翳」〔註7〕，將詞脫離音樂的附屬品，一變而爲抒情的文體，與詩有相同的功用，都可以用來表達作者的思想情感。他常將詩詞等量齊觀，以詞句是否有詩之深度來評論作品，例如他在論柳永〈八聲甘州〉的名句「漸霜風淒緊，關河冷落，殘照當樓」時，即提到「此語於詩句不減唐人高處」〔註8〕。從以上可知蘇軾論詞的宗旨是將詞回歸於詩道，打破詞爲「小道」、「末技」的成見，革新詞綺靡浮豔的風格〔註9〕，正本清源。

二、詞「自是一家」

　　詩詞雖爲同源，本是一體而異式，爲了更加提高詞的地位，蘇軾又提出了詞「自是一家」的主張。他對於詞的自覺意識可見其〈與鮮于子駿書〉一文：「近卻頗作小詞，雖無柳七郎風味，亦自是一家。呵呵！數日前獵於郊外，所獲頗多，作得一闋，令東州壯士抵掌頓足而歌之，吹笛擊鼓以爲節，頗壯觀也。」（《東坡全集》卷七十九，頁372）「自是一家」就是要有自我的風味，他想開創出有別於柳永「楊柳岸、曉風殘月」的靡靡詞風，而另作「東州壯士抵掌頓足而歌之」的壯觀之詞〔註10〕，讓作詞像寫詩一樣，能抒發自我的

〔註6〕　〈祭張子野文〉：「……龐然老成，又敏且藝。清詩絕俗，甚典而麗。搜研物情，刮發幽翳。微詞宛轉，蓋詩之裔。」，《東坡全集》卷九十一，收錄於紀昀編《文津閣四庫全書》第370冊，〈集部・別集類〉，北京：商務印書館，2005年，頁432。以下東坡文章多出自《東坡文集》，爲免註腳繁複，若不須特別說明者，直接於其後註明篇目、卷次和頁碼，不另做註。

〔註7〕　晁補之曰：「眉山公之詞，短於情，蓋不更此境也。……搜研物情，刮發幽翳。微詞宛轉，蓋詩之裔。」同上註。

〔註8〕　〔宋〕趙令畤《侯鯖錄》卷七，收錄於紀昀編《文津閣四庫全書》第345冊，〈子部・小說家類〉，北京：商務印書館，2005年，頁69～70。

〔註9〕　〔宋〕朱弁《風月堂詩話》卷上：「韓退之云：『餘事作詩人』，未可以爲篤論也。東坡以詞曲爲詩之苗裔，其言良是。然今之長短句比之古樂府歌詞，雖云同出於詩，而祖風以掃地矣。」自晚唐以來，詞之內容趨於柔靡浮豔，早已背離古樂府詩的傳統，蘇軾有鑑於此，提出詩詞一體論，欲正本清源。收錄於紀昀編《文津閣四庫全書》第494冊，〈集部・詩文評類〉，北京：商務印書館，2005年，頁676。

〔註10〕　〔明〕楊慎《詞品》卷六：「東坡在玉堂日，有幕士善謳，因問：『我詞比柳詞何如？』對曰：『柳郎中詞，只好十七八女孩兒，執紅牙拍板，唱「楊柳岸、曉風殘月」，學士詞，須關西大漢，執鐵板唱「大江東去」。』公爲之絕倒。」，臺北：臺灣商務印書館，1966年，頁526。

真實性情和人生感受，使「其文如其為人」（《東坡全集》卷七十四，〈答張文潛縣丞書〉，頁 347），追求壯美風格和擴大的意境；並突破「詞為豔科」的窠臼，跳脫出只能寫相思離別、傷春悲秋、兒女情長題材的侷限，這便是他所追求的「詞自是一家」。只有將個人真實的經歷和情感灌注詞中，詞才能自立為一種有文學生命的題材；當士大夫的氣度胸懷和詞體結合，詞才能走出秦樓楚館，成為士大夫認同和使用的文體，使文學地位有所提升。

蘇軾開創豪放詞風一派，在他的作品中將詞「自是一家」的理念，發揮的淋漓盡致，於實踐中體現抽象的理論。如〈江城子‧密州出獵〉：

> 老夫聊發少年狂。左牽黃，右擎蒼。錦帽貂裘，千騎卷平岡。為報
> 傾城隨太守，親射虎，看孫郎。　　酒酣胸膽尚開張。鬢微霜，又
> 何妨。持節雲中，何日遣馮唐。會挽雕弓如滿月，西北望，射天狼。
> 〔註11〕

宋神宗熙寧五年（1072），蘇軾因反對王安石的新法，自請外任杭州；三年後（1075），轉任密州知州，曾因旱災去常山祈雨。後常山廟成，蘇軾往祭，回程時與梅戶曹在鐵溝會獵，習射放鷹，豪興十足，因填此詞。詞成，寫寄鮮于子駿曰：「近作小詞，雖無柳七郎風味，亦自是一家。」（《東坡全集》卷七十九，〈與鮮于子駿書〉，頁 372）此詞可謂「自是一家」的代表。首句的「狂」字即是貫穿全篇的中心思想，西北邊事緊張，蘇軾這次打獵，小試身手，進而想帶兵征討西夏。通篇縱情放筆，氣概豪邁，表現出他希望馳騁疆場，以身許國的豪情壯志。他以孫權射虎典故〔註12〕自喻，寫出「挽雕弓、射天狼」的壯士形象，可見其英雄氣豪；再用馮唐之典〔註13〕，表達不服老、欲請戰

〔註11〕蘇軾〈江城子‧密州出獵〉，錄自《東坡詞》，收錄於紀昀編《文津閣四庫全書》第 497 冊，〈集部‧詩文評類〉，北京：商務印書館，2005 年，頁 576。以下東坡之詞多出於《東坡詞》，亦直接於其後註明頁碼，不另做註。

〔註12〕《三國志‧吳書‧吳主傳》卷四十七：載孫權建安二十三年（218）十月：「權將如吳，親乘馬射虎於庱亭。馬為虎所傷，權投以雙戟，虎卻廢，常從張世擊以戈，獲之。」，臺北：新文豐出版公司，1975 年，頁 931。

〔註13〕《史記‧馮唐傳》卷一百二：「是之時，匈奴新大入朝，殺北地都尉卬。……今臣竊聞魏尚為雲中守，其軍市租盡以饗士卒，出私養錢，五日一椎牛，饗賓客軍吏舍人，是以匈奴遠避，不近雲中之塞。虜曾一入，尚率車騎擊之，所殺其眾。夫士卒盡家人子，起田中從軍，安知尺籍伍符。終日力戰，斬首捕虜，上功莫府，一言不相應，文吏以法繩之。其賞不行而吏奉法必用。臣愚，以為陛下法太明，賞太輕，罰太重。且雲中守魏尚坐上功首虜差六級，陛下下之吏，削其爵，罰作之。由此言之，陛下雖得廉頗、李牧，弗能用也。臣誠愚，觸忌諱，死罪死罪！」文帝說。是日令馮唐持節赦魏尚，復以為雲

之心意，極具進取精神，擁有遠大的抱負和激情的生命力，已脫離詞體原有的柔情軟調。

再如蘇軾的代表作〈念奴嬌·赤壁懷古〉：

> 大江東去，浪淘盡，千古風流人物。故壘西邊，人道是，三國周郎
> 赤壁。亂石崩雲，驚濤裂岸，捲起千堆雪。江山如畫，一時多少豪
> 傑。　　遙想公瑾當年，小喬初嫁了，雄姿英發。羽扇綸巾，談笑
> 間，強虜灰飛煙滅。故國神遊，多情應笑我，早生華髮。人間如夢，
> 一尊還酹江月。（《東坡詞》，頁 579）

蘇軾因「烏臺詩案」被貶爲黃州（今湖北省黃岡縣）團練副使。宋神宗元豐五年（1082）七月，他和朋友遊覽了黃州赤壁，寫下前後〈赤壁賦〉和此詞。上片寫赤壁雄奇壯麗的景色，時空背景極爲遼闊。下片緬懷三國的英雄——周瑜，用才氣縱橫、志得意滿的歷史人物，反襯自己有志難伸的身世感嘆，「多情應笑我，早生華髮」，也強調出他不放棄爲國家建功立業的豪邁心情。他用詞懷古，寫壯闊景物、非凡人物，兼具寫景、敘事、抒情、議論，詞風慷慨激昂，蒼涼悲壯，氣勢磅礴，是向詩學習，開拓詞體的運用與境界的豪放之作。

三、以詩爲詞

「以詩爲詞」並非蘇軾自創的詞學定義，而是來自陳師道評東坡詞的用語：「退之以文爲詩，子瞻以詩爲詞，如教坊雷大使之舞，雖極天下之工，要非本色。」〔註 14〕爲蘇軾開拓了詞體的題材領域做了一個最好的註解。他將詞作爲一種隨意抒情寫景、無事不入的新詩體，表現獨具個性的思想感情，充滿深厚的生命經驗和生活體驗，一任本色，打破「詩莊詞媚」的刻板印象。他現存約三百多首詞作中，涉及到感舊懷古、抒情議論、記遊詠物、山水景色、朋友贈答等諸多題材〔註 15〕，不同於以往詞爲豔體的傳統，提升了詞的

中守，而拜唐爲車騎都尉，主中尉及郡國車士。」漢文帝時雲中太守魏尚抗擊匈奴有功，但因報功不實，獲罪削職。但文帝聽了馮唐的話，派馮唐持節去赦免魏尚，仍叫他當雲中太守。臺北：新文豐出版公司，1975 年，頁 1112。

〔註 14〕〔宋〕陳師道《後山詩話》，收錄於〔清〕何文煥編《歷代詩話》，北縣：漢京文化公司，1983 年，頁 309。

〔註 15〕蘇軾詞約三百八十五闋，因作品眾多，題材廣泛，爲省篇幅，故將所分類項，各舉三例以爲證。「感舊懷古」類有〈昭君怨〉（誰作桓伊三弄）（頁 565）、〈念奴嬌·赤壁懷古〉（大江東去）（頁 579）、〈西江月·平山堂〉（三過平山堂下）（頁 570）。「抒情議論」類有〈滿庭芳〉（蝸角虛名）（頁 578）、〈卜算子·黃

表現功能和境界。

若為「以詩為詞」下一定義，是將詩的表現手法用於詞中。具體來說，歸納蘇軾詞中的幾個現象：（一）明題序（二）用典故（三）破聲律（四）新詞語（五）抒情志，就是「以詩為詞」的實踐。

（一）明題序

蘇軾以前的詞大多應歌而作，緣調而賦，詞有調名表明唱法，調下鮮有題序。王易《詞曲史》即如此認為：「唐詞多緣題所賦，……五代、宋初之詞。調下無題，其後填詞者始於調下附著作意，啓此作風是為東坡。東坡集中，幾全有題或小序，此為詞之進步，因著題則不能為泛泛之詞，且使讀者易明其旨也。」〔註 16〕調下附題並非起於蘇軾，只是在蘇軾以前未成風氣或功能不彰〔註 17〕，如張先（990～1078）的詞題作用僅在於交代創作的時間和地點〔註 18〕，王安石（1021～1086）的詞題僅寥寥數語〔註 19〕。而至蘇軾（1037～1101）始大量運用詞題〔註 20〕，由於他把詞變為抒情言志的新詩

州定惠院寓居作〉（缺月挂疏桐）（頁 569）、〈水調歌頭〉（明月幾時有）（頁 578）。「記遊詠物」類有〈浣溪沙・游蘄水清泉寺〉（山下蘭芽短浸溪）（頁 566）、〈行香子・過七里灘〉（一葉舟輕）（頁 576）、〈水調歌頭・快哉亭作〉（落日繡帘卷）（頁 578）。「山水景色」類有〈西江月〉（照野彌彌淺浪）（頁 570）、〈雨中花〉（今歲花時深院）（頁 578）、〈西江月・真覺賞瑞香二首〉（公子眼花亂髮）（頁 570）。「朋友贈答」類有〈南鄉子・重九涵輝樓呈徐君猷〉（霜降水痕收）（頁 572）、〈定風波・南海歸贈王定國侍人寓娘〉（常羨人間琢玉郎）（頁 575）、〈滿江紅・正月十三日送文安國還朝〉（天豈無情）（頁 578）。錄自《東坡詞》，同註 11。

〔註16〕王易《詞曲史・構律第六》，臺北：廣文書局，1971 年，頁 259～260。

〔註17〕劉石《蘇軾詞研究》：「敦煌曲調中詞題已大量存在，唐五代文人詞中也偶有所見，宋初文人詞中則開始趨於普遍。……具詞題者尚佔少數，有詞題者也多為寂寥短語。」臺北：文津出版社，1992 年，頁 25。

〔註18〕例如：張先〈雨中花令・贈胡楚草〉、〈喜朝天・清暑堂贈蔡君謨〉（曉雲開）等，詞題表明贈詞的對象；〈更漏子〉（相君家・流杯堂席上作）、〈木蘭花・邠州作〉（青錢貼水萍無數）等，詞題表明作詞的地點。唐圭璋編《全宋詞》冊一，北京：中華書局，1965 年，頁 83、69、66、68。

〔註19〕例如：〈千秋歲引〉（別館寒砧）詞題為「秋景」，表明詞以詠秋景為主；〈西江月〉（梅好惟嫌淡佇）詞題為「紅梅」，表明詞以詠紅梅為主。王安石的詞題僅用來説明吟詠的對象。唐圭璋編《全宋詞》冊一，同註 18，頁 208、207。

〔註20〕依朱祖謀《彊村叢書》統計，蘇軾三百多首詞中，具 70 字以上詞序者有十四、五首，其中又以〈水龍吟〉（古來雲海茫茫）序為最長，共 213 字，〈醉翁操〉（琅然）序次之，凡 173 字。見劉石《蘇軾詞研究》，臺北：文津出版社，1992 年，頁 25。

體，所以詞作所抒的情志或因緣，必須要有交代和說明，但又不可違背詞原有的抒情本質，作全然的敘事，因此大量詞題和小序的出現，解決了詞體不宜敘事卻又必須標明其所指的矛盾。例如〈水調歌頭〉（明月幾時有）的小序：「丙辰中秋，歡飲達旦，大醉。作此篇，兼懷子由。」（《東坡詞》，頁578）不僅標明創作的時間、地點，也交代了創作的緣由和所懷的對象，如此一來，「但願人長久，千里共嬋娟」的情感指向不致流於泛泛，而是明確篤定，情意更加深切動人。再如〈定風波〉（莫聽穿林打葉聲）的詞序：「三月七日沙湖道中遇雨，雨具先去，同行皆狼狽，余不覺。已而遂晴，故作此。」（《東坡詞》，頁566）敘述作詞的緣由，「在旅途中遇雨」的事件引發詞人的感觸。此詞作於蘇軾謫居黃州三年，是人生最為低潮的時候，以風雨喻人生所遇的困頓險阻自是貼切不過。雖然人生路上風強雨驟，但蘇軾心中仍十分鎮靜，安祥自若，「一蓑煙雨任平生」顯現出他隨遇而安的闊達胸懷。再者如在黃州又做〈浣溪沙〉五首〔註21〕，詞序為：「十一月二日雨後微雪，太守徐君猷攜酒見過，坐上作〈浣溪沙〉三首。明日酒醒，雪大作，又作二首。」這五首作品是蘇軾在兩日內完成的，而寫此五首的動機，一是太守攜酒來訪，一是因下雪而引發興致。由以上可知蘇軾大量運用了詞題和詞序，豐富和深化了詞的內涵，是他企圖提升詞境〔註22〕、強化詞體言志功能的必然手段。

（二）用典故

所謂典故，《漢語大詞典》的解釋是：「詩文等作品中引用的古代故事和

〔註21〕　〈浣溪沙〉其一：「覆塊青青麥未蘇。江南雲葉暗隨車。臨皋煙景世間無。雨腳半收簷斷線，雪林初下瓦疏珠。歸來冰顆亂黏須。」其二：「醉夢醺醺曉未蘇。門前轆轆使君車。扶頭一盞怎生無。廢圃寒蔬挑翠羽，小槽春酒凍真珠。清香細細嚼梅須。」其三：「雪裏餐氈例姓蘇。使君載酒為回車。天寒酒色轉頭無。薦士已聞飛鶚表，報恩應不用蛇珠。醉中還許攬桓須。」其四：「半夜銀山上積蘇。朝來九陌帶隨車。濤江煙渚一時無。空腹有詩衣有結，濕薪如桂米如珠。凍吟誰伴撚髭須。」其五：「萬頃風濤不記蘇。雪晴江上麥千車。但令人飽我愁無。　翠袖倚風縈柳絮，絳唇得酒爛櫻珠。尊前呵手鑷霜須。」《東坡詞》，同註11，頁566。

〔註22〕　李澤厚《美的歷程》：「所謂『詞境』，也就是通過長短不齊的句型，更為具體、更為細緻、更為集中地刻畫抒寫出某種心情意緒。……詞則一首（或一闋）才一意或一境，形象細膩，含意微妙，它經常是通過一般的、日常的、普通的自然現象（不是盛唐那種氣象萬千的景色事物）的白描來表現，從而也就使所描繪的對象、事物、情節更為具體、細緻、新巧，並塗有更濃厚更細膩的主觀感情色調。」臺北：風雲時代出版公司，1994年，頁192。

有來歷出處的詞語。」〔註23〕劉勰在《文心雕龍・事類》第一段也言明：「事類者，蓋文章之外，據事以類義，援古以證今者也。」〔註24〕劉勰所言「事類」即是典故的另一種說法，以前人之事類爲據，可以充實作品，言而有物。

典故的使用其來有自，始於南朝顏延年，極於唐代杜甫〔註25〕。在唐詩的時代典故的運用日漸普遍，更影響日後近體詩，如宋代西崑體、江西詩派等詩人。蘇軾深知詩體典故的使用，可以使詩突破受到格律之字數的限制，豐富詩的內涵、提升詩的意境〔註26〕，亦將此技巧移植至詞體之中。在詞中使事用典，是一種濃縮的敘事方式，使在有字數限制的韻文框架中，表達出最精鍊的意義；也是一種曲折的抒情方式，有話不說完，不說滿，不說穿，借用前人的事蹟、用語，表達出迂迴內斂的情感。例如〈江城子〉（密州出獵）要描述打獵射虎的細膩過程，僅以孫權射虎的典故就能窮盡形相；而要表達自身懷才不遇的感慨與爲國效力的雄心壯志，則託用馮唐奉命持節赦魏尚的故事，婉轉含蓄的自喻己身。再如黃州所作〈浣溪沙〉五首之三：「雪裏餐氈例姓蘇。使君載酒爲回車。天寒酒色轉頭無。　　薦士已聞飛鶚表，報恩應不用蛇珠。醉中還許攬桓須。」此首小令作品，僅 42 字，卻連用蘇武〔註27〕、孔融〔註28〕、隋侯之珠〔註29〕、謝安與桓伊〔註30〕等四個關於知遇、感恩的

〔註23〕《漢語大辭典》，長春：長春出版社，1992 年，頁 229。

〔註24〕劉勰《文心雕龍》，臺北：文史哲出版社，1985 年，下篇頁 169。

〔註25〕張戒《歲寒堂詩話》卷上：「詩以用事爲博，始於顏光祿（顏延年），而極於杜子美（杜甫）。」收錄於紀昀編《文津閣四庫全書》第 494 冊，〈集部・詩文評類〉，北京：商務印書館，2005 年，頁 682。

〔註26〕蘇軾曾提到用典的觀念，〔明〕湯雲孫輯《東坡志林》卷九載云：「詩須要有爲而作，用事當以故爲新，以俗爲雅。好奇務新，乃詩之病。」，臺北：商務印書館，1965 年，頁 43；其二在〔元〕陳秀明編《東坡詩話錄》卷下有云：「大抵作詩當日鍛月鍊，非欲誇奇鬥異，要當淘汰出合用事。」，臺北：廣文書局，1971 年，頁 123。

〔註27〕「雪裡餐氈例姓蘇」借蘇武被匈奴折辱、迫吞雪氈之典來自喻自身亦遭政治迫害。典出《漢書・蘇建傳》卷五十四：「單于愈益降之，乃幽武置大窖中，絕不飲食。天雨雪，武臥齧雪與旃毛并咽之，數日不死，匈奴以爲神，乃徙武北海上無人處，使牧羝，羝乳乃得歸。」，臺北：新文豐出版公司，1975 年，頁 1123。

〔註28〕「薦士已聞飛鶚表」，用孔融〈薦禰衡表〉：「鷙鳥累百，不如一鶚。使衡立朝，必有可觀。」之典，以孔融喻徐太守，以禰衡喻己，對徐太守曾薦己於朝之事深表感激。〔梁〕蕭統編《文選》卷三十七，北京：中華書局，1977 年，1984 年，頁 515。

〔註29〕「報恩應不用蛇珠」，《淮南子・覽冥訓》「隋侯之珠」注云：「隋侯見大蛇傷

典故，使其內容超越了字數的限制，蘊藏豐富意涵，深切表現他對徐君猷太守知遇之恩的感激。而〈浣溪沙〉五首之四：「半夜銀山上積蘇。朝來九陌帶隨車。濤江煙渚一時無。　　空腹有詩衣有結，濕薪如桂米如珠。凍吟誰伴撚髭須。」用蘇秦之語〔註 31〕和董京典故〔註 32〕來寫自己雖處困乏之境，卻不以爲苦，樂在吟詠，逍遙自在的曠達心境。

大量使用歷史人物的事蹟和言語，可以增加詞的歷史感、豐厚詞的內容，更可以古喻今，以彼喻己，用典故的言外之意爲自己的心境和遭遇代言。

（三）破聲律

蘇軾門人晁補之曾說：「東坡詞，人謂多不諧音律。」〔註 33〕「破聲律」似乎是蘇軾詞的特色之一，他爲了詞內容上之革新與充實，甚至不惜犧牲曲律，恣其心意，暢所欲言，詞體從此有了新的面貌。雖然詞與樂曲有不解之緣，是一種音樂和文學結合的特殊文學形式，詞若脫離音節聲調，即不爲詞，然而「破聲律」並非完全打破詞體諧律的規準，也不是推翻詞體依從應有的音律來填製〔註 34〕，而是要不受限於音律。詞與律應渾然天成，相輔相成；

斷，以藥傅之。後蛇於江中銜大珠以報之，因曰隋侯之珠。」用此典來表明太守對己之深恩無以報。劉安著、高誘注《淮南子》卷六，臺北：先知出版社，1976 年，頁 254。

〔註 30〕「醉中還許攬桓須」，《晉書・桓伊傳》卷八十一：「伊便撫箏而歌〈怨詩〉曰：『爲君既不易，爲臣良獨難。忠信事不顯，乃有見疑患。周旦佐文武，金縢功不刊。推心輔王政，二叔反流言。』聲節慷慨，俯仰可觀。安泣下沾衿，乃越席而就之，抒其鬚曰：『使君於此不凡！』帝甚有愧色。」謝安忠心事主卻遭疑患，一如東坡烏臺詩案的遭遇，而桓伊對謝安的了解，一如徐太守對東坡的善遇。臺北：新文豐出版公司，1975 年，頁 1374。

〔註 31〕「濕薪如桂米如珠」，出自《戰國策・楚策三》之典：「蘇秦之楚，……對曰：『楚國之食貴於玉，薪貴於桂，謁者難得見如鬼，王難得見如天帝。今令臣食玉炊桂，因鬼見帝。』王曰：『先生就舍，寡人聞命矣。』」形容物價昂貴、生活不易的困頓處境。劉向編、高誘注《戰國策》卷十六，收錄於紀昀編《文津閣四庫全書》第 140 冊，〈史部・別史類〉，北京：商務印書館，2005 年，頁 419。

〔註 32〕「空腹有詩衣有結」，《晉書・董京傳》卷九十四：「董京字威輦，不知何郡人也。初與隴西計吏俱至洛陽，被髮而行，逍遙吟詠，常宿白社中。時乞於市，得殘碎繒絮，結以自覆，全帛佳綿則不肯受。或見推排罵辱，曾無怒色。」董京雖衣著破爛，又遭人怒罵排斥，卻不曾有怒色，常陶醉在吟詠的世界之中，東坡以此自比，安貧而樂道。同註 30，頁 561。

〔註 33〕〔宋〕吳曾《能改齋漫錄》卷十六，收錄於唐圭璋編《詞話叢編》冊一，臺北：廣文書局，1967 年，頁 83。

〔註 34〕案：蘇氏對詞與聲律的關係是持肯定意見的，〈哨遍・檃括〈歸去來辭〉〉說：「陶淵明賦歸去來，有其詞而無其聲。余既治東坡，築雪堂於上，人俱笑其

若音律限制內容的呈現，則寧棄聲律而保全內容。陸游評蘇軾詞說：「世言東坡不能歌，故所作樂府多不協。……公非不能歌，但豪放，不喜剪裁以就聲律耳。」〔註35〕實一語中的，蘇軾所為是打破詞必諧律傳統意識，解放詞形式上的束縛。又王灼在《碧雞漫志》云：「東坡先生非心醉於音律者，偶爾作歌，指出向上一路，新天下耳目，弄筆墨者始知自振。」〔註36〕說明蘇軾「非心醉於音律、偶爾作歌」是弱化詞對音樂的依附性；而「指出向上一路，新天下耳目」，則是強化詞的文學性，並指出新的寫作方向。寫詞是要供人閱讀，而不以演唱為目的，雖也遵循詞的音律規範，卻不囿於音律。作詞要注重抒情言志的自由，故根據內容而突破音律的限制是「魚與熊掌不可兼得」之下的必然選擇。

（四）新詞語

詞的用語決定詞的內容，蘇軾詞的風格多變，而豪放詞以雄健之筆，指出向上一路。要擴大詞境，必須在詞的語言上革新北宋詞人鏤金鑲玉的作風。〈謝歐陽內翰書〉：「軾竊以天下之事，難於改為。自昔五代之餘，文教衰落，風俗靡靡，日以塗地。聖上慨然太息，因有以澄其源，疏其流，明詔天下，曉諭厥旨。於是招來雄俊魁偉敦厚樸質之士，罷去浮巧輕媚從錯采繡之文，將以追兩漢之餘，而漸復三代之故。」（《東坡全集》卷七十五，頁374）上文雖是蘇軾欲革新文風的主張，亦可用作革新詞風的思想表現。北宋承襲晚唐五代餘風，為詞傾向浮巧輕媚的香軟詞風，蘇軾欲改庸俗淺薄、銷魂旖旎的靡靡之音，故師法唐詩溫柔敦厚的用語和內涵，多方吸收李白、杜甫、韓愈等人的詩句入詞，給人清新韶秀之感，「一洗綺羅香澤之態，擺脫綢繆宛轉之度」〔註37〕，就是這個道理。

陋，獨鄱陽董毅夫過而悅之，有卜鄰之意，乃取歸去來辭，稍加檃括，使就聲律，以遺毅夫，使家僮歌之……。」〈水調歌頭〉（昵昵兒女語）詞序也云：「公曰：此詩最奇麗，然非聽琴，乃聽琵琶也。餘深然之。建安章質夫家善琵琶者，乞為歌詞。餘久不作，特取退之詞，稍加概括，使就聲律，以遺之雲。」都有提到將歌詞以就聲律。而今人曹樹銘亦整理證明蘇軾有十七首詞是合樂可歌之作。見劉石《蘇軾詞研究》，臺北：文津出版社，1992年，頁12。由以上可知，蘇軾並非反對聲律。

〔註35〕〔宋〕陸游《老學庵筆記》卷五，臺北：廣文書局，1972年，頁189～190。
〔註36〕王灼《碧雞漫志》卷二，收錄於唐圭璋編《詞話叢編》冊一，臺北：廣文書局，1967年，頁35。
〔註37〕〔宋〕胡寅〈酒邊集序〉：「一洗綺羅香澤之態，擺脫綢繆宛轉之度，使人登高望遠，舉首而歌，而逸懷浩氣，超然乎塵垢之外。」，同註5。

劉熙載《詞概》云：「東坡詞頗似老杜詩，以其無意不可入，無事不可言也；若其豪放之致，則時與太白爲近。」又云：「詞品譽諸詩，東坡、稼軒，李杜也。」〔註38〕上述所言皆謂東坡詞似李白、杜甫之詩，蘇軾向他們學習思想內容、胸懷氣度、藝術境界等的表現，更常在字面、修辭、造句等方面取法唐詩長處，以借鑑、化用的方式，「寓以詩人之句法」〔註39〕，以突破詞的柔媚語言。王師偉勇在《宋詞與唐詩之對應研究》中列舉出許多蘇軾借鑑、化用唐人詞語、句法的例子〔註40〕，爲節省篇幅，以下錄四例說明之：

1. 蘇軾〈賀新郎〉（乳燕飛華屋）：「石榴半吐紅巾蹙，待浮花浪蕊都盡，伴君幽獨。」其中「浮花」、「浪蕊」兩詞截用韓愈七古〈杏花詩〉：「浮花浪蕊鎮長有，才開還落瘴霧中」之詩句。〔註41〕

2. 蘇軾〈念奴嬌〉（憑高眺遠）：「我醉拍手狂歌，舉杯邀月，對影成三客。」化用李白五古〈月下獨酌〉四首之一：「舉杯邀明月，對影成三人。」〔註42〕

3. 蘇軾〈浣溪沙〉（白雲清詞坐其間）：「可恨相逢能幾日，不知重會在何年？茱萸子細更重看。」襲用杜甫七律〈九日藍田崔氏莊〉：「明年此會知誰健？醉把茱萸子細看」之文意，略更動數語。〔註43〕

4. 蘇軾〈南鄉子〉（不用謝公臺）：「看取桃花春二月，爭開，盡是劉郎去後栽。」末句完整襲用劉禹錫七絕〈元和十一年自朗州召至京戲贈看花諸君子〉之末句，未更動一字。〔註44〕

蘇軾「寓以詩人之句法」多選擇有獨特風格的詩人之作，如閑淡曠遠的陶潛、飄逸浪漫的李白、寫實樸質杜甫、精警深微的劉禹錫等人，使詞得以「新天下之耳目」，拓展詞之內容，加深詞的意涵，使之如詩一樣具有詠懷言志的功能。

〔註38〕劉熙載《詞概》，收錄於唐圭璋編《詞話叢編》冊六，臺北：廣文書局，1967年，頁 3771、3777。

〔註39〕黃庭堅〈小山詞序〉云：「（叔原）獨嬉弄於樂府之餘，而寓以詩人之句法，清壯頓挫，能動搖人心。」《山谷集》卷十六，收錄於紀昀編《文津閣四庫全書》第 372 冊，〈集部‧別集類〉，北京：商務印書館，2005 年，頁 212。

〔註40〕王偉勇《宋詞與唐詩之對應研究》，臺北：文史哲出版社，2003 年，頁 26、28、29、33、34、37、40、41、43、52、53、349～358。

〔註41〕同註 40，頁 26。

〔註42〕同註 40，頁 33。

〔註43〕同註 40，頁 37。

〔註44〕同註 40，頁 43。

（五）抒情志

蘇軾之前的作者，為遷就詞必倚聲，且原出於里巷之曲，為迎合娼妓所歌，內容多男女相思、閨怨離別或流連光景，故士大夫之詞多自稱為「謔浪遊戲」。而蘇軾卻發現詞體的可能性，詞體也能向詩學習，走向「言志」之路，拓展內容，詞不僅為抒寫兒女私情的工具，也可以自寫懷抱。蘇軾不僅在詩中真實反映自己的生活、理想、情操，更充分運用詞體較為自由的形式，也將其獨特的個性反映在詞中，讀其詞便可知其人空靈蘊藉、慷慨淋漓。元好問說：「唐歌詞多宮體，又皆極力為之。自東坡一出，情性之外，不知有文字，真有『一洗萬古凡馬空』氣象。」〔註 45〕詞體在字數上和音律上都較詩體更有彈性，因此能表現較為細膩的情感，鋪排更為精細的情節，如為悼亡妻而寫〈江城子‧乙卯正月二十日夜記夢〉：

> 十年生死兩茫茫。不思量。自難忘。千里孤墳，無處話淒涼。縱使相逢應不識，塵滿面，鬢如霜。　　夜來幽夢忽還鄉。小軒窗。正梳妝。相顧無言，惟有淚千行。料得年年斷腸處，明月夜，短松岡。
>
> （《東坡詞》，頁 577）

當時蘇軾四十歲，也正是他妻子死後的第十年，夜夢其亡妻王弗，為悼念所作。憶及昔日的恩愛情深，兩人燕好的情景常盤旋夢境，因此蘇東坡乃寫下了這闋詞，來抒解胸中的鬱悶，訴說長久以來的離情。雖十年過去，他對王弗依舊一往情深，哀思深摯。這首詞將夢境與現實交融而為一體，既是悼亡，也是傷時，把哀思與自歎融和，情思濃鬱，情真意切，哀惋欲絕。又〈永遇樂‧夜宿燕子樓，夢盼盼，因作此詞〉抒無常之感：

> 明月如霜，好風如水，清景無限。曲港跳魚，圓荷瀉露，寂寞無人見。紞如三鼓，鏗然一葉，黯黯夢雲驚斷。夜茫茫，重尋無處，覺來小園行遍。　　天涯倦客，山中歸路，望斷故園心眼。燕子樓空，佳人何在，空鎖樓中燕。古今如夢，何曾夢覺，但有舊歡新怨。異時對，黃樓夜景，為余浩歎。（《東坡詞》，頁 579～580）

用張尚書與盼盼故實〔註 46〕，不僅寫出男女生死契闊，也表現出「一切無常

〔註45〕〔金〕元好問《遺山集‧新軒樂府引》卷三十六，收錄於紀昀編《文淵閣四庫全書》第 130 冊，〈集部‧別集類〉，臺北：臺灣商務印書館，1983 年，頁425。

〔註46〕「畫眉人遠」借漢張敞畫眉事以詠唐治徐州的武寧軍節度使張愔與彭城名妓關盼盼的戀愛故事。「燕子樓」是張愔舊第的一座小樓，張愔卒後，關盼盼念

住」的悲懷。此詞上片寫景,至「夜茫茫,重尋無處,覺來小園行遍」數語,點出憑弔燕子樓主人關盼盼;下片「天涯倦客」自謂也,「燕子樓空,佳人何在,空鎖樓中燕」說盡人亡樓空瞬息生滅的了悟,所憂者爲「無常」之感。而蘇軾謫居黃州之後,生活幾經劇烈變化,所受環境刺激越深,表現於文字者,情感越熾。如〈定風波·沙湖道中作〉:「回首來時蕭瑟處,歸去,也無風雨也無晴」(《東坡詞》,頁 575)、〈臨江仙〉:「長恨此身非我有,何時忘卻營營?夜闌風靜縠紋平。小舟從此逝,江海寄餘生」(《東坡詞》,頁 574)、〈鷓鴣天〉:「殷勤昨夜三更雨,又得浮生一日涼」(《東坡詞》,頁 572)等,筆致雖清淡,猶似充滿空靈自在的豁達,卻有一種實不得已的悲鬱懷抱,隱於字裡行間,幽婉委曲。由以上可知蘇軾生活的點滴皆表現在其詞作之中,詞中可見其人之喜怒哀樂、人生之悲歡離合,以詞來抒情達意,充分發揚個性懷抱,爲詞體的功能和題材,指出一條「向上一路」。

第二節 黃庭堅的詩學觀

　　黃庭堅(1045～1105)早年受知於蘇軾,與秦觀、張耒、晁補之合稱爲「蘇門四學士」〔註47〕,後更與蘇軾齊名,合稱「蘇黃」。他的學問思想承自蘇軾,不僅有發揚蘇學之處,也有自我開發之處,尤在詩學的領域,更是自有一套理論。他的詩學觀,歷來研究篇章甚多〔註48〕,本節主要針對影響金

　　　　　舊愛而不嫁,獨守樓中十餘年,後人傳爲佳話。見〔唐〕白居易《白氏長慶集·燕子樓詩三首序》卷十五,收錄於紀昀編《文津閣四庫全書》第 361 冊,〈集部·別集類〉,北京:商務印書館,2005 年,頁 55;以及〔宋〕尤袤《全唐詩話》卷六,收錄於〔清〕何文煥編《歷代詩話》,北縣:漢京文化公司,1983 年,頁 256～257。
〔註47〕《宋史·文苑傳》卷四百四十四:「黃庭堅與張耒、晁補之、秦觀具游蘇軾門,天下稱爲四學士。」,臺北:新文豐出版公司,1975 年,頁 5317。
〔註48〕研究黃庭堅詩論的碩博士論文有:王源娥《黃庭堅詩論探微》,東吳大學中國文學研究所碩士,1983 年。林錦婷《蘇軾與黃庭堅詩論異同之比較》,中央大學中國文學研究所碩士,1994 年。陳慷玲《山谷詞及其詞論研究》,東吳大學中國文學研究所碩士,1997 年。許奎文《黃庭堅詞研究》,台灣師範大學國文研究所碩士,2004 年。陳雋弘《黃庭堅論詩意見之研究》,高雄師範大學國文研究所碩士,2004 年。專書則有:吳晟《黃庭堅詩歌創作理論》,南昌:江西人民出版社,1998 年。錢志熙《黃庭堅詩學體系研究》,北京:北京大學出版社,2003 年。傅璇琮編《黃庭堅與江西詩派資料彙編》,北京:中華書局,2004 年。期刊論文多如繁星,僅舉幾篇:馬麗娜〈黃庭堅的詩學主張〉,《重慶科技學院學報(社會科學版)》第 6 期,2007 年,。李亮〈論黃庭堅「點鐵成金」

元少數民族詞人較多的部份，逐一歸納探討。黃庭堅影響金元少數民族詞人的詩學理論，多是承自蘇學、發揚蘇學而來。金元少數民族詞人雖無有系統的詞學理論，但從他們的作品中可看出，也受到黃庭堅詩學的啓發〔註 49〕，主要有三：一是「以俗爲雅、以故爲新」，二是「無一字無來處」、三是「點鐵成金、奪胎換骨」。

一、以俗爲雅、以故爲新

　　黃庭堅曾云：「庭堅老懶衰墮，多年不作詩，已忘其體律。因明叔有意斯文，試舉一綱而張萬目。蓋以俗爲雅，以故爲新，百戰百勝，如孫吳之兵，戟端可以破鏃，如甘蠅、飛衛之射，此詩人之奇也。」（《山谷集》卷六，〈再次韻楊明叔小序〉，頁 181）「以俗爲雅」是將俗語、口語入詞，再加以鎔鑄雅化，使描述淺白自然，又不失雅致；「以故爲新」是使用前人作品中流傳普遍的典故、用法或語彙等，重組翻新，變化形容，賦予全新的用法和意義。試看他的〈次韻劉景文登鄴王臺見思〉之五詩：

>　　公詩如美色，未嫁已傾城。嫁作蕩子婦，寒機泣到明。綠琴珠網遍，
>　　弦絕不成聲。想見鴟夷子，江湖萬里情。（《山谷集》卷二，頁 170）

李延年〈李夫人歌〉的「傾國傾城」用來比喻美女已是非常普遍的用法，但這裡用來比喻劉景文的詩，把劉詩比作傾城，用「未嫁」，說明他的詩才未得任用，舊意新用，即以故爲新。再說「想見鴟夷子，江湖萬里情」，鴟夷子即是范蠡，助越王復國後，他選擇與西施浮游江湖，自稱鴟夷子〔註 50〕。既然劉景文的詩是「傾城」，傾城者即西子也，西子想望著鴟夷子，說明她未逢知己，也就是用來比擬劉景文未逢知己，此亦爲以故爲新之用法。另外「嫁作蕩子婦，寒機泣到明」，則化用《文選·古詩十九首》：「昔爲倡家女，今爲蕩

　　理論的內涵〉，《遼寧工程技術大學學報（社會科學版）》第 11 卷第 4 期，2009年。薛乃文〈黃庭堅詩歌在金代的文學定位——從劉祁《歸潛志》談起〉，《成功大學雲漢學刊》，2009 年。

〔註49〕詳見第三、四節。以下若用到黃庭堅之詩詞文者，多出於《文津閣四庫全書》第 372 冊之《山谷集》和《山谷詞》，爲使註腳簡潔，若引自《山谷集》者，於其後標名卷次、篇章、頁碼；若引自《山谷詞》者，則標明篇章、頁碼，皆不另做註。同註 39。

〔註50〕《史記·越世家》卷四十一：范蠡輔佐越王句踐滅吳之後，認爲「越王長頸鳥喙，可與共患難，不可與共樂。」於是浮海出齊，變姓名，自號「鴟夷子皮」。同註 13，頁 681。

子婦。蕩子行不歸，空床難獨守。」〔註51〕原詩較爲口語俚俗，而黃庭堅稍作修飾，根據前人的詩意，加以變化形容，增添美感，便是以俗爲雅。再如〈戲答陳季常黃州山中連理松枝二首〉詩：

> 故人折松寄千里，想聽萬壑風泉音。誰言五鬣蒼煙雨，猶作人間兒
> 女心。老松連枝亦偶然，紅紫事退獨參天。金沙灘頭鎖子骨，不妨
> 隨俗暫嬋娟。(《山谷集》卷五，頁178)

此二詩能從俗世的愛戀中跳出來，昇華到另一個層次，「老松連枝亦偶然」、「不妨隨俗暫嬋娟」說的似有禪機，將講兒女私情的舊題材，賦與格調清新的面貌。

除了在詩中用到「以俗爲雅」的用法，黃庭堅的詞中也有這種現象。他的詞在早期以豔情、俗詞爲主，多口語入詞，俚俗淺顯，如：

> 你共人女邊著子，爭知我門裡挑心。〈雨同心〉(《山谷詞》，頁424)
> 似合歡核桃，眞堪入恨，心兒裡有兩個人人。〈少年心〉(《山谷詞》，
> 頁430)
>
> 心裡人人，暫不見、霎時難過。天生你要憔悴我。把心頭從前鬼，
> 著手摩挲，抖擻了、百病銷磨。　　見説那廝脾鬈熱，大不成我便
> 與拆破。待來時、鬲上與廝噅則個。溫存著、且教推磨。〈少年心・
> 添字〉(《山谷詞》，頁430)

以方言、俚語、俗話創作，多了詼諧幽默，「字字令人粲齒」〔註52〕，在嚴肅的主題中，多了插科打諢的言語，十分隨意放曠。這類的作品雖通俗，卻稱不上「雅」，因此歷來的評論家並不欣賞他這種作法，認爲「黃山谷詞多用俳語，雜以俗諺，多可笑之句。」〔註53〕但將俗字口語使用在詞中，也有使描述更加生動自然，情感直接強烈的效果，使詞之詞彙更加豐富多變，下列的作品便可視爲「以俗爲雅」的代表：

> 老子平生，江南江北，最愛臨風曲。〈念奴嬌〉(斷虹霽雨)(《山谷
> 詞》，頁428)
>
> 溪上桃花無數，花上有黃鸝。我欲穿花尋路，直入白雲深處，浩氣

〔註51〕《文選》卷二十九，同註28，頁409。
〔註52〕〔清〕李調元《雨村詞話》卷一，收錄於唐圭璋編《詞話叢編》冊二，臺北：廣文書局，1967年，頁1425。
〔註53〕〔清〕李調元《雨村詞話》卷一，同註52，頁1425。

展虹霓。〈水調歌頭・遊覽〉(《山谷詞》,頁 424)

黃菊枝頭生曉寒。人生莫放酒杯乾。風前橫笛斜吹雨,醉裡簪花倒著冠。　身健在,且加餐。舞裙歌板盡清歡。黃花白髮相牽挽,付與時人冷眼看。〈鷓鴣天・坐中有眉山隱客史應之和前韻,即席答之〉(《山谷詞》,頁 430)

「老子平生」、「人生莫放酒杯乾」、「身健在,且加餐」、「最愛……」、「我欲……」、「付與……」等這些詞彙和句式如口語直陳,卻自然鎔鑄在詞中,表達更直截沉切的情感,不落俗套,充分體現「以俗為雅」的文學主張。

　　黃庭堅詞中「以故為新」的表現更為大宗,講究繼承之後,再作創新;入於規矩,又出於規矩,學古但要力避陳俗、不落窠臼,具體的方法是「點鐵成金」和「奪胎換骨」〔註 54〕。不僅鎔鑄古語為己用,也將常用的意象,發揮聯想力和創造力,使作品出語新奇,境界高妙絕塵。如〈念奴嬌〉(斷虹霽雨):「……桂影扶疏,誰便道、今夕春輝不足?萬里青天,姮娥何處,駕此一輪玉。寒光零亂,為誰偏照醽醁。」(《山谷詞》,頁 428)月亮和嫦娥是詩詞中常見的意象和典故,此詞卻充滿奇特的想像,將嫦娥擬人化,乘駕著一輪明月,遨遊萬里青天,灑下漫天寒光,「月光」具體生動形象的描寫,瑰奇清逸,表現出「馭風騎氣,以與造物者游」〔註 55〕的氣象,意境澄澈明淨。

二、無一字無來處

　　黃庭堅〈答洪駒父書〉:「老杜作詩,退之作文,無一字無來處。蓋後人讀書少,故謂韓杜自作此語耳,古之能為文章者真能陶冶萬物,雖取古人之陳言入于翰墨,如靈丹一粒,點鐵成金也。文章最為儒者末事,然索學之,又不可不知其曲折也。幸熟思之至於推之,使高如泰山之崇,崛如垂天之雲。作之使雄壯如滄江八月之濤,海運吞舟之魚,又不可守繩墨令儉陋也。」(《山谷集》卷十九,頁 225)黃庭堅學杜甫作詩、學韓愈作文,強調字字要有來處。作詩填詞不可以憑空想像或單靠天賦才性,要建立在學問的基礎上,從古典經籍中汲取養分,揀取好的材料來運用,才能寫出有血有肉的作品,因此熟讀經典是為文作詩重要的前置作業。黃庭堅說:「詞詩高勝,要從學問中來。」

〔註 54〕 詳見下文「點鐵成金、奪胎換骨」段。
〔註 55〕 夏敬觀贊曰:「『超軼絕塵,獨立萬物之表;馭風騎氣,以與造物者游』,東坡譽山谷之語也。吾於其詞亦云。」見龍榆生選輯《唐宋名家詞選》,臺北:大孚書局,1978 年,頁 134。

又云：「因按所聞，動靜念之，**觸事輒有得意處**，乃爲問學之功，文章惟不構空強作，詩遇境而生，便自工耳。」（《山谷集‧別集》卷六，〈論作詩文〉，頁358）讀書能識萬物，深感萬物之意，發而爲文，高境乃生。黃庭堅對蘇軾在黃州所作〈卜算子〉有如下評語：「語意高妙，似非吃煙火食人語。非胸中有數萬卷書，筆下無一點塵俗氣，孰能至此？」（《山谷集》卷二十六，〈跋東坡樂府〉，頁254）由此段話可知黃庭堅對蘇軾詞的讚譽在於博學多聞、學富五車因而創造出「無塵俗之氣」的作品，這是他一直遵循的目標。博識是作詩度詞的基礎，博覽群書、勤作學問的目的則在於累積古人的「嘉言善句」，達到一定的功力和能量之後，則能純熟地在詩詞中用事用典，隨心所欲的「寓以詩人之句法」〔註56〕，而使作品「清壯頓挫」、「動搖人心」（《山谷集》卷十六，〈小山詞序〉，頁212），故他常將詩的句法入詞，如：

> 花色枝枝爭好。鬢絲年年漸老。〈逍遙樂〉（《山谷詞》，頁428）

> 瑤草一何碧，春入武陵溪。〈水調歌頭〉（《山谷詞》，頁424）

此二首對仗工穩，琅琅上口，詩意甚濃。除了經典是文章的根本材料，他還指出「治經之法……，一言一句，皆以養心治性。」（《山谷集》卷二十五，〈書贈韓瓊秀才〉，頁253）提高學問的涵養，才能提升心性的修養，心性的修養能反映在文章之中，沒有高潔的修養，文章則似插無根花，即使風華豔耀，卻不耐久。所以勤學博識對作文章來說，不僅是血肉（材料），也是靈魂（內涵）。

　　除了讀書精博能使詩詞更加出色，個人豐富精采的生活閱歷也可以寫出感人的詩篇。外在客觀的經典知識和內在主觀的經歷情感，都是黃庭堅詩詞之「來處」，詩詞則能「遇境而生」（《山谷集‧別集》卷六，〈論作詩文〉，頁358）。潘子眞《詩話》：「山谷嘗謂余言：老杜雖在流落顛沛，未嘗一日不在本朝，故善陳時事，句律精深，超古作者，忠義之氣，感發而然。」〔註57〕黃庭堅也說：「（文章）當以理爲主，理得而辭順，文章自然出群拔萃。觀子美到夔州後詩，退之自潮州還朝後文章，皆不煩繩削而自合矣。」（《山谷集》卷十九，〈與王觀復書〉，頁225）黃庭堅崇仰杜、韓，詩法亦多習杜、韓詩，兩人因生活顛沛流離、仕途抑鬱不順，才能深入民間生活，觸及生活時事，

〔註56〕案：他強調學問的重要，可以增加詩詞的厚度，也是對蘇軾「以詩爲詞」的一種肯定。

〔註57〕胡仔《苕溪漁隱叢話》後集卷十五引潘子眞《詩話》，臺北：新興書局，1978年，頁112。

牽引情感思緒，寫出句律精嚴的詩篇。當外物的形神色貌對作者的情性有所觸發，並達到「情之所不能堪」（《山谷集》卷二十六，〈書王知載胸山雜詠後〉，頁 255）的境界時，詩篇自然流淌出來，這和蘇軾「詞爲抒發情志的文體」之觀點，以及「舉宇宙間所有萬事萬物，凡接於耳目而能觸發吾人情緒者，無不可取而納諸詞中；所有作者之情性抱負、才識器量，與一時喜怒哀樂之發，並可於其作品中充分表現之」〔註 58〕，詞境始大，是一脈相承的。他早年仕途平順，意氣風發，詞多俚俗淺顯，但中晚年他牽連黨禍，被貶西南黔州，詩詞境界有了很大的轉變。在〈答洪駒父書〉說：「老夫紹聖以前，不知作文章斧斤，取舊作讀之，皆可笑。紹聖以後，始知作文章。」（《山谷集》卷十九，頁 225）因牽連黨禍而一貶再貶〔註59〕，個人遭遇顚沛流離，詞作多爲抒發被貶生活的感慨和苦情。他的心中有許多牢騷、憂愁，政治的逼害、仕途的挫折、生活的艱困，皆以曠達之言出之於詞，眞情流露，情意自然。有的詞寫被貶的痛苦，如〈采桑子〉（投荒萬里無歸路）（《山谷詞》，頁 429）、〈醉落魄〉（蒼顏華髮）（《山谷詞》，頁 426～427）、〈謁金門‧示知命弟〉（山又水）（《山谷詞》，頁 431）、〈南鄉子〉（諸將說封侯）（《山谷詞》，頁 431）；有的詞又表現出在沉痛打擊之下，自我寬慰、自強不息的曠達豪健的精神，如〈鷓鴣天〉（黃菊枝頭生曉寒）（《山谷詞》，頁 430）、〈定風波〉（萬里黔中一漏天）（《山谷詞》，頁 426）、〈念奴嬌〉（老子平生）（《山谷詞》，頁 428）；有的詞一語傳情，將最強烈的情感集中在最末句，如〈虞美人‧虞州見梅作〉：「平生個裡願杯深，去國十年老盡少年心」（《山谷詞》，頁 424）、〈謁金門‧示知命弟〉：「莫厭歲寒無氣味，餘生吾已矣」（《山谷詞》，頁 431），甚至〈醉落魄〉（蒼顏華髮）（《山谷詞》，頁 426～427）全用情語，表達他被貶離家的落寞和與「舊交新貴音書絕」的冷漠與世態炎涼。

而大量運用事典故實在詞中，能和他的情感互相呼應，使詞境更爲疏放超邁，如〈減字木蘭花〉：「拂我眉頭。無處重尋庾信愁」、「萬事茫茫。分付澄波與爛腸」（《山谷詞》，頁 430）用庾信的典故〔註60〕寫自身無法回歸朝廷，

〔註58〕 龍楡生《龍楡生詞學論文集‧蘇門四學士詞》，上海：上海古籍出版社，1997年，頁 286。

〔註59〕 宋哲宗紹聖初（1076），被新黨指爲修史「多誣」，貶涪州別駕，黔州安置，移戎州。徽宗即位後，領太平州事，九天即被罷免。隨後流放至宜州（今廣西宜山）卒。見於《宋史‧黃庭堅傳》卷四百四十四，列傳第二百三，同註47，頁 5317。

〔註60〕 《周書‧庾信列傳》卷四十一：「信雖位望通顯，常有鄉關之思。乃作〈哀江

投閒置散的哀愁；〈點絳唇〉：「濁酒黃花，畫簾十日無秋燕。夢中相見。起作南柯觀。　　鏡裏朱顏，又減年時半。江山遠。登高人健。寄語東飛雁。」(《山谷詞》，頁 431) 用「南柯一夢」的典故[註61]寫夢境的虛幻不眞，和光陰流逝的哀情。而〈水調歌頭·遊覽〉更用李白之典表現出自身疏獷豪邁的器度與稟性：

> 瑤草一何碧，春入武陵溪。溪上桃花無數，花上有黃鸝。我欲穿花尋路，直入白雲深處，浩氣展虹霓。只恐花深裏，紅露濕人衣。　　坐玉石，欹玉枕。拂金徽。謫仙何處，無人伴我白螺杯。我爲靈芝仙草，不爲朱唇丹臉，長嘯亦何爲。醉舞下山去，明月逐人歸。(《山谷詞》，頁 424)

上片寫春景，「直入白雲深處，浩氣展虹霓」，用人自然的廣闊無垠且包容萬物的景色比擬自己的豪情亦廣大高遠，高蹈遺世。下片抒懷，欲追尋李白，相伴飲酒，逍遙自適；並以「靈芝仙草」自比，不同凡俗，說出自己不同於媚世隨俗的小人，清曠超逸、介然脫俗的情懷展露無遺。由以上可知黃詞追隨著杜甫、韓愈、蘇軾的腳步，以外在豐富的知識和內在多樣的情感爲材料，使詞能抒情達意，詞境擴大，格調高雅而雋永。

三、點鐵成金、奪胎換骨

「點鐵成金、奪胎換骨」是黃庭堅詩學的核心之一，亦運用在詞體創作之中，是他自己總結的創作方法和原則。兩者皆是取古人詩文之意，加以陶冶點化，化陳出新，形成新的詩語境界，是「以故爲新」的一種實際表現方法，對古人的優秀作品要能融會貫通，而後求新求變，成爲一種具有自我風格的作品。

「點鐵成金」見於〈答洪駒父書〉：「所寄《釋權》一篇，詞筆縱橫，極見日新之效。更須治經，深其淵源，乃可到古人耳。青瑣祭文，語意甚工，但用字時有未安處。自作語最難，老杜作詩，退之作文，無一字無來處。蓋

南賦〉以致其意云。其辭曰：「信年始二毛，即逢喪亂，藐是流離，至于暮齒。燕歌遠別，悲不自勝；楚老相逢，泣將何及。畏南山之雨，忽踐秦庭；讓東海之濱，遂餐周粟。下亭漂泊，臯橋羈旅，楚歌非取樂之方，魯酒無忘憂之用。追爲此賦，聊以記言，不無危苦之辭，唯以悲哀爲主。」，臺北：新文豐出版公司，1975 年，頁 300。

[註61]《太平廣記·昆蟲三·淳于棼》卷四百七十五有「南柯一夢」的故事，北京：中華書局，1961 年，頁 3910～3915。

後人讀書少，故謂韓杜自作此語耳，古之能爲文章者眞能陶冶萬物，雖取古人之陳言入于翰墨，如靈丹一粒，點鐵成金也。」(《山谷集》卷十九，頁225)又說「自作語最難」，所以要多讀經典，把古人陳言，加以點化之，再作用於作品中。好好運用古人的「陳言」，令其適得其所，翻陳出新，也可以做出非常好的詩歌。

而「奪胎」、「換骨」之語見於宋‧釋惠洪《冷齋夜話》：「山谷言：詩意無窮而人才有限，以有限之才追無窮之思，雖淵明、少陵不得工也。不易其意而造其語，謂之換骨法；窺入其意而形容之，謂之奪胎法。」〔註62〕劉大杰解釋：「換骨是意同語異，用前人的詩意，再用自己的語言出之；脫胎是用前人的詩意而更深刻化，造成自己的意境。」〔註63〕黃庭堅自己則定義「奪胎法」爲「窺入其意而形容之」，即受到別人的詩意啓發後，再自行擴大、改造、充實之，貴在意深；「換骨法」則是直接因循古人之意，而用自己的語言去表現它，貴在語工〔註64〕。黃庭堅除了在詩中用「奪胎換骨」的手法，詞中也常有此運用，尤其唐詩中的名言佳句，常自然融鑄在他的詞中〔註65〕，如：

> 娉娉嫋嫋，恰近十三餘。……。只恐晚歸來，綠成陰、青梅如豆。(〈驀山溪‧贈衡陽妓陳湘〉)(《山谷詞》，頁425)

前一句化用杜牧〈贈別〉：「娉娉嫋嫋十三餘，豆蔻梢頭二月初。」寫和十三歲的妓女陳湘相識，對方正值花樣年華。後一句出自杜牧〈嘆花詩〉：「自恨尋芳到已遲，往年曾見未開時。如今風擺花狼藉，綠葉成陰子滿枝。」描述和陳湘離別後，不知何時能再相見的惆悵，將杜甫形容錯過花期的文句轉用於形容女子年華經不起光陰的蹉跎和等待。

> 敗葉霜天曉。漸鼓吹、催行棹。栽成桃李未開，便解銀章最報。去取麒麟圖畫，要及年少。　　勸公醉倒。別語怎向醒時道。楚山千里暮雲，正鎖離人情抱。記取江州司馬，坐中最老。(〈品令‧送黔守曹伯達供備〉)(《山谷詞》，頁427)

末句用白居易〈琵琶行〉：「座中泣下誰最多？江州司馬青衫濕。」江州司馬

〔註62〕〔宋〕釋惠洪《冷齋夜話》，收錄於紀昀編《文津閣四庫全書》第285冊，〈子部‧雜家類〉，北京：商務印書館，2005年，頁692。
〔註63〕劉大杰《中國文學發展史》，臺北：華正書局，1994年，頁705。
〔註64〕參見龔鵬程《江西詩社宗派研究》，臺北：文史哲出版社，1983年，頁194～196。
〔註65〕案：此段若有引唐人詩作，大多爲耳熟能詳之作，爲避免註腳繁複，不另註明出處。

是因和琵琶女的際遇相似而悲從中來，黃庭堅則強調江州司馬爲坐中最老，閱歷豐富，情感也豐富，因而離別時，愁情滿溢，不能自已。

> 樂事賞心易散，良辰美景難得。會須醉倒，玉山扶起，更傾春碧。(〈雨中花・送彭文思使君〉)(《山谷詞》，頁 428)

前句化用南朝・宋・謝靈運〈擬魏太子鄴中集詩序〉：「天下良辰美景、賞心樂事，四者難并。」黃庭堅稍將謝靈運詩意作轉用，認爲「樂事賞心」、「良辰美景」不僅四者難并，更是可遇而不可求，又凸顯世事豈能盡如人意，應把握當下，與好友共醉一場。

> 斷送一生唯有，破除萬事無過。遠山橫黛蘸秋波。不飲旁人笑我。(〈西江月・老夫既戒酒不飲，遇宴集，獨醒其旁。坐客欲得小詞，援筆爲賦〉)(《山谷詞》，頁 427)

首句化用唐・韓愈〈遣興詩〉：「斷送一生唯有酒，尋思百計不如閒。」次句化用韓愈〈贈鄭兵曹詩〉：「杯行到君莫停手，破除萬事無過酒。」兩句皆出於韓愈，卻不同於其非酒不可、無酒不歡之詩意，故意少了「酒」字，是爲表達戒酒的決心，延伸序中所言。

> 西塞山邊白鷺飛。桃花流水鱖魚肥。朝廷尚覓玄眞子，何處如今更有詩。　　青篛笠，綠蓑衣。斜風細雨不須歸。人間底是無波處，一日風波十二時。〈鷓鴣天〉(《山谷詞》，頁 430)

全首化用唐・張志和〈漁歌子〉：「西塞山前白鷺飛，桃花流水鱖魚肥。青篛笠、綠蓑衣，斜風細雨不須歸。」文字上雖稍作變動，但所要表達隨遇而安、嚮往漁父生活的情懷，和張志和無異。而除了唐詩，散文和禪語也被巧妙剪裁至詞中，令人耳目一新，如〈瑞鶴仙〉全首檃括歐陽脩〈醉翁亭記〉：

> 環滁皆山也。望蔚然深秀，琅琊山也。山行六七裏，有翼然泉上，醉翁亭也。翁之樂也。得之心、寓之酒也。更野芳佳木，風高日出，景無窮也。　　遊也。山肴野蔌，酒洌泉香，沸籌觥也。太守醉也。喧嘩眾賓歡也。況宴酣之樂、非絲非竹，太守樂其樂也。問當時、太守爲誰，醉翁是也。〔註66〕

全闋幾乎同於〈醉翁亭記〉，可視爲將文體變更後的再寫版本。又有江寧江口阻風，戲效寶寧勇禪師作〈古漁家傲〉四首〔註67〕，以禪宗語爲之，錄一首

〔註66〕〈瑞鶴仙〉收錄於唐圭璋編《全宋詞》冊一，同註18，頁 415。
〔註67〕出自〈漁家傲〉小序。另外三闋爲：「萬水千山來此土。本提心印傳梁武。對

爲例：

> 三十年來無孔竅。幾回得眼還迷照。一見桃花參學了。呈法要。無
> 弦琴上單于調。　　摘葉尋枝虛半老。拈花特地重年少。今後水雲
> 人欲曉。非玄妙。靈雲合破桃花笑。

詞中引述佛典：靈雲和尙學禪三十年，一無所悟，後來偶然看到繁茂的桃花
而「忽然發悟，喜不自勝」〔註 68〕。其中的「眼」是指能看破世間虛妄幻象
的慧眼、法眼和佛眼〔註 69〕。而「無弦琴上單于調」是藉陶淵明「無弦琴」
的典故〔註 70〕來闡說禪理，任何琴，只要有弦，就有了音域的限制，也就有
了自由表達的限制，每一根弦都是對一個範圍中聲音的執著，只有將執著全
部放下的時候，才能隨心所欲、徹底的大自在。〈漁家傲〉四詞可說是黃庭堅
寄寓自己參禪悟道的心得，以及對人生的反省，而禪語入詞以說哲理的手法，
始於蘇軾，黃庭堅繼承之，也影響了宋代詞壇，啓發後來辛棄疾櫽括《莊子·
秋水》入詞。

　　不論是「點鐵成金」或「奪胎換骨」都會借用前人詩文篇章中的詞語和
典故，但非襲用前人的陳腔濫調，而是融會貫通，使之煥然一新，在自己的
詩文中達到精妙的作用。典故和古語可以擴大語言的內涵，若能力避陳俗，
推陳出新，就會帶給讀者許多閱讀上的驚喜和樂趣。在他的詞中用典之處十
分常見，且能運用巧思和創意的聯想，舊典新用，使典故的作用不只是充實
文句意涵，更有畫龍點睛、醒句之妙。如〈水調歌頭〉：

朕者誰渾不顧。成死語。江頭暗折長蘆渡。面壁九年看二祖。一花五葉親分
付。只履提歸蔥嶺去。君知否。分明忘卻來時路。」「憶昔藥山生一虎。華亭
船上尋人渡。散卻夾山拈坐具。呈見處。繁驢橛上合頭語。千戶垂絲君看取。
離鉤三寸無生路。驀口一橈親子父，猶回顧。瞎驢喪我兒孫去。」「百丈峰頭
開古鏡。馬駒踏殺重蘇醒。接得古靈心眼淨。光炯炯。歸來藏在袈裟影。　好
個佛堂佛不聖。祖師沈醉猶看鏡。卻與斬新提祖令。方猛省。無聲三昧天皇
餅。」《山谷詞》，收錄於紀昀編《文津閣四庫全書》第 372 冊，〈集部·別集
類〉，北京：商務印書館，2005 年，頁 50～51。

〔註 68〕　〔清〕瞿汝稷編《指月錄》卷十三，臺北：新文豐出版公司，1980 年，頁 234。

〔註 69〕　〔清〕查愼行《蘇詩補註·將至廣州用過韻寄邁迨二子》引釋典之語：佛家
　　　　　說的「五眼」，即肉眼、天眼、慧眼、法眼、佛眼。收錄於紀昀編《文津閣四
　　　　　庫全書》第 371 冊，〈集部·別集類〉，北京：商務印書館，2005 年，頁 678。

〔註 70〕　《晉書·陶潛傳》卷九十四：「性不解音，蓄素琴一張，絃徽不具。每朋酒之
　　　　　會，則撫而和之，曰：『但識琴中趣，何勞絃上聲』。」後人將表達心意而不
　　　　　拘泥形式的情況稱爲「無弦琴」。同註 30，頁 1586。

隱隱望青塚，特地起閒愁。……漢天子，方鼎盛，四百州。玉顏皓
齒，深鎖三十六宮秋。(《山谷詞》，頁 424)

通過議論漢代和戎，以昭君出塞之典〔註71〕，委婉批評北宋屈辱求和的對外
政策。

早秋明月新圓，漢家戚裏生飛將。青驄寶勒，綠沈金鎖，曾瞻天仗。
種德江南，宣威西夏，合宮陪享。況當年定計，昭陵與子，勳勞在、
諸公上。〈水龍吟‧黔守曹伯達供備生日〉(《山谷詞》，頁 425)

稱曹氏有「飛將」之才，將曹氏與漢代名將李廣〔註72〕相提並論，兩人都是
在最前線保衛國家，李廣行動迅速且箭法精準，令匈奴人聞風喪膽，而曹氏
則「種德江南，宣威西夏」、「勳勞在諸公上」，兩人武功功績相當，以「飛將」
比擬之，再貼切不過，格調剛健，充滿英氣昂揚的意趣。

正注意，得人雄，靜掃河山，應難縱、五湖歸棹。問持節馮唐幾時
來，看再策勳名，印窠如鬥。(〈洞仙歌‧瀘守王補之生日〉)(《山谷
詞》，頁 428)

反用馮唐之典〔註73〕讚頌友人即使年老頭白，仍是武功赫赫，爲國家之棟樑。

相如，雖病渴，一觴一詠，賓有群賢。爲扶起燈前，醉玉頹山。搜
攬胸中萬卷，還動、三峽詞源。歸來晚，文君未寐，相對小窗前。〈滿
庭芳‧茶〉〔註74〕

此首詞爲詠茶之作，茶有消食、克睡、啓思的功能，用司馬相如觴詠酒醉，
以茶析醒，文思欲壯，而晚歸不倦的形容，更能凸顯茶的作用，使形象生
動。

〔註71〕《漢書‧匈奴列傳下》卷九十四下：「竟寧元年，單于復入朝，禮賜如初，加
衣服錦帛絮，皆倍於黃龍時。單于自言願婿漢氏以自親。元帝以後宮良家子
王牆字昭君賜單于。單于驩喜，上書願保塞上谷以西至敦煌，傳之無窮，請
罷邊備塞吏卒，以休天子人民。」同註27，頁1588。

〔註72〕《史記‧李將軍列傳》卷一百九：「廣居右北平，匈奴聞之，號曰『漢之飛將
軍』，避之數歲，不敢入右北平。」，同註13，頁1160。

〔註73〕《史記‧馮唐傳》卷一百二：漢文帝時，馮唐年紀已很大，仍作郎官，文帝
乘車路過，覺得奇怪，問他，馮唐談了自己對執法的一些看法，如對雲中守
魏尚的處罰過重。文帝以爲然，派馮唐持節赦免魏尚。至漢武帝時，馮唐年
九十餘，又被舉薦爲賢良，但他已老得不能爲官了。後用「馮唐頭白」感慨
歲月蹉跎，人已老去，不被任用。同註13。

〔註74〕〈滿庭芳‧茶〉收錄至《能改齋漫錄‧樂府下‧茶詞》卷十七，同註33，頁
105。

> 玉關遙指，萬里天衢杳。筆陣掃秋風，瀉珠璣、琅琅皎皎。臥龍智
> 略，三詔佐升平，煙塞事，玉堂心，頻把菱花照。〈驀山溪〉（《山谷
> 詞》，頁 425）

諸葛亮經綸滿腹，智略非凡，百戰而無不克，其志在匡扶漢室，獻精誠而表
出師，鞠躬盡瘁，忠貞之至。黃庭堅以臥龍自比，除了是自身才華洋溢、風
操高潔的寫照，也道盡為國盡瘁的雄心壯志。他如：

> 劉郎恨，桃花片片，隨水染塵埃。（〈滿庭芳〉）（《山谷詞》，頁 425）

> 詩有淵明語，歌無子夜聲。（〈南歌子〉）（《山谷詞》，頁 431）

> 拂我眉頭，無處重尋庾信愁。（〈減字木蘭花〉）（《山谷詞》，頁 430）

> 襄王夢裏。草綠煙深何處是。宋玉臺頭。暮雨朝雲幾許愁。（〈減字
> 木蘭花‧登巫山縣樓作〉）（《山谷詞》，頁 430）

> 此夜登樓。小謝清吟慰白頭。〈減字木蘭花〉（《山谷詞》，頁 430）

> 幾回笑口能開。少年不肯重來。借問牛山戲馬，今為誰姓池臺。〈清
> 平樂〉（《山谷詞》，頁 431）

黃庭堅的詞裡大量引用事典，或以古喻今，或藉古自比，或援為例證，諸如
王昭君、李廣、馮唐、司馬相如、卓文君、諸葛亮、劉晨、杜宇、陶淵明、
庾信、楚襄王、宋玉、謝朓、齊景公、晏子（牛山）、項羽（戲馬臺）等人故
實，信手拈來，皆可入詞，可見黃氏博覽群書、博徵古今，而嫻於用典的作
詞特性。

第三節　金元少數民族接受蘇、黃詞學的原因

　　蘇軾的文學作品影響整個金代文學很深，元代亦承之。宋犖《漫堂說詩》：
「金初以蔡松年、吳激為首，世稱『吳蔡』體。後則趙秉文、黨懷英為巨擘，
元好問集其成，其後諸家俱學大蘇。」〔註 75〕金初蘇學之盛是由北宋使金而
被迫留下或原在北方的文臣所帶去的，詩文風格皆「不出蘇、黃之外」〔註 76〕。
至金末元好問有系統的整理點評當代的重要作品，形成一套蘇學系統，更是

〔註 75〕宋犖《漫堂說詩》，北京：北京圖書館出版社，2006 年，頁 613。
〔註 76〕沈雄《古今詞話》卷下說金詩「大旨不出蘇、黃之外」、「直於宋而傷淺，質
　　　　於元而少情。」收錄於唐圭璋編《詞話叢編》冊二，臺北：廣文書局，1967
　　　　年，頁 769。

蘇學北傳的集大成者，他也影響了後來元代的文壇，如劉秉忠〔註77〕、工惲等人，繼續追求豪邁清放的詞風。整個金代文壇崇拜著蘇軾，而少數民族作家們也不例外，只是鮮有評論家評之。翁方綱曾提出：「有宋南渡以後，程學行於南，蘇學行於北。」又說：「當日程學盛於南，蘇學盛於北，如蔡松年、趙秉文之屬，蓋皆蘇軾之支流餘裔。遺山崛起黨、趙之後，器識超拔，始不盡爲蘇軾餘波沾沾一得，是以開啓百年後文士之脈。」〔註78〕而趙翼也有相似的理論，他指出：「宋南渡後，北宋人著述有流播在金源者，蘇東坡、黃山谷最盛。」因蘇軾、黃庭堅的文集能廣泛在金源流傳，蘇、黃之學遂成了北方的主流學派。趙翼還注意到少數民族文人學蘇的情況：「今就金源諸名人集考之，密國公完顏璹有『只因酷愛東坡老，人道前身趙得麟』之句。」〔註79〕他關注到女眞貴族完顏璹崇拜蘇軾的文句，是發現金元少數民族作家也有學蘇現象的憑證。今筆者在箋注諸家金元少數民族詞作時，發現不只是女眞完顏璹，還有其他的十七位文人，或多或少都受蘇、黃之學所影響，尤以色目薩都剌、高麗李齊賢、女眞完顏亮、契丹耶律鑄等人，流傳作品較多，無論在形式上的用字遣詞、謀篇佈局或內容上的風格境界、思想情感，都與蘇、黃有相近之處。因此以下將從「民族稟性」、「上行下效」和「文壇風氣」三個面向探究金元少數民族詞人群體何以如此一致性的向蘇、黃學習，以見蘇學北傳影響的不只是北方漢族文人，而是如春風化雨般，啓發了少數民族的文學性靈。

〔註77〕劉秉忠《藏春集‧讀遺山詩》卷四：「自古文章貴辭達，蘇黃意不在新奇。」可見他不崇華麗險怪的辭句，而是效法蘇黃追求率直表意的作詩手法。收錄於紀昀編《文淵閣四庫全書》第1191冊，〈集部‧別集類〉，臺北：臺灣商務印書館，1983年，頁667。

〔註78〕同註1。

〔註79〕〔清〕趙翼《甌北詩話‧南宋人著述未入金源》續卷十二：「宋南渡後，北宋人著述有流播在金源者，蘇東坡、黃山谷最盛。南宋人詩文則罕有傳至中原者。疆域所限，固不能即時流通。今就金源諸名人集考之，密國公完顏璹有『只因酷愛東坡老，人道前身趙得麟』之句。……王若虛因人言文首東坡，詩首山谷，乃作四詩正之。……李屛山有〈題東坡赤壁風月笛圖〉，又謂東坡爲文字禪，山谷爲祖師禪。……而尤服膺坡、谷者，莫如元遺山，如〈琴辨〉一首引谷詩云：『袖中正有南風手，誰爲聽之誰爲傳？』又引坡詩云：『琴裡若能知賀若，詩中應合愛陶潛』。……是遺山之於蘇、黃，可謂染神刻骨矣。」收錄於《續修四庫全書》第1704冊，〈集部‧詩文評類〉，上海：上海古籍出版社，2002年，頁95～95。

一、民族稟性

金元之際，蘇學傳入北地，且為少數民族所吸收學習，因其詩詞中的豪放之風，恰與北人，尤其是少數民族的豪邁本性相契合，因此十分盛行。況周頤《蕙風詞話》云：「南人得江山之秀，北人以冰霜為清。」〔註80〕說明了地理環境的不同，使得北方的金源（1115～1234）和蒙元（1206～1368）詞和南宋詞風格出現極大的差異。北方霜刀雪劍的地理環境孕育了一批驍勇善戰、豪邁不羈的草原民族，金元兩代雄渾詞風和女真人、蒙古人民族性格中的尚武精神是一脈相通的。他們原始的民族性受到漁獵和遊牧文化的影響，較為剽悍剛猛，所以當他們在中原北方建立了自主的政權，接受了文明的洗禮，仍留下了鮮明的民族性格。豪風壯氣的民族性格，獨具剛健質樸、雄豪狂悍之美，因而與蘇學的豪放因子一拍即合。宋詞多以柔靡豔情的內容為大宗，自蘇軾開啟改革之風，詞始為直抒胸臆、抒情言志的文體〔註81〕，尤其他首開豪放詞之風氣，詞調豪逸激盪、剛勁有力，雖在當時未能有效改變人們的詞學觀念，被視為「別體」，不被重視，但傳至北地，被金源詞壇大量接受，充滿真性情，棄絕雕飾，貼近少數民族純樸直率，乃蔚為風尚，故況周頤《蕙風詞話》卷三稱：「金源詞人沆爽清疏，自成格調。」〔註82〕一如完顏亮〈鵲橋仙・待月〉：「……不知何處片雲來，做許大、通天障礙。　虬髯捻斷，星眸睜裂，唯恨劍鋒不快。一揮截斷紫雲腰……」，洋溢沆爽疏朗、痛快淋漓的胸懷。

二、上行下效

女真與蒙古在佔領了中原廣大漢族的居住地後，為能有效統治漢民族，都曾實施「以漢治漢」的政策，金源尤甚蒙元，推行宋以來的政治制度，接受歷史悠久的漢族文化，並重用遼宋漢人，甚至開科取士、提倡詩詞歌賦等等。「金用武得國，無以異於遼，而一代製作能自樹立唐、宋之間，有非遼世所及，以文而不以武也。」〔註83〕金代統治者體認到「以武得國，以文立國」的道理，使得金代得以迅速強盛發展。而他們尤對蘇黃之學特別有興趣，由

〔註80〕況周頤撰、屈興國輯注《蕙風詞話輯注》卷三，南昌：江西人民出版社，2000年，頁118。
〔註81〕詳見前一節「蘇軾的詞學觀」。
〔註82〕《蕙風詞話》卷三，同註80，頁125。
〔註83〕《金史・文藝傳序》卷一二五，臺北：新文豐出版公司，1975年，頁1216。

相關紀錄得以窺見一斑：使金而被扣留的朱弁，著有《曲洧舊聞》、《風月堂詩話》追述北宋遺聞佚事，其中頗多蘇、黃二人言行。此二書在金源刊刻，流傳甚廣，無形中擴大蘇黃之學的影響。〔註84〕又《三朝北盟會編》卷七十三記載：「靖康元年（1125）……金人索監書藏經蘇黃文及古文書、《資治通鑑》諸書。……金人指名取索書籍甚多，又取蘇黃文墨跡及古文書籍。」〔註85〕金人視蘇黃文墨爲至寶，廣爲收集流通，甚至連蘇軾的政績也頗得金源名臣的讚譽。清‧周壽昌《思益堂日札》載：金世宗曾向右相耶律履道問「宋名臣孰優？」耶律履道以蘇軾對，並說：「世徒知蘇之詩文，人不可及，臣觀其論天下事，實經濟之才，求之古人，陸贄而下，未見其比。」遂錄蘇軾奏議上之，詔國子監刊行。周壽昌感嘆道：「世宗爲金朝有道之主，值宋孝宗臨朝，東坡文忠之諡、太師之贈，皆出自孝宗，而奏議復刊行於敵國，亦一時奇遇也。」〔註86〕除了蘇軾的著述大量傳入金朝，金人還刊刻蘇軾的奏議，肯定他的政治才能，不僅北方漢文人崇拜蘇軾，連金代皇帝大臣也佩服不已，蘇學之風盛，可謂上行而下效。仿效蘇軾是由上而下的國民運動，既有金代統治者的支持，蘇學遂深耕於北地，影響著由漢族和少數民族共同組成的北方文學群體。

三、文壇風氣

　　金初，金統治者用了「借才異代」的辦法，把遼、北宋或南宋使金的博學之士收留下來，爲金所用，目的是爲了要鞏固在北宋故土上建立的政權，結果不僅引進了漢文化和政治制度，也使金代文壇起了變化。元代的政權也有相似的做法，他們大量沿用了金朝的統治辦法，並實行「漢法」，起用一批儒士，如耶律楚材、劉秉忠、姚燧、劉敏中、王惲、劉因、趙孟頫等，希望能改變和修復蒙古入侵中原後所造成的大量破壞。因在位者的包容，造就了一批引領文學風潮之士，形成與南宋不同的文壇風氣。而金元時期大量的少

〔註84〕胡傳志《金代文學研究》，合肥：安徽大學出版社，2000年，頁43。

〔註85〕〔宋〕徐夢莘撰《三朝北盟會編》卷七十三，臺北：臺灣商務印書館，1976年，卷七十三之頁1。

〔註86〕〔清〕周壽昌《思益堂日札》卷二，收錄至《清代學術筆記叢刊》，北京：學苑出版社，2005年，頁318～319。《中州集》卷九亦有相似的記載，收錄於紀昀編《文津閣四庫全書》第456冊，〈集部‧總集類〉，北京：商務印書館，2005年，頁537。

數民族移居中原，開始學習漢人的文化，甚至開始學文學、學創作。他們在文學上的造詣，需經過長時間的模仿學習，而這些留在北地的漢儒大家，自然成了北地文壇的主流，大家仿效的對象；而這些博學之才又大多是蘇黃之學的服膺者，為民智未開的少數民族指引了「向上一路」。元·徐明善說：「中州士大夫文章翰墨頗宗蘇、黃，唐有李、杜，宋有二公，遒筆快句，雄文高節，今古罕儷，宗之宜矣。」〔註 87〕這批「借才異代」的漢族文人，以蔡松年、吳激等人為首，都是學蘇、黃的佼佼者，他們在金代既是朝廷也是文壇的領袖，起了引領蘇學風潮的作用，令得不管是漢族或是少數民族文人起而傚之，雨露均霑。

　　詹杭倫《金代文學史》中論述金代初期文學特徵：「活躍在金代文壇的主要是由宋入金的作家。他們表現為兩種創作傾向，即抒發去遠懷鄉的悲涼情感和崇尚高情遠韻的隱逸情懷，後一種傾向貫穿金代始終。」〔註 88〕由宋入金的作家因身不由己的境遇，用詞體發出幽遠深長的喟嘆，無疑是接受蘇軾「以詩為詞」、在詞中直抒懷抱的作詞手法。如蔡松年（1107～1159）入金之後，身居高位，但他始終懷著如履薄冰的心情陪伴君側，他追和蘇軾〈水調歌頭〉（安石在東海），藉蘇軾的詞意，抒發自己「老生涯、向何處，覓菟裘」〔註 89〕的盤算，是一種隨時準備退出官場、遠離是非的情懷；又追和了蘇軾〈念奴嬌·赤壁懷古〉，寫出「人世長短亭中，此身流轉，幾花殘花發」〔註 90〕的嘆息，有一種人生如夢的感慨。又如吳激（1090～1142）詞多故國之慨，其〈人月圓〉是在赴北人張侍御家宴席間有感而發，懷著故國淪喪、南人北仕的酸楚心情，抒發「南朝千古傷心事，猶唱後庭花」〔註 91〕的興亡之感、黍離之悲。他們在詩詞中對蘇學的實踐，影響了不少金元少數民族的追隨，例如高麗李齊賢不僅仿效吳激寫了一首〈人月圓·馬嵬效吳彥高〉，充滿人世滄桑之感，而他離鄉背井的身世境遇，和吳、蔡二人相似，故詞中亦常顯去國懷鄉、時不我予的無奈；色目薩都剌，出色的詠史懷古詞，多興廢之感，

〔註87〕〔元〕徐明善《芳谷集·送黃景章序》卷上，收錄於紀昀編《文淵閣四庫全書》第 1202 冊，〈集部·別集類〉第 141 冊，臺北：臺灣商務印書館，1983年，頁 554。

〔註88〕詹杭倫《金代文學史》，臺北：貫雅文化公司，1993 年，頁 59～60。

〔註89〕蔡松年〈水調歌頭〉，收錄於唐圭璋編《全金元詞》，北京：中華書局，2000年，頁 8。

〔註90〕蔡松年〈念奴嬌〉（倦遊老眼），收錄於《全金元詞》，同上註，頁 10。

〔註91〕吳激〈人月圓〉，收錄於《全金元詞》，同註88，頁 4。

常有山川依舊，人事已非的哲理感悟。其他金元少數民族詞人如女眞完顏璹酷愛東坡，不在話下，和阿拉伯裔蒲壽宬的詞皆蘊含隱逸之志，是一種想要遠離人事紛亂、超脫曠達的想法呈現。由以上可知，他們自發主動的向漢族文人學習，或直取蘇學，或受文壇風氣感染，使他們以少數民族之姿，寫出高度成熟、與漢族文人無異的詞作。

　　比較特別的是，來自高麗的李齊賢，雖然半生仕於元，但受蘇黃之學的啓發卻始於祖國朝鮮。朝鮮文壇往往爲中國文壇風尚所左右，先是崇尚唐詩，而後亦宗宋〔註92〕。李仁老《破閑集》首倡杜詩：「自《雅》歇《風》亡，詩人接推杜子美爲獨步。」〔註93〕崔滋《補閑集》云：「近世尚東坡，蓋愛其氣韻豪邁，意深言富，用事恢博，庶幾效得其體也。今之後學，讀東坡集，非欲仿傚，以得其風骨，但欲登據，以爲用事之具。」〔註94〕徐居正《東人詩話》也說：「高麗文士，專尚東坡。……高麗末期二百年間，東坡之學聲勢浩蕩，直入李氏朝鮮，飮譽甚久。」〔註95〕在朝鮮文壇一片學杜尚蘇的風氣之下，李齊賢的詩法也不可避免的受到極大的影響。

　　《櫟翁稗說》載：「先君閱《山谷集》，因言昔在江都，有先達李湛者，爲詩詞嚴而意新，用事險僻，與當時所尙背馳，故卒不顯，蓋學涪翁而酷似之者也。由是觀之，苦心之士不遇靑雲知己，沒齒而無聞如李先達者幾何，可不惜哉？」〔註96〕他肯定李湛「爲詩詞嚴而意新，用事險僻」的作詩之法，自己也在詩詞中多處運用了這種手法。他旅居中國多年，熟悉中國的文化和歷史，因此將很多中國的人、事、物寫進詩歌，寄寓深刻的思想情感。李齊賢本是學術修養和閱歷極高的高麗人，黃庭堅的「奪胎換骨」、「點鐵成金」的用事原則，幫助他將所學之事，靈活地用於詩歌之中。他在詩歌中大量運用中國歷代的忠

〔註92〕　蔡鎭楚《域外詩話珍本叢書序》：「自新羅之末至高麗之初，朝鮮詩壇崇尚唐詩，推崇李白、杜甫、韓愈和柳宗元、白居易。……高麗中、末葉，則轉而宗宋，崇尚蘇軾、歐陽脩、梅聖俞、黃庭堅，特別是蘇軾譽滿東國。」，北京：北京圖書館出版社，2006年，頁51～52。

〔註93〕　〔韓〕李仁老《破閑集》卷中，收錄於蔡鎭楚編《域外詩話珍本叢書》，同上註，頁18。

〔註94〕　〔韓〕崔滋《補閑集》卷中，收錄於蔡鎭楚編《域外詩話珍本叢書》，同註92，頁127～128。

〔註95〕　〔韓〕徐居正《東人詩話》卷中，收錄於蔡鎭楚編《域外詩話珍本叢書》，同註92，頁205。

〔註96〕　李齊賢《櫟翁稗說》，收錄於李仁老著、李相寶譯《韓國名著大全集》，首爾：大洋書籍，1973年，頁389。

孝愛國者、政治失意者、才華出眾者的事蹟、遭遇和處境，如屈原、陶淵明、杜甫、李白等，也善於化史爲材，遵循「無一字無來處」的精髓，在評論歷史人物的功過是非時，運用相關的典故和詩詞，說出自己與眾不同的愛憎情感與論事觀點。作詩度詞大量用事和創出新意，可使詩歌意涵含蓄而委婉，帶給讀者廣闊的想像空間。徐居正在《東人詩話》有云：「(賢) 忠誠激憤，杜少陵不得專美於前。」〔註97〕時值高麗風雨飄搖，隨時可能被元朝吞併，李齊賢一生的職志就是要救國扶邦，在他的詩歌中便出現了許多賢臣良將，並以杜甫爲最高精神指導，來抒發憂國愛國的情操。又蘇軾「以詩爲詞」、黃庭堅「以故爲新」也影響了李齊賢用事的法則。《櫟翁稗說》：「古人多有詠史之作，若易曉而易厭，則直述其事而無新意也。」〔註98〕所以他在詩歌中雖大量用典故，卻十分留意揀擇「不易曉」和「不易厭」的經典，並重新詮釋成爲表達特殊的歷史意涵或思想情感，創出新意。由於李齊賢在朝鮮早已受到蘇黃之學的啓發，再加上在中國期間受到元代文壇的浸濡，他的漢文詩詞創作因而突飛猛進，成爲朝鮮詞壇以及金元少數民族詞人中之魁首。

第四節　金元少數民族對蘇、黃詞學的實踐

　　由於金元少數民族個別詞人的詞作數量少，雖有佳作，卻規模未定，無法形成大家氣派。但總體來看，特色甚爲鮮明，在他們的詞中，處處可見對蘇黃詞學的實踐。大部分的詞人雖未曾直言學習蘇、黃，但從前一節的論述可知，蘇黃之學潛移默化，成爲他們作詞的指導原則。他們對蘇黃詞學的實踐表現在幾個方面：一、使用口語方言，二、善用典故事例，三、化用前人詩詞，四、抒發個人情志，以下分別論述之：

一、使用口語俗語

　　金元少數民族詞人的作品中出現了一些口語俗語的用法，恰恰和黃庭堅主張「以俗爲雅」的詩論相符合。由於他們是用漢語創作，所以使用的俗語、口語也都是漢語，較少摻有少數民族之方言，可見他們漢化之深，作詩塡詞皆謹守漢語法則。雖然使用通俗口語，卻不顯俗氣，詩詞中文白夾雜，反而顯現少數民族的直率性格，使詞調活潑生動，暢所欲言，進而達到蘇軾「無

〔註97〕〔韓〕徐居正《東人詩話》卷中，同註95，頁193。
〔註98〕李齊賢《櫟翁稗說》，同註96，頁408、409。

意不可入，無事不可言」〔註99〕的境界。

金元少數民族詞人作品中運用的俗語俚詞，如以下幾例：

過寺談些波若，逢花倒箇葫蘆。（完顏璹〈西江月〉）

不是男兒容易事，風塵。水遠山長愁殺人……。（耶律鑄〈南鄉子・
送人北行入燕作〉）

箇中誰與共清幽。唯有一沙鷗。（李齊賢〈巫山一段雲・瀟湘夜雨〉）

鳥盡弓藏成底事，百事不如歸好……道傍楊柳，青青春又來了。（薩
都剌〈酹江月・過淮陰〉）

寫幽情、恨殺知音少。向何處，說風流……落花中，流水裡，兩悠
悠。（薛昂夫〈最高樓・暮春〉）

登高嬾，且平地過重陽。風雨又何妨……也休說、玉堂金馬樂。也
休說、竹籬茅舍惡。花與酒，一般香……便百年，渾是醉，幾千場。
（薛昂夫〈最高樓・九日〉）

其中較特別的是元代的詞人，尤其是薛昂夫、貫雲石兩人，亦是著名元曲家。
元代曲體為主流文學，曲較詞更為通俗淺白，詞受到曲體的影響，出現「散
曲化」的現象，詞有了散曲的一些特徵，全然為本色語，如薛昂夫〈最高樓〉
便頗有曲體風味。

除了平易的俗語，金元少數民族詞人的作品中，更常有幾句不假修飾的
直率口語，如寫漁父情懷，蕭瑟索然，寫煙波之樂，自在逍遙：

何處笛，起淒涼。（蒲壽宬〈漁父詞之九〉）

風肅肅，露娟娟。家在蘆花何處邊。（蒲壽宬〈漁父詞之十一〉）

月不夜，水無邊。何處笛聲人未眠。（蒲壽宬〈漁父詞之十二〉）

釣得魚來臥看書。船頭穩置酒葫蘆。（完顏璹〈漁父〉）

漁父醉，不收緡。（蒲壽宬〈漁父詞之八〉）

白頭翁，白頭翁。江海為田魚作糧。相逢祇可喚劉四，不受人呼劉
四郎。（蒲壽宬〈欸乃詞・贈漁父劉四〉）

寫自身遭遇或抒興亡之感，以口語直陳其事，似對人傾訴，情思悠悠，令人
動容：

〔註99〕劉熙載《詞概》，同註38。

銀河秋畔鵲橋仙。每年年，好因緣。……。千里故鄉今更遠，腸正斷，眼空穿。夜寒茅店不成眠。一燈前，雨聲邊（李齊賢〈江神子‧七夕冒雨到九店〉）

千古事，百年情。浮雲起減月虧盈。詩成卻對青山笑，畢竟功名怎麼生。（李齊賢〈鷓鴣天‧過新樂縣〉）

故園依舊龍山會，賸肯樽前說我無。（李齊賢〈鷓鴣天‧九月八日寄松京故舊〉）

人事多乖，君恩難報，爭奈光陰隨逝波。緣何事，背鄉關萬里，又向岷峨。　　幸今天下如家，故去日無多來日多（李齊賢〈沁園春‧將之成都〉）

雲澹汀，月荒涼。感今懷古欲沾裳。胡僧可是無情物，毳衲蒙頭入睡鄉（李齊賢〈鷓鴣天‧揚州平山堂，今爲八哈師所居〉）

誇富貴，慕神仙。到頭還是夢悠然。（李齊賢〈鷓鴣天‧鶴林寺〉）

看暝色、入林坰。燈火小於螢。……今夜候明星。又何處、長亭短亭（李齊賢〈太常引‧暮行〉）

造物亦何心，枉了賢才，長羈旅、浪生虛老。卻不解消磨盡詩名，百代下，令人暗傷懷抱。（李齊賢〈洞仙歌‧杜子美草堂〉）

人世事，真難測。君亦爾，將誰責。（李齊賢〈滿江紅‧相如駟馬橋〉）

將軍真好士，識半面、足吾生……人間世、逢與別，似浮雲聚散月虧盈。（李齊賢〈木蘭花慢‧書李將軍家壁〉）

鱸魚白酒醉還醒。身世任浮萍。（李齊賢〈巫山一段雲‧漁村落照〉）

聚散今猶古，功名夢也非。李齊賢〈巫山一段雲‧青郊送客〉

不見海棠紅、梨花白……更笑老東君、人間客……望中倚闌人，如曾識。（完顏璹〈春草碧〉）

有誰訪、溪梅去。（完顏璹〈青玉案〉）

寒仍暑。春去秋來無今古。（完顏璹〈秦樓月〉）

到中年贏得，清貧更甚，蒼顏明鏡，白髮輕簪……試問先生，如何即是。（完顏璹〈沁園春〉）

問長安，市上生涯，而今何似。……名與利，莫輕許……百歲光陰
彈指過。(蒲壽宬〈賀新郎・贈鐵笛〉)

寫人生見聞，豪氣登臨，快意昂藏：

我馬汗如雨……登絕頂，覽元化，意難窮……男子平生大志，造物
當年真巧。(李齊賢〈水調歌頭・過大散關〉)

邀俊逸。登臨一醉，將酬佳節……莫恨姮娥薄相，且吸盡、杯中之
物。(李齊賢〈玉漏遲・蜀中中秋值雨〉)

快入醉鄉來，劉醉侯。(耶律鑄〈六國朝令・家園席間作〉)

先生憑恁作生涯，只嘲柳嘲桃嘲李。(耶律鑄〈鵲橋仙・閬州得稼軒
樂府全集，有西江月而今何事最相宜，宜醉宜閒宜睡。或曰，不若
道宜笑宜狂宜醉。請足成之。〉)

看流水、混行雲……清風明月，四時長在，光景自長新。(耶律鑄〈太
常引・題李隱君文集〉)

休教六花飛。憶尚有、遊人未歸……特地與君期。趁南浦、尊鱸正
肥。(薛昂夫〈太常引・題朝宗亭督孟博早歸〉)

又喚起、登臨趣。(貫雲石〈水龍吟・詠揚州明月樓〉)

把清樽，獨自笑餘生，成何事。　　塵埃外，談高趣。煙波上，題
詩句。這美景良宵，且休虛度。(蒲壽宬〈滿江紅・登樓偶作〉)

寫民俗活動或說禪道法，簡單的語句、口語化的描述，親切質樸：

香不斷，味難窮……飲中妙訣人如問，會得吹笙便可工。(李齊賢〈鷓
鴣天・飲酒其法不篘不壓，插竹筒甕中，座客以次就而吸之，傍置
杯水，量所飲多少，挹注其中，酒若不盡，其味不渝〉)

但能了淨。萬法因緣何足問。(完顏雍〈減字木蘭花・賜玄悟玉禪師〉)

寫良辰美景，以口語描繪之，如臨其境，率真可愛：

兄兄弟弟自成行。萬里到瀟湘。(李齊賢〈巫山一段雲・瀟湘八景・
平沙落雁〉)

市橋曾記買魚歸。一望卻疑非。(李齊賢〈巫山一段雲・山市晴嵐〉)

竹籬茅舍是漁家。一徑傍林斜。　　綠岸雙雙鷺，青山點點鴉。時
聞笑語隔蘆花。白酒換魚蝦。(李齊賢〈巫山一段雲・漁村落照〉)

漁市關門早，征帆入浦忙。（李齊賢〈巫山一段雲·西江風雪〉）

村家童子不知愁。橫笛倒騎牛。（李齊賢〈巫山一段雲·黃橋晚照〉）

驚問是楊花。是蘆花。（完顏亮〈昭君怨·雪〉）

不知何處片雲來，做許大、通天障礙。（完顏亮〈鵲橋仙·待月〉）

六出奇花飛滾滾，平填了、山中丘壑。（完顏亮〈念奴嬌〉）

丁寧休把，玉鷺金鳳，也比雲間雞犬。（耶律鑄〈鵲橋仙·崇霞臺〉）

以上為金元少數民族詞人使用口語、俗語的例子，所用的比例不過是每闋詞中的一、兩句。總體觀之，文多於白，口語、俗語點綴在詩詞間，不僅令內容情境有輕重疾徐的變化，豐富自由的語境還能有助於直率真誠的抒發情感，或快意歡情，或黯然愁緒，或平和安詳，就在隻字片「語」間；而不論敘事說理，亦莊亦諧，不落俗套，可說是黃庭堅「以俗為雅」的具體實踐。

二、善用典故事例

蘇軾和黃庭堅的詩詞中，富含許多典故事例。在詩詞中大量運用此一濃縮的語言，可以依典比興，藉典故所代表的象徵涵義，在有限的字數框架中，表達自身迂迴曲折的情感，因而充實了作品內涵，凝聚了作品的思想，豐富了作品的可讀性。典故的使用一方面讓詞體的境界提高，使詞一如詩般抒情言志，一方面「無一字無來處」，更可見作者學識的淵博。金元少數民族作家向這兩位大家學習，舉凡歷史人物、故實、神話傳說等，運用在詩詞的情形不勝枚舉，以下詳列各家運用故事典例的情形，以證明少數民族作家用典之盛。

（一）歷史人物

歷史人物的形象鮮明，常能切合詞人所要表達的深層涵義。有的是假托歷史人物來自比，對其人有崇高的敬仰，如張志和、陶淵明、李白、杜甫、蘇軾等；有的是將歷史人物的作為引以為鑒，「以人為鑒，可以明得失」〔註100〕，加以評斷或用來自省，如韓信、司馬相如、石崇、唐玄宗等。大略可分為幾下幾類人物：〔註101〕

〔註100〕《新唐書·魏徵傳》卷九十七，列傳二十二，臺北：新文豐出版公司，1975年，頁1312。

〔註101〕「善用典故事例」一段所用之典故出處均散見於第二、三、四章相關論述，故不另註出處。

1. 懷才不遇的能士

（1）**屈原**：蒲壽宬〈漁父〉：「江上事，寄蜉蝣。靈均那更恨悠悠。」「靈均」是屈原的字，《楚辭‧離騷》：「名余曰正則兮，字余曰靈均。」李齊賢〈巫山一段雲‧瀟湘夜雨〉：「二女湘紅淚，三閭楚澤吟。」他曾任楚國三閭大夫，後遭讒被放逐到楚國大澤中，日夜思念故國，寫下《離騷》等名篇，後為明志而自沉汨羅江。屈原的「憂愁幽思」和怨憤，是和楚國的政治現實緊密聯系在一起的，而《離騷》就是他根據楚國的政治現實和自己的不平遭遇，「發憤以抒情」而創作的一首政治抒情詩，其中曲折盡情地抒寫了詩人的身世、思想和境遇，因此完顏璹〈沁園春〉：「便離騷經了，靈光賦就，行歌白雪，愈少知音。」便以屈原的遭遇道盡自己未能見用、投閒置散、滿腔熱血無人賞識的心情。屈原是忠君愛國的典範，也常是失意文人用來自比的人物之一，藉屈原的懷才不遇來表達自己仕途挫折的失意情緒。

（2）**盧思道、潘岳**：完顏璹〈臨江仙〉：「盧郎心未老，潘令鬢先皤。」隋朝盧思道羈絆朝市三十載，晉代潘岳三十二歲兩鬢斑白。完顏璹寫此詞時臥病在床，仍心繫國事，他將自己比作盧思道，一生為國盡心盡力，卻又像潘令一樣未老先衰，感嘆時光易逝而無成就，用此二人典故，委婉道盡自己鬱鬱不得志的心情。

（3）**白居易**：蒲壽宬〈賀新郎‧贈鐵笛〉：「破帽青衫塵滿面。不識何人共語。」「青衫」原指學子、書生，至唐‧白居易〈琵琶行〉：「座中泣下誰最多？江州司馬青衫濕！」借指失意的官員。蒲壽宬藉此形象暗指自己因仕途失意而歸隱田園，雖衣衫破敗、蓬頭垢面，卻不此為苦，較白居易另有一番超脫，看透人生的窮達起伏。

（4）**歐陽脩**：貫雲石〈水龍吟‧詠揚州明月樓〉：「且從容對酒，龍香浣繭，寫平山賦。」歐陽脩貶謫揚州太守時，在西湖蜀崗建「平山堂」，史載，每到暑天，公餘之暇，他常攜朋友來此飲酒賦詩。故貫雲石來到揚州遊覽明月樓時，便聯想起昔日歐陽脩在揚州與朋友飲酒賦詩的種種。又李齊賢〈鷓鴣天‧揚州平山堂，今為八哈師所居〉：「樂府曾知有此堂。路人猶解說歐陽。堂前楊柳經搖落，壁上龍蛇逸杳茫。」歐陽脩曾在平山堂前種植楊柳，也在該處牆壁上刻著他的手書筆跡，其所寫〈朝中措〉一詞中即有「文章太守，揮毫萬字，一飲千鍾」等句子。李齊賢到此地遊覽，遙想當年光景，追憶前人雅事。

（5）**蘇軾**：耶律履〈念奴嬌・寄雲中完顏公〉：「老坡疑是前身。」蘇軾才情洋溢，亦可視爲一「千古風流人物」，晚年歷經貶謫，思想偏向佛、老，故耶律履在此便以蘇軾來比作仙風道骨的好友「雲中完顏公」。而完顏璹〈沁園春〉：「便離騷經了，靈光賦就，行歌白雪，愈少知音。」其中「白雪」二詞，所指即蘇軾〈念奴嬌〉（又稱〈白雪詞〉）。蘇軾於北宋神宗元豐三年（1080）被貶到黃州作團練副使，其住所在黃崗縣的大雪中建成，四壁都畫有雪景，故稱其堂爲「雪堂」，蘇軾也因雪堂建於黃崗縣東坡之上而自號「東坡居士」。完顏璹想起東坡天縱英才而被貶，知交遠離，和自身處境相似，故吟誦〈白雪詞〉時，牽動出「知音難遇」的嗟嘆。

2. 遺跡江湖的隱士

（1）**二疏**：漢宣帝時名臣疏廣與兄子受，廣爲太傅，受爲少傅，同時以年老乞致仕，辭官退隱，時人賢之。歸日，送者車數百輛，設祖道，供張東都門外。（事見《漢書・疏廣傳》卷七十一）李齊賢〈巫山一段雲・青郊送客〉：「青山不語暗相譏。誰見二疏歸。」詞人推崇二疏不戀棧祿位的事蹟，藉此暗諷貪戀權位之人，對他們的行爲深表不齒。

（2）**劉伶**：耶律鑄〈六國朝令・家園席間作〉：「快入醉鄉來，劉醉侯。」劉醉侯即晉・劉伶（約 221～300），「竹林七賢」之一，平生嗜酒，曾作《酒德頌》，宣揚老莊思想和縱酒放誕之情趣。唐・皮日休〈夏景沖淡偶然作〉詩之二：「他年謁帝言何事，請贈劉伶作醉侯」。耶律鑄運用以「嗜酒」聞名的劉伶之典，重現筵席間的歡快氣氛，人人豪邁暢飲，醉看人生，直率不羈的情態，由劉伶形象可見一斑。

（3）**陶淵明**：晉・陶淵明〈歸去來兮辭序〉：「幼稚盈室，缾無儲粟。」陶淵明生活清貧，卻不以此爲苦，謹守節操、堅定志向、「不爲五斗米折腰」的情操，令人感佩，但完顏璹〈沁園春〉：「淒涼否，缾中匱粟，指下忘琴。」，以陶典來描述自己中年清貧的生活，卻盡顯悽涼滄桑之感。而偰玉立〈菩薩蠻・蒙峼石刻〉：「休認避秦人。壺中別有春。」，用晉・陶潛〈桃花源記〉之典來形容與世隔絕、遺世獨立的一方天地，十分貼切有味。

（4）**孟浩然**：隱居在湖北襄陽，故又稱孟襄陽。壯年時曾赴長安謀求官職，卻四處碰壁，才了結求官的願望，還歸故園。詩中有徘徊求官與歸隱的矛盾，「洞庭一葉驚秋早，濩落空嗟滯江島。寄語朝廷當世人，何時重見長安

道。」〔註102〕，是個不甘隱居，卻以隱居終老的詩人。李齊賢〈巫山一段雲‧西江風雪〉：「酒樓何處咽絲簧。愁殺孟襄陽。」以孟浩然的遭遇與心境自比，在異鄉大雪紛飛、北風怒號的江邊，哀怨的樂聲與淒厲的風聲更能勾出仕途惆悵的情懷。

（5）張志和：《新唐書‧隱逸傳‧張志和》：「顏眞卿爲湖州刺史，志和來謁，眞卿以舟敝漏，請更之，志和曰：『願爲浮家泛宅，往來苕霅間。』」張志和以船爲家，逍遙自得地享受煙波之樂的事蹟，自古以來是許多失意文人抒解憂煩的精神指標，紛紛起而效之。完顏璹〈青玉案〉：「明朝畫筆江天暮。定向漁蓑得奇句。」蒲壽宬〈漁父〉：「蓴菜滑，白魚肥。浮家泛宅不曾歸。」詞人向領會生活之妙的漁父求得奇句，是認同且嚮往漁父生活的表現，甚至放下一切，眞正當一個漁父，享受簡單自然的生活，自得其樂。

（6）孔巢父：薩都剌〈水龍吟‧贈友〉：「文采風流俊偉，碧紗巾掛珊瑚樹。」「珊瑚樹」典出唐‧杜甫〈送孔巢父謝病歸遊江東兼呈李白〉詩：「詩卷長留天地間，釣竿欲拂珊瑚樹」。孔巢父早年與李白等六人隱居山東徂徠山，並稱「竹溪六逸」，杜甫此句寓孔巢父欲入海求仙（珊瑚樹生於海中），薩以此讚友人也有孔巢父那樣遺世獨立的清高志向。

3. 風流蘊藉的俊傑

（1）司馬相如：李齊賢〈滿江紅‧相如駟馬橋〉：「漢代文章，誰獨步、上林詞客。遊曾倦、家徒四壁，氣吞七澤。華表留言朝禁闥，使星動彩歸鄉國。……琴上早期心共赤，鏡中忍使頭先白。」《史記‧司馬相如列傳》：「長卿故倦遊。……文君夜亡奔相如，相如乃與馳歸成都。家居徒四壁立。」又載：相如曾以中郎將身份，通西南夷，獲得成就，寫下著名的〈論巴蜀檄〉、〈難蜀父老〉等；以及卓文君本爲富商卓王孫之女，有文才。司馬相如飲於卓府，時文君新寡，相如鼓琴一曲〈鳳求凰〉以琴心挑之，文君夜奔相如，同歸成都。卓王孫大怒，不予接濟。後二人回臨邛賣酒，卓王孫引以爲恥，不得已才將財物、僮僕分與。漢‧劉歆《西京雜記》又云：相如欲娶茂陵女爲妾，文君賦〈白頭吟〉：「淒淒重淒淒，嫁娶不得啼。願得一心人，白頭不相離」，相如乃止。此詞重新審視司馬相如的一生事蹟，前後片兩相對照，可以看出詞人猛力譴責司馬相如的負情，即使是一代文豪，卻也有難以消磨的

〔註102〕孟浩然〈和盧明府送鄭十三還京兼寄之什〉，《全唐詩》卷一五九，北京：中華書局，1960年，頁19。

人性缺點，以此反面教材，鑑之戒之。

（2）王凝之：薩都剌〈水龍吟・贈友〉：「王郎錦帶吳鈎，醉騎赤鯉銀河去。」《晉書・王凝之妻謝氏傳》記載謝道韞出嫁王凝之時，曾讚嘆說：「不意天壤之中，乃有王郎！」後以「王郎」泛指俊傑之士，詞人以王凝之形容友人，可知其人文采、才華有特出之處，且外表俊朗，英偉豪逸。

（3）孟嘉：李齊賢〈鷓鴣天・九月八日寄松京故舊〉：「故園依舊龍山會，膾肯樽前說我無。」典出《晉書・孟嘉傳》：「孟嘉爲桓溫參軍，九月九日桓溫燕於龍山，寮佐畢集。有風至，吹落孟嘉帽墮落，嘉不之覺。溫命孫盛作文嘲之。嘉即答之，其文甚美。」詞人在重九佳節前一日想起從前和友人宴飲的熱鬧情景，賢美之士，齊聚一堂，觥籌交錯，以詩文會友，與孟嘉龍山會，如出一轍。

（4）李白：李齊賢〈大江東去・過華陰〉：「聞說翰林曾過此，長嘯蒼松翠壁。」李白曾官翰林學士，天寶十五年，安史亂後，他由梁園經洛陽到函谷關，西上華山最高峰蓮花山，寫〈西上蓮花山〉詩〔註103〕。在升天神遊的美麗幻想中，突然俯見被安祿山蹂躪毀滅了的洛陽，急轉直下的感情，浪漫幻想的破滅，深刻地表現出詩人無比沈痛的愛國心情。詞人經過華山時，想起這段典故，既是讚歎華山景物奇絕，也是跨越時空和李白的相互應和。又薩都剌〈水龍吟・贈友〉：「絳袍弄月，銀壺吸酒，錦箋揮兔。」相傳李白曾身穿宮錦袍，月夜舟遊採石磯，醉中去捉江中之月。詞人以李白酒後浪漫不羈的事蹟，生動的描繪出友人醉後的天真形象和狂放作爲。

（5）杜甫：李齊賢〈洞仙歌・杜子美草堂〉：「卜居少塵事，留得囊錢，買酒尋花被春惱。」詞人遊歷過杜子美草堂，聯想到杜甫清貧的生活，他的〈空囊〉詩有云：「翠柏苦猶食，晨霞高可餐。世人共鹵莽，吾道屬艱難。不爨井晨凍，無衣床夜寒。囊空恐羞澀，留得一錢看。」雖然身在困頓之境，卻能堅持自己的理念，以詩文爲民發聲，只可惜天妒英才，詞人景仰杜甫，卻也感嘆造化弄人。

（6）潘閬：李齊賢〈水調歌頭・望華山〉：「一嘯蹇驢背，潘閬亦風流。」潘閬，北宋大名（今屬河北）人，自號逍遙子（？～1009），人稱潘逍遙。曾

〔註103〕案：李白〈西上蓮花山〉：「西上蓮花山，迢迢見明星。素手把芙蓉，虛步躡太清。霓裳曳廣帶，飄拂升天行。邀我登雲台，高揖衛叔卿。恍恍與之去，駕鴻凌紫冥。俯視洛陽川，茫茫走胡兵。流血塗野草，豺狼盡冠纓。」《全唐詩》卷一六一，同註102，頁7。

居錢塘，太宗時應召入朝，賜進士第，並曾爲四門國子博士，後因受政治迫害，長期流亡，有《逍遙集》，詞集爲《逍遙詞》，其〈過華山〉詩有「高愛三峰插太虛，掉頭吟望倒騎驢。」詞人騎著蹇驢，漫遊華山，心境清朗高闊，其風流瀟灑的行徑，一如潘閬。

4. 功績赫赫的豪傑

（1）**蘇秦、張儀**：李齊賢〈木蘭花慢·長安懷古〉：「笑弱吐強吞，縱成橫破，鳥沒長空。」戰國時有縱橫家，蘇秦聯六國以拒秦爲縱，張儀說六國以事秦爲橫。詞人以先秦六國激烈鬥爭都隨時光逝去，領悟歷史之興廢法則。

（2）**項羽**：薩都剌〈木蘭花慢·彭城懷古〉：「想鐵甲重瞳，烏騅汗血，玉帳連空。……楚歌八千兵散，料夢魂、應不到江東。」據《史記·項羽本紀》所載，項羽是「重瞳子」，眼睛有兩個瞳仁。項羽衝鋒陷陣時，身披鐵甲，騎烏騅馬，勇不可擋。又載，項羽被漢軍圍困在彭城附近的垓下，四面楚歌，軍心瓦解，而敗逃烏江。烏江亭長勸他東渡，項羽卻說：「籍與江東子弟八千人渡江而西，今無一人還，縱江東父老憐而王我，我何面目見之？」遂自刎。彭城是項羽最後自刎之處，詞人在此遙想垓下之敗，英雄末路，情感澎湃壯闊。

（3）**韓信、漂母**：薩都剌〈酹江月·過淮陰〉：「何處漂母荒墳，清明落日，斷腸王孫草。鳥盡弓藏成底事，百事不如歸好。」漢韓信釣於淮陰之城下，諸母漂，有一母見信飢，飯信，後信爲楚王，賜所從食漂母千金。《史記·淮陰侯列傳》：「審毫釐之小計，遺天下之大數，智誠知之，決弗敢行者，百事之禍也。」漢高祖封韓信爲淮陰侯於此，曾經風光一時，英雄千古最後卻不得善終。詞人遙想韓信事蹟，不禁爲功高震主而見棄的英雄，唏噓不已，並藉此緬懷人生，以韓信爲鑑，既然世事難料，又何必汲汲營營去追求鏡花水月、轉眼成空的功名利祿呢？

（4）**李廣**：完顏亮〈喜遷鷹·賜大將軍韓夷耶〉：「射虎將軍，落鵰都尉，繡帽錦袍翹楚。」《史記·李將軍列傳》：「廣所居郡，聞有虎，嘗自射之。及居右北平，射虎，虎騰傷廣，廣亦竟射殺之。」李廣臂力驚人，射虎事蹟展現其勇猛超絕的武功，詞人以「射虎將軍」稱大將韓夷耶，貼切形容其豪氣萬千之貌，也期許韓夷耶能像李廣一樣，出師有利，凱旋而歸，立下赫赫戰功。

（5）**祖逖**：李齊賢〈浣溪沙·早行〉：「人世幾時能少壯，宦遊何處計東西。起來聊欲舞荒雞。」《晉書·祖逖傳》：「（祖逖）」與司空劉琨俱爲司州主

簿，情好綢繆，共被同寢。中夜聞荒雞鳴，蹴琨覺曰：『此非惡聲也。』因起舞。」三更前啼叫的雞，舊以其鳴為惡聲，主不祥，而祖逖不以為意，反而「聞雞起舞」，砥礪心志，終成一代名將。詞人旅途奔波，在此僅藉祖逖早起典故，三更雞鳴之惡聲催促早行，反倒增添旅途的悲涼悵惘。

（6）諸葛亮：完顏亮〈喜遷鷹・賜大將軍韓夷耶〉：「試展臥龍韜韞，果見成功且莫。」諸葛臥龍機智過人，運籌帷幄，完顏亮期勉韓夷耶能像諸葛亮一樣盡情施展拳腳，當他凱旋歸來的那一天，便能嶄露頭角、魚躍龍門。又完顏璹〈沁園春〉：「一篇梁父高吟。看谷變陵遷古又今。」蓋言人死葬於梁父山（泰山下的一座小山，古代皇帝常在此山闢基祭奠山川），亦為葬歌，今傳諸葛亮所作〈梁父吟〉辭，乃述春秋齊相晏嬰二桃殺三士事；李白所作辭，則抒寫其抱負不能實現的悲憤。《三國志・蜀志・諸葛亮傳》：「亮躬耕隴畝，好為〈梁父吟〉。」詞人以諸葛亮所做〈梁父吟〉來哀嘆世事變幻無常，亦如李白有滿腔抱負卻無處施展的無奈。

（7）周瑜：薩都剌〈酹江月・題清溪白雲圖〉：「周郎幽趣，佔清溪一曲，小橋橫渡。」周瑜少時吳中呼為周郎，《三國志・吳書・周瑜傳》卷五十四：「瑜少精意於音樂，雖三爵之後，其有闕誤，瑜必知之，知之必顧，故時人謠曰『『曲有誤，周郎顧。』」周瑜素以戰功聞名，不僅足智多謀，媲美諸葛亮，且多才多藝，精通音律，可說是充滿文藝氣息的儒將。詞人特別著墨在「周郎識樂」一事上，其風流蘊藉的形象帶出了悠揚的樂章，襯托「清溪白雲圖」的清朗脫俗。

（8）郭子儀：完顏璹〈西江月〉：「二十四考中書。」唐代郭子儀任中書令甚久，主持官吏的考試達二十四次，《新唐書》稱他「權傾天下而朝不忌，功蓋一代而主不疑」。詞人並不羨慕郭子儀的順遂仕途，認為事有命定，不需強求，倒不如隨遇而安的過日子，才不會自尋煩惱。

5. 其他歷史人物

（1）娥皇、女英：李齊賢〈巫山一段雲・瀟湘夜雨〉：「暗澹青楓樹，蕭疏斑竹林。……二女湘紅淚，三閭楚澤吟。」又〈巫山一段雲・瀟湘夜雨〉之二：「黃陵祠下雨聲秋。無限古今愁。」寫舜的妃子娥皇、女英的典故。相傳舜南巡死於蒼梧，葬於九疑，其妃娥皇、女英追至，思之不已，淚灑竹上，留下淚跡斑斑，後投身湘水，成為湘水之神。又傳說舜二妃墓在黃陵祠，北魏・酈道元《水經注》：「湘水又北經黃陵亭西，又合黃陵水口，其水上承太

湖，湖水西流。經二妃廟南，世謂之黃陵廟也。言大舜之陟方也，二妃從征，溺於湘江，神遊洞庭之淵，出入瀟湘之浦……故民立為祠。」瀟湘之地多雲霧，朦朧煙雨似美人之淚和凝積的愁緒，詞人將景色與典故結合，倍添「瀟湘夜雨」清冷幽獨的美感。完顏璟〈蝶戀花・聚骨扇〉：「幾股湘江龍骨瘦。」湘妃竹上斑痕如淚點，並帶有哀怨淒美的愛情故事，使聚骨扇的美多了幾分清靈秀逸。

（2）**伯夷、盜跖**：蒲壽宬〈賀新郎・贈鐵笛〉：「百歲光陰彈指過，算伯夷，盜跖俱塵土。」伯夷為舜的臣子，齊太公的祖先，為明禮儀之官，《書・舜典》：「帝曰：『咨！四岳。有能典朕三禮？』僉曰：『伯夷。』」孔傳：「伯夷，臣名，姜姓。」盜跖相傳為古時民眾起義的領袖，名跖，「盜」是當時統治者對他的貶稱，《莊子・盜跖》：「盜跖從卒九千人，橫行天下，侵暴諸侯。」詞人以為賢與不賢，不論功過，隨時間推移，皆化作塵土，藉此比喻光陰短暫，不用過於執著。

（3）**司馬季主**：蒲壽宬〈賀新郎・贈鐵笛〉：「季主也，應留得住。」《史記・日者列傳》：「司馬季主者，楚人也。卜於長安東市。」漢代卜筮者司馬季主能以卜卦看透命數，詞人藉司馬季主自比，但自己不需卜卦就能看透世間常理——「人生窮達皆天鑄」、「百歲光陰彈指過」，超然於物外。

（4）**石崇**：廉希憲〈水調歌頭・讀書巖〉：「鳳池崇，金谷樹，一浮鷗。」「金谷」指晉・石崇所築的金谷園，泛指富貴人家盛極一時的豪華園林，詞人藉此表達富貴顯達皆好景不常，不是自己所能掌握的，反襯出真理的歷久不衰，讀書則能領略真理。

（二）歷史故實

歷史故實，常為耳熟能詳，並具有某種代表性的歷史故事。將長篇故事化為簡短典故，成為詩詞中濃縮的語言，能達到「言有盡而意無窮」的效果，且歷史故實，內容豐富，更能代詞人道盡細膩的情思。

1. 興衰故實

（1）**鳳凰臺**：完顏璹〈朝中措〉：「夢到鳳凰臺上，山圍故國周遭。」鳳凰臺為金陵古蹟，傳說南朝宋時有三彩鳥飛集，時人以為是鳳凰築臺於山，詞人以此代表從前繁華壯麗的金陵城，但如今金陵已成一片空城，只能從夢中追尋往日盛景，嘆古傷今，頗有對時間無情的感嘆。

（2）**玉樹後庭花、胭脂井**：南朝亡國之君陳後主（叔寶）爲后妃所製的〈玉樹後庭花〉一曲，爲亡國之音的代名詞，爲南朝陳後主所創製。「胭脂井」，又名「辱井」，南朝陳景陽宮中之井，隋兵攻入陳宮時，陳後主與妃張麗華投此井。井有石欄，呈紅色，好事者附會爲胭脂所染，而稱「胭脂井」。完顏璹〈春草碧〉：「落盡後庭花、春草碧。」此處詞人用「後庭花」牽引出傷春之情，亦比擬故國的繁華落盡、衰敗凋零，如陳朝般步入帝國末日。又薩都剌〈滿江紅・金陵懷古〉：「玉樹歌殘秋露冷，胭脂井壞寒螿泣。」用此亡國典故寄託無盡的興亡感嘆。

（3）**宮腰**：薩都剌〈酹江月・姑蘇臺懷古〉：「檻外遊絲，水邊垂柳，猶學宮腰舞。」《韓非子・二柄》：「楚靈王好細腰，而國中多餓人。」又《後漢書・馬廖傳》：「楚王好細腰，宮中多餓死。」「宮腰」泛指女子的細腰，柳枝隨風擺動的形態猶如宮女爲求恩寵，扭動細腰的體態，詞人藉此遙想當年姑蘇臺的一片繁華盛景，因而帶出「繁華如夢」的感慨。

（4）**戲馬臺、燕子樓**：皆爲彭城名勝，薩都剌〈木蘭花慢・彭城懷古〉：「更戲馬臺荒，畫眉人遠，燕子樓空。」「戲馬臺」傳爲項羽遺跡，在彭城以南的小山上，項羽因山築臺，以觀操演之兵馬。「畫眉人遠」則借漢・張敞畫眉事以詠唐治徐州的武寧軍節度使張愔與彭城名妓關盼盼的戀愛故事。「燕子樓」是張愔舊第的一座小樓，張愔卒後，關盼盼念舊愛而不嫁，獨守樓中十餘年。詞人藉此二典，寫徐州彭城名勝之滿目荒寂，充滿弔古傷今之情。

（5）**啼鵑**：耶律楚材〈鷓鴣天・題七眞洞〉：「橫翠嶂，架寒煙。野花平碧怨啼鵑。」《蜀志》記載望帝讓位隱遁西山，化爲杜鵑鳥，至春月間則晝夜悲鳴不止。山野春光，年年如是，而道觀已成爲歷史陳跡，興衰之對比，引人感慨，詞人藉杜鵑啼聲之哀怨、凄涼，傷悼「七眞洞」的破敗衰微。

（6）**唐玄宗與楊貴妃**：僕散汝弼〈風流子〉全首引玄宗、貴妃事，從兩人相識時的意氣風發、芳華正茂，到玄宗沉溺美色，貴妃惑主誤國，致使楊國忠、李林甫等奸臣當道，而引發安史之亂。玄宗爲平眾怒，不得已賜死貴妃，對她滿懷歉疚與思念，只能憑佳人遺物，追憶往日恩愛之情。詞人鉅細靡遺描繪二人故事，心有所感，萬古同悲。又耶律鑄〈木蘭花慢・丙戌歲，遊永安故宮，徧覽太液池、蓮瀛桂窟殿、天香閣，同坐中諸客，感而賦此〉：「花枝臨太液，□解語、入溫柔。……青鳥不來難問，玉妃幾度仙遊。」也追憶玄宗、貴妃事，但著重於抒發人事已非、盛世不再的感想。

（7）**鼎湖**：耶律鑄〈木蘭花慢・丙戌歲，遊永安故宮，徧覽太液池、蓮瀛桂窟殿、天香閣，同坐中諸客，感而賦此〉：「華胥夢，雖無迹，甚鼎湖、龍去水空流。」古代傳說黃帝在鼎湖乘龍升天，詞人藉王者已逝的典故，抒發物是人非的感嘆。

（8）**新豐**：李齊賢〈木蘭花慢・長安懷古〉：「鶴去蒼雲太白，燕嘶紅樹新豐。」漢高祖定都關中，其父太上皇居長安宮中，思鄉心切，鬱鬱不樂。高祖乃依故鄉豐邑街里房舍格局改築驪邑，並遷來豐民，改稱新豐。據說士女老幼各知其室，從遷的犬羊雞鴨亦競識其家。太上皇居新豐，日與故人飲酒高會，心情愉快。詞人以當時新興貴族游宴作樂、聚飲敘舊之「新豐」，和歡樂景況不再，人事已非的現況做對比，感嘆世事變化如白雲蒼狗，聚散不定。

（9）**犀首、蝸牛角**：李齊賢〈木蘭花慢・長安懷古〉：「爭如似犀首飲，向蝸牛角上任窮通。」「犀首」借指無事好飲之人。戰國魏公孫衍，號犀首，《史記・陳軫傳》：「陳軫曰：『公何好飲也？』犀首曰：『無事也。』」「蝸牛角」指微小之地，微不足道。《莊子集釋・雜篇・陽則》：「惠子聞之而見戴晉人。戴晉人曰：『有所謂蝸者，君知之乎？』曰：『然。』有國於蝸之左角者曰觸氏，有國於蝸之右角者曰蠻氏，時相與爭地而戰，伏尸數萬，逐北旬有五日而後反。」晉・郭象注：「誠知所爭者若此之細也，則天下無爭矣。」唐・成玄英疏：「蝸之兩角，二國存焉。蠻氏觸氏，頻相戰爭，殺傷既其不少，進退亦復淹時。此起譬也。」詞人藉此二典以為是非成敗，皆不足掛懷，不要為細事而爭鬥，興廢總在轉眼間，要暢開懷抱、萬事無心。

（10）**麟臺圖畫**：李齊賢〈木蘭花慢・長安懷古〉：「看取麟臺圖畫，□餘馬鬣蒿蓬。」麟臺為漢代閣名，在未央宮中，漢宣帝時曾圖霍光等十一功臣像於閣上，以表揚其功績，封建時代多以畫像於「麒麟閣」表示卓越功勳和最高的榮譽。詞人在此反用典故，即使一生功績卓越，位極人臣，到頭來，墳墓上只剩下蓬蒿野草，因此不須計較掛懷，一生的成敗得失。

（11）**五陵**：李齊賢〈巫山一段雲・黃橋晚照〉：「夕陽行路卻回頭。紅樹五陵秋。」「五陵」是高祖長陵、惠帝安陵、景帝陽陵、武帝茂陵、昭帝平陵的合稱。詞人看著偉大帝國的遺跡，試想干戈往事，悠悠過往，觸動詞人懷古傷今之情。

2. 離別故實

（1）**灞陵**：完顏璹〈朝中措〉：「襄陽古道灞陵橋。」「灞陵」爲漢文帝陵，陵畔有橋即灞陵橋，爲漢唐人折柳送別之地，又名「銷魂橋」。灞陵見證古往今來的深情離別，充滿悲哀憂傷的情調，特別能引起詞人生發思古之幽情。

（2）**楊柳**：薛昂夫〈最高樓·暮春〉：「一絲楊柳千絲恨，三分春色二分休」古有「折柳爲別」的習俗，因而「楊柳」是爲離別的見證。詞人以楊柳勾起的離別之恨，來襯托春天已悄然離去的傷春情懷。

（3）**南浦**：代指送別之地。《楚辭·九歌·東君》：「子交手兮東行，送美人兮南浦。」南朝·梁·江淹〈別賦〉：「春草碧色，春水淥波，送君南浦，傷如之何。」薛昂夫〈太常引·題朝宗亭督孟博早歸〉：「特地與君期。趁南浦、蓴鱸正肥。」南浦本是送別之地，詞人在此反用典故，要友人不要忘了送別之處尙有人待遊人之歸。

3. 引起豪情、遊興故實

（1）**江左**：完顏亮〈喜遷鷹·賜大將軍韓夷耶〉：「問江左，想雲霓望切，玄黃迎路。」東晉及南朝宋、齊、梁、陳各代的基業都在江左，故稱這五朝及其統治下的全部地區爲江左，南朝人則專稱東晉爲江左。詞人以江左代指宋領土，足見他對物產豐饒的江南有迫切據爲己有的企圖心。

（2）**杜陵**：廉希憲〈水調歌頭·讀書巖〉：「杜陵佳麗地，千古盡英遊。」杜陵古爲杜伯國，漢宣帝築陵於東原上，故名；漢宣帝在位期間曾召集著名儒生在未央宮講論五經異同，進一步確立儒家地位，使「吏稱其職，民安其業」，號稱「中興」，是漢朝武力最強盛、經濟最繁榮的時候。漢宣帝尊重學術，讓深受儒術浸淫的古今學子，嚮往能親臨故陵，感受學問的浩瀚無涯。詞人出於對學問的熱愛，故將讀書巖與杜陵相比。

（4）**三杯通道、驢背鬚如雪**：李齊賢〈大江東去·過華陰〉：「八表遊神，三杯通道，驢背鬚如雪。」「三杯通道」典出《漢書·朱博傳》：「博爲人廉儉，不好酒色游宴，自微賤至富貴，食不重味，案上不過三杯。」又唐·李白〈月下獨酌四首其二〉：「三杯通大道，一斗合自然。」「驢背鬚如雪」出自《全唐詩話》：「相國鄭綮善詩，或曰：『相國近爲新詩否？』對曰：『詩思在灞橋風雪中、驢子背上，此何所得之』。」用朱博、李白、鄭綮之典形容在酒中、風雪中、驢子背上可見自然、可得詩思，以小見大，啓發詞人在華山遊歷時，受壯麗景物的感召，激起萬千豪情。

（5）**華山**：李齊賢〈水調歌頭・望華山〉：「記重瞳，崇祀秩，答神休。」《史記・項羽本紀》：「舜目重瞳」。又《史記・封禪書》謂：「舜東巡至泰山。柴，望秩於山川。」案：「柴，望秩」，謂祭時積柴其上而燔之。詞人遊歷華山之時，想起舜祭山川，答謝神祐，古之聖賢對大自然尚且如此崇敬，快意遊覽的詞人也興起對造物者的敬仰之心。

4. 懷鄉念友故實

（1）**靈光賦**：完顏璹〈沁園春〉：「便離騷經了，靈光賦就，行歌白雪，愈少知音。」漢・王延壽作〈魯靈光殿賦〉，北周・庾信〈哀江南賦〉：「死生契闊，不可問天。況復零落將盡，靈光巋然。」倪璠注：「喻知交將盡，惟己獨存，若魯靈光矣。」詞人以「靈光賦就」之典，感嘆知交零落，知音難覓，道盡無人可了解自己的痛苦。

（2）**蓴鱸**：蓴菜和鱸魚，江南物產的代表，南朝・宋・劉義慶《世說新語・識鑒》載：「晉張翰在洛，見秋風起而思故鄉蓴鱸，因辭官歸。」薛昂夫〈太常引・題朝宗亭督孟博早歸〉：「特地與君期。趁南浦、蓴鱸正肥。」詞人以故鄉物產，期盼友人速歸鄉重聚。

（3）**菊花**：李齊賢〈鷓鴣天・九月八日寄松京故舊〉：「客裡良辰屢已孤。菊花明日共誰娛。」重陽正是菊花盛開之際，有眾人相約登高賞菊的習俗。詞人在重陽佳節前夕，不得回歸故國與故友歡聚，故借登高賞菊的典故，反襯自身獨在異鄉，倍思親友的心情。

5. 懷才見用或見棄故實

（1）**待價**：「待價而沽」之省，語本《論語・子罕》：「子貢曰：『有美玉於斯，韞櫝而藏諸？求善賈而沽諸？』子曰：『沽之哉，沽之哉！我待賈者也。』」耶律履〈念奴嬌・寄雲中完顏公〉：「待價因循，一時奇遇，得失纔容髮。」詞人以此典形容友人，謂其順應自然，待時而行。

（2）**謫仙**：《南齊書・高逸傳・杜京產》：「永明中會稽鍾山有人姓蔡，不知名。山中養鼠數十頭，呼來即來，遣去便去。言語狂易。時謂之『謫仙』。」唐・李白〈玉壺吟〉：「世人不識東方朔，大隱金門是謫仙。」耶律鑄〈太常引・題李隱君文集〉：「不見謫仙人。」詞人藉此典指李隱君為才學優異的人，卻不急求名利，莫測高深，飄然塵外。

（3）**鳥盡弓藏**：薩都剌〈酹江月・過淮陰〉：「鳥盡弓藏成底事，百事不如歸好。」《史記・越世家》：「飛鳥盡，良弓藏，狡兔死，走狗烹。」喻天下

既定，而功臣見棄，詞人藉此感嘆韓信的遭遇，並引以為鑑，既不見用，不如歸去，頗有暗傷懷抱之感。

（4）突黔席暖：《淮南子・修務訓》：「孔子無黔突，墨子無暖席。」謂灶突不至於黑，坐席不至於溫，形容不暇久留。李齊賢〈沁園春・將之成都〉：「安用平生，突黔席暖，空使毛群欺臥駝。」詞人反用此典，想要久留於壯麗景色，窮探宇宙奧祕，藉此轉移對國事的憂煩。

（5）潭洲：李齊賢〈巫山一段雲・江天暮雪〉：「江雲作雪使人愁。不見古潭洲。」歷代騷人遷客，名賢俊傑，都曾「一為遷客去長沙」，或謫居、或題詠，憂國憂民，以屈原、賈誼曾流放貶謫於此抒發情懷，被古人譽為「此地既佳麗，斯人亦豪英」的「屈賈之鄉」，並營造了「唯楚有材，于斯為盛」的人文環境。江雲作雪遮蔽了充滿文化意涵的古潭洲，詞人藉此比喻自己有如屈原、賈誼一般，受小人所陷，阻撓了他懷才見用的的雄心壯志。

6. 隱遁故實

（1）龜曳尾：典出《莊子・秋水》：「莊子持竿不顧，曰：『吾聞楚有神龜，死已三千歲矣，王巾笥而藏之廟堂之上。此龜者寧其死為留骨而貴乎？寧其生而曳尾於塗中乎？』二大夫曰：『寧生而曳尾塗中。』」蒲壽宬〈漁父詞二首之二〉：「龜曳尾，綠毛衣。荷盤無數爾安歸。」詞人藉此典比喻與其顯身揚名於廟堂之上而毀身滅性，不如過著安貧樂道的隱居生活而得逍遙全身。

（2）白鹿廬山：唐貞元中李渤與兄涉隱居讀書於此，畜一白鹿，因名「廬山白鹿洞」。《續資治通鑒・宋太宗太平興國五年》：「白鹿洞在廬山之陽，常聚生徒數百人。」廉希憲〈水調歌頭・讀書巖〉：「白鹿廬山夢，頡頏天地秋。」詞人自許讀書巖能如「廬山白鹿洞」一般充滿靈秀之氣，隱居於此，作為畢生窮盡學問的處所。

（3）五湖：太湖之別名，《國語・越語》：「越王勾踐滅吳後，大夫范蠡隱於『五湖』。」李齊賢〈沁園春・將之成都〉：「謂一朝遭遇，雲龍風虎，五湖歸去，月艇煙蓑。」詞人見政局險惡，想有一日，不得見用於世，便效范蠡大夫，隱遁五湖，閒散度日。

（4）白鷗盟：謂隱士與白鷗作伴，典出《列子集釋・黃帝》卷二：「海上之人有好漚鳥者，每旦之海上，從漚鳥游，漚鳥之至者百住而不止。其父曰，『吾聞漚鳥皆從汝游，汝取來，吾玩之。』明日之海上，漚鳥舞而不下也。

故曰，至言去言，至爲無爲。齊智之所知，則淺矣。」李齊賢〈菩薩蠻・舟次青神〉：「夢與白鷗盟。朝來莫漫驚。」詞人船泊青神，船上悠閒生活，令他夢從白鷗遊，是對隱居生活的嚮往，也是對時局失望的心境呈現。

（5）**種瓜侯、菟裘**：李齊賢〈巫山一段雲・白岳晴雲〉：「明朝去學種瓜侯。身世寄菟裘。」「種瓜侯」典出《史記・蕭相國世家》：「召平者，故秦東陵侯。秦破，爲布衣，貧，種瓜於長安城東，瓜美，故世俗謂之『東陵瓜』，從召平以爲名也。」「菟裘」，地名，《左傳・隱公十一年》：「羽父請殺桓公，以求大宰。公曰：『爲其少故也，吾將授之矣。』使營菟裘，吾將老焉。」詞人以士大夫告老退隱之二典，陳述自己力量單薄，無法實現理想，只能嚮往獨善其身，隱居故園，遠離時政，暫時放下一切理想，靜待良機來施展一己之長。

7. 壯志未酬故實

（1）**抉目東門**：《國語・吳語》、《史記・吳太伯世家》皆載：春秋時吳國大夫伍員（字子胥）勸吳王夫差拒絕越國求和，夫差聽信讒言，賜子胥劍，令自盡。子胥臨死時說：「抉吾眼置之吳東門，以觀越之滅吳也。」薩都剌〈酹江月・姑蘇臺懷古〉：「忠臣抉目東門上，可退越來兵伍。」詞人以此典感嘆忠臣被讒殉身，壯志未酬，以致國破家亡的慘事，是姑蘇臺過去一頁悲壯的歷史。

（2）**干將**：漢・趙曄《吳越春秋・闔閭內傳》記載：相傳春秋吳國有干將、莫邪夫婦善鑄劍，爲闔閭鑄陰陽劍，陽曰「干將」，陰曰「莫邪」；干將藏陽劍獻陰劍，吳王視爲重寶。薩都剌〈酹江月・姑蘇臺懷古〉：「空鑄干將，終爲池沼，掩面歸何所。」《吳越春秋・闔閭內傳》記干將乃春秋晚期吳地一傑出鑄劍師，其妻莫邪；楚王令他倆精心鑄劍，幾經辛苦才鑄就陰陽雙劍，陽劍與陰劍分別取名爲干將和莫邪。干將將陰劍獻與楚王，卻終被殺。詞人用此典喻夫差、干將往事已矣，亦帶有些許黍離興衰之嘆。

8. 其他故實

（1）**華胥夢**：耶律鑄〈木蘭花慢・丙戌歲，遊永安故宮，徧覽太液池、蓮瀛桂窟殿、天香閣，同坐中諸客，感而賦此〉：「華胥夢，雖無迹，甚鼎湖、龍去水空流。」《列子・黃帝》：「〔黃帝〕晝寢，而夢遊於華胥氏之國。華胥氏之國在弇州之西，台州之北，不知斯齊國幾千萬里。蓋非舟車足力之所及，神遊而已。其國無帥長，自然而已；其民無嗜欲，自然而已……黃帝既寤，

怡然自得。」夢境虛無飄渺，詞人藉黃帝夢華胥，來比喻繁華景象如一場夢境，虛幻不眞實。

（2）**雅量**：耶律鑄〈六國朝令・家園席間作〉：「曾雅量、量金結勝游。」三國・魏・曹丕《典論・酒誨》有云：漢荊州牧劉表好酒，爲三爵，大曰伯雅，次曰中雅，小曰季雅；伯雅受七升，中雅受六升，季雅受五升。詞人以劉表自比，表示自己在宴席中，善飲佳釀，千杯不醉。

（3）**鳳池、彭殤**：鳳池即「鳳凰池」，禁苑中池沼，魏晉南北朝時設中書省於禁苑，掌管機要，接近皇帝，故稱中書省爲「鳳凰池」。「彭殤」，前字指彭祖高壽，後字指未成年而死，語本《莊子・齊物論》：「莫壽於殤子，而彭祖爲夭。」廉希憲〈水調歌頭・讀書巖〉：「鳳池崇，金谷樹，一浮鷗。彭殤爾能何許，也欲接余眸。」詞人以一般人所喜好的福、祿、壽來反襯自己並不欣羨俗情，而是寧可隱居煙波，親近學問。

（4）**牛山**：薛昂夫〈最高樓・九日〉：「問牛山悲淚又何苦，龍山佳會又何狂。」《晏子春秋・諫上十七》：「景公遊於牛山，北臨其國城而流涕曰：『若何滂滂去此而死乎？』」詞人擁有豁達心境，想要及時行樂，而不想和齊景公一樣爲人生短暫而悲嘆。

（5）**箕踞**：蒲壽宬〈漁父〉：「白首漁郎不解愁，長歌箕踞亦風流。」《莊子・至樂》：「莊子妻死，惠子弔之，莊子則方箕踞鼓盆而歌。」成玄英疏：「箕踞者，垂兩腳如簸箕形也。」詞人欣賞漁父不拘禮節的姿態，就像莊子般的豪放不羈。

（6）**半面**：李齊賢〈木蘭花慢・書李將軍家壁〉：「將軍眞好士，識半面、足吾生。」《後漢書・應奉傳》：「奉少聰明。」李賢注引三國・吳・謝承《後漢書》：「奉年二十時，嘗詣彭城相袁賀，賀時出行閉門，造車匠於內開扇出半面視奉，奉即委去。後數十年於路見車匠，識而呼之。」詞人稱讚李將軍和漢朝應奉一樣，只瞥見別人一面，就不會忘了對方。但此處並非指李將軍極爲聰明，而是有一見如故，便視對方爲知己的延伸用法。

（7）**萬屋盡堆鹽**：典出南朝・宋・劉義慶《世說新語・言語》：「謝太傅寒雪日內集，與兒女講論文義。俄而雪驟，公欣然曰：『白雪紛紛何所似？』兄子胡兒曰：『撒鹽空中差可擬。』兄女曰『未若柳絮因風起。』」李齊賢〈巫山一段雲・江天暮雪〉：「篩寒灑白弄纖纖。萬屋盡堆鹽。」詞人用此熟典來比擬滿天白雪的景致。

（8）**舂容**：《禮記·學記》：「善待問者如撞鐘，叩之以小者則小鳴，叩之以大者則大鳴；待其從容，然後盡其聲。」鄭玄注：「『從』，讀如『富父舂戈』之『舂』。舂容，謂重撞擊也。」李齊賢〈巫山一段雲·煙寺晚鐘〉：「一舂容罷一舂容。何許日沈鐘。」舊典原是將學問形容如撞鐘，詞人在此僅用來形容用力撞擊的鐘聲，一聲聲寺廟晚鐘回盪在山谷。

（三）神話傳說

神話和傳說的典故，有些是歷來創作者豐沛的幻想，有些是求仙慕道之人的依託，有些是遠古口述歷史的一部份，用於作品之中，詩詞情境跳脫古板，有了自由詮釋的空間，可表達作者無窮創新的想像力，以及開闊不受拘束的思想意志。

1. 神話

（1）**緱山**：漢·劉向《列仙傳·王子喬》：「王子喬者，周靈王太子晉也。好吹笙，作鳳凰鳴。游伊洛之間，道士浮丘公接以上嵩高山。三十餘年後，求之於山上，見桓良曰：『告我家：七月七日待我於緱氏山巔。』至時，果乘白鶴駐山頭，望之不得到，舉手謝時人，數日而去。」耶律履〈朝中措·寄雲中完顏公〉：「看取酒酣風味，何如明月緱山。」詞人之友求仙慕道，性格瀟灑飄逸，將之比擬如王子喬般仙風道骨的人物，可見其人之鮮明形象。

（2）**崇霞臺、明霞觀、蟠桃**：耶律鑄〈鵲橋仙·崇霞臺〉：「崇霞臺外，明霞觀裡，著處蟠桃栽遍。」「崇霞臺」傳說爲燕昭王爲玄天二女所設的住所，《太平廣記·女仙一·玄天二女》第一卷·卷五十六：「燕昭王即位二年，廣延國來獻善舞者二人，一名旋波，一名提謨。……昭王知爲神異，處於崇霞之台，設枕席以寢宴，遣人以衛之。王好神仙之術，故玄天之女，托形作二人。」「明霞觀」亦爲神仙居所。「蟠桃」爲神話中的仙桃，據《太平廣記》卷三引《漢武內傳》載：「七月七日，西王母降，以仙桃四顆與帝。帝食輒收其核，王母問帝，帝曰：『欲種之。』王母曰：『此桃三千年一生實，中夏地薄，種之不生。』帝乃止。」詞人至崇霞臺詠懷仙事，連用三個仙道故實，充滿遊仙意味。

（3）**劉晨和阮肇、壺中**：偰玉立〈菩薩蠻·蒙崑石刻〉：「只恐到天台。誤通劉阮來。……休認避秦人。壺中別有春。」南朝·宋·劉義慶《幽明錄》曾載：相傳東漢永平年間，劉晨和阮肇至天台山采藥迷路，遇二仙女，蹉跎半年始歸，時已入晉，子孫已過七代，後復入天台山尋訪，舊蹤渺然。又《後

漢書・方術傳下・費長房》：傳說東漢費長房為市掾時，市中有老翁賣藥，懸一壺於肆頭，市罷，跳入壺中。長房於樓上見之，知為非常人。次日復詣翁，翁與俱入壺中，唯見玉堂嚴麗，旨酒甘肴盈衍其中，共飲畢而出。天台山鍾靈毓秀，仙氣縹緲，詞人以劉阮之典比擬春遊之山，幽靜安寧似天台仙境般與世隔絕，身在其中，別有一番滋味。

（4）飛仙：蒲壽宬〈漁父〉：「風露冷，月娟娟。雲間一過看飛仙。」《海內十洲記・方丈洲》：「（蓬萊山）周迴五千里外別有圓海繞山，圓海水正黑，而謂之冥海也，無風而洪波百丈，不可得往來……惟飛仙有能到其處耳。」詞人將聚散之浮雲比作悠游飛行的仙人，和閒散悠盪的漁父生活相互對應。

（5）太乙仙：蒲壽宬〈漁父〉：「敧枕看，不成眠。誰識人間太乙仙。」《史記・封禪書》：「天神貴者太一。」司馬貞索隱引宋均云：「天一、太一，北極神之別名。」漁父生活如神仙生活般逍遙自在，詞人因此以「太乙仙」自比。

（6）杜鵑：李齊賢〈鷓鴣天・鶴林寺〉：「雪裡何人聞杜鵑。」《太平廣記》卷五十二引《續仙傳》殷七七「能開頃刻花」事：略謂周寶詢殷七七曰：「鶴林之花（指杜鵑花），天下奇絕，嘗聞能開頃刻花，此花可開否？」七七應可，乃前二日往鶴林宿，晨起，寺僧忽訝花漸吐蕊，及九日，爛漫如春；又唐・段成式《酉陽雜俎》有「韓湘多日開花顯字」事：略謂韓愈之侄韓湘自江淮來，為韓愈多日催開牡丹，每朵顯一聯詩，字色分明，乃韓出官時詩，一韻曰：「雲橫秦嶺家何在，雪擁藍關馬不前」，韓大驚異。侄後辭歸江淮，竟不願仕。詞人以兩杜鵑之典，一方面寫鶴林寺杜鵑花之美，一方面寫花開頃刻的虛空。

（7）青鳥、蓬萊島：李齊賢〈蝶戀花・漢武帝茂陵〉：「青鳥含書，細報長生道。……羽化何人，一見蓬萊島。」《藝文類聚》卷九一引舊題漢・班固《漢武故事》：「七月七日，上（漢武帝）於承華殿齋，正中，忽有一青鳥從西方來，集殿前。上問東方朔，朔曰：『此西王母欲來也。』有頃，王母至，有兩青鳥如烏，挾侍王母旁。」詞人引漢武帝求仙之典，以人之壽命有限和得到成仙之路漫長兩相對照，諷刺追求長生不老的虛幻不真。另外薩都剌〈法曲獻仙音・壽大宗伯致仕于（干）公大宗伯〉：「度蓬瀛、仙祝靈丹。」也提及「蓬瀛」，所指即蓬萊與瀛山兩座仙山，是祝人長壽的常用典故。還有薩都剌〈酹江月・遊句曲茅山〉：「三山何在，乘鸞便欲飛去。」再次提及傳說中

的海上三神山，晉‧王嘉《拾遺記‧高辛》：「三壺，則海中三山也。一曰方壺，則方丈也；二曰蓬壺，則蓬萊也；三曰瀛壺，則瀛洲也。」借三山喻茅山爲詞人希冀求仙的處所。

（8）**安期、食瓜棗**：李齊賢〈蝶戀花‧漢武帝茂陵〉：「海上安期今亦老。從教喫盡如瓜棗。」漢‧劉向《列仙傳》云：安期爲秦、漢間仙人，傳說他曾從河上丈人習黃帝、老子之說，賣藥東海邊。秦始皇請與語三日夜，賜金璧數千萬，皆置之而去，留書曰：「後千歲求我於蓬萊山。」後始皇遣使入海求之，未至蓬萊山，遇風波而返。又《史記‧孝武本紀》載：漢武帝時，方士李少君謂曰：「臣常遊海上，見安期生，食巨棗，大如瓜。」詞人反用安期生典故，以此勸世——原是長生不老的仙人，即使吃盡仙果巨棗，也禁不住時間長久的消磨，逐漸老去，是世人不明世無長生之道，盲目追求，徒然浪費光陰。

（9）**笙鶴**：李齊賢〈巫山一段雲‧朴淵瀑布〉：「月明笙鶴下遙岑。吹送水龍吟。」漢‧劉向《列仙傳》載：「周靈王太子晉（王子喬），好吹笙，作鳳鳴，游伊洛間，道士浮丘公接上嵩山，三十餘年後乘白鶴駐緱氏山頂，舉手謝時人仙去。」詞人用豐富的想像力，將瀑布沖刷的聲音比作仙人吹奏樂器的聲音，更能凸顯朴淵瀑布之神秀。

（10）**玉簫**：薩都剌〈酹江月‧登鳳凰臺懷古用前韻〉：「聲斷玉簫明月底，台上鳳凰飛去。」漢‧劉向《列仙傳》記載蕭史和弄玉是傳說中一對神仙夫婦，蕭史善吹簫，能以簫作鸞鳳之音；秦穆公之女弄玉也好吹簫，穆公就將她嫁給蕭史，並築鳳臺讓他們居住。數年後，弄玉乘鳳，蕭史乘龍，升天而去。詞人反用此典說明當年蕭史和弄玉兩人吹簫的情景，以及鳳凰在山上飛來飛去的情景已不復見，用以象徵繁華落盡的哀景。另外薩都剌〈酹江月‧遊句曲茅山〉：「三山何在，乘鸞便欲飛去。」再用此典說明詞人企慕仙道，想效法簫史、弄玉夫婦，乘鸞升仙。

2. 傳說

（1）**黃粱**：完顏從郁〈西江月‧題邯鄲王化呂仙翁祠堂〉：「行人雖不悟黃粱。依舊紅塵陌上。」唐‧沈既濟〈枕中記〉載：「盧生在邯鄲客店遇道士呂翁，生自嘆窮困，翁探囊中枕授之曰：『枕此當令子榮適如意。』時主人正蒸黃粱，生夢入枕中，享盡富貴榮華。及醒，黃粱尚未熟，怪曰：『豈其夢寐耶？』翁笑曰：『人世之事亦猶是矣。』」又傳說呂洞賓因應舉不第，道經邯

鄲，得遇正陽子師父，點化黃粱一夢，遂成仙道。詞人以「黃粱一夢」喻求仙得道的美好，只可惜一般人無法領略，看破俗情，依舊茫然迷失在紅塵之中。

（2）天孫：李齊賢〈江神子・七夕冒雨到九店〉：「寄語天孫，新巧欲誰傳。」《史記・天官書》云：「織女，天女孫也。」宋・孟元老《東京夢華錄》卷之八「七夕」：「至初六日、七日晚，貴家多結彩樓於庭，謂之乞巧樓。鋪陳磨喝樂（泥人）、花果、酒炙、筆硯、針線，或兒童裁詩，女郎呈巧，焚香列拜，謂之乞巧。婦女望月穿針。或以小蜘蛛安盒子內，次日看之，若網圓正，謂之得巧。」詞人在七夕佳節想起織女故事，藉織女巧藝不知傳給何人，緬懷身世──自己空有一身繼承先賢哲人而來的才學本事，卻無處可施展。

（3）三尺喙：李齊賢〈鷓鴣天・九月八日寄松京故舊〉：「三尺喙，數莖鬚。」唐・馮贄《雲仙雜記》卷九「喙長三尺手重五斤」：「陸餘慶為洛州長史，善論事而繆於決判。時嘲之曰：『說事則喙長三尺，判事則手重五斤。』」詞人想起在家鄉與友人相聚宴飲，席間吟詠詩句，雙方你來我往，如陸餘慶般機鋒盡出，當時情景，歷歷在目，十分懷念。

（4）黃帝鑄鼎：李齊賢〈浣溪沙・黃帝鑄鼎原〉：「見說軒皇此鍊丹。乘龍一去杳難攀。鼎湖流水自清閒。　空把遺弓號地上，不蒙留藥在人間。古今無計駐朱顏。」《史記・封禪書》：「黃帝采首山銅，鑄鼎於荊山下。鼎既成，有龍垂鬍髯下迎黃帝。黃帝上騎，群臣後宮從上者七十餘人，龍乃上去。餘小臣不得上，乃悉持龍髯，龍髯拔，墮，墮黃帝之弓。百姓仰望黃帝既上天，乃抱其弓與鬍髯號。」詞人藉黃帝乘龍昇仙的典故，暗批世上不顧臣民百姓的無德君主，只重一己逸樂，不識生民疾苦。

（5）寶鼎、仙掌：李齊賢〈蝶戀花・漢武帝茂陵〉：「寶鼎光沈仙掌倒。茂陵斜日空秋草。」相傳黃帝鑄寶鼎三，禹鑄九鼎，均為鎮國之寶，周衰，寶鼎沈淪不見，武帝時，在汾水發現寶鼎，被看做國運昌盛的徵兆。又《三輔黃圖》載：「神明臺，漢武帝造。上有承露盤，有銅仙人舒掌捧銅盤玉杯，以承雲表之露，和玉屑服之，以求仙道。」漢武帝為求仙，在建章宮神明台上造銅仙人，舒掌捧銅盤玉杯，以承接天上的仙露，後稱承露金人為仙掌。詞人以鎮國之寶和長生仙掌的湮滅，表現出時光飛逝、人事全非的光景。

（6）廣寒宮闕：李齊賢〈玉漏遲・蜀中中秋值雨〉：「豈料數陣頑雲，忽掩卻天涯，廣寒宮闕。」唐・柳宗元《龍城錄》：「唐明皇與申天師、鴻都客，

八月望日夜，同游月中，見牓曰：『廣寒清虛之府』。」詞人除了以「廣寒宮闕」代指月亮，亦比作高高在上的朝廷，高處不勝寒，被小人所蒙蔽，不知民間疾苦。

（7）**然犀客、駐鶴仙**：李齊賢〈巫山一段雲・朴淵瀑布〉：「豈學然犀客，誰期駐鶴仙。」《晉書・溫嶠傳》：「〔溫嶠〕至牛渚磯，水深不可測，世云其下多怪物，嶠遂燬犀角而照之。須臾見水族覆火，奇形異狀，或乘馬車著赤衣者。」又漢・劉向《列仙傳》：「王喬約家人七月七日會晤，至期，果乘白鶴駐山頭，望之不得到。」詞人反用兩典說明朴淵瀑布不需有仙鶴停駐山頭，自然有其靈秀神妙之絕景，親身到此便可感受其妙，也不需像溫嶠一樣具有神奇的能力才能領略得到。

（8）**禮成江、賀頭綱**：李齊賢〈巫山一段雲・西江風雪〉：「高歌一曲禮成江。腸斷賀頭綱。」《高麗史・樂志》中的《禮成江曲》載：「禮成江」，朝鮮河水名，發源於黃海道之眞彥山，南流注於黃海，是高麗王朝和國外往來的一個重要門戶，高麗王朝時期中國宋朝文化大量傳播到朝鮮，宋朝商船雲集禮成江，一位擅長下圍棋中國商人「賀頭綱」愛上了一位有夫的高麗美婦人。婦人的丈夫好弈，於是商人就投這個美婦人丈夫所好，和他下棋，並故意輸棋給他。到婦人丈夫確信商人的棋藝甚劣之時，商人便建議和他賭一盤，以商船和美婦人爲賭注，結果商人勝了，帶走了美婦人，高麗人失魂落魄，就對著遠去商船擊節而歌，訴說自己悲傷的心情，這就是《禮成江曲》。西江風雪的怒號就像悲哀的《禮成江曲》，飄送千古，迴盪在無垠江面，凸顯風景的壯闊和帶給詞人的震撼感受。詞人用自己故鄉的傳說故事來描述家鄉西江的風雪，既切題又帶有民族文化意涵，是少數帶有鮮明民族色彩的作品。

由以上整理可知，金元少數民族詞人汲取蘇黃兩位大家「喜用典故」的作詞傾向，一百二十六首作品中約有一半的作品，都使用典故行文，或沿用典故意義，或反用、延伸故事意涵，以此抒情傳意、遣懷身世、感嘆歷史興亡等，尤以李齊賢、薩都剌、完顏璹三人運用比例爲最大宗〔註 104〕，使詞有別於南宋柔靡浮豔的氣息，而增添博奧典雅的內涵。蘇黃「大量用典」的詞論爲他們帶來深刻的啓發，使他們能用純熟的漢語，涉獵、鎔鑄中國各朝各代，甚至自己家鄉的典故事例於詞中，使詞風不僅有中國文人式的氣息，

〔註 104〕李齊賢五十三闋詞中有二十六闋用典；薩都剌十五闋詞中有九闋用典；完顏璹九闋詞中有六闋用典。

也保留獨特的民族文化色彩，此在金元詞中別具意義，可謂大放「異」彩。

三、化用前人詩句

蘇軾以詩爲詞，多方化用唐詩名家詩句，鎔鑄於詞作之中；黃庭堅亦從蘇軾主張，「寓以詩人之句法」，在創作時，參考前人現成的詩句、詞句或命題立意，再自行剪裁運用，陶冶點化，化陳出新，以故爲新，形成新的詞語境界。金元少數民族詞人吸收了這項創作方法，大量化用前人作品，舉凡文句、詩句、詞句都有涉獵〔註 105〕，向漢人經典學習取材，使他們的作品亦充滿漢式溫柔典雅之風。

（一）化用文句

古文或散文的文字，非爲遷就詩詞而製，詞人在引用時須稍加剪裁變化，以符合詞律和意境，因此化用文句者，數量較少，但仍不乏佳句之妙用。

作　者	詞　調	詞　句	化用之文句
耶律鑄	〈六國朝令・家園席間作〉	標牓風流	截取〔註 106〕晉・袁宏〈三國名臣序贊〉：「堂堂孔明，基宇宏邈……標牓風流，遠明管樂。」〔註 107〕
貫雲石	〈水龍吟・詠揚州明月樓〉	已非吾土	截取漢・王粲〈登樓賦〉：「雖信美而非吾土兮，曾何足以少留！」〔註 108〕
李齊賢	〈巫山一段雲・平沙落雁〉之二	料應遺跡在泥沙。	截取南朝・梁・劉孝標〈廣絕交論〉：「寄通靈臺之下，遺跡江湖之上。」李善注：「《莊子》曰：『魚相忘於江湖，人相忘於道術。』郭象曰：「各自足，故相忘也。」今引『江湖』，唯取『相忘』之義也。」張銑注：「遺跡，謂心相知而跡相忘也。」〔註 109〕「遺跡」，謂忘乎形跡。

〔註 105〕以下參照王師偉勇《宋詞與唐詩之對應研究》之借鑑分類方法再加以變化，分爲截取、鎔鑄、增損、化用、襲用、檃括等六種方法。同註 40，頁 23～24。

〔註 106〕截取詩、詞、文字面：凡取材詩、詞、文，止於詞彙之引用者。例：晏殊：「殘杯冷炙謾銷魂」截取杜甫「殘杯與冷炙，到處潛悲辛。」；王安石「念往昔、繁華競逐，嘆門外樓頭，悲恨相續。」截取杜牧「門外韓擒虎，樓頭張麗華」。（範例錄自《宋詞與唐詩之對應研究》，同註 40，頁 26、27。）

〔註 107〕《文選》卷七，同註 28，頁 673。

〔註 108〕《文選》卷十一，同註 28，頁 162。

〔註 109〕《文選》卷五十五，同註 28，頁 756。

	〈巫山一段雲・紫洞尋僧〉之二	坐久雲歸岫	鎔鑄〔註110〕晉・陶潛〈歸去來辭〉：「雲無心以出岫，鳥倦飛而知還。」〔註111〕
	〈木蘭花慢・長安懷古〉	高歌伐木鳥嚶嚶	增損〔註112〕《詩・小雅・伐木》詩云：「伐木丁丁，鳥鳴嚶嚶……嚶其鳴矣，求其友聲。」〔註113〕
	〈鷓鴣天・九月八日寄松京故舊〉	敧枕秋聲度碧梧	化用〔註114〕宋・歐陽脩〈秋聲賦〉：「四無人聲，聲在樹間。予曰：『噫嘻，悲哉，此秋聲也。』」〔註115〕
	〈巫山一段・雲・遠浦歸帆〉之一	畫鼓殷春雷	化用漢・枚乘〈七發・廣陵觀濤〉：「沌沌渾渾，壯如奔馬；混混庉庉，聲如雷鼓」的句意。〔註116〕
	〈巫山一段雲・山市晴嵐〉之二	鏡裡雙蛾斂	化用南朝・梁・沈約〈昭君辭〉：「朝發披香殿，夕濟汾陰河，於茲懷九逝，自此斂雙蛾。」〔註117〕
薩都剌	〈酹江月・任御史有約不至〉	芳草萋萋天際綠	鎔鑄淮南小山《楚辭・招隱士》：「王孫遊兮不歸，春草生兮萋萋。」〔註118〕
	〈酹江月・題清溪白雲圖〉	出岫無心	增損晉・陶淵明〈歸去來辭〉：「雲無心以出岫，鳥倦飛而知還。」〔註119〕

〔註110〕鎔鑄詩、詞、文字面：凡擷取或濃縮詩、詞、文句成一字面者。例：歐陽脩「爐香畫永龍煙白，風動 金鸞額 」鎔鑄李賀「寒入翠恩殿影昏， 彩鸞簾額 著霜痕」；黃庭堅「滿天星月，看人憔悴， 燭淚垂如雨 」鎔鑄杜牧「蠟燭有心還惜別，替人垂淚到天明」。（範例錄自《宋詞與唐詩之對應研究》，同註40，頁30。）

〔註111〕陶淵明《靖節先生集》卷五，臺北：華正書局，1982年，卷五之頁12。

〔註112〕增損詩、詞、文字句：凡取材詩、詞、文整句，不易其文意、語序，僅增減或更動一、二字者。例：歐陽脩「愛到畫眉深淺入時無」增損朱慶餘「妝罷低聲問夫婿，畫眉淺入時無」；周邦彥「天寒山色有無中」增損王維「江流天地外，山色有無中」。（範例錄自《宋詞與唐詩之對應研究》，同註40，頁31、32。）

〔註113〕《十三經注疏・詩經》，臺北：宏業出版社，出版年不詳，頁877。

〔註114〕化用詩、詞、文句意：凡取材詩、詞、文片段，不易其文意，而另造新句；或引伸文意，反用文意，而另造新句者，統歸之隱括。例：柳永「對殘暉、登臨休嘆，賞令節、酩酊方酬」化用杜牧「但將酩酊酬佳節，不用登臨恨落暉」；王安石「至今商女，時時猶唱，後庭遺曲」化用杜牧「商女不知亡國恨，隔江猶唱後庭花」。（範例錄自《宋詞與唐詩之對應研究》，同註40，頁37。）

〔註115〕歐陽脩《文忠集》卷十五，收錄於紀昀編《文津閣四庫全書》第368冊，〈集部・別集類〉，北京：商務印書館，2005年，頁365。

〔註116〕《文選》卷三十四，同註28，頁483。

〔註117〕《漢魏六朝百三家集》卷八十八，收錄於紀昀編《文津閣四庫全書》第472冊，〈集部・總集類〉，北京：商務印書館，2005年，頁550。

〔註118〕《楚辭章句》卷十二，收錄於紀昀編《文淵閣四庫全書》第1062冊，〈集部・楚辭類〉，臺北：臺灣商務印書館，1983年，頁73。

〔註119〕同註111。

		涵影淡蕩悠揚	鎔鑄唐‧王勃〈春思賦〉:「思萬里之佳期,憶三秦之遠道,淡蕩春色,悠揚懷抱。」〔註120〕
	〈酹江月‧過淮陰〉	斷腸王孫草	鎔鑄淮南小山《楚辭‧招隱士》:「王孫遊兮不歸,春草生兮萋萋。」〔註121〕
耶律鑄	〈南鄉子‧送人北行入燕作〉	還憶夜來分手處,天津。桃李無言各自春。	化用南朝‧梁‧江淹〈別賦〉:「攀桃李兮不忍別。」〔註122〕
	〈滿庭芳‧西園席間用人韻〉	天地元如逆旅	化用唐‧李白〈春夜宴從員桃李園序〉:「夫天地者,萬物之逆旅;光陰者,百代之過客。」〔註123〕
完顏璟	〈生查子‧軟金杯〉	柔軟九回腸	截取漢‧司馬遷〈報任少卿書〉:「是以腸一日而九迴。」〔註124〕
蒲壽宬	〈賀新郎‧贈鐵笛〉	人生窮達皆天鑄。試燈前,為問靈龜,勸君休怒。	化用《墨子‧非儒下》:「窮達、賞罰、幸否,有極,人之知力,不能為焉。」〔註125〕
	〈漁父詞二首‧書玄真祠壁〉	敧雨笠,著雲衣。	化用漢‧劉向《楚辭‧九嘆‧怨思》:「遊清靈之颯戾兮,服雲衣之披披。」王逸注:「上遊清冥清涼之處,被服雲氣而通神明也。」〔註126〕
	〈滿江紅‧登樓偶作〉	塵埃外,談高趣。	截取漢‧司馬遷《史記‧屈原列傳》:「濯淖汙泥之中,蟬蛻於濁穢,以浮游塵埃之外。」〔註127〕
完顏雍	〈減字木蘭花‧賜玄悟玉禪師〉	常須自在。識取從來無罣礙。	化用唐‧王維〈為舜闍黎謝御題大通大照和尚塔額表〉:「見聞自在,不住無為。」〔註128〕

　　以上十七首,化用先秦、漢代、魏晉南北朝、唐、宋之大家作品,有質樸典雅的詩經、浪漫哀婉的楚辭、詞鋒精鍊的墨子、微言知著的司馬遷、文辭綺麗的魏晉名家、儉約淡薄的陶潛,以及王勃、李白、王維、歐陽脩等,

---

〔註120〕《御定歷代賦彙》卷十,收錄於紀昀編《文津閣四庫全書》第 473 冊,〈集部‧總集類〉,北京:商務印書館,2005 年,頁 34。

〔註121〕同註 118。

〔註122〕《文選》卷十六,同註 28,頁 238。

〔註123〕《唐文粹》卷九十七,收錄於紀昀編《文津閣四庫全書》第 449 冊,〈集部‧總集類〉,北京:商務印書館,2005 年,頁 396。

〔註124〕《文選》卷四十一,同註 28,頁 581。

〔註125〕《墨子》卷九,臺北:先知出版社,1976 年,頁 299。

〔註126〕《楚辭補注》卷十六,收錄於紀昀編《文淵閣四庫全書》第 1062 冊,〈集部‧楚辭類〉,臺北:臺灣商務印書館,1983 年,頁 278。

〔註127〕《史記‧屈原列傳》卷八十四,同註 13,頁 992。

〔註128〕〔唐〕王維《王右丞集註》卷十七,收錄於紀昀編《文津閣四庫全書》第 357 冊,〈集部‧別集類〉,北京:商務印書館,2005 年,頁 506。

都是中原文學的經典之作，可見金元少數民族詞人不但能辨別佳作，遵循漢人文學傳統，更能運材得宜，鎔鑄爲己用，創作出韻致跌宕的作品。

（二）化用詩句

　　蘇軾、黃庭堅引詩入詞，常學習李白、杜甫之用句與意境，不僅後世詞家承之，金元少數民族詞家亦然，大量擷取唐詩之精華，使詞句粲然可觀。

作　者	詞　調	詞　句	化用之詩句〔註129〕
完顏亮	〈喜遷鶯・賜大將軍韓夷耶〉	怒礌戟髯，爭奮捲地，一聲鼙鼓。	化用唐・白居易〈長恨歌〉：「漁陽鼙鼓動地來，驚破《霓裳羽衣曲》。」（卷435，頁4818）
	〈念奴嬌〉	誰念萬里關山	截取漢《樂府詩集・橫吹曲辭五・木蘭詩一》：「萬里赴戎機，關山度若飛。」〔註130〕
完顏璟	〈生查子・軟金杯〉	分破黃金彈	截取宋・黃庭堅〈歐陽從道許寄金橘以詩督之〉：「霜枝搖落黃金彈，許送筠籠殊未來。」「黃金彈」即金橘。〔註131〕
	〈蝶戀花・聚骨扇〉	翠條更結同心扣	化用唐・李嶠〈詠扇詩〉：「同心如可贈，持表合歡情。」（卷60，頁714）
完顏璹	〈沁園春〉	衲被蒙頭	增損宋・蘇轍〈上元雪〉詩：「衲被蒙頭眞老病，紗籠照佛本無心。」〔註132〕
	〈青玉案〉	有誰訪、溪梅去。夢裡疏香風似度。	化用宋・林逋〈山園小梅〉：「疏影橫斜水清淺，暗香浮動月黃昏。」〔註133〕
		兒童笑道	鎔鑄唐・賀知章〈回鄉偶書〉：「兒童相見不相識，笑問客從何處來？」（卷112，頁1147）
		猶是廉纖雨	截取唐・韓愈〈晚雨詩〉：「簾纖晚雨不能晴，池上草間蚯蚓鳴。」（卷343，頁3851）宋・蘇軾〈雪夜書北臺壁二首〉：「黃昏猶作雨纖纖，夜靜無聲勢轉嚴。」〔註134〕
	〈朝中措〉	夢到鳳凰臺上	檃括〔註135〕唐・李白〈登金陵鳳凰臺〉：「鳳凰臺上鳳凰遊，鳳去臺空江自流。」（卷180，頁1836）

〔註129〕以下詩句大部份出於《全唐詩》，同註102。恐註腳繁複，於詩句後直接標明引用之卷次、頁碼，若有例外者，再另做註。

〔註130〕〔宋〕郭茂倩輯《樂府詩集》卷二十五，臺北：中華書局，1987年，卷二十五之頁9。

〔註131〕《山谷集・外集》卷七，同註39，頁299。

〔註132〕〔宋〕蘇轍《蘇轍集・欒城集》第三集卷第二，北京：中華書局，1990年，頁1178。

〔註133〕〔宋〕林逋《林和靖集》卷二，臺北：學海出版社，1974年，頁125。

〔註134〕《東坡全集》卷六，同註6，頁41。

〔註135〕檃括詩、詞、文篇章：凡取材詩、詞、文，而化用或剪裁全首句意；或襲用全首句意，中夾其他詞句者。如黃庭堅〈瑞鶴仙〉全首檃括歐陽脩〈醉翁亭記〉，同註66。

		山圍故國周遭	增損唐·劉禹錫〈金陵五題·石頭城〉詩：「山圍故國周遭在，潮打空城寂寞回。」（卷365，頁4117）
	〈臨江仙〉	倚闌凝思久，漁笛起煙波	化用唐·崔顥〈黃鶴樓〉：「日暮鄉關何處是，煙波江上使人愁。」（卷130，頁1329）
	〈漁父〉	紅稻美，錦鱗肥	化用宋·王禹偁〈送李著作〉詩：「飯饋海陵紅稻軟，鱠擎淮水白魚肥。」〔註136〕
		漁笛閒拈月下吹	化用唐·杜牧〈登九峰樓〉詩：「牛歌漁笛山月上，鷺渚鵁梁溪日斜。」（卷524，頁5996）
僕散汝弼	〈風流子〉	羯鼓數聲，打開蜀道	化用唐·張祜〈華清宮〉詩：「宮門深鎖無人覺，半夜雲中羯鼓聲。」（卷511，頁5841）
		金釵信杳，天上人間。	化用唐·白居易〈長恨歌〉：「但令心似金鈿堅，天上人間會相見。」（卷435，頁4819）
兀顏思忠	〈水調歌頭〉	手綫征衫塵暗	化用唐·孟郊〈遊子吟〉：「慈母手中線，遊子身上衣。」（卷372，頁4179）
耶律履	〈朝中措·寄雲中完顏公〉	金門大隱，管中誰見，位列清班。	鎔鑄唐·李白〈玉壺吟〉：「世人不識東方朔，大隱金門是謫仙。」（卷166，頁1716）
耶律鑄	〈鵲橋仙〉	露井樹旁歌意	檃括《宋書·樂志三》：「樂府古辭〈雞鳴高樹顛〉：桃生露井上，李樹生桃傍。蟲來齧桃根，李樹代桃殭。樹木身相代，兄弟還相忘。」〔註137〕
		酒龍歌鳳	截取唐·陸龜蒙〈自遣〉詩之八：「思量北海徐劉輩，枉向人間號酒龍。」（卷628，頁7208）
	〈木蘭花慢〉	更青山環抱帝王州	截取南朝·齊·謝朓〈入朝曲〉：「江南佳麗地，金陵帝王州。」〔註138〕
		鳳吹繞瀛洲	襲用〔註139〕唐·李白〈宮中行樂詞〉之八：「鶯歌聞太液，鳳吹遶瀛洲。」（卷164，頁1703）
	〈眼兒媚·醴泉和高齋，欲煬帝故宮〉	隔江誰唱後庭花	增損唐·杜牧〈泊秦淮〉詩：「商女不知亡國恨，隔江猶唱〈後庭花〉。」（卷523，頁5980）
		煙淡月籠沙	增損唐·杜牧〈泊秦淮〉詩：「煙籠寒水月籠沙，夜泊秦淮近酒家。」（同上）

〔註136〕〔宋〕王禹偁《小畜集》卷十，收錄於紀昀編《文津閣四庫全書》第363冊，〈集部·別集類〉，北京：商務印書館，2005年，頁28。

〔註137〕〔梁〕沈約撰《宋書·樂志》卷二十一，臺北：新文豐出版公司，1975年，頁303。

〔註138〕《樂府詩集》卷二十，同註130，卷二十之頁2。

〔註139〕襲用詩、詞、文成句：凡取材詩、詞、文，而襲用其中之成句，又不致全篇引用者。如歐陽脩「平山闌檻倚晴空，山色有無中」襲用王維「認得醉翁語，山色有無中。」；柳永「淚流瓊臉，梨花一枝春帶雨」末句襲用白居易〈長恨歌〉。（範例錄自《宋詞與唐詩之對應研究》，同註40，頁42、43。）

		錦帆何事，也到天涯	增損唐・李商隱〈隋宮〉詩：「玉璽不緣歸日角，錦帆應是到天涯。」（卷 539，頁 6161）
	〈憶秦娥・贈前朝宮人琵琶色蘭蘭〉	人生適意無南北。相逢何必曾相識。	襲用唐・白居易〈琵琶行〉：「同是天涯淪落人，相逢何必曾相識。」（卷 435，頁 4822）
	〈太常引・題李隱君文集〉	忍顏繼、齊梁後塵。	化用唐・杜甫〈戲為六絕句〉之五：「竊攀屈宋宜方駕，恐與齊梁作後塵。」（卷 227，頁 2453）
	〈滿庭芳・西園席間用人韻〉	盡未妨頹玉，錦瑟旁邊。	化用唐・杜甫〈曲江對雨〉詩：「何時詔此金錢會，暫醉佳人錦瑟傍。」（卷 225，頁 2410）
薛昂夫	〈最高樓・暮春〉	侵階苔蘚宜羅襪	化用唐・李白〈玉階怨〉：「玉階生白露，夜久侵羅襪」（卷 164，頁 1701）
		綠窗閒，人夢覺，鳥聲幽。	化用唐・孟浩然〈春曉〉：「春眠不覺曉，處處聞啼鳥。夜來風雨聲，花落知多少。」（卷 160，頁 1667）
貫雲石	〈水龍吟・詠揚州明月樓〉	關河如此，不須騎鶴，儘堪來去。	化用唐・賈島〈遊仙〉詩：「歸來不騎鶴，身自有羽翼。」（卷 571，頁 6621）
		已非吾土	截取唐・孟浩然〈宿桐廬江寄廣陵舊游〉詩：「建德非吾土，維揚憶舊遊。」（卷 160，頁 1635）唐・杜甫〈長沙送李十一〉詩：「遠愧尚方曾賜履，竟非吾土倦登樓。」（卷 233，頁 2571）
偰玉立	〈菩薩蠻・蒙嵩石刻〉	蒙嵩幾日桃花雨。依稀流水章橋去。	鎔鑄唐・李賀〈將進酒〉詩：「況是青春日將暮，桃花亂落如紅雨。」（卷 393，頁 4434）
蒲壽宬	〈漁父〉（蒹荻橫披眾木東）	蓮花一葉白頭翁	截取唐・王昌齡〈題灞池〉詩之二：「借問白頭翁，垂綸幾年也？」（卷 143，頁 1442）
	〈賀新郎・贈鐵笛〉	百歲光陰彈指過，算伯夷，盜跖俱塵土。	鎔鑄唐・杜甫〈醉時歌〉：「儒術於我何有哉，孔丘、盜跖俱塵埃。」（卷 216，頁 2257）
	〈滿江紅・登樓偶作〉	潮退沙平鳧雁靜，夜深月黑魚龍怒。把清樽，獨自笑餘生，成何事。	化用唐・杜甫〈秋興〉詩之四：「魚龍寂寞秋江冷，故國平居有所思。」（卷 230，頁 2510）
	〈漁父〉（明月愁人夜未央）	明月愁人夜未央	化用晉・傅玄〈雜詩〉：「志士惜日短，愁人知夜長。」〔註 140〕
	〈漁父〉（煙浦迴環幾百灣）	無人知此橛頭船。風露冷，月娟娟。雲間一過看飛仙。	檃括唐・張志和〈漁父歌〉：「釣車子，橛頭船，樂在風波不用仙。」（卷 308，頁 3491）
	〈漁父詞二首・書玄真祠壁〉	白水塘邊白鷺飛。龍湫山下鯽魚肥。敧雨笠，著雲衣。玄真不見又空歸。	檃括唐・張志和〈漁歌子〉：「西塞山前白鷺飛，桃花流水鱖魚肥。青箬笠，綠蓑衣，斜風細雨不需歸。」（同上）

〔註 140〕《文選》卷二十九，同註 28，頁 417。

薩都剌	〈少年遊〉	去年人在鳳凰池	截取宋·劉禹謨〈上呂相公〉詩：「一舉首登龍虎榜，十年身到鳳凰池。」〔註141〕借指身在中央之中書省（或翰林院）。
	〈酹江月·遊句曲茅山〉	隔斷人間塵土	鎔鑄唐·沈亞之〈送文穎上人遊天台〉詩：「莫說人間事，崎嶇塵土中。」（卷493，頁5579）
		前度劉郎重到也，開盡碧桃無數。	化用唐·劉禹錫〈再遊玄都觀〉詩：「種桃道士歸何處，前度劉郎今又來。」（卷365，頁4116）
	〈滿江紅·金陵懷古〉	王謝堂前雙燕子，烏衣巷口曾相識。	檃括唐·劉禹錫〈烏衣巷〉詩：「朱雀橋邊野草花，烏衣巷口夕陽斜。舊時王謝堂前燕，飛入尋常百姓家。」（卷365，頁4117）
		聽夜深、寂寞打孤城，春潮急。	檃括唐·劉禹錫〈石頭城〉詩：「山圍故國周遭在，潮打空城寂寞回。淮水東邊舊時月，夜深還過女牆來。」（卷365，頁4117）
		玉樹歌殘秋露冷	增損唐·許渾〈金陵懷古〉詩：「玉樹歌殘王氣終，景陽兵合戍樓空。」（卷533，頁6084）
	〈水龍吟·贈友〉	王郎錦帶吳鉤	化用南朝·宋·鮑照〈結客少年場行〉：「驄馬金絡頭，錦帶佩吳鉤。」〔註142〕唐·杜甫〈後出塞詩〉：「少年別有贈，含笑看吳鉤。」（卷18，頁185）
		醉騎赤鯉銀河去	化用南朝·梁·江淹〈采石上菖蒲詩〉：「赤鯉儻可乘，雲霧不復還。」〔註143〕
		悵丹陽郭裡，相逢較晚	化用唐·嚴維〈丹陽送韋參軍詩〉：「丹陽郭裡送行舟，一別心知兩地秋。」（卷263，頁2919）
		共翦燭、西窗雨	增損唐·李商隱〈夜雨寄北〉詩：「何當共翦西窗燭，卻話巴山夜雨時。」（卷539，頁6151）
	〈酹江月·登鳳凰臺懷古用前韻〉	天外三山，洲邊一鷺，李白題詩處。	化用唐·李白〈登金陵鳳凰臺〉詩：「三山半落青天外，二水中分白鷺洲。」（卷180，頁1836）
		遙憶王謝功名，人間富貴，散草頭朝露。	檃括唐·劉禹錫〈烏衣巷〉：「朱鵲橋邊野草花，烏衣巷口夕陽斜。舊時王謝堂前燕，飛入尋常百姓家。」（卷365，頁4117）
		淡淡長空孤鳥沒	增損唐·杜牧〈登樂遊原〉：「長空澹澹孤鳥沒，萬古銷沉向此中。」（卷521，頁5954）
	〈酹江月·過淮陰〉	半夜鐘聲，五更雞唱，南北行人老。	增損唐·張繼〈楓橋夜泊〉：「姑蘇城外寒山寺，夜半鐘聲客船。」（卷242，頁2721）

〔註141〕錄自《瀛奎律髓》卷五，收錄於紀昀編《文津閣四庫全書》第456冊，〈集部·總集類〉，北京：商務印書館，2005年，頁671。

〔註142〕《樂府詩集》卷六十六，同註130，卷六十六之頁1。

〔註143〕《漢魏六朝百家詩集》卷八十六，同註117，頁520。

	〈酹江月・任御史有約不至〉	有人獨自，燈花深夜頻剪。	化用唐・李商隱〈夜雨寄北〉：「何當共剪西窗燭，卻話巴山夜雨時。」（卷539，頁6151）
	〈木蘭花慢・彭城懷古〉	漢家陵闕動秋風。禾黍滿關中。	化用唐・李白〈憶秦娥〉詩：「西風殘照，漢家陵闕。」（卷890，頁10051）
	〈酹江月・遊鍾山紫微觀贈謝道士，其他乃文宗駐蹕升遐處〉	金陵王氣	化用南朝・齊・謝朓〈入朝曲〉：「江南佳麗地，金陵帝王州。」〔註144〕
	〈法曲獻仙音〉	向璇穹、嘗扶日出，捲珠箔、閒看雲飛。	化用唐・王勃〈滕王閣詩〉：「畫棟朝飛南浦雲，珠簾暮捲西山雨。閒雲潭影日悠悠，物換星移幾度秋。」（卷55，頁673）
	〈卜算子・泊吳江夜見孤雁〉	悄無烏鵲向南飛	化用三國・魏・曹操〈短歌行〉：「月明星稀，烏鵲南飛，繞樹三匝，無枝可依。」〔註145〕
	〈酹江月・姑蘇臺懷古〉	果見荒台落日，麋鹿來遊，漫爾繁榛莽。	檃括唐・許渾〈姑蘇懷古〉詩：「宮館餘基輟棹過，黍苗無限獨悲歌。荒台麋鹿爭新草，空苑鳧鷖占淺莎。吳岫雨來虛檻冷，楚江風急遠帆多。可憐國破忠臣死，日日東流生白波。」（卷533，頁6084）
李齊賢	〈鷓鴣天・飲酒其法不篘不壓，插竹筒甕中，座客以次就而吸之，傍置杯水，量所飲多少，挹注其中，酒若不盡，其味不渝〉	碧筩醇酎氣相通	截取宋・蘇軾〈泛舟城南會者五人分韻賦詩得人皆若炎字〉詩：「碧筩時作象鼻彎，白酒微帶荷心酣。」〔註146〕
		舌頭金液凝初滿，眼底黃雲陷欲空。	截取唐・白居易〈遊寶稱寺〉詩：「酒嬾傾金液，茶新碾玉塵。」「金液」，喻美酒。（卷439，頁4882）
	〈大江東去・過華陰〉	八表遊神	截取晉・陶淵明〈歸鳥〉詩：「遠之八表，近憩雲岑。」〔註147〕
		三杯通道	截取唐・李白〈月下獨酌四首其二〉：「三杯通大道，一斗合自然。」（卷182，頁1853）
		共散騏驎髮	檃括唐・韓愈〈雜詩〉：「……共升崑崙顛，長風飄襟裾。……飄然下大荒，被髮騎騏驎。」（卷340，頁3816）
	〈巫山一段雲・西江風雪〉之二	開尊綠蟻香	截取唐・白居易〈問劉十九〉詩「綠螘（同「蟻」）新醅酒，紅泥小火爐。」「綠蟻」，酒面上浮起的綠色泡沫，亦借指酒。（卷440，頁4900）

〔註144〕同註138。
〔註145〕《文選》卷二十七，同註28，頁390。
〔註146〕《東坡全集》卷十一，同註6，頁60。
〔註147〕《靖節先生集》卷一，同註111，卷一之頁21。

〈沁園春・將之成都〉	謬算狂謀，所就幾何	鎔鑄宋・蘇軾〈送安惇秀才失解西歸〉詩：「狂謀謬算百不遂，惟有霜鬢來如期。」〔註148〕
	人事多乖	增損宋・蘇軾〈又送鄭戶曹〉詩：「樓成君已去，人事固多乖。」〔註149〕
	故去日無多來日多	鎔鑄三國・魏・曹操〈短歌行〉：「對酒當歌，人生幾何，譬如朝露，去日苦多。」〔註150〕晉・陸機〈短歌行〉：「蘋以春暉，蘭以秋芳。來日苦短，去日苦長。」〔註151〕
	好輕裘快馬，窮探壯觀	化用宋・秦觀〈顯之禪老許以草庵見處作詩以約之〉：「橡葉岡頭釋馬銜，區中奇觀得窮探。」〔註152〕
	安用平生	化用晉・陶潛〈停雲〉詩：「人亦有言，日月於征，安得促席，說彼平生？」〔註153〕
	空使毛群欺臥駝	增損宋・蘇軾〈百步洪〉詩之二：「奈何捨我入塵土，擾擾毛群欺臥駝。」〔註154〕
	聽陽關第四	增損唐・白居易〈對酒〉詩：「相逢且莫推辭醉，聽唱陽關第四聲。」（卷449，頁5066）
〈江神子・七夕冒雨到九店〉	腸正斷，眼空穿	鎔鑄唐・李商隱〈落花〉詩：「腸斷未忍掃，眼穿仍欲稀。」（卷539，頁6165）
	懶拙只宜閒處著，尋舊路，臥林泉。	化用南唐・徐鉉〈驛中七夕詩〉：「今年不乞巧，鈍拙轉堪嗟。」（卷754，頁8574）宋・楊萬里〈病中七夕〉詩：「說與兒童休乞巧，老夫守拙尚多乖。」〔註155〕
〈鷓鴣天・過新樂縣〉	浮雲起滅月虧盈	增損唐・皇甫曾〈奉陪韋中丞使君游鶴林寺〉詩：「寒磬虛空裏，孤雲起滅間。」（卷210，頁2179）
	詩成卻對青山笑，畢竟功名怎麼生	化用唐・許渾〈聞開江宋相公申錫下世〉詩之一：「畢竟成功何處是？五湖雲月一帆開。」（卷536，頁6122）

〔註148〕《東坡全集》卷二，同註6，頁23。
〔註149〕《東坡全集》卷九，同註6，頁52。
〔註150〕同註145。
〔註151〕《文選》卷二十八，同註28，頁399。
〔註152〕〔宋〕秦觀《淮海集》卷九，收錄於紀昀編《文津閣四庫全書》第373冊，〈集部・別集類〉，北京：商務印書館，2005年，頁14。
〔註153〕《靖節先生集》卷一，同註111，卷一之頁2。
〔註154〕《東坡全集》卷十，同註6，頁56。
〔註155〕〔宋〕楊萬里《誠齋集》卷四十二，收錄於紀昀編《文津閣四庫全書》第387冊，〈集部・別集類〉，北京：商務印書館，2005年，頁710。

	〈太常引・暮行〉	燈火小於螢	增損宋・陸游〈宿能仁寺〉詩：「孤燈如秋螢，清夜自開闔。」〔註156〕
		又何處、長亭短亭	增損唐・李白〈菩薩蠻〉：「何處是歸程，長亭更短亭。」（卷890，頁10051）
	〈浣溪沙・早行〉	人世幾時能少壯	增損唐・杜甫〈贈衛八處士〉：「少壯能幾時，鬢髮各已蒼。」（卷216，頁2257）
		宦遊何處計東西	增損宋・蘇軾〈和子由澠池懷舊〉：「泥上偶然留指爪，鴻飛那復計東西。」〔註157〕
	〈人月圓・馬嵬效吳彥高〉	飛燕倚新妝	增損唐・李白〈清平調〉：「借問漢宮誰得似，可憐飛燕倚新妝。」（卷164，頁1703）
		小轝中有，漁陽胡馬，驚破霓裳。	增損唐・白居易〈長恨歌〉：「漁陽鼙鼓動地來，驚破〈霓裳羽衣曲〉。」（卷435，頁4818）宋・蘇軾〈眉子石硯歌贈胡誾〉：「遊人指點小轝處，中有漁陽胡馬嘶。」〔註158〕
		明眸皓齒，如今何在，空斷人腸。	增損唐・杜甫〈哀江頭〉詩：「明眸皓齒今何在？血污遊魂歸不得。」（卷216，頁2268）
	〈玉漏遲・蜀中中秋值雨〉	且吸盡、杯中之物	增損晉・陶潛〈責子〉詩：「天運苟如此，且進杯中物。」〔註159〕
	〈洞仙歌・杜子美草堂〉	猶想君家屋烏好	櫽括唐・杜甫〈奉贈射洪李四丈〉詩：「丈人屋上烏，人好烏亦好。」（卷220，頁2317）
		短褐天吳顛倒	增損唐・杜甫〈北征〉詩：「天吳及紫鳳，顛倒在短褐。」（卷217，頁2275）
	〈木蘭花慢・長安懷古〉	鳥沒長空	增損唐・杜牧〈登樂遊原〉：「長空澹澹孤鳥沒，萬古銷沉向此中。（卷521，頁5954）
		看取麟臺圖畫	增損唐・李白〈塞下曲六首之三〉：「功成畫麟閣，獨有霍嫖姚。」（卷164，頁1700）
	〈巫山一段雲・瀟湘夜雨〉之一	箇中誰與共清幽。唯有一沙鷗。	化用唐・杜甫〈旅夜書懷〉：「飄飄何所似，天地一沙鷗。」（卷229，頁2489）
	〈巫山一段雲・瀟湘夜雨〉之二	暗澹青楓樹，蕭疏斑竹林。	化用唐・劉長卿〈餘干旅社〉：「搖落暮天迴，青楓霜葉稀。」（卷147，頁1493）唐・劉禹錫〈瀟湘神〉：「斑竹枝，斑竹枝，淚痕點點寄相思。」（卷28，頁404）
		二女湘紅淚，三閭楚澤吟。	化用唐・李涉〈鷓鴣詞〉：「二女虛垂淚，三閭枉自沉。」（卷477，頁5424）

〔註156〕〔宋〕陸游《劍南詩藁》卷十六，收錄於紀昀編《文津閣四庫全書》第388冊，〈集部・別集類〉，北京：商務印書館，2005年，頁334。
〔註157〕《東坡全集》卷一，同註6，頁17。
〔註158〕《東坡全集》卷十四，同註6，頁73。
〔註159〕《靖節先生集》卷三，同註111，卷三之頁44。

		白雲千載恨沈沈	增損唐・崔顥〈黃鶴樓〉詩:「黃鶴一去不復返,白雲千載空悠悠。」(卷130,頁1329)
〈巫山一段雲・紫洞尋僧〉之一		逢人何更問僧扉。午梵出煙霏。	化用宋・王安石〈遊鍾山〉詩之二:「午梵隔雲知有寺,夕陽歸去不逢僧。」〔註160〕
		草露沾芒屨	增損宋・蘇軾〈梵天寺見僧守詮小詩次韻〉:「幽人行未已,草露溼芒屨。」〔註161〕宋・陸游〈夜出偏門還三山〉詩:「水風吹葛衣,草露溼芒履。」〔註162〕
		鬢絲禪榻坐忘機	化用唐・杜牧〈題禪院〉詩:「今日鬢絲禪榻畔,茶煙輕颺落花風。」(卷522,頁5972)唐・李白〈下終南山過斛斯山人宿置酒〉詩:「我醉君復樂,陶然共忘機。」(卷179,頁1825)
〈巫山一段雲・青郊送客〉之一		一曲渭城歌	檃括唐・王維〈送人使安西〉詩:「渭城朝雨浥輕塵,客舍青青柳色新。勸君更盡一杯酒,西出陽關無故人。」(卷128,頁1307)
〈巫山一段雲・青郊送客〉之二		臨風白馬紫金韉	增損宋・蘇軾〈作書寄王晉卿忽憶前年寒食北城之遊走筆為此〉詩:「王孫出遊樂忘歸,門前驄馬紫金韉。」〔註163〕
〈巫山一段雲・北山煙雨〉之一		一鳥沒長空	化用唐・杜牧〈登樂遊原〉:「長空澹澹孤鳥沒,萬古銷沉向此中。」(卷521,頁5954)
〈巫山一段雲・北山煙雨〉之二		忽驚雷雨送飛龍	增損唐・杜甫〈戲題王宰畫山水圖〉:「赤岸水與銀河通,中有雲氣隨飛龍。」(卷219,頁2305)
〈巫山一段雲・白岳晴雲〉之二		提壺勸酒語關關	化用宋・歐陽脩〈啼鳥〉詩:「獨有花上提壺蘆,勸我沽酒花前醉。」〔註164〕宋・梅堯臣〈和永叔六篇・啼鳥〉:「提胡蘆,提胡蘆,爾莫勸翁沽美酒,公多金錢賜醇酎,名聲壓時為不朽。」〔註165〕
		郊原雨足信風還	增損宋・蘇軾〈過雲龍山人張天驥〉詩:「郊原雨初足,風日清且好。」〔註166〕

〔註160〕〔宋〕王安石《臨川集》卷三十三,收錄於紀昀編《文津閣四庫全書》第369冊,〈集部・別集類〉,北京:商務印書館,2005年,頁391。
〔註161〕《東坡全集》卷四,同註6,頁29。
〔註162〕《劍南詩薰》卷二十,同註156,頁359。
〔註163〕《東坡全集》卷十,同註6,頁57。
〔註164〕《文忠集》卷三,同註115,頁335。
〔註165〕〔宋〕梅堯臣《宛陵集》卷二十,收錄於紀昀編《文津閣四庫全書》第367冊,〈集部・別集類〉,北京:商務印書館,2005年,頁350。
〔註166〕《東坡全集》卷八,同註6,頁48。

〈巫山一段雲・朴淵瀑布〉之一	白練飛千尺	化用唐・李白〈望廬山瀑布水〉之 ：「飛流直下三千尺，疑是銀河落九天。」（卷180，頁1837）
	青銅徹萬尋	截取宋・蘇軾〈登州海市〉詩：「斜陽萬里孤鳥沒，但見碧海磨青銅。」〔註167〕
〈巫山一段雲・朴淵瀑布〉之二	到此欲裝綿	增損唐・杜甫〈陪鄭廣文游何將軍山林〉之六：「酒醒思臥簟，衣冷欲裝綿。」（卷224，頁2397）
鷓鴣天・鶴林寺	雲間無處尋黃鶴	櫽括唐・崔顥〈黃鶴樓〉詩：「昔人已乘黃鶴去，此地空餘黃鶴樓。黃鶴一去不復返，白雲千載空悠悠。」（卷130，頁1329）
	僧窗半日閒中味	化用唐・李涉〈題鶴林寺僧舍〉詩：「因過竹院逢僧話，又得浮生半日閒」（卷477，頁5429）宋・蘇軾〈同曾元恕遊龍山寺〉：「共知寒食明朝過，且赴僧窗半日閒。」〔註168〕
菩薩蠻・舟中夜宿	西風吹雨鳴江樹。一邊殘照青山暮。	化用唐・李白〈憶秦娥〉：「西風殘照，漢家陵闕。」（卷890，頁10051）
	繫纜近漁家	化用南朝・宋・謝靈運〈登臨海嶠與從弟惠連〉詩：「日落當棲薄，繫纜臨江樓。」〔註169〕
	徑到無何有	襲用宋・蘇軾〈謫居三適之午窗坐睡〉詩：「此間道路熟，徑到無何有。」〔註170〕
	自喜臥滄洲。那知是宦遊	化用唐・杜甫〈曲江對酒〉詩：「吏情更覺滄洲遠，老大悲傷未拂衣。」（卷225，頁2410）
菩薩蠻・舟次青神	夢與白鷗盟	化用宋・黃庭堅〈登快閣〉詩：「萬里歸船弄長笛，此心吾與白鷗盟。」〔註171〕
〈巫山一段雲・山市晴嵐〉之一	嵐翠落殘霏	化用南朝・宋・謝靈運〈石壁精舍還湖中作〉詩：「林壑斂暝色，雲霞收夕霏。」〔註172〕
〈巫山一段雲・山市晴嵐〉之二	空翠襲人清	化用唐・王維〈山中〉詩：「山路元無雨，空翠濕人衣。」（卷128，頁1305）
	機中匹練橫	截取宋・陳造〈縣西〉詩：「坡頭嘉樹千幢立，煙際長江匹練橫。」〔註173〕

〔註167〕《東坡全集》卷十五，同註6，頁79。
〔註168〕《東坡全集》卷二十九，同註6，頁137。
〔註169〕《文選》卷二十五，同註28，頁365。
〔註170〕《東坡全集》卷二十四，同註6，頁117。
〔註171〕《山谷集・外集》卷七，同註39，頁299。
〔註172〕《文選》卷二十二，同註28，頁315。
〔註173〕〔宋〕陳造《江湖長翁集》卷十二，收錄於紀昀編《文津閣四庫全書》第389冊，〈集部・別集類〉，北京：商務印書館，2005年，頁529。

	〈巫山一段雲・漁村落照〉之一	時聞笑語隔蘆花	化用唐・王維〈鹿柴〉詩意：「深山不見人，但聞人語響。」（卷128，頁1300）
	〈巫山一段雲・遠浦歸帆〉之二	斷送浮雲影，驚回過雁行。江樓紅袖倚斜陽。遠引客心忙。	化用唐・韓翃〈和高平朱參軍思歸作〉：「一雁南飛動客心，思歸何待秋風起。」（卷243，頁2728）
	〈巫山一段雲・洞庭秋月〉之二	舉杯長嘯待鸞驂。且對影成三。	化用唐・李白〈月下獨酌〉：「花間一壺酒，獨酌無相親。舉杯邀明月，對影成三人。」（卷182，頁1853）
	〈巫山一段雲・江天暮雪〉之二	江雲作雪使人愁。不見古潭洲。	化用唐・李白〈登金陵鳳凰臺〉：「總爲浮雲能蔽日，長安不見使人愁。」（卷180，頁1836）
	〈巫山一段雲・西江風雪〉之一	落花飄絮滿紅鄉	化用唐・杜甫〈送大理封主簿五郎親事不合卻赴通州主簿前閬－親事遂停〉詩：「餘寒折花卉，恨別滿江鄉。」（卷232，頁2554）

　　以上七十幾首詞（佔了金元少數民族詞作的一半以上）都大量化用唐、宋和唐宋以前著名詩人的詩句，以李白、杜甫、白居易、杜牧、劉禹錫、蘇軾等人的作品爲最。而詞人所書寫的主題也會影響他們偏好某類文風的作品，例如寫漁父情懷多用張志和的詩句，懷古登臨多用許渾、劉禹錫、杜牧的句意，寫景狀物則多用王維、孟浩然、謝朓、謝靈運的句子，詠懷抒情則以李白、杜甫、白居易、李商隱、蘇軾的文句居多。在眾多金元少數民族詞人中，才情最爲卓越的，當推薩都剌與李齊賢，他們兩人的作品佔最大宗，搜羅前人的詩句也最多樣豐富；然分別觀之，兩人各有所好，薩都剌好爲懷古詞，故多承襲劉禹錫、許渾之懷古作品，而李齊賢抒懷之作頗多，則多運化蘇軾、杜甫、李白的詠懷之作，他們的才情之盛、閱歷之廣，由此可證。從這些整理可知，金元少數民族詞人崇拜李白、杜甫的現象，也是學習蘇軾、黃庭堅推崇李杜的詩詞取材傾向，他們還懂得選擇適合自己風格的作品，加以剪裁運用，足見他們對中原文學的熟悉和認同。

　　（三）化用詞句

　　除了從唐詩中擷取精華，金元少數民族詞人更從宋代著名詞家作品中，直取精髓，無論是詞牌、內容、風格等，一一考究模仿，使他們得以做出臻於成熟、青出於藍的詞作。

作　者	詞　調	詞　句	化用之詞句〔註174〕
完顏亮	〈喜遷鶯・賜大將軍韓夷耶〉	笑談頃，指長江齊楚，六師飛渡。	化用宋・蘇軾〈念奴嬌〉：「談笑間，檣櫓灰飛煙滅。」（冊一，頁282）
	〈念奴嬌〉	天丁震怒，掀翻銀海，散亂珠箔。六出奇花飛滾滾，平填了、山中丘壑。皓虎顛狂，素麟猖獗，掣段真珠索。玉龍酣戰，鱗甲滿天飄落。誰念萬里關山，征夫僵立，縞帶占旗腳。色映戈矛，光搖劍戟，殺氣橫戎幕。貔虎豪雄，偏裨真勇，非與談兵略。須拚一醉，看取碧空寥廓。	隱括宋・蘇軾〈念奴嬌〉：「大江東去，浪淘盡，千古風流人物。故壘西邊人道是，三國周郎赤壁。亂石崩雲，驚淘裂岸，捲起千堆雪。江山如畫，一時多少豪傑。　　遙想公瑾當年，小喬初嫁了，雄姿英發，羽扇綸巾，談笑間，檣櫓灰飛煙滅。故國神遊，多情應笑我，早生華髮，人生如夢，一樽還酹江月。」（同上）
完顏璹	〈朝中措〉	千古風流人物，一時多少雄豪	增損宋・蘇軾〈念奴嬌・赤壁懷古〉：「大江東去，浪淘盡，千古風流人物，……一時多少豪傑」。（同上）
	〈青玉案〉	試問簾前深幾許	化用宋・李清照〈醉花陰〉：「試問捲簾人，卻道海棠依舊。」（冊二，頁927）
	〈秦樓月〉	征帆舉。一行驚雁，數聲柔櫓。	化用宋・張先〈離亭宴〉詞：「更上玉樓西，歸雁與征帆共遠。」（冊一，頁76）
貫雲石	〈水龍吟・詠揚州明月樓〉	修眉如妒	截取宋・柳永〈少年游〉詞：「修眉斂黛，遙山橫翠，相對結春愁。」（冊一，頁33）
薛昂夫	〈最高樓・暮春〉	三分春色二分休	增損宋・葉清臣〈賀聖朝〉：「三分春色二分愁，更一分風雨。」（冊一，頁119）繼而有蘇軾〈水龍吟〉：「一池萍碎，春色三分，二分塵土，一分流水。」（冊一，頁277）
		落花中，流水裡，兩悠悠。	化用南唐・李煜〈浪淘沙〉詞：「落花流水春去也，天上人間。」〔註175〕
薩都剌	〈酹江月・遊鍾山紫微觀贈謝道士，其他乃文宗駐蹕升遐處〉	總是神遊處	截取宋・蘇軾〈念奴嬌・赤壁懷古〉：「故國神遊，多情應笑我，早生華髮」（冊一，頁282）

〔註174〕以下詞句統一以《全宋詞》版本錄之，同註18。恐註腳繁複，於詞句後直接標明引用之冊數、頁碼，若有例外者，再另做註。

〔註175〕張璋、黃畬編《全唐五代詞》，臺北：文史哲出版社，1986年，頁478。

〈滿江紅・金陵懷古〉	六代繁華春去也、更無消息。	化用後蜀・歐陽炯〈江城子・晚日金陵岸草平〉詞：「六代繁華，暗逐逝波聲。」〔註176〕
	王謝堂前雙燕子，烏衣巷口曾相識。	櫽括宋・周邦彥〈西河・金陵懷古〉詞：「酒旗戲鼓甚處市？想依稀王謝鄰里。燕子不知何世，向尋常巷陌人家相對，如說興亡斜陽裡。」（冊二，頁612）〔註177〕
	聽夜深、寂寞打孤城，春潮急。	櫽括宋・周邦彥〈西河・金陵懷古〉詞亦有：「怒濤寂寞打孤城，風檣遙度天際。」（同上）
	但荒煙衰草	鎔鑄宋・王安石〈桂枝香・金陵懷古〉詞：「六朝舊事隨流水，但寒煙衰草凝綠。」（冊一，頁204）
	胭脂井壞寒螿泣	化用宋・王雲煥〈沁園春・四十君王〉詞：「嘆幕府峰高，生涯社燕，胭脂井暗，富貴飛花。」（冊四，頁3023）
〈酹江月・過淮陰〉	望楚天空闊	增損宋・柳永〈雨霖鈴〉詞：「念去去千里煙波，暮靄沈沈楚天闊。」（冊一，頁21）
	椎牛釃酒，英雄千古誰弔。	櫽括宋・劉克莊〈沁園春〉：「歎名姬駿馬，都成昨夢，隻雞斗酒，誰弔新丘。天地無情，功名有命，千古英雄只麼休。」（冊四，頁2594）
〈水龍吟・贈友〉	待明朝酒醒金山，□□過瓜洲渡。	化用宋・柳永〈雨霖鈴〉：「今宵酒醒何處，楊柳岸，曉風殘月。（冊一，頁21）
〈念奴嬌・登石頭城次東坡韻〉	蔽日旌旗，連雲檣櫓，白骨紛如雪。	化用宋・蘇軾〈念奴嬌・赤壁懷古〉：「談笑間，檣櫓灰飛煙滅。」（冊一，頁282）
	一江南北，消磨多少豪傑。	化用宋・蘇軾〈念奴嬌・赤壁懷古〉：「江山如畫，一時多少豪傑。」（冊一，頁282）
〈酹江月・題清溪白雲圖〉	天涯倦客，幾時歸釣春雨。	化用宋・蘇軾〈永遇樂〉：「天涯倦客，山中歸路，望斷故園心眼。」（冊一，頁302）
〈卜算子・泊吳江夜見孤雁〉	但見孤鴻影	化用宋・蘇軾〈卜算子〉：「誰見幽人獨往來，縹緲孤鴻影。」（冊一，頁295）
	西風鳴宿夢魂單，霜落蒹葭冷。	化用宋・蘇軾〈卜算子〉：「揀盡寒枝不肯棲，寂寞沙洲冷。」（同上）
〈酹江月・遊句曲茅山〉	前度劉郎重到也，開盡碧桃無數。	化用宋・辛棄疾〈賀新郎〉：「前度劉郎今重到，問玄都、千樹花存否？」（冊三，頁1890）〔註178〕

〔註176〕《全唐五代詞》，同上註，頁770。
〔註177〕案：周詞亦化用〔唐〕劉禹錫〈烏衣巷〉詩。
〔註178〕案：辛詞亦化用〔唐〕劉禹錫〈再遊玄都觀〉詩。

〈沁園春・將之成都〉	倒捲金荷	增損宋・黃庭堅〈清平樂・飲宴〉：「採蓮一曲清歌，爭檀催捲金荷。醉裡香飄睡鴨，更驚羅襪凌波。」又〈念奴嬌〉詞：「共倒金荷，家萬里，難得尊前相屬。」（冊一，頁393、385）
〈大江東去・過華陰〉	一樽轟醉秋月	增損宋・蘇軾〈念奴嬌・赤壁懷古〉：「人生如夢，一樽還酹江月。」（冊一，頁282）
〈水調歌頭・望華山〉	我欲乘風歸去，只恐煙霞深處，幽絕使人愁。	增損宋・蘇軾〈水調歌頭〉：「我欲乘風歸去，又恐瓊樓玉宇，高處不勝寒。」（冊一，頁280）
〈玉漏遲・蜀中中秋值雨〉	圓又缺	增損宋・蘇軾〈水調歌頭〉：「人有悲歡離合，月有陰晴圓缺，此事古難全。」（同上）
	空使早生華髮	增損宋・蘇軾〈念奴嬌・赤壁懷古〉：「多情應笑我，早生華髮。」（冊一，頁282）
〈巫山一段雲・西江風雪〉之一	過海風淒緊	增損宋・柳永〈八聲甘州〉詞：「漸霜風淒緊，關河冷落，殘照當樓。」（冊一，頁43）
〈巫山一段雲・洞庭秋月〉之一	雲帆便欲掛西風。直到廣寒宮。	化用宋・蘇軾〈水調歌頭〉：「明月幾時有，把酒問青天……我欲乘風歸去，又恐瓊樓玉宇，高處不勝寒。」（冊一，頁280）
〈巫山一段雲・煙寺晚鐘〉	楚甸秋霖捲，湘岑暮靄濃。	化用宋・柳永〈雨霖鈴〉詞：「念去去千里煙波，暮靄沈沈楚天闊。」（冊一，頁21）
〈鷓鴣天〉	未用真珠滴夜風	截取宋・蘇軾〈浣溪沙〉（醉夢醺醺曉未蘇）：「廢圃寒蔬挑翠羽，小槽春酒凍真珠。」「真珠」，指酒。（冊一，頁314）
	碧筩醇酎氣相通	截取宋・辛棄疾〈粉蝶兒〉詞：「把春波，都釀作一江醇酎。」（冊三，頁1919）
〈鷓鴣天・揚州平山堂，今為八哈師所居〉	樂府曾知有此堂。路人猶解說歐陽。堂前楊柳經搖落，壁上龍蛇逸杳茫。	櫽括宋・蘇軾〈西江月・平山堂〉：「三過平山堂下，半生彈指聲中。十年不見老仙翁，壁上龍蛇飛動。欲弔文章太守，仍歌楊柳春風。休言萬事轉頭空，未轉頭時皆夢。」（冊一，頁285）

　　其中學蘇軾者十有八九，尤以完顏亮、薩都剌、李齊賢為最。化用蘇軾〈念奴嬌・赤壁懷古〉也最多，完顏亮櫽括、化用蘇詞，營造出如赤壁江水驚濤裂岸的壯盛軍容；薩都剌十五闋詞有一半以上是用〈念奴嬌〉（別名〈酹江月〉）詞牌所製，不論韻腳、句式、渾厚的詞風，都與蘇軾如出一轍；李齊賢也化用蘇之〈念奴嬌〉、〈水調歌頭〉等詞，寫出瀟灑豪情、如夢幽情和癡人多情，甚得蘇軾遺風餘韻。

　　綜合以上所述，不論是化用前人文句、詩句或詞句，金元少數民族詞人

於其詞作中始終實踐蘇軾「以詩爲詞」，以及黃庭堅「以故爲新」、「點鐵成金」、「奪胎換骨」的理論，在化用前人作品的過程中，他們表現出對中原文學的高度認同，逐漸向中原文化靠攏，是一種文學式的民族融合。

四、抒發個人情志

蘇軾倡導詞爲詩之裔，也就是詞之詩化，開拓了詞的表現疆域，舉凡「山川之秀美，風俗之樸陋，賢人君子之遺跡」等一切事務，只要爲詩人「耳目之所接」、「雜然有觸於中」，就可以「發於詠嘆」。（《東坡全集》卷三十四，〈南行前集序〉，頁 157）他所開拓的敘事繪景、言志抒情、詠物記遊、懷古感悼、題贈酬唱、懷鄉念遠等題材，表現在「意」的豐富多彩和「事」的包羅萬象，正如劉熙載所言：「東坡詞如老杜詩，以其無意不可入，無事不可言也。」〔註179〕黃庭堅也有「理得辭順」、「遇境而生」，詩詞需緣情而發的論點〔註180〕，大體也是承自蘇論。從金元少數民族詞人「伉爽清疏，自成格調」〔註181〕的作詞風格可知他們受到蘇黃之論的影響頗深，他們不從詞之傳統，將詞當作吟花詠月、專頌兒女相思或唱和祝壽的「小道」，而是用來陶冶情性，呈現眞切渾成、意涵深遠的思想情感，以下一一列舉〔註182〕：

（一）敘事繪景

薩都剌〈酹江月・題清溪白雲圖〉描繪了與世無爭、世外桃源的幽靜景致，寄託著自己超然物外、歸隱林泉的理想生活。李齊賢有四組山水詞，分別描寫瀟湘八景和松都八景，有瀟湘的大雁、歸帆、夜雨、秋月、暮雪、晚鐘、晴嵐、落照，和松都的紫洞、青郊、北山、西江、白岳、黃橋、朴淵、長湍，利用五感寫出動景和靜景，使畫面生動多姿，猶如置身其境，並寄託人事的感慨，包含羈旅的憂思、歸隱的嚮往，和人生的困乏與超脫，由文字所營造的畫面，以訴說詞人之志。

（二）言志抒情

此類題材主要以詠史和詠懷詞呈現，也是金元少數民族詞人用最大的心力和筆墨來琢磨創作。詞人在作品中時時流露出壯志豪情，如：李齊賢在〈沁

〔註179〕同註 38。
〔註180〕詳見前一節「無一字無來處」一段。
〔註181〕同註 82。
〔註182〕以下不再細舉範例，詳見第二、三、四章「詞作析論」相關詞作分析。

園春·將之成都〉對朝中親元勢力的賣國者,發出嚴正的痛斥和嘲諷,臨行成都前,他雖知朝中奸權當道,仍不改其爲國爲民的志向,欲藉途中雄壯的景致,激發出奮勉不懈的激昂情操。在〈江神子·七夕冒雨到九店〉憶及和家鄉有千里之遙,在異國孤立無援,遂自謙不如歸隱山林,不問世事,實則仍心繫家國,反襯出他捨我其誰的積極用世心態。又他在〈浣溪沙·早行〉寫旅途的困頓勞累,卻不以爲苦,反而以「聞雞起舞」的故事砥礪心志,展現他壯遊勵志、積極向上的一面。而〈水調歌頭·過大散關〉寫大散關雄壯豪奇的景象時,也寫出「男子平生大志」的豪情壯志,展現無比的毅力和決心,似是要征服高山勝景,亦是要超越仕途中所遇到的艱難險阻。又志得意滿的完顏亮則在〈念奴嬌〉吟詠宋金水上激戰的情景,反映欲一統天下的內心世界。

　　詞人也常在作品中發出對生命無常的嘆息,幽咽纏綿的哀情是他們最喜表達的情緒之一,如:李齊賢在〈鷓鴣天·過新樂縣〉由旅途中的自然之景,體悟到月圓月缺、浮雲起滅的無常,警惕自己要放下對功名的執著,笑看人生;但當現實與理想相差太多,爲茫茫前程感到迷惘的時候,又不禁興起歸隱念頭,在〈木蘭花慢·書李將軍壁〉便和惺惺相惜的李將軍發出歸隱的期盼,只可惜大事未成,這樣的希望不知何時才能實現。而生在風雨飄搖之宋末和金末的蒲壽宬和完顏璹,他們的作品〈滿江紅·登樓偶作〉和〈沁園春〉、〈臨江仙〉則充滿了對自身不得志的感慨和時不我予的悲嘆。貫雲石〈蝶戀花·錢塘燈夕〉則藉詠元宵佳節,寫出繁華落盡、韶光易逝的感觸。薛昂夫〈最高樓·暮春〉和完顏璹〈春草碧〉,又藉暮春時節寥落衰殘的景象,折射出知音難覓、傷春悲秋之情,亦寫出對頹敗時局無可奈何的傷感和憂慮。反之,描寫開朗暢達歡情的作品,比重較少,如:耶律鑄〈滿庭芳〉、〈六國朝令〉描寫席間飲酒作樂的歡快之情,〈鵲橋仙〉則發表對《稼軒樂府全集》的看法,認爲積極樂觀且正面看待世事的自然發展,才是較好的人生態度。蒲壽宬〈賀新郎·贈鐵笛〉則多瀟灑之語,看破名利生死,笑看人生。薛昂夫〈最高樓·九日〉則藉詠重陽佳節,寫出對人生豪放豁達的寄寓。

　　當遇人生無常、困頓挫折時,許多文人爲使精神超脫而寄託於佛老之說,如:李齊賢在〈鷓鴣天·鶴林寺〉藉殷七七和韓湘子的故事,領悟到功名富貴只是頃刻虛花,追求佛門空境,才不會被俗情世事所煩擾;〈菩薩蠻·舟中夜宿〉和〈舟次青神〉則描寫了舟行所見,嚮往漁隱的生活;在〈水調歌頭·

望華山〉中，觀華山而思李白和潘閬逍遙超脫的情懷，從大自然奇峻的景色中，學習兼容並蓄的智慧。而完顏璹〈西江月〉與〈漁父詞〉、兀顏思忠〈水調歌頭〉和蒲壽宬十六首〈漁父詞〉，也分別藉談佛論禪、隱士和漁父形象的描述，寄託隨緣自適、遠離紛擾、歸隱林泉的思想情懷。

詞人也喜以史作鑑，藉評論歷史事件或人物的功過是非，寄託隱晦的意涵，也有抒情言志的功能，如：李齊賢的〈浣溪沙·黃帝鑄鼎原〉對黃帝只顧自己乘龍升仙，不顧百姓的作為，頗有微詞，以及〈蝶戀花·漢武帝茂陵〉對漢武帝為長生求仙所做的荒唐舉動，也不以為然，目的都是藉前代君王的過失，警惕在位者應愛民如子，以民為重；又〈滿江紅·相如駟馬橋〉批評漢代文豪司馬相如的寡情薄倖，也是教人要潔身自愛，忠貞不渝。而他對李白、杜甫的推崇，可見於〈大江東去·過華陰〉和〈洞仙歌·杜子美草堂〉，他視李白和杜甫為典範，要效法他們的人生態度——他欣賞李白飄逸超絕的才華和蔑視權貴的瀟灑健邁之舉，也欽羨杜甫「獨步百代」的高才和為民發聲的熱血情操。在〈鷓鴣天·揚州平山堂，今為八哈師所居〉見歐陽脩遺跡，感嘆高麗和宋朝一樣積弱不振，岌岌可危。而他在〈人月圓·馬嵬效吳彥高〉從不同的歷史角度，同情弱者楊貴妃的遭遇，認為貴妃也是政治的犧牲品，教人反思帝王的治國無方，才是造成動亂的主要原因。僕散汝弼和耶律鑄分別在〈風流子〉和〈木蘭花慢·丙戌歲，遊永安故宮，徧覽太液池、蓮瀛桂窟殿、天香閣，同中諸客，感而賦此〉也對唐玄宗和楊貴妃事有所感懷，寫出亡國之慨。又耶律鑄〈眼兒媚·醴泉和高齋·欲煬帝故宮〉則借暴虐無道的隋煬帝作歷史興亡的借鑑，希望臣子要能對君主諫言，施行仁政，才能有天下昇平的盛世。詞人們的政治理念和做人處事的原則，多能藉對歷史人物與事蹟的反覆詠歎，具體明白的表達出來。

（三）詠物記遊

薩都剌的〈酹江月·任御史有約不至〉、〈少年遊〉、〈卜算子·泊吳江夜見孤雁〉和〈酹江月·遊句曲茅山〉，藉所見之湖光山色，諸如秦淮河畔、江南月夜、吳江孤雁和道家洞天——茅山，將羈旅思鄉、感懷身世、懷才不遇、孤寂寥落、嚮往仙道等的心情，一一抒發，寓情於景。又完顏璹的〈蝶戀花·聚骨扇〉和〈生查子·軟金杯〉，和拜住的〈菩薩蠻〉，雖純為詠物，但所詠之物皆代表宮庭生活的華貴柔靡，有其指涉的含意存在。再如：耶律鑄〈鵲橋仙·崇霞臺〉、貫雲石〈水龍吟·詠揚州明月樓〉和偰玉立〈菩薩蠻·蒙嵩

石刻〉表面上所詠者皆爲眼前之景，實際上則暗合詞人悠閒寫意的生活情調和脫俗高雅的志趣。又完顏亮〈昭君怨・雪〉、〈鵲橋仙・待月〉，完顏璹〈青玉案〉和廉希憲〈水調歌頭・讀書巖〉則是意在物外，意有所指，託物言志，藉詠物分別寄託詞人急進野心、遺世獨立、志在學問等更深層的心情和志向。

（四）懷古感悼

薩都剌〈滿江紅・金陵懷古〉、〈念奴嬌・登石頭城次韻東坡〉和〈酹江月・登鳳凰臺懷古〉寫出「山川滿目之嘆」：依古城的歷史規律，預見元朝的衰亡；不斷的反覆重現的歷史輪迴，令詞人無限唏噓；又藉懷想鳳凰臺與李白舊事，體悟人生無定，應及時行樂。而〈木蘭花慢・彭城懷古〉、〈酹江月・姑蘇臺懷古〉和〈酹江月・過淮陰〉，分別用項羽兵敗垓下、關盼盼燕子樓、吳越相爭、韓信遭遇，哀嘆英雄美人的忠貞執著，到頭只是一場虛空，可謂看透世情，欲有所超脫。李齊賢的〈木蘭花慢・長安懷古〉則見長安古城，有景物依舊，人事已非的興亡之嘆。完顏璹〈朝中措〉和〈秦樓月〉亦從憑弔歷史遺跡入手，撫今追昔，將悼古傷今之情，寄託在大江南北古情古景的時空之中。

（五）題贈酬唱

即使是酬贈應答之詞，亦可寫來情深款款，如：薩都剌爲好友干文傳所作的壽詞〈法曲獻仙音〉，體現對老友的關心和祝福；〈水龍吟・贈友〉則是對一萍水相逢卻相逢恨晚的朋友，給予眞誠的讚美和欣賞；〈酹江月・遊鍾山紫薇觀贈謝道士，其他乃文宗駐蹕升遐處〉則是憶及元文宗親臨紫薇觀事，和道友謝舜咨共承皇恩，並向謝舜咨傾訴自己爲報皇恩，必將鞠躬盡瘁、忠誠報國的心跡，顯示謝舜咨是薩都剌相知相惜的知己。而耶律鑄〈南鄉子・送人北行入燕作〉和薛昂夫〈太常引・題朝宗亭督孟傳早歸〉分別爲即將去遠地出仕和出征的友人送別，充滿離情依依，並送上深情的祝福。

根據題贈對象的不同，表達的情志亦充滿變化，如：完顏亮〈喜遷鶯・賜大將軍韓夷耶〉藉激勵將帥的士氣，來達成他一統大業的理想；完顏雍〈減字木蘭花・贈玄悟玉禪師〉和禪師交流對佛理的看法，體認佛家虛空隨緣的道理；耶律履〈虞美人〉、〈朝中措〉和〈念奴嬌〉皆寄贈給身在朝廷卻志在玄遠的雲中完顏公，反映出耶律履對道家思想的傾慕；耶律鑄〈太常引・題李隱君文集〉推崇李隱君之文，其文章內容富有道家情韻，詞人慕之，能與之產生共鳴；耶律楚材〈鷓鴣天・題七眞洞〉見衰敗道觀，觸目成愁，發出

家國興亡、人事變幻之慨；耶律鑄〈憶秦娥・贈前朝宮人琵琶色蘭蘭〉惋惜宮人色蘭蘭的遭遇，悵懷今昔，對朝不保夕的人生，獨多感慨；完顏從郁〈西江月・題邯鄲王化呂仙翁祠堂〉則表現對仙人得道成仙的嚮往，和對照自身不能超脫凡塵俗世，興起感事傷懷的情調。

（六）懷鄉念遠

遠離故鄉，宦遊中國的李齊賢，其詞作中懷鄉念遠的相思之情最為鮮明：〈玉漏遲・蜀中中秋值雨〉為奉使西蜀途中，遇上中秋團圓佳節所作，道盡身為「天涯倦客」的思鄉之情，不僅想望和家人團圓，也對故國國事充滿牽掛，致使「早生華髮」。而在〈鷓鴣天・九月八日寄松京故舊〉重陽佳節前夕想起當年在松京與故鄉親友相處的種種，又是思鄉萬里，感慨萬千。除了「每逢佳節倍思親」，旅途中的辛勞也加深了旅人的客愁，在〈太常引・暮行〉中所描繪的荒涼蕭瑟的暮景，正是身在異鄉的詞人心境的寫照，幽獨又孤寂。

不論題材為何，他們共通的特色就是寫景非為景，狀物不止物，詠史題贈亦寄託，皆圍繞在「情、志」二字來抒發，或直抒胸臆，或聯類比興，都是遇境而生，自然而發，情感真摯而動人，與蘇黃「無意不入」之論相符合，作品中充滿少數民族詞人的性靈。

第五節　小結

金元少數民族詞人作詞理論的繼承與實踐，都依蘇黃之論而行。他們受到蘇軾「詩詞一體」、詞「自是一家」、「以詩為詞」的詞學理論啟發，將詞視為和詩一樣，是有抒情言志功能的文學作品，不以詞為小道，勉力為之，寫出少數民族自我獨特的風味──「伉爽清疏，自成格調」，追隨蘇軾的豪放詞風。而黃庭堅身為蘇軾的門人，提出「以俗為雅」、「以故為新」、「無一字無來處」、「緣情而發」、「點鐵成金」、「奪胎換骨」的論點，可視為發揚蘇軾理論之精神的詳盡具體做法，亦為金元少數民族詞人所吸收。他們因豪邁健朗的民族本性使然，特別青睞同樣是豪情爽颯的蘇軾作品，再加上在位君王、朝中大臣的極力推崇所起之上行下效，以及文壇漢儒名士引領蘇學風潮的作用，使得他們成為忠實的蘇黃之學服膺者。表現在詞作的實踐上，他們使用口語方言，使描述生動自然，和黃庭堅「以俗為雅」的理論相符合；又善用典故事例，表達凝鍊含蓄的內容，是摹仿蘇黃詩詞中大量使用典例故實的現

象；又好化用前人作品，以故爲新，翻陳出新，暗合蘇軾「以詩爲詞」、黃庭
堅「點鐵成金」、「奪胎換骨」之理論；以及以詞作爲抒情言志的工具，詞中
呈現多樣豐富的情感和寄託，越是複雜曲折的人生際遇，越能化而爲文，表
達眞切深情的思想情懷，是落實蘇黃擴大詞境，「無意不可入，無事不可言」
的觀點。足見金元少數民族詞人宗蘇黃之論，致力爲詞的用心，並展現對中
原文化的崇拜，追企傾慕以致同化於當代北地文學傳統的風氣之中。

第六章　結　論

　　宋詞是詞體文學最輝煌的巔峰，南宋時期各體齊備，兼容並蓄，粲然可觀。與南宋對立的政權還有北方的金源（1115～1234）和蒙元（1206～1368），雖是草原民族所建立的政權，但在詞體的發展上和宋詞有一脈相承的軌跡。當外族文化與中原文化相互碰撞，激出燦爛的火花，這些入主中原的外來民族，一方面學習漢族優良的文化，一方面也爲傳統漢文化帶來新的刺激和活力。一群少數民族作家加入詞壇，其獨特民族背景，使宋以來詞壇趨於柔靡的格局帶來清新的變化，可惜的是在文學史上少有系統性的論述和研究——金元詞的鋒芒既被耀眼的宋詞所掩，又被新興文體元曲所沒，其價值爲人所忽略；而金元重要詞人的研究，也只集中在吳激、蔡松年、元好問、白樸等幾位名家，名不見經傳的少數民族詞人，少有研究者將他們視爲一個群體，並對他們有全面且深入的關照。本文所錄十八位少數民族詞家，由於流傳作品數量零星，若個別來看，僅是微不足道的小家，但總體觀之，他們所身處的時代背景和特殊的民族性對詞風的獨特影響，仍深具研究價值。因此本文便從十八位詞人的一百二十六闋作品著手進行整理，從作品箋注、家世際遇、內容風格、繼承蘇（軾）黃（庭堅）詞論等四個面向，做縱向深入的分析，並針對個別成就較爲突出的詞人，做橫向完整的探討，爲金元詞史少數民族的一頁提出微見，從而彰顯他們在金元詞壇的地位和價值。

一、有關「色目詞人薩都剌及其詞作探析」方面

　　薩都剌，字天錫，有《雁門集》傳世。有關他的生卒年、族屬或生平，眾說紛紜，莫衷一是，唯一可以確定的是先世爲回回人，祖父與父親皆爲武

官，曾定居在雁門，元代歸爲色目人，是爲金元少數民族的一份子。根據有限的資料得知，他少年時致力於學，深諳文詞書畫之道，漢學修養極高，只可惜家道中落，曾至吳、夢經商，屢受困頓，此段接觸社會中下階層生活的經歷，對他日後的生涯和創作產生極大的影響。

忽必烈之後，元代於仁宗延祐二年（1315 年）始開科取士，並仿宋制定爲三年一試，上距元滅宋已三十六年。薩都刺終於有機會參加科舉，於泰定四年（1327 年）中進士，正式步入仕途。一生宦遊各地，知交滿天下，與高官貴族、平民百姓、釋老之輩都有詩文往來。因深受儒家典籍陶冶，自稱「名在儒籍」，一生以儒者自居，爲官期間，始終秉持儒家「仁政」思想，勤政愛民，關心百姓疾苦，以詩詞揭露政治和社會的黑暗面，爲民喉舌，直比「詩史」杜甫。只可惜滿腔抱負，無處可施展，始終未能打入政治權力中心。官場的腐敗與黑暗，令他有志難伸，時感抑鬱，晚年遂棄官歸隱，於司空山（今安徽太湖）避世而居，在《雁門集》也可見他在仕途受挫、無可奈何之下，流露出歸隱田園的志趣。

被譽爲「元代詩人之冠」的他，詩詞充滿傳統漢儒的志向氣節，融合草原民族原有的豪爽直率性格，激盪出許多反映人生經歷的豪壯作品。流傳詞作雖僅十五闋，不及其詩作的十分之一，卻皆爲上乘之作，詞風有別於宋詞之溫柔婉約，而增添些許北方民族的印記，豐富了詞體的創作風貌，他以少數民族之身分而能創作出高度成熟、富有意涵的詞作，實屬難得。他好爲長調，作品中有五分之四具爲慢詞，而依內容和形式大抵可分爲詠物和酬贈二類，其中詠物詞內容涵蓋範圍較廣，數量也最爲大宗，最能代表薩都刺之人生處境和思想情感：

（一）詠物詞

薩都刺十五闋詞中，所吟詠的對象有六闋是名勝懷古，四闋是山水詠懷，一闋是依畫題詠。其中懷古詞所佔比例最重，詞題多點明所遊歷之古蹟、勝地，形式上可歸爲詠物，但內容卻是借詠物以寄託思古之幽情，爲到處遊歷時，藉眼前之景抒發懷古之哀情，並與自身境遇作結合，有意以婉曲的譬喻來抒寫政治現況和自己眞實的想法。他大部分的懷古詞都以今昔對比，以古喻今，反襯現世朝政敗壞，暗喻今主不知從歷史中學得教訓；也藉相關的典故，如項羽兵敗垓下、張愔與關盼盼的愛情故事、伍子胥死諫夫差和韓信功高震主的遭遇等，寫出世事滄桑、人事變幻無常的嘆息，足見薩都刺對中原

歷史典故的嫻熟，並能運用自如，加以比附，託古以諷今。

　　其次是山水詠懷，薩都剌一生宦遊各地，觸目所及，無論是自然或人事的風光，都能牽動他敏感的情緒思潮，或興發惆悵寥落的倦遊之情，或道出懷才不遇的愁思，或寫出仕途不順的失意心情，他所表達的思想情志，自然地鎔鑄在景物之中，見景如見人，可藉以探知他的心路歷程。最後是依畫題詠，一幅「清溪白雲圖」，表達自己猶如一「天涯倦客」，欲覓此行樂之地，歸釣春雨，過著與世無爭、歸隱林泉的生活，不論是畫或詞，皆可見其心態之轉折。

　　（二）酬贈詞

　　詞體除了抒情言志，也作為文人間交際應酬的工具。薩都剌只有三首酬贈詞，比重較低，可見應酬之作是為「小道」，目的僅在聯絡朋友間之情誼。從他交往的朋友類型，可以勾勒出他為人處世的清高標準，其所贈對象有他敬重的朝中重臣、惺惺相惜的知己和互相慰藉的道友，都和自己氣味相投，因此所寫情誼並非虛應敷衍，而是真摯自然，真情流露，可見其致力為詞的用心。

二、有關「高麗詞人李齊賢及其詞作探析」方面

　　朝鮮在歷史上和中國的關係密不可分，他們的禮制、文字乃至於文學都淵源於中國。而第一個用漢語大量寫出詩文的朝鮮人，是晚唐的崔致遠，此後朝鮮陸續出了許多著名的詩人，但唯一以填詞自成一家的，只有高麗時期的李齊賢。他的詞作共有五十三首，不但是金元少數民族詞人之冠，也是唯一一位外國詞人，在元蒙和朝鮮詞壇都享有很高的地位。

　　李齊賢字仲思，號益齋，又號櫟翁，高麗松京人。他的一生和中國密不可分：早年受家學影響，廣泛閱讀各類經卷，嫻熟各種中國的經典和文學著作，能以文儷人。而後及第入仕，官名遠播，政績累累，二十七歲後，為高麗忠宣王召至燕京做文學侍從。此後三、四十年間，八次往來中國與高麗，足跡遍佈中國大江南北。他的五十三首詞多在此時完成，除了讚嘆中國的山川風物，紀錄各地的所見所聞，心懷故鄉、掛念故國政情和漂泊無依的羈旅之感，始終充斥在他的作品之中。晚年因高麗內亂，在仕途上無所作為，遂專心從事著述活動，著有《櫟翁稗說》、《三朝實錄》及其他史書。他勤於志學，為人光明正大，所發議論與事業，堪為表率，朝鮮上下無不敬重，一生

概括元朝，見證中朝兩國的興衰歷史。後人爲他集結散篇成秩，是爲《益齋亂稿》，他所創作的詩歌表現濃烈的愛國情操和社會寫實風格，詞作則以行旅、山水爲主，筆姿靈活，上承東坡、元好問之詞風，詩文質多量精，是朝鮮欲承漢學之風爲文者之典範。

高麗忠宣王是開啓李齊賢和中國密不可分的重要人物，他召來李齊賢做文學侍從，使李齊賢得以和當時京都文學名士相互切磋交流，學問益進；李齊賢亦跟隨忠宣王左右，與忠宣王降香於江南，又曾去吐番看望被流放的忠宣王，因而得以飽覽中國西北、西南的錦繡河山，中國各地山水名勝遂成爲他創作的對象和養分。李齊賢在中國也結交不少知交好友，如趙孟頫、元明善、張養浩等人，彼此都有詩文往來，李齊賢向他們學習詩文、繪畫、書法的創作技法，也學習他們崇高的志氣與清高的志節。

他的詞作幾乎都是在中國行旅期間所創作，有客觀的景物描寫，也有主觀的情感抒發，五十三闋詞作，可依內容和主題分爲詠懷、詠史、山水、民俗等四類：

（一）詠懷詞

詠懷是一種受外在環境刺激的「個人心事」，是一種生命的詠歎，傳達出個人的嚮往、哀戚、愉悅、擔憂等情懷。李齊賢的五十三首詞，有十三首是在異國旅途中，借詞直抒胸中塊壘，爲數雖不多，卻是複雜轉折的情緒反映。大部分的詠懷詞都是藉景抒懷，或因佳節，或因所到之處的情景，有感而發。他有積極用世之志，卻因離鄉背井、四處爲國家前途奔波，經歷重重困難險阻，而興起對世事無常的感慨與羈旅思鄉的客愁，甚至有追求禪悅、老莊隱逸的思想，欲過著陶然忘機的日子，並進入物我兩忘的境界，最後又從對自我的鼓勵和期許中，重新振作，不顧一切，爲故國貢獻心力，他眞實的生命情調，全見於詠懷詞中。

（二）詠史詞

詠史是一種歌詠歷史材料，以寄寓思想感情，表達見解的一種文學類別。李齊賢對中國歷史事件和人物提出很多詳實的見解，不以豐功偉業來歌功頌德，不用既定陳說來分辨善惡黑白，而是從道德、政治熱忱或悲憫弱者的角度，給予不同以往的評價。因此他筆下的黃帝和漢武帝成了不顧念百姓的庸主，對司馬相如則加強了寡情薄倖的負心漢形象，對楊貴妃則寄予同情的眼光，見平山堂和古城長安則比附故國，由興亡之感興起危機意識；而李白和

杜甫，因才華洋溢、獨特的自我風格和有所堅持的理想，被李齊賢奉爲學習效法的典範。他對歷史人物的褒貶評價和歷史事件的引述，隱含了一套政治哲學——他所崇拜的是有才華、忠貞不渝、對政治有理想抱負，並能爲國爲民奉獻心力的人，從而以古喻今，期許自己能像前代賢哲，救國於累卵之危。因此從李齊賢的詠史詞，可以知其對中國歷史的熟悉，更可勾勒出他胸懷之大志與堅定的人生目標。

（三）山水詞

李齊賢做了四組共三十二闋（現存三十一闋，〈煙寺晚鐘〉有題無詞）的山水詞，數量最爲可觀，其中「瀟湘八景」是仿趙孟頫〈巫山一段雲〉之聯章詞所寫，描繪瀟湘山水之風景；又從「瀟湘八景」發展出「松都八景」，刻畫高麗首都松京，以讚頌故鄉風物爲主。他用細膩的觀察、豐富的聯想、精妙的譬喻，做精準的感官描摹，讀其文字便猶如親歷其境，不論是雨、雪、風、月，或是山、川、江、湖，都能賦予美的形容，用詞淡雅，韻致卻悠長。原因在於他除了客觀描寫兩地特有的風景，也寄寓了許多人事的感慨，以山水寄興，寄託羈旅之愁、懷鄉之情、人事聚散無常的悲懷、歸隱林泉的希冀等等，充分展現他纖細敏感的性格，使用高度藝術美感的技巧，用心製詞。

（四）民俗詞

李齊賢做了一闋有關中國宴飲民俗的酒詞，詳細記載江南民間流行的一種飲酒方法，不但用各種不同的別稱來稱呼美酒，還寫下飲酒的助興之法。用文學記錄古代生活的寫眞，可見他不但對飲酒頗有研究，還對異國文化包容度極高，此項紀錄，就是他已融入中國文化的最好證明，且用詞體來表現此類主題，顯示他詞體題材的多元性，除了抒情言志的功能，還能做爲寫實紀錄的工具，實有別於宋以來樓臺歌館的豔情小道之詞。

三、有關「其他少數民族詞人及其作品探析」方面

金元少數民族詞人除了薩都剌和李齊賢兩位奇葩，還有許多其他的作家，他們的作品雖零散且爲數不多，但時代意義卻非常鮮明。他們成熟且具有獨特風格的詞作，是少數民族逐漸漢化的證明，有了他們加入漢文化圈，使得金元兩代的文學作品，注入新的心血，展現新的風貌。根據陶然《金元詞通論》的分類，少數民族作家的族屬有女眞族、契丹族、畏兀族、蒙古族和阿拉伯裔。

　　女眞族作家群主要是金宗室的帝王貴族，人數最眾，七位中有三位爲金代君主，兩位爲宗室近親，由於金代君王深知以漢治漢對國家的重要，因此大量接受漢文化的薰陶，漢文化水準極高，而能創作出引領風氣的作品，尤以完顏亮豪爽遒勁的詞風和完顏璹蒼涼悲切的情調，最爲出眾。契丹族作家群則是前朝（遼國）的遺臣，以耶律楚材家族爲主，祖父子三代都是朝中重臣，參與許多重要決策，爲國之棟樑，又博學多聞，見多識廣，所寫詩文也富有漢儒風采，深具漢文學素養。畏兀族作家群則是從西域維吾爾移入中原的知識份子，有學問淵博，被視爲「廉孟子」的廉希憲，還有生在文風熾盛、一門皆進士之家族的偰玉立，以及遊歷天下，晚年隱居江南的兩位元曲大家薛昂夫和貫雲石，他們所留存的詞作爲數雖不多，但若再參照其詩、曲、文的作品，也能反映少數民族不僅崇尚勇武，亦善屬文的風氣。而蒙古族的拜住和阿拉伯裔的蒲壽宬則是該族唯一的代表作家——拜住是元蒙時期唯一留有詞作的蒙古詞人，可見蒙古貴族不若女眞宗室投注較多心力在詞體之創作；蒲壽宬則是阿拉伯僑民的後代，早已歸化中國，幾與漢人無異，醉心於〈漁父詞〉的創作。

　　以上各族詞人之作品，依其內容與題材，分爲詠物詞、詠懷詞、題贈詞、節令詞和詠史詞，可從中窺知各家偏好。

（一）詠物詞

　　金元少數民族詞人共有八位作家之十闋詞，爲純粹詠物與託物言志。生活在金代盛世的女眞帝王完顏璟和位在上層階級的蒙古貴族拜住，他們受到歌舞昇平、歡歌醉舞的階級分爲與時代風氣的影響，所詠的「聚骨扇」、「軟金杯」和「仕女鞦韆」，呈現一種富貴享樂的氣氛，體現貴族生活的雅趣，較傾向《花間》以來的柔靡豔情；另外耶律鑄、貫雲石和偰玉立的作品，不論是詠亭臺樓閣或詠景，都在表面純然的詠物中，暗合其人脫俗高雅的志趣；而完顏亮詠雪和詠月之作、完顏璹詠梅和廉希憲詠讀書巖的作品，皆意在言外，或展現激進的野心，或訴說個人遺世獨立的情懷，或表現追求學問的職志，多樣的意念和志趣都能藉由詠物之作顯露出來，可見金元少數民族詞人能把握詠物作品的功能性，並運用自如。

（二）詠懷詞

　　金元少數民族詞人共有五位作家之二十八闋詞：生在金末，宗室鬥爭激烈的完顏璹，因國家動盪不安，滿腔抱負無處施展，由家國之悲引發個人惆

恨之思，而蒲壽宬則藉登高望遠，感嘆自己仕途的不得志；雄壯霸氣的完顏亮則在詞中展現積極南進的野心；宗教可以超脫人世的痛苦，所以完顏璹藉談佛論禪，希望能隨遇而安、心無罣礙；而歸隱更是在動亂不安的時局中，文人嚮往心境安寧的方法，蒲壽宬創作大量的漁父詞，完顏璹爲逃離現世的痛苦，兀顏思忠體會半生辛勞卻無所得，都曾表達對漁隱歸耕生活的欽羨，展現一種超然物外的自我標榜；耶律鑄則是少數自得意滿之士，因此描寫宴飲的詞作中，充滿開朗暢達之情。不論詠懷的主題爲何，他們與漢族文人的詩詞作品所關注的焦點幾無二致，甚至多了一份瀟灑暢達，顯見少數民族在文學中漢化的徹底，他們既學習漢人的優點，也盡情於詠懷詞中展現少數民族的脾性。

（三）題贈詞

凡題於文集作品、亭臺樓閣，或贈與特定對象，用以抒發作者情懷之作品，皆歸於題贈詞，金元少數民族詞人共有七位作家之十一闋詞，即是此類作品。完顏璹藉賜大將軍韓夷耶，再次展現他一統中原的野心；完顏雍則藉賜玄悟玉禪師，彼此交流佛理思想；耶律履祖父子三代的題贈詞，則反映出他們對道家思想的傾慕，遊仙意味濃厚；耶律鑄贈前朝宮人和送人北行之作、完顏從郁題呂仙翁祠堂，以及薛昂夫題贈友人早歸的作品，都流露對題贈對象的眞切情感，或哀時傷逝，或感懷身世，或臨別感傷，全都充滿眞摯性情，爲本色之語。

（四）節令詞

金元少數民族詞人共有三位作家之四闋詞爲節令詞，以詠重陽、元宵和暮春爲主要內容，乃承襲北宋詞藉吟詠時序，以抒寫個人情懷的傳統。薛昂夫不從「重陽登高」給人「高處不勝寒」的舊調著手，表現的是個人豪放豁達、灑脫不羈的心境；貫雲石也在充滿歡樂浩鬧的元宵燈夕，多添一筆今衰昔盛、韶光亦逝的感慨；而暮春零落衰敗的景象，則折射出薛昂夫、完顏璹內心的惆悵落寞與對時局興亡之嘆。從以上可知，他們既從前人傳統，又有所創新，從不同的視角爲舊題注入一股新鮮的思維，可謂爲詞壇帶來簇新的面貌。

（五）詠史詞

金元少數民族詞人共有三位作家之五闋詞爲詠史詞，他們久受中原文化薰陶，因此熟悉中原的歷史人物和事件，而能藉歌詠歷史題材，表達獨到的

見解，以寄寓其思想情感。僕散汝弼和耶律鑄都曾對唐玄宗和楊貴妃之事發抒感想，寫出亡國之慨，高麗李齊賢也寫過相關的作品，足見他們對此段歷史感觸良多。另一個亡國的代表是暴虐無道的隋煬帝，耶律鑄也曾以此作詞，做為歷史興亡的借鑑。而完顏璹詠史懷古，對著充滿古色古香的史景，發思古悼古之幽情。他們都能從歷史的教訓中，獲得啓發，藉詠史詞表現出對國家前景的憂患意識，一片丹心，顯而易見。

四、有關「金元少數民族詞人對宋詞的接受與繼承」方面

金元少數民族詞人因「蘇學北傳」的影響，他們作詞的方法和理論都承自北宋蘇軾和黃庭堅，此一共通的特性和他們獨特的民族背景，足以使他們成為金元詞壇上獨立的詞人群體，和其他漢人文學集團相互媲美，以下將他們繼承和實踐蘇黃詞論的情形，總結如下：

（一）蘇、黃詞論的接受與繼承

在文章句法和內容題材方面，金元少數民族詞人遵從蘇軾「詩詞一體」、詞「自是一家」、「以詩為詞」的理論，將詞脫離音樂的附屬品，變而為與詩有相同功能的抒情文體，見一百二十六闋詞中，少有秦樓楚館的靡靡之音，而是具有文學生命的體裁。且詞能隨意抒情，無事不入，表現獨具個性的思想情感，提升了詞的表現功能和境界。再者，黃庭堅對蘇軾的詞論有所發揚，並更為具體，亦為金元少數民族詞人所吸收學習，主要有「以俗為雅」、「以故為新」，「無一字無來處」，「點鐵成金」、「奪胎換骨」的理論。由於中原政權易主，少數民族為能盡快融入漢族社會，大量接觸漢文學及文化傳統，因此博識之才，所在多有。黃庭堅強調博學多識是文學的基礎和根本，在此前提之下，才能領會前人嘉言善句之精妙，並融會貫通於作品之中，更能遇境而生，運化出奇，或雅俗交雜，或舊典新用，或改造化用前人之作。金元少數民族詞人繼承蘇、黃之論，多用典故，多鎔鑄化用前人作品，並能翻陳出新，順其豪爽曠達的民族性，將個人胸臆，運用各種烘托寄意的技巧，直露無隱，直追蘇軾開創先河的豪放詞風，由此可知他們迅速掌握詞體創作的要訣，創造出不少佳作，而不是一味的囫圇吞棗、不知變通，或將詞作為生活消遣的小道玩意，從中可見身為異族的他們用心製詞的難能可貴。

（二）接受蘇、黃詞學的原因

北宋末年，蘇學漸北傳，起初是由北宋使金的文臣所引進，後元好問有系統的形成一套蘇學體系，因此北方文壇風格皆不出「蘇、黃之外」。此文學風潮，不僅影響北地的漢族文人，也對新興的少數民族文人起了春風化雨的作用。他們以蘇、黃為學習對象的主要原因，在於蘇學的豪放之風，恰與北人，尤其是少數民族剽悍豪邁的本性相契合，因而使他們能做出不假雕飾，充滿率真性情的詞作；再者，由於上位者的提倡，女真和蒙古為統治廣大中原漢族，都曾施行「以漢治漢」的政策，金源更勝於蒙元，上位君王皆為愛好文藝之士，並對蘇黃之學十分青睞，有計畫的搜羅他們的作品，有了在上位者的支持，蘇黃之學遂能在北地開花結果。又當時北地政壇和文壇表現卓越的有識之士，如吳激、蔡松年、耶律楚材、劉秉忠、姚燧、趙孟頫等，都是學蘇、黃的佼佼者，他們引領蘇學風潮，使得北地不論是漢族或少數民族文人，都起而效之，雨露均霑。另外，蘇黃之學亦隨文化交流的途徑，傳進鄰近的屬國──高麗，高麗上下亦崇尚蘇黃之學，使李齊賢在故國就受蘇黃二人詩法之啟發，再加上旅居中國期間受到元代文壇的浸濡，因而使他的漢文詩詞創作非凡可觀。

（三）詞作之實踐

金元少數民族詞人對蘇黃詞學的實踐，表現在下列幾個方面：

1. 使用口語方言

黃庭堅主張「以俗為雅」，在詞中運用了許多口語、俗語，文白夾雜，除能使詞調生動自然，少數民族用之也能彰顯其直率性格，而達到蘇軾「無意不可入，無事不可言」的境界。少數民族的詞作中常見文白交雜的用法，但在同一闋詞中，比例不重，適當的口語點綴，能令內容情境有輕重緩急、豐富自由的變化，亦莊亦諧，不落俗套。

2. 善用典故事例

蘇軾和黃庭堅的詩詞中，包含豐富的典故事例，此一濃縮的象徵意涵，能使詩詞跳脫字數框架的限制，呈現作者迂迴曲折的情感，這就是蘇軾「以詩為詞」之善用典故和黃庭堅「無一字無來處」之論的部份精髓。金元少數民族詞人承之，在詞中大量運用歷史人物、故實、神話傳說等，尤以李齊賢、薩都刺、完顏璹用典情形多且成熟，除能增添作品博奧典雅的內涵，更可見他們對中原歷史文化深入且透徹的了解。

3. 化用前人詩句

蘇軾「以詩爲詞」的理論之一還有多方化用唐詩名家詩句，鎔鑄於詞作之中；黃庭堅發揚之，主張在創作時，「寓以詩人之句法」，並參考前人佳句或命題，「點鐵成金」、「奪胎換骨」，加以鎔鑄剪裁，推陳出新，形成新的詞語境界。金元少數民族詞人仿效之，大量化用前人詩、詞、文的作品，其中學李白、杜甫、蘇軾者十有八九，尤以完顏亮、完顏璹、薩都剌、李齊賢爲最，可知他們亦推崇蘇黃崇拜李杜的取材傾向，並能選擇適合自己風格的作品，做最恰當的運用，亦足見他們對中原文學的熟悉和認同。

4. 抒發個人情志

金元少數民族詞人的一百二十六闋作品，不論形式是詠懷、詠物、詠史、題贈、山水、節令等類別，所指向的盡是詞人自己內心的情志，或表達懷鄉念遠之情，或抒發黍離興亡之悲，或訴說時不我予之愁，或展現開朗暢達之性，這正與蘇軾開拓詞的表現疆域，凡「耳目之所接」、「雜然有觸於中」者，皆可「發於詠嘆」，以及黃庭堅作詩爲文力求緣情、遇境而生的原則相符合。

在今通行的文學史中，小眾的詞人群體常被忽略或抹滅，本文所論及的對象——金元少數民族詞人，就是一例。只是在那個各色人種聚集，文化層次十分豐富的時代，這群詞人特殊的身分背景深深影響著他們的作品，令人很難去忽略他們所發出幽微卻獨特的光芒。少數民族作家從事詩體創作且有成就者，所在多有，然詞體創作發展的歷史本不如詩體，因此少數民族詞人能留下令人傳唱久遠的詞作，實屬難能可貴，其價值更易彰顯。這群詞人承襲著北宋蘇軾和黃庭堅的詞學理論，對延續長久以來北宗蘇學的文學傳統，有其貢獻。若說元好問是蘇學之集大成者，則少數民族詞人群就是蘇學最忠實的服膺和傳播者，從金初到元末，蘇學體系的脈絡，因他們的延續，未曾間斷，甚至影響至鄰近的藩屬國。他們受到蘇學的啓發，並融合自己本有之疏獷豪邁的民族性格，爲詞體的發展注入了新鮮的面貌，用自然樸拙、不假雕飾的語言，在詞作中記錄下自己眞實的生命風采。透過詞作，我們可以知道這群對漢人來說是外來的異族，是多麼崇拜中原文化，他們的作品也恰好可以補足正史未記載的隱微面向：完顏亮僅存的四首詞，皆展現了他急於南進的野心，一統天下的豪情壯志固然十分激勵人心，但過於狂放、不曾收歛的詞調，卻預言了他敗亡的未來；完顏璹詞作中幽咽纏綿的哀情，和他一生的遭遇有著極大的關聯，他所留下的九闋詞作，各有不同情調，象徵他百轉

千迴的內心轉折；薩都剌的十五首詞，以懷古作品最爲突出，充滿對李白、蘇軾的崇拜，亦和宦遊各地、四海爲家的一生，互有呼應；李齊賢的五十四闋詞，見證了他行旅中國各地和爲家國奉獻的心路歷程，甚至有自我意識地肩負起溝通中韓兩國文化交流的使命；而其他詞人，詞體創作的數量雖非大宗，卻也不曾任意爲之，其以詞抒發情志、表情達意的用心，是不可抹滅的。因此期盼以本文之研究，拋磚引玉，進而發掘金元時代獨一無二的少數民族詞人群體及其作品之深刻內涵，並給予更爲客觀的評價。

參考文獻

一、詩詞文集：

（一）金元少數民族文集

1. 耶律楚材《湛然居士集》，收錄於紀昀編《文淵閣四庫全書》第 1191 冊，〈集部・別集類〉第 130 冊，臺北：臺灣商務印書館，1983 年。

2. 李齊賢《益齋集》，北京：中華書局，1985 年。

3. 薩龍光《雁門集編注》，收錄在《續修四庫全書》第 1324 冊，上海：上海古籍出版社，2002 年。

4. 耶律鑄《雙溪醉隱集》，收錄於紀昀編《文津閣四庫全書》第 400 冊，〈集部・別集類〉，北京：商務印書館，2005 年。

5. 蒲壽宬《心泉學詩稿》，收錄於紀昀編《文津閣四庫全書》第 397 冊，〈集部・別集類〉，北京：商務印書館，2005 年。

5. 薩都剌《雁門集》，收錄於紀昀編《文津閣四庫全書》第 405 冊，〈集部・別集類〉，北京：商務印書館，2005 年。

（二）別集

1. 林逋《林和靖集》，臺北：學海出版社，1974 年。

2. 庾信《庾子山集》，臺北：商務印書館，1979 年。

3. 陶淵明《靖節先生集》，臺北：華正書局，1982 年。

4. 元好問《遺山集》，收錄於紀昀編《文淵閣四庫全書》第 1191 冊，〈集部・別集類〉第 130 冊，臺北：臺灣商務印書館，1983 年。

5. 徐明善《芳谷集》，收錄於紀昀編《文淵閣四庫全書》第 1202 冊，〈集部・別集類〉第 141 冊，臺北：臺灣商務印書館，1983 年。

6. 傅若金《傅與礪詩文集》，收錄於紀昀編《文淵閣四庫全書》第 1213 冊，〈集部・別集類〉第 152 冊，臺北：臺灣商務印書館，1983 年。

7. 劉秉忠《藏春集》，收錄於紀昀編《文淵閣四庫全書》第 1191 冊，〈集部・別集類〉，臺北：臺灣商務印書館，1983 年。

8. 歐陽玄《圭齋文集》，收錄於紀昀編《文淵閣四庫全書》第 1210 冊，〈集部・別集類〉第 149 冊，臺北：臺灣商務印書館，1983 年。

9. 丁鶴年《丁鶴年集》，北京：中華書局，1985 年。

10. 蘇轍《蘇轍集》，北京：中華書局，1990 年。

11. 元明善《清河集》，收錄於《續修四庫全書》第 1323 冊，〈集部・別集類〉，上海：上海古籍出版社，2002 年。

12. 翁方綱《復初齋詩集》，收錄於《續修四庫全書》第 1454 冊，〈集部・別集類〉，上海：上海古籍出版社，2002 年。

13. 王維《王右丞集註》，收錄於紀昀編《文津閣四庫全書》第 357 冊，〈集部・別集類〉，北京：商務印書館，2005 年。

14. 白居易《白氏長慶集》，收錄於紀昀編《文津閣四庫全書》第 361 冊，〈集部・別集類〉，北京：商務印書館，2005 年。

15. 于石《紫巖詩選》，收錄於紀昀編《文津閣四庫全書》第 397 冊，〈集部・別集類〉，北京：商務印書館，2005 年。

16. 王安石《臨川集》，收錄於紀昀編《文津閣四庫全書》第 369 冊，〈集部・別集類〉，北京：商務印書館，2005 年。

17. 王禹偁《小畜集》，收錄於紀昀編《文津閣四庫全書》第 363 冊，〈集部・別集類〉，北京：商務印書館，2005 年。

18. 秦觀《淮海集》，收錄於紀昀編《文津閣四庫全書》第 373 冊，〈集部・別集類〉，北京：商務印書館，2005 年。

19. 陳造《江湖長翁集》，收錄於紀昀編《文津閣四庫全書》第 389 冊，〈集部・別集類〉，北京：商務印書館，2005 年。

20. 梅堯臣《宛陵集》，收錄於紀昀編《文津閣四庫全書》第 367 冊，〈集部・別集類〉，北京：商務印書館，2005 年。

21. 黃庭堅《山谷集》，收錄於紀昀編《文津閣四庫全書》第 372 冊，〈集部・別集類〉，北京：商務印書館，2005 年。

22. 黃庭堅《山谷詞》，收錄於紀昀編《文津閣四庫全書》第 372 冊，〈集部・別集類〉，北京：商務印書館，2005 年。

23. 楊萬里《誠齋集》，收錄於紀昀編《文津閣四庫全書》第 387 冊，〈集部・別集類〉，北京：商務印書館，2005 年。

24. 歐陽脩《文忠集》，收錄於紀昀編《文津閣四庫全書》第 368 冊，〈集部・

別集類〉，北京：商務印書館，2005 年。

25. 蘇軾《東坡全集》，收錄於紀昀編《文津閣四庫全書》第 370 冊，〈集部‧別集類〉，北京：商務印書館，2005 年。

26. 蘇軾《東坡詞》，收錄於紀昀編《文津閣四庫全書》第 497 冊，〈集部‧詩文評類〉，北京：商務印書館，2005 年。

27. 查慎行《蘇詩補註》，收錄於紀昀編《文津閣四庫全書》第 371 冊，〈集部‧別集類〉，北京：商務印書館，2005 年。

28. 向子諲《酒邊詞》，收錄於紀昀編《文津閣四庫全書》第 498 冊，〈集部‧別集類〉，北京：商務印書館，2005 年。

29. 錢惟善《江月松風集》，收錄於紀昀編《文津閣四庫全書》第 406 冊，〈集部‧別集類〉，北京：商務印書館，2005 年。

（三）總集

1. 清聖祖敕編《全唐詩》，北京：中華書局，1960 年。

2. 隋樹森編《全元散曲》，北京：中華書局，1964 年。

3. 唐圭璋編《全宋詞》，北京：中華書局，1965 年。

4. 王昶編《金石萃編》，臺北：藝文出版社，1966 年。

5. 金吾編《金文最》，臺北：成文出版社，1967 年。

6. 蕭統編《文選》，北京：中華書局，1977 年。

7. 夏承燾選校《域外詞選》，北京：書目文獻出版社，1981 年。

8. 王逸《楚辭章句》，收錄於紀昀編《文淵閣四庫全書》第 1062 冊，〈集部‧楚辭類〉，臺北：臺灣商務印書館，1983 年。

9. 《楚辭補注》，收錄於紀昀編《文淵閣四庫全書》第 1062 冊，〈集部‧楚辭類〉，臺北：臺灣商務印書館，1983 年。

10. 元好問《中州樂府》，收錄於紀昀編《文淵閣四庫全書》第 1365 冊，〈集部‧總集類〉第 304 冊，臺北：臺灣商務印書館，1983 年。

11. 《佩文齋詠物詩選》，收錄於紀昀編《文淵閣四庫全書》第 1433 冊，〈集部‧總集類〉第 372 冊，臺北：臺灣商務印書館，1983 年。

12. 張璋、黃畬編《全唐五代詞》，臺北：文史哲出版社，1986 年。

13. 郭茂倩輯《樂府詩集》，臺北：中華書局，1987 年。

14. 顧嗣立《元詩選》，北京：中華書局，1987 年。

15. 《全宋詩》，北京：北京大學出版社，1991 年。

16. 徐征等編《全元曲》，石家莊：河北教育出版社，1998 年。

17. 閻鳳梧、康金聲編《全遼金詩》，太原：山西古籍出版社，1999 年。

18. 唐圭璋編《全金元詞》，北京：中華書局，2000 年。

19. 方回《瀛奎律髓》，收錄於紀昀編《文津閣四庫全書》第 456 冊，〈集部‧總集類〉，北京：商務印書館，2005 年。

20. 元好問《中州集》，收錄於紀昀編《文津閣四庫全書》第 456 冊，〈集部‧總集類〉，北京：商務印書館，2005 年。

21. 周南瑞《天下同文集》，收錄於紀昀編《文津閣四庫全書》第 457 冊，〈集部‧總集類〉，北京：商務印書館，2005 年。

22. 蘇天爵《元文類》，收錄於紀昀編《文津閣四庫全書》第 457 冊，〈集部‧總集類〉，北京：商務印書館，2005 年。

23.《唐文粹》，收錄於紀昀編《文津閣四庫全書》第 449 冊，〈集部‧總集類〉，北京：商務印書館，2005 年。

24.《漢魏六朝百三家集》，收錄於紀昀編《文津閣四庫全書》第 472 冊，〈集部‧總集類〉，北京：商務印書館，2005 年。

二、詩詞評論

1. 吳梅《詞學通論》，臺北：臺灣商務印書館，1932 年。

2. 劉熙載《藝概》，臺北：廣文書局，1964 年。

3. 王灼《碧雞漫志》，收錄於唐圭璋編《詞話叢編》冊一，臺北：廣文書局，1967 年。

4. 沈雄《古今詞話》，收錄於唐圭璋編《詞話叢編》冊二，臺北：廣文書局，1967 年。

5. 沈義父《樂府指迷》，收錄於唐圭璋編《詞話叢編》冊一，臺北：廣文書局，1967 年。

6. 李調元《雨村詞話》，收錄於唐圭璋編《詞話叢編》冊二，臺北：廣文書局，1967 年。

7. 吳曾《能改齋漫錄》，收錄於唐圭璋編《詞話叢編》冊一，臺北：廣文書局，1967 年。

8. 陳廷焯《白雨齋詞話》，收錄於唐圭璋編《詞話叢編》冊六，臺北：廣文書局，1967 年。

9. 陳銳《裒碧齋詞話》，收錄於唐圭璋編《詞話叢編》冊六，臺北：廣文書局，1967 年。

10. 陳霆《渚山堂詩話》，收錄於唐圭璋編《詞話叢編》冊一，臺北：廣文書局，1967 年。

11. 張炎《詞源》，收錄於唐圭璋編《詞話叢編》冊一，臺北：廣文書局，1967 年。

12. 楊慎《詞品》，收錄於唐圭璋編《詞話叢編》冊一，臺北：廣文書局，1967

年。

13. 劉熙載《詞概》，收錄於唐圭璋編《詞話叢編》冊六，臺北：廣文書局，1967 年。

14. 徐釚《詞苑叢談》，臺北：廣文書局，1968 年。

15. 翁方綱《石洲詩話》，臺北：廣文書局，1971 年。

16. 胡應麟《詩藪》，臺北：廣文書局，1973 年。

17. 尤袤《全唐詩話》，收錄於何文煥編《歷代詩話》，北縣：漢京文化公司，1983 年。

18. 陳師道《後山詩話》，收錄於何文煥編《歷代詩話》，北縣：漢京文化公司，1983 年。

19. 劉勰《文心雕龍》，臺北：文史哲出版社，1985 年。

20. 況周頤撰、屈興國輯注《蕙風詞話輯注》，南昌：江西人民出版社，2000 年。

21. 趙翼《甌北詩話》，收錄於《續修四庫全書》第 1704 冊，〈集部·詩文評類〉，上海：上海古籍出版社，2002 年。

22. 朱弁《風月堂詩話》，收錄於紀昀編《文津閣四庫全書》第 494 冊，〈集部·詩文評類〉，北京：商務印書館，2005 年。

23. 張戒《歲寒堂詩話》，收錄於紀昀編《文津閣四庫全書》第 494 冊，〈集部·詩文評類〉，北京：商務印書館，2005 年。

24. 《宋詩記事》，收錄於紀昀編《文津閣四庫全書》第 496 冊，〈集部·詩文評類〉，北京：商務印書館，2005 年。

25. 宋犖《漫堂說詩》，北京：北京圖書館出版社，2006 年。

26. 〔韓〕李仁老《破閑集》，收錄於蔡鎮楚編《域外詩話珍本叢書》，北京：北京圖書館出版社，2006 年。

27. 〔韓〕徐居正《東人詩話》，收錄於蔡鎮楚編《域外詩話珍本叢書》，北京：北京圖書館出版社，2006 年。

28. 〔韓〕崔滋《補閑集》，收錄於蔡鎮楚編《域外詩話珍本叢書》，北京：北京圖書館出版社，2006 年。

三、史傳通志

1. （光緒）《湖南通志》，臺北：京華出版社，1967 年。

2. 何紹章等修、楊履泰等纂《江蘇省丹徒縣志》，臺北：成文出版社，1970 年。

3. 趙翼《二十二史箚記》，臺北：樂天出版社，1971 年。

4. 鄭麟趾等編《高麗史》，臺北：文史哲出版社，1972 年。

5. 司馬遷《史記》，臺北：新文豐出版公司，1975 年。

6. 班固《漢書》，臺北：新文豐出版公司，1975 年。

7. 范曄等撰《後漢書》，臺北：新文豐出版公司，1975 年。

8. 陳壽等編《三國志集解》，臺北：新文豐出版公司，1975 年。

9. 房玄齡等《晉書斠注》，臺北：新文豐出版公司，1975 年。

10. 李延壽撰《北史》，臺北：新文豐出版公司，1975 年。

11. 沈約撰《宋書》，臺北：新文豐出版公司，1975 年。

12. 歐陽脩等撰《新唐書》，臺北：新文豐出版社，1975 年。

13. 脫脫等撰《金史》，臺北：新文豐出版公司，1975 年。

14. 宋濂等編《元史》，臺北：新文豐出版公司，1975 年。

15. 柯劭忞《新元史》，臺北：新文豐出版公司，1975 年。

16. 徐夢莘撰《三朝北盟會編》，臺北：臺灣商務印書館，1976 年。

17. 周應合《景定建康志》，臺北：臺灣商務印書館，1979 年。

18. 岳珂《桯史》，北京：中華書局，1981 年。

19. 張鉉《至正金陵新志》，臺北：成文出版社，1983 年。

20. 宇文懋昭《大金國志》，北京：中華書局，1986 年。

21. 劉大彬《茅山志》，收錄於《道藏》第五冊，北京：文物出版社，1988 年。

22. 酈道元《水經注》，南京：江蘇古籍出版社，1989 年。

23. 黃仲昭修纂《八閩通志》，福州：福建人民出版社，1990 年。

24. 祝穆《方輿勝覽》，上海：上海古籍出版社，1991 年。

25. 徐象梅撰《兩浙明賢錄》，收錄於《四庫全書存目叢書》史部第 114 冊，南縣：莊嚴文化公司，1997 年。

26. 俞希魯編纂《至順鎮江志》，南京：江蘇古籍出版社，1999 年。

27. 薩鎮冰、薩嘉曦修《雁門薩氏家譜》，收錄於北京圖書館編《北京圖書館藏家譜叢刊·閩粵（僑鄉）卷》第五十冊，北京：北京圖書館出版社，2000 年。

28. 《三輔黃圖》，收錄於紀昀編《文津閣四庫全書》第 159 冊，〈史部·地理類〉，北京：商務印書館，2005 年。

29. 劉向編、高誘注《戰國策》卷十六，收錄於紀昀編《文津閣四庫全書》第 140 冊，〈史部·別史類〉，北京：商務印書館，2005 年。

30. 李清馥《閩中理學淵源考》，收錄於紀昀編《文津閣四庫全書》第 157 冊，〈史部·傳記類〉，北京：商務印書館，2005 年。

31. 李燾《續資治通鑑長編》，收錄於紀昀編《文津閣四庫全書》第 109 冊，〈史部・編年類〉，北京：商務印書館，2005 年。

32. 洪皓《松漠紀聞》，收錄於紀昀編《文津閣四庫全書》第 140 冊，〈史部・雜史類〉，北京：商務印書館，2005 年。

33. 晏嬰《晏子春秋》，收錄於紀昀編《文津閣四庫全書》第 152 冊，〈史部・傳記類〉，北京：商務印書館，2005 年。

34. 黃之雋等纂《江南通志》，收錄於紀昀編《文津閣四庫全書》第 172 冊，〈史部・地理類〉，北京：商務印書館，2005 年。

四、筆記雜錄

1. 李昉等編《太平廣記》，北京：中華書局，1961 年。
2. 蘇軾《東坡志林》，臺北：商務印書館，1965 年。
3. 范攄《雲溪友議》，臺北：廣文書局，1971 年。
4. 陳秀明《東坡詩話錄》，臺北：廣文書局，1971 年。
5. 陸游《老學庵筆記》，臺北：廣文書局，1972 年。
6. 張宗橚《詞林紀事》，臺北：廣文書局，1972 年。
7. 李齊賢《櫟翁稗說》，收錄於李仁老著、李相寶譯《韓國名著大全集》，首爾：大洋書籍，1973 年。
8. 胡仔《苕溪漁隱叢話》，臺北：新興書局，1978 年。
9. 劉義慶《幽明錄》，臺北：新興書局，1978 年。
10. 瞿汝稷編《指月錄》，臺北：新文豐出版公司，1980 年。
11. 葛洪《西京雜記》，臺北：廣文書局，1981 年。
12. 陶宗儀《南村輟耕錄》，臺北：木鐸出版社，1982 年。
13. 段成式《酉陽雜俎》，北縣：漢京文化公司，1983 年。
14. 劉祁《歸潛志》，北京：中華書局，1983 年。
15. 沈括《夢溪筆談》，北京：中華書局，1985 年。
16. 劉義慶著、余嘉錫箋疏《世說新語》，臺北：華正書局，1993 年。
17. 陶宗儀《書史會要》，北京：北京圖書館出版社，2004 年。
18. 王士禎《池北偶談》，收錄於紀昀編《文津閣四庫全書》第 288 冊，〈子部・雜家類〉，北京：商務印書館，2005 年。
19. 王仁裕《開元天寶遺事》，收錄於紀昀編《文津閣四庫全書》第 344 冊，〈子部・小說家類〉，北京：商務印書館，2005 年。
20. 周密《癸辛雜識》，收錄於紀昀編《文津閣四庫全書》第 346 冊，〈子部・小說家類〉，北京：商務印書館，2005 年。

21. 趙令畤《侯鯖錄》，收錄於紀昀編《文津閣四庫全書》第 345 冊，〈子部‧小說家類〉，北京：商務印書館，2005 年。

22. 劉向《列仙傳》，收錄於紀昀編《文津閣四庫全書》第 352 冊，〈子部‧道家類〉，北京：商務印書館，2005 年。

23. 羅大經《鶴林玉露》，收錄於紀昀編《文津閣四庫全書》第 286 冊，〈子部‧雜家類‧雜說之屬〉，北京：商務印書館，2005 年。

24. 釋惠洪《冷齋夜話》，收錄於紀昀編《文津閣四庫全書》第 285 冊，〈子部‧雜家類〉，北京：商務印書館，2005 年。

25. 周壽昌《思益堂日札》，收錄至《清代學術筆記叢刊》，北京：學苑出版社，2005 年。

26. 〔韓〕李德懋《清脾錄》，收錄於《青莊館全書》，韓國：□□□□書局。

五、相關專書

1. 羅香林《蒲壽庚研究》，香港：香港中國學社出版，1959 年。

2. 陳垣《元西域人華化考》，臺北：世界書局，1962 年。

3. 王易《詞曲史》，臺北：廣文書局，1971 年。

4. 龍榆生選輯《唐宋名家詞選》，臺北：大孚書局，1978 年。

5. 張子良《金元詞述評》，臺北：華正書局，1979 年。

6. 曹銘校編《東坡詞編年校注及其研究》，臺北：華正書局，1980 年。

7. 羅忼烈《兩小山齋論文集》，臺北：中華書局，1982 年。

8. 龔鵬程《江西詩社宗派研究》，臺北：文史哲出版社，1983 年。

9. 胥惠民等《貫雲石作品輯注》，烏魯木齊：新疆人民出版社，1986 年。

10. 郭泮溪《中國飲酒習俗》，臺北：文津出版社，1989 年。

11. 黃兆漢《金元詞史》，臺北：學生書局，1992 年。

12. 劉石《蘇軾詞研究》，臺北：文津出版社，1992 年。

13. 詹杭倫《金代文學史》，臺北：貫雅文化公司，1993 年。

14. 李澤厚《美的歷程》，臺北：風雲時代出版公司，1994 年。

15. 劉大杰《中國文學發展史》，臺北：華正書局，1994 年。

16. 龍榆生《龍榆生詞學論文集》，上海：上海古籍出版社，1997 年。

17. 薩兆潙《薩都剌考》，北京：北京燕山出版社，1997 年。

18. 簡江作《韓國歷史》，臺北：五南出版社，1998 年。

19. 胡傳志《金代文學研究》，合肥：安徽大學出版社，2000 年。

20. 陶然《金元詞通論》，上海：上海古籍出版社，2001 年。

21. 王偉勇《宋詞與唐詩之對應研究》，臺北：文史哲出版社，2003 年。

22. 〔韓〕崔昌源《韓國文集中的元蒙史料》，桂林：廣西師範大學出版社，2004 年。

23. 劉順利《半島唐風——朝韓作家與中國文化》，銀川：寧夏人民出版社，2004 年。

24. 黃杰《宋詞與民俗》，北京：商務印書館，2005 年。

25. 楊光輝《薩都剌生平及著作實證研究》，北京：高等教育出版社，2005 年。

26. 錢天善《明三家畫題畫詩研究》，北縣：花木蘭文化出版社，2008 年。

六、學位論文

1. 王源娥《黃庭堅詩論探微》，東吳大學中國文學研究所碩論，1983 年。

2. 衣若芬《鄭板橋題畫文學研究》，臺灣大學中文研究所碩論，1990 年。

3. 林錦婷《蘇軾與黃庭堅詩論異同之比較》，中央大學中國文學研究所碩論，1994 年。

4. 鍾屏蘭《元好問及其學術研究》，高雄師範大學國文學系碩論，1996 年。

5. 陳慷玲《山谷詞及其詞論研究》，東吳大學中國文學研究所碩論，1997 年。

6. 郭亞賓《耶律楚材詩歌特質論》，河北大學碩論，2001 年。

7. 陳啓仁《蘇軾詞之創作美學研究》，中國文化大學中國文學研究所碩論，2002 年。

8. 梁文櫻《蔡松年詞研究》，高雄師範大學國文教學碩士班碩論，2003 年。

9. 邱柏瑜《李珣詞研究》，高雄師範大學國文學系碩論，2004 年。

10. 許奎文《黃庭堅詞研究》，台灣師範大學國文研究所碩論，2004 年。

11. 陳雋弘《黃庭堅論詩意見之研究》，高雄師範大學國文研究所碩論，2004 年。

12. 柯正容《金詞「吳蔡體」研究》，成功大學中國文學系碩論，2006 年。

13. 何永波《李齊賢漢詩創作研究》，中央民族大學博論，2007 年。

14. 林妙玲《劉秉忠《藏春樂府》研究》，成功大學中國文學系碩論，2007 年。

15. 劉麗麗《元代少數民族散曲家交遊考述》，遼寧師範大學碩論，2007 年。

16. 王秀珊《東坡「以詩爲詞」之論述研究》，東華大學中國語文研究所博論，2008 年。

17. 邱全成《蘇軾詞的接受與影響——從期待視野的角度觀之》，彰化師範大學國文研究所碩論，2008 年。

七、期刊論文

1. 張清徽〈南宋詞家詠物論述〉,《東吳文史學報》第二號,臺北:東吳大學出版社,1977 年。

2. 丁崑健〈元代征東行省之研究〉,《史學彙刊》第 10 期,1980 年。

3. 周雙利〈薩都剌在文學史上的地位及其貢獻〉,《固原師專學報》第 2 期,1987 年。

4. 周雙利〈薩都剌年譜〉,《內蒙古民族師範學院學報》第 2 期,1987 年。

5. 柴劍虹《〈元詩選〉癸集西域作者考略》,《文史》第 31 輯,中華書局,1989 年。

6. 羅忼烈〈高麗、朝鮮詞瑣談〉,《文學評論》第 3 期,1991 年。

7. 張富華〈淺論薩都剌對宋詞的繼承與開拓〉,《新疆大學學報》第 22 卷第 4 期,1994 年。

8. 張玉聲〈貫雲石何慕陶淵明〉,《新疆師範大學學報》第 18 卷 4 期,1997 年。

9. 陳蒲清〈三千年延續不斷的文學因緣:古代朝鮮與中國的文學交流說略〉,《益陽師專學報》第 19 卷 2 期,1998 年。

10. 何硯華〈論白樸的金陵懷古詞〉,《殷都學刊》第三期,南寧:廣西教育學院出版,1999 年。

11. 張維民〈論薩都剌詞〉,《中央民族大學學報》第 27 卷第 4 期,2000 年。

12. 楊同庚〈一種題材,兩朵奇葩——王安石、薩都剌詞作比較〉,《六盤水詩專學報》第 13 卷第 3 期,2001 年。

13. 查洪德〈20 世紀薩都剌研究論述〉,《民族文學研究》第 2 期,2002 年。

14. 張澤洪〈元代回族詩人薩都剌與道教〉,《西北民族研究》第 38 期,2003 年。

15. 衣若芬〈李齊賢瀟湘八景詞與韓國地方八景的開創〉,《中國詩學》第九輯,2004 年。

16. 馬燕〈薩都剌詩詞創作的審美風格〉,《青海民族學院學報》第 30 卷第 1 期,2004 年。

八、其他

1. 《十三經注疏·詩經》,臺北:宏業出版社,出版年不詳。

2. 《十三經注疏·論語》,臺北:宏業出版社,出版年不詳。

3. 《十三經注疏·禮記》,臺北:宏業出版社,出版年不詳。

4. 《墨子》,臺北:先知出版社,1976 年。

5. 劉安撰、高誘注《淮南子》，臺北：先知出版社，1976 年。

6. 《漢語大辭典》，長春：長春出版社，1992 年。

7. 紀昀總纂《四庫全書總目提要》，石家莊：河北人民出版社，2000 年。

8. 王奕清等編《御定詞譜》，收錄於紀昀編《文津閣四庫全書》第 500 冊，〈集部・詞曲類〉，北京：商務印書館，2005 年。

9. 列禦寇撰、張湛注《列子》，收錄於紀昀編《文津閣四庫全書》第 351 冊，〈子部・道家類〉，北京：商務印書館，2005 年。

10. 郭象注《莊子注》卷一，收錄於紀昀編《文津閣四庫全書》第 351 冊，〈子部・道家類〉，北京：商務印書館，2005 年。

九、多媒體電子資料庫

1. 中央研究院漢籍電子文獻
http://www. sinica. edu. tw/%7Etdbproj/handy1/

2. 中國期刊網全文資料庫
http://cnki. csis. com. tw/

3. 中國碩博士學位論文全文數據
http://155. csis. com. tw/kns50/Navigator. aspx?ID=2

4. 國家圖書館臺灣期刊論文索引系統
http://readopac. ncl. edu. tw/nclJournal/

5. 成功大學圖書館電子資料庫文淵閣四庫全書內聯網版
http://skqs. lib. ncku. edu. tw/scripts/skinet. dll?OnLoginPage

6. 故宮「寒泉」古典文獻全文檢索資料庫
http://210. 69. 170. 100/s25/index. htm

7. 南京師範大學項目組研製全唐五代詞、全宋詞、全金元詞檢索與賞析
http://202. 119. 104. 80/Ci_ku/ci_web/title2. htm

8. 國家圖書館全國博碩士論文資訊網
http://etds. ncl. edu. tw/theabs/index. jsp

金元少數民族詞作箋注凡例

一、本箋注所採底本爲唐圭璋編《全金元詞》（北京：中華書局，2000 年 10 月第四次印刷）所錄之完顏亮四首、完顏雍一首、耶律履三首、完顏璹九首、完顏璟兩首、完顏從郁一首、僕散汝弼一首、耶律楚材一首、耶律鑄九首、廉希憲一首、兀顏思忠一首、貫雲石兩首、薛昂夫三首、李齊賢五十三首（本有五十四首，其中一首有目無詞，實際爲五十三首）、偰玉立一首、薩都剌十五首，還有唐圭璋編《全宋詞》（北京：中華書局，1965 年 6 月第六次印刷）所錄之蒲壽宬十八首，以及張子良《金元詞述評》（臺北：華正書局，1979 年七月）所錄之拜住一首，共計十八人，一百二十六首作品。

二、由於薩都剌和李齊賢個人詞作較多，因此分別以附錄一和附錄二獨立箋注之，詞作排列順序同於《全金元詞》。至於其他十六位詞人，則分女眞、契丹、畏兀及其他（包含阿拉伯和蒙古）四類族別依次箋注之。

三、本箋注僅針對文本內容做詮釋探究，著重於文句的解讀和注釋，以期能析論出作品深層內涵，及歸納出相似的特色，而版本的比對和文句的校勘則較少涉及。

四、本箋注詞編所用的標點符號，共有三種：（一）以「、」表句中豆；（二）以「，」表句；（三）以「。」表押韻。

附錄一：薩都剌十五首註

（一）滿江紅‧金陵懷古

六代繁華春去也、更無消息〔1〕。空悵望、山川形勝，已非疇昔〔2〕。王謝堂前雙燕子，烏衣巷口曾相識〔3〕。聽夜深、寂寞打孤城，春潮急〔4〕。　　思往事、愁如織。懷故國，空陳迹〔5〕。但荒煙衰草，亂鴉斜日〔6〕。玉樹歌殘秋露冷，胭脂井壞寒螿泣〔7〕。到如今、惟有蔣山青，秦淮碧〔8〕。

〔1〕「六代」二句：六朝建都古金陵，三百年間豪奢競逐，雲蒸霞蔚，而今皆已風消雲散，如春去不留痕跡。「六代繁華」，三國的吳、東晉、南朝的宋、齊、梁、陳，都以建康爲首都，歷史上合稱六朝，後人常對此詠歎爲「六代繁華」。〔後蜀〕歐陽炯〈江城子‧晚日金陵岸草平〉詞：「六代繁華，暗逐逝波聲。」〔宋〕王安石〈桂枝香‧金陵懷古〉：「六朝舊事隨流水，但寒煙、芳草凝綠。」「消息」，蹤跡。〔宋〕田爲〈念奴嬌〉詞：「翻念一枕高唐，當年仙夢覺，更無消息。」

〔2〕「空悵望」兩句：遙想六朝盛世，〔東晉〕謝朓曾云：「江南佳麗地，金陵帝王洲」，是何等從容之氣象！而今山川依舊，金陵卻無中原帝王，昔日家國，已被胡兵金戈擊破，被胡馬鐵蹄踏碎，國已不成國，對此江山，悵然情思油然而起。

〔3〕「王謝」二句：看見烏衣巷口雙飛的燕子，似曾相識，原來是曾在東晉豪族王、謝庭院中棲息過。乳燕無心，依舊輕盈，它們的呢喃正訴說著歷史的見證。此句化用〔唐〕劉禹錫〈烏衣巷〉詩：「朱雀橋邊野草花，烏衣巷口夕陽斜。舊時王謝堂前燕，飛入尋常百姓家。」「烏衣巷」，在

今南京市東南，秦淮河畔，是東晉時王導、謝安等家族所居之地，此爲後代文人用以慨嘆興亡的名典。〔宋〕周邦彥〈西河·金陵懷古〉詞：「酒旗戲鼓甚處市？想依稀王謝鄰里。燕子不知何世，向尋常巷陌人家相對，如說興亡斜陽裡。」

〔4〕「聽夜深」兩句：化用〔唐〕劉禹錫〈石頭城〉詩：「山圍故國周遭在，潮打空城寂寞回。淮水東邊舊時月，夜深還過女牆來。」在寂靜的夜裡，對歷史興亡的悵然愁思如怒濤般波濤洶湧的起伏著。「寂寞」、「孤」二詞更顯詞人憂國之情無人可以體會，只有自己默默承受。〔宋〕周邦彥〈西河·金陵懷古〉詞亦有：「怒濤寂寞打孤城，風檣遙度天際。」一句。

〔5〕「思往事」四句：所思所懷皆爲故國往事，心中愁緒千絲萬縷，看眼前空有山河依舊，人事已非。

〔6〕「但荒煙衰草」二句：化用〔宋〕王安石〈桂枝香·金陵懷古〉詞：「六朝舊事隨流水，但寒煙衰草凝綠。」淡淡荒煙、萋萋衰草、紛紛亂鴉、沉沉斜日，此等蒼茫暮色，等於是詞人無限家國哀思的寫照。

〔7〕「玉樹」二句：「玉樹」，指南朝陳後主（叔寶）爲后妃所制的《玉樹後庭花》一曲，被後人視爲亡國之音。〔唐〕許渾〈金陵懷古〉詩：「玉樹歌殘王氣終，景陽兵合戍樓空。」「胭脂井」，又名「辱井」，南朝陳景陽宮中之井，隋兵攻入陳宮時，陳後主與妃張麗華投此井。井有石欄，呈紅色，好事者附會爲胭脂所染，而稱「胭脂井」。〔宋〕王雲煥〈沁園春·四十君王〉詞：「嘆幕府峰高，生涯社燕，胭脂井暗，富貴飛花。」此二典連用，不只尖銳的諷刺庸主無能、沈迷聲色以致誤國的史事，更有詞人百倍的沈痛悲情。「寒螿」，昆蟲，〔晉〕郭璞注《爾雅·釋蟲》「似蟬而小，青赤」。「殘」、「冷」、「寒」、「壞」、「泣」這些冷調字的連用，更顯孤絕無望的氣氛。

〔8〕「到如今」三句：於此不變的青山綠水之中，寄託了無盡雋永的興亡慨嘆。「蔣山」，今江蘇南京市的鍾山，三國時因蔣子文廟在其地，改名蔣山，吳大帝孫權墓也在此山。

（二）醉江月·任御史有約不至

秦淮曉發，掛雲帆十丈，天風如箭〔1〕。一碧湖光三十里，落日水平天遠〔2〕。繫馬維舟，買魚沽酒，楊柳人家店〔3〕。輕寒襲袂，淮南春色猶淺〔4〕。　　幾度暮鼓晨鐘，南來北去，遊子心□倦

〔5〕。芳草萋萋天際綠〔6〕，悵望故人應轉〔7〕。翠袖偎香，錦箏彈月，何處相留戀〔8〕。有人獨自，燈花深夜頻翦〔9〕。

〔1〕「秦淮曉發」三句：一個初春的早晨，詞人乘舟從秦淮河出發，巨大的帆布藉著風勢鼓起，孤舟在煙霧茫茫的水面上飛速行駛。「秦淮」，河名，舊時南京之歌樓舞館，駢列兩岸，畫舫遊艇，紛集其間，夙稱金陵勝地。〔唐〕杜牧〈秦淮詩〉：「煙籠寒水月籠沙，夜泊秦淮近酒家。」「曉發」，清晨出發。〔唐〕孟浩然〈湖中旅泊寄閻九司戶防詩〉：「桂水通百越，扁舟期曉發。」「天風」，指天空之風，〔漢〕蔡邕〈飲馬長城窟行〉：「枯桑知天風，海水知天寒。」

〔2〕「一碧湖光」二句：經過長途艱難的航行，詞人在落日時分到達目的地，在舟中眺望的景色，平廣遼闊。「一碧」，指一片碧綠，無名氏〈燕山八景賦〉：「湛長空於一碧，涵萬象於虛明。」「湖光」，指湖水之光，〔唐〕張子容〈自樂城赴永嘉枉路泛白湖詩〉：「樹色煙輕重，湖光風動搖。」「水平」，指靜止時之水面，〔唐〕劉禹錫〈插田歌〉：「水平苗漠漠，演火生墟落。」

〔3〕「繫馬維舟」三句：停泊後，買好酒菜，在客店中等待即將到來的友人，客店在嫩芽吐翠的柳樹叢中，環境幽美。「維舟」，指繫舟停泊，〔南朝·梁〕何遜〈與胡興安夜別詩〉：「居人行轉軾，客于暫維舟。」「沽酒」，指買酒，〔唐〕白居易〈杭州春望詩〉：「紅袖織綾誇柿蒂，青旗沽酒趁梨花。」「楊柳」，暗示季節是春天，〔唐〕郭振〈子夜春歌〉：「陌頭楊柳枝，已被春風吹。」又折柳送別為古代風俗，見柳樹而動別離之愁，暗示與友人分別已久。

〔4〕「輕寒襲袂」二句：當微微寒意襲上衣袖，意識到春色尚淺，但春天畢竟還是到來，令詞人不禁驀然心涼，新春提醒他在異鄉又多滯留一個年頭。

〔5〕「幾度暮鼓晨鐘」三句：為了生活，多少個春秋，多少個日夜，他們南北奔波是多麼疲倦和悲苦。「暮鼓晨鐘」，指佛寺中用以報時者，以此慨嘆時光流逝。〔唐〕李咸〈用山中詩〉：「朝鐘暮鼓不到耳，明月孤雲常掛情。」「遊子」，指人之遠遊他鄉作客者，此詞所指者為詞人自身。〈古詩十九首〉：「浮雲蔽白日，遊子不顧返。」〔唐〕李白〈送友人詩〉：「浮雲遊子意，落日故人情。」

〔6〕「芳草萋萋」一句：連綿不斷、碧綠無際的春草似乎有情，期待著友人的來臨。化用《楚辭·招隱士》：「王孫遊兮不歸，春草生兮萋萋。」「春草」是比喻離愁常用的意象。

〔7〕「**悵望故人**」一句：詞人多希望友人趕快出現，可是等來的盡是惆悵。
究竟什麼原因未來？是不是出了什麼事？他現在怎麼樣了？「**悵望**」，
落寞之際有所想望。〔唐〕皇甫冉〈酬張繼詩〉詞：「悵望南徐登北固，
迢遙西塞限東關。」〔唐〕崔塗〈鸚鵡洲眺望詩〉：「悵望春襟鬱未開，
重臨鸚鵡益堪哀。」

〔8〕「**翠袖偎香**」三句：他是不是正偎紅倚翠，相伴著月下彈箏的美人在歡
度良宵呢？「**翠袖**」，碧色衣袖，借指美人。〔唐〕杜甫〈佳人詩〉：「天
寒翠袖薄，日暮倚修竹。」〔宋〕蘇軾〈芍藥詩〉：「倚竹佳人翠袖長，
天寒猶著薄羅裳。」〔宋〕辛棄疾〈水龍吟〉詞：「倩何人，喚起紅巾
翠袖，搵英雄淚。」「**偎香**」，依偎美人之意。「**錦箏**」，箏的美稱，一種
撥弦樂器，聲音淒苦，令人「感悲音而增嘆，愴憔悴而愁懷」（〔漢〕
侯瑾《箏賦》）。

〔9〕「**有人獨自**」二句：漫漫長夜，詞人不能入眠，望眼欲穿的等待友人的
到來，共傾心曲，等的時間長了，燈花頻添，只有頻剪燈花，等待友人
到來，不肯罷休。「**燈花**」，燈心餘燼結為花形曰「燈花」。〔唐〕李商
隱〈夜雨寄北〉：「何當共翦西窗燭，卻話巴山夜雨時。」

（三）水龍吟・贈友

王郎錦帶吳鈎〔1〕，醉騎赤鯉〔2〕銀河去。絳袍弄月〔3〕，銀壺吸酒
〔4〕，錦箋揮兔〔5〕。禿鬢西風，短篷落月，東吳西楚〔6〕。悵丹陽
郭裡，相逢較晚，共翦燭、西窗雨〔7〕。　　文采風流俊偉，碧紗巾
掛珊瑚樹〔8〕。出門萬里，仙（掀）髯一笑，青山無數〔9〕。揚子江
頭，凍沙寒雨，暮天飛鷺〔10〕。待明朝酒醒金山，□□過瓜洲渡〔11〕。

〔1〕「**王郎**」一句：此句描繪友人衣飾的華美和佩刀的名貴，以烘托其英俊
豪逸的不凡形象。「**王郎**」，指東晉王凝之，後泛指俊傑之士，此處指薩
之友人。《晉書・王凝之妻謝氏傳》記載謝道韞出嫁王凝之時，曾讚嘆
說：「不意天壤之中，乃有王郎！」「**錦帶**」，織錦帶也，「**吳鈎**」，春秋
時吳國所出的寶刀，〔南朝・宋〕鮑照〈結客少年場行〉：「驄馬金絡頭，
錦帶佩吳鈎。」〔唐〕杜甫〈後出塞詩〉：「少年別有贈，含笑看吳鈎。」
〔宋〕辛棄疾〈水龍吟・登建康賞心亭〉：「把吳鈎看了，欄干拍遍，無
人會，登臨意。」

〔2〕「**醉騎赤鯉**」：形容友人醉態之逸，如同琴高得仙騎鯉那樣飄然超忽。
〔宋〕朱長文《琴史》記載，相傳劉宋時，康王的琴師琴高得了神仙之

術，入涿水取龍子，他的弟子曾見他騎赤鯉入涿水中。〔南朝・梁〕江淹〈采石上菖蒲詩〉：「赤鯉儻可乘，雲霧不復還。」〔唐〕李白〈九日登山詩〉：「赤鯉湧琴高，白龜道馮夷。」

〔3〕 **絳袍弄月**：寫友人醉後的天真狂態。「**絳袍**」，紅色的錦袍。「**絳袍弄月**」，相傳李白曾身穿宮錦袍，月夜舟遊采石磯，醉中去捉江中之月。

〔4〕 **銀壺吸酒**：不用酒杯，就著壺飲酒，凸出友人的狂放不拘和豪飲海量。

〔5〕 **錦箋揮兔**：暢飲之後，趁醉揮毫賦詩。「**兔**」，指兔毫，代稱毛筆。

〔6〕 「**禿鬢西風**」三句：自己的衰髮在西風中蓬散蕭颯，月落時分乘著短篷小船，輾轉吳楚之間。

〔7〕 「**悵丹陽郭裡**」三句：寫作者和友人在丹陽城初會暢敘，相見恨晚。兩人雨夜臨窗而坐，剪燭夜談，惺惺相惜。「**丹陽**」，縣名，今屬江蘇。「**郭裡**」，城郭之中，〔唐〕嚴維〈丹陽送韋參軍詩〉：「丹陽郭裡送行舟，一別心知兩地秋。」「**翦燭**」，剪去已燃燒過的燭線，使燭光發亮，典出〔唐〕李商隱〈夜雨寄北〉詩：「何當共剪（翦）西窗燭，卻話巴山夜雨時。」

〔8〕 「**文采風流**」二句：讚友人外表氣質皆俊，也有遺世獨立的清高志向。「**文采風流**」，幽雅瀟灑之謂也，〔唐〕杜甫〈丹青引贈曹將軍霸〉：「英雄割據雖已矣，文采風流今尚存。」「**俊偉**」，出眾之人，《魏志・王朗傳評》：「誠皆一時之俊偉也。」陳琳〈為袁紹檄豫州文〉：「故九江太守邊讓，英才俊偉，天下知名，直言正色，論不阿諂。」「**珊瑚樹**」，典出〔唐〕杜甫〈送孔巢父謝病歸遊江東兼呈李白〉詩：「詩卷長留天地間，釣竿欲拂珊瑚樹」。孔巢父早年與李白等六人隱居山東徂徠山，並稱「竹溪六逸」，杜甫此句寓孔巢父欲入海求仙（珊瑚樹生於海中），薩以此讚友人也有孔巢父那樣遺世獨立的清高志向。

〔9〕 「**出門萬里**」三句：作者離家在外，不遑居處，面對無數青山，不禁掀髯開懷，暫忘漂泊之苦。「**出門**」，可指遠離家園，或聯繫下文，指自己將別友人，再登旅途。「**仙（掀）髯**」，笑時啟口張鬚貌，〔宋〕蘇軾〈次韻劉景文見寄詩〉：「細看落墨皆松瘦，想見掀髯正鶴孤。」

〔10〕 「**揚子江頭**」三句：長江沙岸凍結，寒雨絲絲，暮色茫茫，飛鷺點點，一派蕭瑟，正是離別之時。「**揚子江**」，江名，唐代於揚子津渡江抵京口，後至揚子縣於此，因稱此處大江為揚子江，即今江都至鎮江間之大江，後人以揚子江為長江之通稱。

〔11〕 「**待明朝酒醒**」二句：作者醉別友人，設想酒醒之後，已過金山，直達瓜洲渡了。「**金山**」，今屬鎮江，三面環水，突出江中（元時為江中小島，

與陸地不相連）。「**瓜洲渡**」，今屬江蘇儀徵，在鎮江對岸。作者遠離丹陽，由大運河西北行至金山，再越長江到瓜洲渡。此二句與〔宋〕柳永〈雨霖鈴〉：「今宵酒醒何處，楊柳岸，曉風殘月。」有異曲同工之妙，以景遷地異來渲染離別後悵然若失之感。

（四）念奴嬌・登石頭城〔1〕次東坡韻〔2〕

石頭城上，望天低吳楚〔3〕，眼空無物。指點六朝形勝地，唯有青山如壁。蔽日旌旗，連雲檣櫓，白骨紛如雪〔4〕。一江南北，消磨多少豪傑〔5〕。　　寂寞避暑離宮，東風輦路，芳草年年發〔6〕。落日無人松徑裡，鬼火高低明滅〔7〕。歌舞尊前，繁華鏡裡，暗換青青髮〔8〕。傷心千古，秦淮一片明月〔9〕。

〔1〕　**石頭城**：故址通常指今南京清涼山一段古城牆，「石頭城」每成為古金陵城的別稱。其歷史可追溯到戰國時代，周顯王三十六年（西元前 333年），楚滅越，楚威王設置金陵邑，並在今清涼山上築城。三國時，孫權於赤壁之戰後，把國都從京口遷至秣陵（今南京），並改名建業，次年即在清涼山原有城基上修建石頭城。當時長江在清涼山下流過，故石頭城在軍事地理位置上頗為重要。此後，東晉、宋、齊、梁、陳均建都於此，石頭城更成為兵家必爭之地。

〔2〕　**次東坡韻**：「次韻」，依次用所和詩中的韻作詩，也稱「步韻」。薩都剌此詞與蘇軾〈念奴嬌・赤壁懷古〉韻腳之字完全相同，即「物、壁、雪、傑、發、滅、髮、月。」

〔3〕　**吳楚**：石頭城舊有「吳頭楚尾」之說，其地域空間處於吳楚交接的位置。

〔4〕　「**蔽日旌旗**」三句：連年的水路戰爭，使六朝勝景破壞殆盡，留下的是「白骨紛如雪」的慘景。「**旌旗**」，指戰旗，戰旗遮蔽了天空，極言軍隊眾多。「**檣**」為船桅杆，「**櫓**」為帆船上划船的工具，「**檣櫓**」指戰艦，戰艦連雲，極言水兵之多。化用〔宋〕蘇軾〈念奴嬌・赤壁懷古〉：「談笑間，檣櫓灰飛煙滅。」

〔5〕　「**一江南北**」兩句：古往今來，大江南北，有多少英雄豪傑在頻繁的戰爭中消磨了他們的精力與生命。化用〔宋〕蘇軾〈念奴嬌・赤壁懷古〉：「江山如畫，一時多少豪傑。」

〔6〕　「**寂寞**」三句：當年歌舞繁華之地已經荒廢無人，皇帝乘坐宮車來往的輦路長滿了萋萋青草，蓬勃的春光反襯衰敗的遺跡使人更覺悲涼。此三句取景於南唐遺址，以概括石頭城之盛衰。石頭城所在之石頭山東麓有

著名的清涼寺，它的前身是五代十國吳國順義年間徐溫所建的興教寺，南唐時改為石頭清涼山，宋時改建為寺，作者登眺之時，已非南唐在此建避暑離宮的盛況，而興起一股黍離麥秀之愁。「**離宮**」，古時帝王出京巡遊時駐蹕之起居處。「**輦路**」，御道，帝王專用的道路。

〔7〕「**落日**」兩句：太陽一下山，松間小徑裡俱無一人，只有鬼火飛竄其間。

〔8〕「**歌舞**」三句：嘆繁華轉瞬，樂盡哀來，人生易逝，古往今來莫不如此，他人如此，自己也將如此。這是登石頭城歷覽前代興亡遺跡，而生發出來的歷史感慨和人生感慨。

〔9〕「**傷心**」兩句：千古之下，可憐只有秦淮河上明月猶存，除了這輪明月亙古不變之外，人世已發生滄桑巨變，曾是六朝古都、南朝離宮的石頭城已衰敗零落，流經石頭城邊的古秦淮河，不也同樣目睹這深刻的變遷嗎？此兩句道出宇宙長存，人生有限，人世滄桑的悲哀。

（五）木蘭花慢・彭城〔1〕懷古

古徐州形勝，消磨盡、幾英雄〔2〕。想鐵甲重瞳，烏騅汗血，玉帳連空〔3〕。楚歌八千兵散，料夢魂、應不到江東〔4〕。空有黃河如帶，亂山起伏如龍〔5〕。　漢家陵闕動秋風。禾黍滿關中〔6〕。更戲馬臺荒，畫眉人遠，燕子樓空〔7〕。人生百年如寄，且開懷、一盡千鍾〔8〕。回首荒城斜日，倚闌目送飛鴻〔9〕。

〔1〕　**彭城**：相傳帝堯時封顓頊後裔彭祖於此，建大彭氏國，「彭城」之名蓋始於此。漢末曹操曾遷徐州刺史治彭城，於是彭城始稱徐州。徐州東瀕大海，西鄰中原，南達江淮，北趨京津，為東西要衝、南北鎖鑰，自古為兵家必爭之地。

〔2〕　「**古徐州**」兩句：彭城四周山嶺疊翠，汴泗交流，景象壯美，古來不知多少英雄豪傑在此消磨，項羽便是其中一人。「**古徐州**」即是彭城。

〔3〕　「**想鐵甲重瞳**」三句：「**鐵甲重瞳**」，代指項羽。據《史記・項羽本紀》所載，項羽是「重瞳子」，眼睛有兩個瞳仁。項羽衝鋒陷陣時，身披鐵甲，騎烏騅馬，勇不可擋。「**汗血**」，指流血流汗，極狀烏騅馬征戰之勞苦。「**玉帳連空**」，指軍中帳棚極多，軍容之盛。

〔4〕　「**楚歌**」兩句：此兩句寫項羽垓下之敗，英雄末路。據《史記・項羽本紀》所載，項羽被漢軍圍困在彭城附近的垓下，四面楚歌，軍心瓦解，而敗逃烏江。烏江亭長勸他東渡，項羽卻說：「籍與江東子弟八千人渡江而西，今無一人還，縱江東父老憐而王我，我何面目見之？」遂自刎。

〔宋〕李清照〈烏江〉詩曰:「至今思項羽,不肯過江東!」

〔5〕 「空有」兩句:此句由上句懷古之情轉而為描寫眼前之景——眼前黃河蜿蜒如絲帶,亂山起伏猶如龍之奔騰。「空有」二字,帶出作者的慨嘆之情,世易時移,滄海桑田。金元時黃河由徐州奪泗、淮入海,今徐州尚有黃河故道。

〔6〕 「漢家」兩句:此兩句是由眼前的彭城景象想到遠在關中的漢家陵闕。漢朝開國君主劉邦,崛起於彭城附近的沛縣,曾在彭城幾度與敵軍大戰,後來定都長安。可是,中國歷史由漢而元,幾經興衰,既然彭城的景象蒼茫頹敗,那麼遠在關中的漢家陵闕,應該也是秋風蕭瑟,禾黍離離了!此句亦可回應首句,劉邦也是「消磨盡、幾英雄」的其中一人了。
〔唐〕李白〈憶秦娥〉詩有云:「西風殘照,漢家陵闕。」

〔7〕 「更戲馬臺荒」三句:此三句為詠項羽及彭城名妓關盼盼之事,用「臺荒」、「人遠」、「樓空」來寫彭城名勝之風流雲散,滿目荒寂,遂現作者弔古傷今之情。「彭城戲馬臺」,傳為項羽遺跡,在彭城以南的小山上,項羽因山築臺,以觀操演之兵馬。「畫眉人遠」則借漢張敞畫眉事以詠唐治徐州的武寧軍節度使張愔與彭城名妓關盼盼的戀愛故事。「燕子樓」是張愔舊第的一座小樓,張愔卒後,關盼盼念舊愛而不嫁,獨守樓中十餘年,後人傳為佳話,燕子樓遂成徐州名樓之一。

〔8〕 「人生」兩句:因彭城所引發之思古幽情、對匆匆人生的感慨、種種複雜的情感,都傾注在千鍾濁酒中。

〔9〕 「回首」兩句:作者倚欄望著掛在這荒城一角的斜陽和那愈飛愈高的歸鴻,有所寄託,是珍惜那轉瞬即逝的斜陽黃昏?亦或是羨慕那不捨斜陽黃昏而奮飛的鴻鵠?

(六)酹江月·遊鍾山〔1〕紫微觀贈謝道士〔2〕,其他乃文宗〔3〕駐蹕〔4〕升遐〔5〕處

金陵王氣,繞道人丹室,紫霞紅霧〔6〕。一夜神光雷電轉,江左雲龍飛去〔7〕。翠輦金輿,綺窗朱戶,總是神遊處〔8〕。至今花草,承恩猶帶風雨〔9〕。　　落魄野服黃冠,榻前賜號,染薔薇香露〔10〕。歸臥蒲龕春睡暖,耳畔猶聞天語〔11〕。萬壽無疆,九重閒暇,應憶江東路〔12〕。遙瞻鳳闕,寸心江水東注〔13〕。

〔1〕 鍾山:山名,在今江蘇省南京市朝陽門外,又名紫金山。

〔2〕 謝道士:即茅山道士謝舜咨,生平不詳,是薩都剌交往密切的道友,薩

都剌詩歌中涉及他的約有十首左右。

〔3〕 **文宗**：元文宗（1328～1332），名圖帖穆爾，英宗時，出居海南。泰定帝立，召至京，封懷王。泰定帝崩，燕帖木兒等，立之於上都。帝迎立明宗，明宗將至京暴崩，帝復立，以燕帖木兒及伯顏爲相。前後在位四年，廟號文宗，年號爲天歷、至順。

〔4〕 **駐蹕**：天子出入警蹕，因稱留止其地曰駐蹕，《書言故事‧朝制類》：「御駕所止曰駐蹕。」

〔5〕 **升遐**：帝王崩也，《資治通鑑‧梁記注》：「記曲禮曰：『告喪曰天王登假。』注云：『登，上也；遐，已也。上已者若仙去云耳，登，即升也，假，讀與遐同。』」

〔6〕 「**金陵王氣**」三句：「金陵」，地名，即今南京市及江寧縣地，金陵相傳地有王氣，〔南朝‧齊〕謝朓〈鼓吹曲〉：「江南佳麗地，金陵帝王州。」「王氣」，帝王之氣。「丹室」，紅色所塗之居室。「紫霞」，謂神仙所居，〔唐〕杜光庭〈錄異記〉：「永平四年，利州刺史王承賞奏，長山楊譿洞在峭壁，壁中有神仙，或三人或五人，服色黃紫，往往出見，詔改楊譿洞爲紫霞洞，置紫霞觀。」「紅霧」，紅色之霧。

〔7〕 「**一夜神光**」二句：此句指一夜之間，世易時移，元文帝駕崩。「江左」，長江最下游地，一作江東，即今江蘇省等處。「雲龍」，乘雲昇天之龍，謂天子或王侯英雄也。

〔8〕 「**翠輦金輿**」三句：回想當年，剛登上進士，進宮晉見皇帝的景象。（薩都剌1327年登進士，隔年元文宗繼位。）「金輿」，以金爲飾之車駕。「綺窗」，雕畫精美的窗戶。「朱戶」，朱門也。「神遊」，足跡未到，而精神如遊其處，〔宋〕蘇軾〈念奴嬌‧赤壁懷古〉：「故國神遊，多情應笑我，早生華髮。」

〔9〕 「**至今花草**」二句：以花草自比，想到自身承受皇帝的恩澤，拔擢爲官的過往。「花草」，花卉也，〔唐〕李白〈登金陵鳳凰臺〉：「吳宮花草埋幽徑，晉代衣冠成古丘。」「風雨」，謂亂世思君子或詩人懷舊。

〔10〕 「**落魄野服**」三句：謝舜咨曾受皇帝封號，〔元〕虞集《道園學古錄》卷三〈在朝稿〉亦云：「榻前親制先生號，賜與江南謝舜咨。」「落魄」，不得志。「薔薇香露」，薔薇花之露水。「野服」，村居樸素之服。「黃冠」，道士之冠，轉以稱道士，〔宋〕蘇軾〈放鶴亭記〉：「黃冠草屨，葛衣而鼓琴。」

〔11〕 「**歸臥蒲龕**」二句：指謝舜咨接受皇帝封號後，回到位在江南的道觀，遙念朝堂。「蒲龕」：指佛堂、寺廟。「天語」，天子之言，〔唐〕李白〈明

堂賦〉：「聽天語之察察，擬帝居之將將。」

〔12〕「**萬壽無疆**」三句：謝舜咨位在遙遠的江南，希望皇帝能在閒暇之時想到他，並遙祝皇帝萬壽無疆。「**萬壽無疆**」，賀人長壽之語。「**九重**」，即天子「**閒暇**」，空閒暇餘。「**江東**」，大河下游之地，〔清〕魏禧《日錄雜說》：「宋以金陵、太平、寧國、廣德爲江南東路，以今江西全省爲江南西路。」

〔13〕「**遙瞻鳳闕**」二句：「**鳳闕**」，宮城也，〔唐〕李白〈感時詩〉：「冠劍朝鳳闕，樓船待龍池。」「**寸心**」，即心也。「**東注**」，流向東方。

（七）醉江月・登鳳凰臺〔1〕懷古用前韻〔2〕

六朝形勝，想綺雲樓閣，翠簾如霧〔3〕。聲斷玉簫明月底，台上鳳凰飛去〔4〕。天外三山，洲邊一鷺，李白題詩處〔5〕。錦袍安在，淋漓醉墨飛雨〔6〕。　　　　遙憶王謝功名，人間富貴，散草頭朝露〔7〕。淡淡長空孤鳥沒，落日招提鈴語〔8〕。古往今來，人生無定，南北行人路〔9〕。浩歌一曲，莫辭別酒頻注〔10〕。

〔1〕 **鳳凰臺**：鳳凰臺在金陵鳳凰山上，相傳南朝劉宋永嘉年間，有鳳凰集於此山，乃築鳳凰臺，山和臺也由此得名。〔唐〕李白《登金陵鳳凰臺》詩云：「鳳凰臺上鳳凰遊，鳳去臺空江自流。吳宮花草埋幽徑，晉代衣冠成古丘。三山半落青天外，二水中分白鷺洲。總爲浮雲能蔽日，長安不見使人愁。」薩都剌此詞之詞意，多處化用了李白之詩，容後再敘。

〔2〕 **前韻**：此闋詞所用之韻承薩都剌〈醉江月・遊鍾山紫微觀贈謝道士〉，韻腳皆爲「霧、去、處、雨、露、語、路、注。」

〔3〕 「**六朝**」三句：金陵是東吳、東晉、宋、齊、梁、陳等六個朝代之都城，形勢險要，風光秀麗，繁華似錦。金陵有連綿壯麗的樓閣，氣勢壯闊，非同尋常，南朝陳後主曾建築富麗堂皇的臨春閣、結綺閣，與愛妃們尋歡作樂。「**綺雲**」，美麗的雲，〔唐〕陳子良〈春晚看群公朝還詩〉：「綺雲臨舞閣，丹霞薄吹臺。」

〔4〕 「**聲斷**」兩句：由鳳凰臺聯想到有關鳳凰的故事，作者想像當年蕭史和弄玉兩人吹簫的情景，鳳凰在山上飛來飛去，而如今簫聲消失了，鳳凰也杳無蹤跡；鳳凰原是封建時代的吉祥象徵，然而鳳去臺空，正代表了六朝繁華一去不復返。〔漢〕劉向《列仙傳》記載蕭史和弄玉是傳說中一對神仙夫婦，蕭史善吹簫，能以簫作鸞鳳之音；秦穆公之女弄玉也好吹簫，穆公就將她嫁給蕭史，並築鳳臺讓他們居住。數年後，弄玉乘鳳，

蕭史乘龍，升天而去。

〔5〕「天外三山」三句：「三山」，在金陵西南長江岸邊，三峰並列，南北相連，〔宋〕陸游〈入蜀記〉云：「三山自石頭及鳳凰山望之，杳杳有無中耳。及過其下，則距金陵才五十餘里。」因爲「杳杳有無中耳」，故云「天外」，向西南眺望。「**白鷺洲**」，在金陵西長江中，「**洲邊一鷺**」將視線轉向西北，兩者視線交會處即鳳凰臺之所在，李白曾在此題〈登金陵鳳凰臺〉一詩，本詩亦化用其中「三山半落青天外，二水中分白鷺洲」兩句。

〔6〕「**錦袍**」兩句：描寫李白飲酒賦詩的豪邁氣慨，生發出對李白的仰慕之情。但用「安在」二字，頗有今昔之感之內蘊——嘆江山如畫，六朝繁華卻成陳跡。「**錦袍**」，相傳李白曾月夜遊采石江，著錦袍坐舟中，旁若無人，醉中捉月。〔唐〕杜甫〈飲中八仙歌〉云：「李白斗酒詩百篇，長安市上酒家眠。」極寫其酒性之豪，且文思敏捷。「**淋漓**」，元氣及筆勢之盛。「**醉墨**」，即醉筆，〔宋〕歐陽脩〈送原父守永興詩〉：「新詩醉墨時一揮，別後記我無辭遠。」

〔7〕「**遙憶**」三句：想那東晉開國元勛王導和挽救國家危亡的謝安，何等威名與富貴！然而，世事更迭，有如走馬，富貴難保，猶如過眼雲煙，蒼涼縹緲。此三句與〔唐〕劉禹錫〈烏衣巷〉：「朱雀橋邊野草花，烏衣巷口夕陽斜。舊時王謝堂前燕，飛入尋常百姓家。」詞意相通。

〔8〕「**淡淡長空**」兩句：一幅蕭瑟冷落的圖景，蒼涼衰敗的景物，和人的悲涼淒楚的抑鬱心境，渾然融合一起。「淡淡長空孤鳥沒」，化用〔唐〕杜牧〈登樂遊原詩〉：「長空澹澹孤鳥沒，萬古銷沉向此中。」「**落日招提鈴語**」，與薩都剌〈和友人遊鶴林韻〉詩：「落日樓臺自鈴語」同用。「**招提**」，梵語，四方之意。

〔9〕「**古往今來**」三句：俯仰古今，作者對繁華消失、人世滄桑的無情現實寄寓了深沉的感慨，尤其對人生充滿著悼惜惆悵、無可奈何、捉摸不定的喟嘆，將處在動盪政局和官場失意的心緒折射於詞作之中。

〔10〕「**浩歌**」兩句：人生無常，不如及時行樂，薩都剌善學李白，李白一生中也長常發此感嘆，除了是政治上的挫折所造成的，更有一種發牢騷的意味。「**浩歌**」，高歌，〔唐〕李白〈送張承祖序〉：「清潭浩歌，雄筆麗藻。」

（八）少年遊（小闌）

去年人在鳳凰池〔1〕。銀燭夜彈絲〔2〕。沈火香消，梨雲夢暖，深

院繡簾垂〔3〕。　　今年冷落江南〔4〕夜，心事有誰知。楊柳風和，
海棠月淡，獨自倚闌時〔5〕。

〔1〕　**鳳凰池**：指唐代宮殿裡的池名，〔宋〕李昉〈賀呂蒙正〉詩：「一舉首
　　　登龍虎榜，十年身到鳳凰池」，在此借指中央之中書省（或翰林院）所
　　　在。《晉書‧荀勗傳》：「勗在中書監除尚書令，人賀之，勗曰：奪我鳳
　　　凰池，諸君何賀耶。」

〔2〕　「**銀燭夜彈絲**」一句：寫翰林院中賓客宴集的場面。「**彈絲**」，即在宴席
　　　間彈奏琴瑟及管絃樂器。燈火輝煌，樂聲悠揚，宴席間充滿了高雅歡快
　　　的氣氛。

〔3〕　「**沈火香消**」三句：宴席之後，回到幽靜的房間，放下繡簾，濃郁的沉
　　　香味漸漸淡了，人也隨即進入溫暖的「梨雲夢」中，生活是這樣的幽雅
　　　恬靜，卻引起了過往的回憶。「**沈火（水）**」，即沉香，《本草》：「木之心
　　　節，置水則沉，故名沉水」，其木材是名貴的薰香料，富豪之家多用以
　　　薰房。「**梨雲夢**」，指夢境，見〔唐〕王建〈夢梨花〉詩：「落落漠漠路
　　　不分，夢中喚作梨花雲」。

〔4〕　**江南**：此指鎮江，爲薩都刺貶官後所在。

〔5〕　「**楊柳風和**」三句：柔和的春風，拂動著青青的柳枝，淡淡的月色，映
　　　照著盛開的海棠，還是那幽靜的春夜，只是時過境遷，人已在冷落的鎮
　　　江官署內，獨自倚欄，美景無人共賞，心事無處訴說，感到分外淒涼。

（九）酹江月‧題清溪白雲圖

周郎幽趣〔1〕，佔清溪〔2〕一曲，小橋橫渡。溪上紅塵飛不到〔3〕，
惟有白雲來去。出岫無心，凌江有態，水面魚吹絮〔4〕。倚門遙望，
鍾山一半留住〔5〕。　　　涵影淡蕩悠揚，朝朝暮暮，是幾番今古
〔6〕。指點昔人行樂地，半是鷺汀鷗渚〔7〕。映水朱樓，踏歌畫舫，
寂寞知何處。天涯倦客，幾時歸釣春雨。〔8〕

〔1〕　**周郎幽趣**：「周郎」，即周瑜，少時吳中呼爲周郎，精通音律。《三國志‧
　　　吳書‧周瑜傳》卷五十四：「瑜少精意於音樂，雖三爵之後，其有闕誤，
　　　瑜必知之，知之必顧，故時人謠曰『『曲有誤，周郎顧。』。」「**幽趣**」，
　　　優雅的情趣。

〔2〕　**清溪**：水名，在今安徽含山縣西南。〔宋〕蘇軾〈梅花二首〉詩其二：
　　　「何人把酒慰深幽？開自無聊落更愁。幸有清溪三百曲，不辭相送到黃
　　　州。」

〔3〕 **溪上紅塵飛不到**：溪在畫中，世俗塵土無法沾染其清靜，故云。「**紅塵**」，車馬揚起的飛塵。

〔4〕 「**出岫無心**」三句：描繪畫中白雲若有似無，江上波光粼粼，群魚出水吞吐的一派恬靜自然的畫面。「**出岫無心**」化用〔晉〕陶淵明〈歸去來辭並序〉：「雲無心以出岫，鳥倦飛而知還。」

〔5〕 「**倚門遙望**」：由「鍾山」可知此圖所描繪為江南風光；描繪畫中小屋前有一翁，正遙望被繚繞雲霧遮蔽大半的鍾山，若有所思。「**鍾山**」，山名，即紫金山，在今江蘇省南京市東北。

〔6〕 「**涵影淡蕩悠揚**」三句：悠悠蕩蕩的江水，靜靜反映著日昇月落，見證時間的流逝。「**淡蕩**」，水迂迴緩流貌，引申為和舒。「**悠揚**」，起伏不定、飄忽貌。〔唐〕王勃〈春思賦〉：「思萬里之佳期，憶三秦之遠道，淡蕩春色，悠揚懷抱。」

〔7〕 「**指點昔人行樂地**」二句：如此湖光山色，恰是歷來隱士避世之所。「**指點**」，以手指或其他物點示，〔宋〕姜夔〈虞美人〉詞：「而今指點來時路，卻是冥濛處。」「**昔人**」，古人，從前的人。「**鷺汀鷗渚**」，鷺、鷗等水鳥停佇水中小洲或水邊平地，文人常以此意象比喻隱逸的生活。

〔8〕 「**映水朱樓**」五句：此五句謂詞人流連紅塵，四處旅居，心卻無枝可依，倍感寂寞，繁雜俗事，令他深感疲倦，看到眼前寧靜安詳之景，不禁興起歸隱之念。「**朱樓**」謂富麗華美的樓閣。「**踏歌**」，拉手而歌，以腳踏地為節拍。「**畫舫**」，裝飾華美的游船。「**天涯倦客**」，客游他鄉而對旅居生活感到厭倦的人，化用〔宋〕蘇軾〈永遇樂〉：「天涯倦客，山中歸路，望斷故園心眼。」「**歸釣**」，回去釣魚，謂歸隱，〔宋〕蘇軾〈次韻陳海州乘槎亭〉：「人事無涯生有涯，逝將歸釣漢江槎。」

（十）醉江月·過淮陰〔1〕

短衣瘦馬，望楚天空闊，碧雲林杪〔2〕。野水孤城斜日裡，猶憶那回曾到〔3〕。古木鴉啼，紙灰風起，飛入淮陰廟〔4〕。椎牛釀酒，英雄千古誰弔〔5〕。　　何處漂母荒墳，清明落日，斷腸王孫草〔6〕。鳥盡弓藏成底事，百事不如歸好〔7〕。半夜鐘聲，五更雞唱，南北行人老〔8〕。道傍楊柳，青青春又來了〔9〕。

〔1〕 **淮陰**：縣名，今江蘇淮安縣西北，漢高祖封韓信為淮陰侯於此。

〔2〕 「**短衣瘦馬**」三句：此三句有一種落魄天涯、漂泊興愁之感。「**短衣**」，短裝也，非儒者衣服，即平民、士兵等服。「**瘦馬**」，瘦瘠之馬，〔唐〕

唐彥謙〈長陵詩〉：「千載豎儒騎瘦馬，渭城斜日重回首。」「**楚天**」，南方楚地的天空，〔宋〕柳永〈雨霖鈴〉詞：「念去去千里煙波，暮靄沈沈楚天闊。」「**碧雲**」，晴空之雲，喻遠方或天邊，多用以表達離情別緒。「**林杪**」，樹梢、林外。

〔3〕「**野水孤城**」二句：眼前一片蒼茫孤寂之景，似曾相識。「**野水**」，流經原野之水。「**孤城**」，孤立之城。「**斜日**」，夕陽。

〔4〕「**古木鴉啼**」三句：淮陰廟前，參天古木，烏鴉成群，人煙稀少，詞人的思緒隨著飛揚的紙灰餘燼，憶想當年韓信。「**紙灰**」，指紙錢燒化的灰。

〔5〕「**椎牛釃酒**」二句：淮陰廟中，殺牛祭酒，為昔日英雄韓信悲嘆。「**椎牛**」，殺牛也。「**釃酒**」，酌酒，〔宋〕蘇軾〈前赤壁賦〉：「釃酒臨江，橫槊賦詩。」「**千古英雄**」，多有世事變遷、天地無常之感慨，〔宋〕劉克莊〈沁園春〉：「歎名姬駿馬，都成昨夢，隻雞斗酒，誰弔新丘。天地無情，功名有命，千古英雄只麼休。」〔元〕李好古〈江城子〉：「千古英雄成底事，徒感慨，謾悲涼。」

〔6〕「**何處漂母荒墳**」三句：時值清明，由漂母荒墳聯想到自身在外漂泊多年，未曾歸家掃墓，思鄉之情油然而生。「**漂母**」，漢韓信釣於淮陰之城下，諸母漂，有一母見信飢，飯信，後信為楚王，賜所從食漂母千金。「**清明**」，節氣名，我國有清明節踏青、掃墓的習俗，〔唐〕杜牧〈清明〉：「清明時節雨紛紛，路上行人欲斷魂。」「**斷腸**」，悲傷之甚，形容極度思念或悲痛，此處指思念故鄉之甚，〔三國·魏〕曹丕〈燕歌行〉：「念君客遊思斷腸，慊慊思歸戀故鄉。」「**王孫草**」，〔漢〕淮南小山〈招隱士〉：「王孫遊兮不歸，春草生兮萋萋。」後以「王孫草」指牽人離愁的景色。

〔7〕「**鳥盡弓藏**」二句：藉韓信功高震主見棄一事，感嘆人生不過如此，何必汲汲營營，不如歸去。「**鳥盡弓藏**」，喻天下既定，而功臣見棄，《史記·越世家》：「飛鳥盡，良弓藏，狡兔死，走狗烹。」「**底事**」，何事。「**百事**」，各種事務、事事，《史記·淮陰侯列傳》：「審毫釐之小計，遺天下之大數，智誠知之，決弗敢行者，百事之禍也。」

〔8〕「**半夜鐘聲**」三句：韶光忽逝，夜以繼日在外南北奔波的遊子（指詞人自身）已漸老。「**半夜鐘聲**」，化用〔唐〕張繼〈楓橋夜泊〉：「姑蘇城外寒山寺，夜半鐘聲客船。」「**五更雞唱**」，指時近清晨。

〔9〕「**道傍楊柳**」二句：見道旁楊柳，憶起往日離別時，友人折枝送別，如今舊地重遊，折枝之處冒出新綠，感嘆時光流逝的無情。「**楊柳**」，舊俗於分別之際常折以送行。「**青青**」，茂盛也，楊柳的季節是春天，〔唐〕王維〈送元二使安西〉：「渭城朝雨浥輕塵，客舍青青柳色新。」

（十一）法曲獻仙音・壽大宗伯致仕于（干）公大宗伯〔1〕

鬢未銀，東風早掛冠〔2〕。侑詞圖、鄉稱人瑞〔3〕，度蓬瀛、仙祝靈丹〔4〕。遶膝舞斕斒〔5〕。

〔1〕 致仕于（干）公大宗伯：「致仕」，辭去官職，《公羊傳・宣公元年》：「退而致仕。」何休注：「致仕，還祿位於君。」「于公」應爲「干公」之誤，此指爲薩都剌《雁門集》作序的干文傳。《元史》：「干文傳（1276～1353），字壽道，吳江人。登延祐乙科。干文傳長於治劇，所至具有善政。長洲爲文傳鄉邑，文傳徙榻公署，無事未嘗輒出，而親舊莫敢通私謁。至正朝權集賢待制，無何，以嘉議大夫、禮部尚書致仕。」「宗伯」，官名，周制六卿之一，爲春官之首長，掌宗廟祭祀等事，即後世禮部之職，因亦稱禮部尚書爲大宗伯或宗伯。（原爲大司農，唐圭璋改「司農」，掌全國財政稅收之官職）

〔2〕 東風早掛冠：言干文傳自禮部尚書一職辭官歸去。「東風」，指春天，此處指干文傳任職的春天之官——「禮部尚書」一職。「掛冠」，指辭官、去官。

〔3〕 「侑詞圖」一句：薩都剌用一詞一圖來酬贈好友干文傳。「侑」，酬答、酬報。「人瑞」，人事方面的吉祥徵兆，亦指有德行的人或年壽特高者。

〔4〕 「度蓬瀛」一句：干文傳年高德劭，此句是祝福他福壽綿長。「蓬瀛」，蓬萊與瀛山，具仙山名，與方丈合稱海中三神山。「靈丹」，古代道士煉的一種丹藥，據說能使人消除百病，長生不老。

〔5〕 「遶膝舞斕斒」：此句是讚美之詞，描寫他辭官之後，和子孫們共享天倫的和樂景象。「遶膝」，幼孩環繞父母膝下，即依附父母的意思。「斕斒」：文采貌。

（十二）法曲獻仙音

天喉舌〔1〕，尚書老布衣〔2〕。向璇穹〔3〕、嘗扶日出，捲珠箔、閒看雲飛〔4〕。成全今古稀〔5〕。

〔1〕 天喉舌：「喉舌」，爲言語必要之器官，榮辱得失之樞機，多以喻國之重臣。《後漢書・李固傳》：「斗爲天喉舌，尚書亦爲陛下喉舌。」

〔2〕 尚書老布衣：「尚書」，官名，隋唐置中書省，分管吏、戶、禮、兵、刑、工六部，元時廢尚書省，立中書省，統六部，此指干文傳任職之「禮部尚書」。「布衣」，本庶人之服，因以爲庶人之稱，猶言匹夫也。

〔3〕 璇穹：明淨的天空，指仙境。

〔4〕「捲珠箔」一句：指干文傳卸職之後過著悠閒自在、閒雲野鶴、無拘無束、來去自如的生活。「珠箔」，即珠簾，〔唐〕李白〈相逢行〉：「秀色誰家子，雲車珠箔開。」〈怨情詩〉：「美人捲珠箔，深坐蹙蛾眉。」整句化用〔唐〕王勃〈滕王閣詩〉：「畫棟朝飛南浦雲，珠簾暮捲西山雨。閒雲潭影日悠悠，物換星移幾度秋。」

〔5〕　成全今古稀：「成全」，完成。「古稀」，人年七十曰古稀。

（十三）卜算子・泊吳江夜見孤雁〔1〕

明月麗長空，水淨秋宵永〔2〕。悄無烏鵲向南飛，但見孤鴻影〔3〕。
　　自離邊塞路，偏耐江波靜〔4〕。西風鳴宿夢魂單，霜落蒹葭冷〔5〕。

〔1〕　泊吳江夜見孤雁：「吳江」，即吳淞江，在江蘇省境，源出太湖，東北流至上海合黃浦江，江口曰吳淞口，扼長江之咽喉，為我國東南之重要門戶。「孤雁」，離群的孤單的雁，孤單意象的代表，〔三國・魏〕曹植〈雜詩〉之一：「孤雁飛南遊，過庭長哀吟。」「雁子」亦讓作者聯想到家鄉雁門。

〔2〕　「明月麗長空」二句：明朗的月光照亮遼闊的夜空，顯得水面平靜無波。「明月」，朗月也。「長空」，遼闊無垠的天空。「秋宵」，秋夜。

〔3〕　「悄無烏鵲」二句：以烏鵲南飛和孤鴻之影自況孤單無所依靠。「烏鵲向南飛」，化用〔三國・魏〕曹操〈短歌行〉：「月明星稀，烏鵲南飛，繞樹三匝，無枝可依。」「孤鴻」，孤單的鴻雁，與題目之「孤雁」相應和，〔宋〕蘇軾〈卜算子〉：「誰見幽人獨往來，縹緲孤鴻影。」

〔4〕　「自離邊塞路」二句：言薩都剌自離家鄉雁門已久。「邊塞」，邊境也，此指薩都剌的故鄉西北雁門。「偏」，特別、最。「耐」，忍受或禁得起。「江波」，指江水或江中波浪。

〔5〕　「西風鳴宿」二句：言自己孤單一人，在異鄉忍受風霜孤寂，懷念故鄉。此句意似〔宋〕蘇軾〈卜算子〉：「揀盡寒枝不肯棲，寂寞沙洲冷。」「西風」，秋風蕭颯，如孤雁哀鳴之聲。「夢魂」，古人以為人的靈魂在睡夢中會離開肉體，故稱「夢魂」。「霜落」，霜降下也。「蒹葭」，水草名，蘆葦也，蒹和葭都是價值低賤的水草，因喻微賤。《詩經・秦風・蒹葭》：「蒹葭蒼蒼，白露為霜。所謂伊人，在水一方。」本指在水邊懷念故人，後以「蒹葭」泛指思念異地友人。〔南朝・梁〕江淹〈去故國賦〉：「聽蒹葭之蕭瑟，知霜露之流滯。」

（十四）酹江月・遊句曲茅山 〔1〕

一壺幽綠，愛松陰滿地，蕊珠宮府〔2〕。老鶴一聲霜襯履，隔斷人
間塵土〔3〕。月戶雲窗，石田瑤草，丹井飛龍虎〔4〕。荼蘼花落，
東風吹散紅雨〔5〕。　　　春透紫髓瓊漿，玻璃杯酒，滑瀉薔薇露
〔6〕。前度劉郎重到也，開盡碧桃無數〔7〕。花外琵琶，柳邊鶯燕，
玉珮搖金縷。三山何在，乘鸞便欲飛去〔8〕。

〔1〕 **句曲茅山**：山名，在今江蘇省句容縣東南，原名句曲山，相傳漢・茅盈
與其弟固、衷采藥修道於此，故又稱茅山。上有蓬壺、玉柱、華陽三洞，
道家以爲十大洞天中的第八洞天。參閱《梁書・陶弘景傳》、《雲笈七籤》
卷二十七。

〔2〕 **「一壺幽綠」三句**：言茅山一片綠蔭，如人間仙境。「**一壺**」，道家傳說
壺中別有天地，因常以「一壺」喻宇宙或仙境。「**松陰**」，松樹之蔭，多
指幽靜之地。「**蕊珠**」，即蕊珠宮，〔宋〕周邦彥〈汴都賦〉：「蕊珠、廣
寒、黃帝之宮，榮光休氣，朣朧往來。」「**宮府**」，帝王宮廷與官署的合
稱。

〔3〕 **「老鶴一聲霜襯履」二句**：言茅山仙境，與塵世隔絕，是適合修練成仙
的好處所。傳說中仙人多以鶴爲坐騎，故以鶴代指仙人。「**襯履**」，襯墊
鞋子的布。「**隔斷**」，阻隔、隔開。「**人間塵土**」，指塵世、塵事，〔唐〕
沈亞之〈送文穎上人遊天台〉詩：「莫說人間事，崎嶇塵土中。」

〔4〕 **「月戶雲窗」三句**：言山中居室，得天獨厚，能擷取日月天地之精華，
煉化長生不老之丹藥。「**月戶**」，月下的門戶；「**雲窗**」，雲霧繚繞的窗戶，
借指深山中僧道或隱者的居室。〔宋〕向子諲〈鷓鴣天・戲韓叔夏〉：「只
有梅花似玉容，雲窗月戶幾尊同。」「**石田**」，生產丹石的田地。「**瑤草**」，
傳說中的香草。「**丹井**」，煉丹取水的井，〔唐〕顧況〈山中〉詩：「野
人愛向山中宿，況在葛洪丹井西。」「**龍虎**」，道教語，指水火，〔宋〕
朱熹《〈周易參同契〉考異》：「坎離、水火、龍虎、鉛汞之屬，只是互
換其名，其實只是精氣二者而已。精，水也，坎也，龍也，汞也；氣，
火也，離也，虎也，鉛也。」

〔5〕 **「荼蘼花落」二句**：言紅色荼蘼花被風吹落的景象。「**荼蘼**」，落葉小灌
木，攀援莖，有刺，夏季開白花，潔美清香，供觀賞。「**紅雨**」，比喻落
花。

〔6〕 **「春透紫髓瓊漿」三句**：言用紅色荼蘼花釀成美酒。「**瓊漿**」，仙人的飲
料，喻美酒。

〔7〕「**前度劉郎重到也**」二句：言詞人想仿效前人得道成仙。「**前度劉郎**」，相傳東漢永平年間，劉晨、阮肇在天台桃源洞遇仙，還鄉後，又重到天台，後因稱去而重來者爲「前度劉郎」。〔唐〕劉禹錫〈再游玄都觀〉詩：「種桃道士歸何處，前度劉郎今又來。」〔宋〕辛棄疾〈賀新郎〉：「前度劉郎今重到，問玄都、千樹花存否？」

〔8〕「**三山何在**」二句：此二句顯見詞人對修道成仙的思慕。「**三山**」，傳說中的海上三神山，〔晉〕王嘉《拾遺記·高辛》：「三壺，則海中三山也。一曰方壺，則方丈也；二曰蓬壺，則蓬萊也；三曰瀛壺，則瀛洲也。」「**乘鸞**」，傳說春秋時秦有蕭史善吹簫，穆公女弄玉慕之，穆公遂以女妻之。史教玉學簫作鳳鳴聲，後鳳凰飛止其家，穆公爲作鳳臺。一日，夫婦俱乘鳳凰升天而去。見〔漢〕劉向《列仙傳》。鸞鳳統類，後因以「乘鸞」比喻成仙。

（十五）酹江月·姑蘇臺〔1〕懷古

倚空臺榭，愛朱闌飛瞰，百花洲渚〔2〕。雲嶺回廊香徑悄，爭似舊時庭戶〔3〕。檻外遊絲，水邊垂柳，猶學宮腰舞〔4〕。繁華如夢，登臨無限清古〔5〕。　　果見荒台落日，麋鹿來遊，漫爾繁榛莽〔6〕。忠臣抉目東門上，可退越來兵伍〔7〕。空鑄干將，終為池沼，掩面歸何所〔8〕。遺風千載，尚聽儂歌白苧〔9〕。

〔1〕　**姑蘇臺**：亦作「姑胥臺」，臺名，在姑蘇山上，相傳爲吳王夫差所築。

〔2〕　「**倚空台榭**」三句：從姑蘇臺上俯視整個百花洲。「**臺榭**」，臺和榭，亦泛指樓臺等建築物。「**飛瞰**」，游目俯視。「**百花洲**」，在江蘇省蘇州市。

〔3〕　「**雲嶺回廊香徑悄**」二句：望遠處所見名山勝跡，千年依舊，猶似當年。「**雲嶺**」，高聳入雲的山峰。「**回廊**」，曲折回環的走廊。「**香徑**」，蘇州勝跡「采香徑」的省稱，「采香徑」爲香山旁的小溪，春秋時吳王種香於香山，使美人泛舟於溪以采香。「**爭似**」，怎似。「**庭戶**」，猶門戶。

〔4〕　「**檻外遊絲**」三句：柳絲的型態，一如千年，不曾改變。「**檻**」，欄杆。「**宮腰**」，《韓非子·二柄》：「楚靈王好細腰，而國中多餓人。」又《後漢書·馬廖傳》：「楚王好細腰，宮中多餓死。」後因以「宮腰」泛指女子的細腰。

〔5〕　「**繁華如夢**」二句：登臨懷古，點出題意。「**登臨**」，登山臨水，也指游覽。「**清古**」，清雅古樸。

〔6〕　「**果見荒台落日**」三句：由此三句以下興發對姑蘇古事黍離興衰之感慨，

詞意化用〔唐〕許渾〈姑蘇懷古〉詩：「宮館餘基輾蝶過，黍苗無限獨悲歌。荒台麋鹿爭新草，空苑鳧鷖占淺莎。吳岫雨來虛檻冷，楚江風急遠帆多。可憐國破忠臣死，日日東流生白波。」「**榛莽**」，雜亂叢生的草木。

〔7〕「**忠臣抉目東門上**」二句：言春秋吳國伍子胥古事。「**抉目東門**」，春秋時吳國大夫伍員（字子胥）勸吳王夫差拒絕越國求和，夫差聽信讒言，賜子胥劍，令自盡。子胥臨死時說：「抉吾眼置之吳東門，以觀越之滅吳也。」見《國語・吳語》、《史記・吳太伯世家》，後用爲忠臣被讒殉身的典故。

〔8〕「**空鑄干將**」三句：「干將」，古劍名，相傳春秋吳國有干將、莫邪夫婦善鑄劍，爲闔閭鑄陰陽劍，陽曰「干將」，陰曰「莫邪」；干將藏陽劍獻陰劍，吳王視爲重寶，事見漢・趙曄《吳越春秋・闔閭內傳》。「**池沼**」，池和沼，泛指池塘。「**掩面**」，遮住面孔，羞慚貌。

〔9〕「**遺風千載**」二句：登臨姑蘇臺，想春秋前朝往事，往事隨風，聽一曲「白苧」以憑弔。「**遺風**」，前代或前人遺留下來的風教。「**儂**」，吳越一帶稱「我」的語音。「**白苧**」，樂府吳舞曲名，此處指吳越地方民歌「白苧歌」。

附錄二：李齊賢五十四首註

（一）沁園春·將之成都〔1〕

堪笑書生，謬算狂謀，所就幾何〔2〕。謂一朝遭遇，雲龍風虎，五湖歸去，月艇煙蓑〔3〕。人事多乖，君恩難報，爭奈光陰隨逝波〔4〕。緣何事，背鄉關萬里，又向岷峨〔5〕。　　幸今天下如家，故去日無多來日多〔6〕。好輕裘快馬，窮探壯觀，馳山走海，總入清哦〔7〕。安用平生，突黔席暖，空使毛群欺臥駝〔8〕。休腸斷，聽陽關第四，倒捲金荷〔9〕。

〔1〕　**成都**：成都是中國西南開發最早的地區之一，迄今已有 4000 多年的歷史。西元前四世紀，蜀國開明王朝遷蜀都城至成都，取周王遷岐「一年而所居成聚，二年成邑，三年成都」（參見《史記·五帝本紀》），因名成都，相沿至今。

〔2〕　「**堪笑書生**」三句：可笑書生只知狂妄的算計籌劃，究竟成就了多少的功業？「**堪笑**」，可笑。「**謬算**」，錯誤地謀算，〔宋〕辛棄疾〈哨遍〉詞：「古來謬算狂圖，五鼎烹死，指爲平地。」「**狂謀**」，狂妄不當的謀劃，〔宋〕蘇軾〈送安惇秀才失解西歸〉詩：「狂謀謬算百不遂，惟有霜鬢來如期。」「**謬算狂謀**」，錯誤算計，任意籌劃。「**幾何**」，若干、多少。

〔3〕　「**謂一朝遭遇**」四句：自認爲可以君臣相得，如雲從龍、風從虎一般。孰知卻退隱江湖，漁樵度日而已。「**一朝遭遇**」，謂一時的際遇。「**雲龍風虎**」，語本《易·乾》：「雲從龍，風從虎。」後世多以雲龍風虎比喻君臣知遇，〔宋〕韓淲〈滿庭芳·王寺簿生朝〉詞：「功名事，雲龍風

−251−

虎，行矣佩金章。」「五湖」，太湖之別名，《國語・越語》：「越王勾踐滅吳後，大夫范蠡隱於『五湖』。」後因以「五湖」指隱遁之所。

〔4〕「人事多乖」三句：「人事多乖」，人事不順利、不如意，〔宋〕蘇軾〈又送鄭戶曹〉詩：「樓成君已去，人事固多乖。」「爭奈」，怎奈、無奈。

〔5〕「緣何事」三句：「緣事」，因事，藉端。「鄉關」，猶故鄉。「岷峨」，岷山，在今四川省松潘縣北；在今四川省峨嵋縣西南；岷峨，代表四川。

〔6〕「幸今天下如家」二句：「去日」，已過去的歲月，〔三國・魏〕曹操〈短歌行〉：「對酒當歌，人生幾何，譬如朝露，去日苦多。」「來日」，未來的日子，〔晉〕陸機〈短歌行〉：「蘋以春暉，蘭以秋芳。來日苦短，去日苦長。」

〔7〕「好輕裘快馬」四句：「輕裘」，輕暖的皮衣。「快馬」，善於奔馳的健馬。「窮探」，極力研求、深入探索，〔宋〕秦觀〈顯之禪老許以草庵見處作詩以約之〉：「橡葉岡頭釋馬銜，區中奇觀得窮探。」「壯觀」，雄偉的景象。「清哦」，謂吟詩。

〔8〕「安用平生」三句：「平生」，指平素的志趣、情誼、業績等。〔晉〕陶潛〈停雲〉詩：「人亦有言，日月於征，安得促席，說彼平生？」「突黔席暖」，《淮南子・修務訓》：「孔子無黔突，墨子無暖席。」謂灶突不至於黑，坐席不至於溫，形容不暇久留。「毛群」，指獸類，「毛群欺臥駝」化用〔宋〕蘇軾〈百步洪〉詩之二：「奈何捨我入塵土，擾擾毛群欺臥駝。」

〔9〕「休腸斷」三句：「腸斷」，形容極度悲痛。「陽關第四」，〔唐〕白居易〈對酒〉詩：「相逢且莫推辭醉，聽唱陽關第四聲。」第四聲即〔唐〕王維〈渭城曲〉第三句：「勸君更盡一杯酒」。此詩唐時譜為送別之曲，至「陽關」句反覆歌之，謂之《陽關三疊》，泛指離別時唱的歌曲，〔宋〕柳永〈少年游〉詞：「一曲《陽關》，斷腸聲盡，獨自上蘭橈。」「金荷」，金製蓮葉形的杯皿，「倒捲金荷」，猶言舉杯暢飲，〔宋〕黃庭堅〈清平樂・飲宴〉：「採蓮一曲清歌，爭檀催捲金荷。醉裡香飄睡鴨，更驚羅襪凌波。」又〈念奴嬌〉詞：「共倒金荷，家萬里，難得尊前相屬。」

（二）江神子・七夕冒雨到九店〔1〕

銀河秋畔鵲橋仙。每年年，好因緣〔2〕。倦客胡為，此日卻離筵。千里故鄉今更遠，腸正斷，眼空穿〔3〕。　　夜寒茅店不成眠。一燈前，雨聲邊〔4〕。寄語天孫，新巧欲誰傳〔5〕。懶拙只宜閒處著，

尋舊路，臥林泉〔6〕。

〔1〕 **七夕冒雨到九店**：「七夕」，七月七日之夜爲七夕，相傳是夕牛郎織女二星相會。織女工織紝，舊時婦女穿針、設瓜果以迎之，謂之「乞巧」。「九店」，今山東蓬萊縣西九里。

〔2〕 「**銀河**」三句：以牽牛織女二星秋夜自鵲橋渡過在銀河畔相會的傳說，點出時間爲七夕。《文選》李善注引曹植〈九詠〉云：「牽牛爲夫，織女爲婦。織女、牽牛之星，各處一旁，七月七日，得一會同矣。」〔清〕袁景瀾《歲華紀麗》卷三引〈風俗通〉云：「織女七夕當渡河，使鵲爲橋。」喜鵲在秋夜的銀河邊上架起一座橋樑，讓兩位仙人歡會，年年此夕能得如此，其愛情長久不衰，確是一樁好姻緣。〔唐〕權德輿〈七夕〉詩：「今日雲軿渡鵲橋，應非脉脉與迢迢。」

〔3〕 「**倦客**」五句：我這旅途困乏的天涯倦客，爲何偏要在這雙星同會的團聚之日，又賦離別，來到這荒涼的九店？故鄉遙隔千里，今宵離家更遠，在這七夕佳期，怎不叫人思鄉腸欲斷，望鄉眼欲穿？「**倦客**」，客游他鄉而對旅居生活感到厭倦的人。「**胡爲**」，何爲，爲什麼。「**離筵**」，餞別的宴席。「**眼穿**」，猶言望眼欲穿，形容殷切盼望。「**腸正斷，眼空穿**」化用〔唐〕李商隱〈落花〉詩：「腸斷未忍掃，眼穿仍欲稀。」

〔4〕 「**夜寒茅店**」三句：在寒冷的夜裡住宿茅店，孤燈聽雨，不能成眠，睡不著該怎麼辦？「**茅店**」，用茅草蓋成的旅舍，言其簡陋。

〔5〕 「**寄語**」兩句：默默探問織女星，今年七夕正逢秋雨，世上還有多少人家中乞巧、望月穿針？你的巧藝又將傳給誰？「**寄語**」，傳話，轉告，〔唐〕杜甫〈路逢襄陽少府入城戲呈楊員外綰〉詩：「寄語楊員外，山寒少茯苓。」「**天孫**」，謂織女，《史記‧天官書》云：「織女，天女孫也。」〔宋〕孟元老《東京夢華錄》卷之八「七夕」：「至初六日、七日晚，貴家多結彩樓於庭，謂之乞巧樓。鋪陳磨喝樂（泥人）、花果、酒炙、筆硯、針線，或兒童裁詩，女郎呈巧，焚香列拜，謂之乞巧。婦女望月穿針。或以小蜘蛛安盒子內，次日看之，若網圓正，謂之得巧。」

〔6〕 「**懶拙**」三句：自己生性抱懶守拙，只該閒處著落，歸臥林泉，新巧更是與我無緣了。意近於〔南唐〕徐鉉〈驛中七夕詩〉：「今年不乞巧，鈍拙轉堪嗟。」〔宋〕楊萬里〈病中七夕〉詩：「說與兒童休乞巧，老夫守拙尚多乖。」「**懶拙**」，怠惰笨拙，多表示不汲汲於功名富貴，藏拙自適。「**閒處**」，僻靜的處所。「**林泉**」，指隱居之地，〔唐〕賀知章〈題袁氏別業〉詩：「主人不相識，偶坐爲林泉。」

（三）鷓鴣天・過新樂縣〔1〕

宿雨連明半未晴。跨鞍聊復問前程〔2〕。野田立鶴何山意，驛柳鳴
蜩是處聲〔3〕。　　千古事，百年情。浮雲起滅月虧盈〔4〕。詩成
卻對青山笑，畢竟功名怎麼生〔5〕。

〔1〕 **新樂縣**：今河北省新樂縣。

〔2〕 「**宿雨連明半未晴**」二句：「**宿雨**」，隔夜的雨水，〔宋〕周邦彥〈蘇幕
遮〉：「葉上初陽乾宿雨，水面清圓，一一風荷舉。」「**連明**」，猶通宵，
〔宋〕蘇舜欽〈初晴游滄浪亭〉詩：「夜雨連明春水生，嬌雲濃暖弄陰
晴。」「**跨鞍**」，騎馬。「**前程**」，指功名職位。

〔3〕 「**野田立鶴何山意**」：「**野田**」，猶田野。「**立鶴**」，〔三國・魏〕曹植〈洛
神賦〉：「竦輕軀以鶴立，若將飛而未翔。」「**山意**」，山的情態。「**鳴蜩**」，
蟬的一種，亦稱秋蟬，〔宋〕范成大〈初歸石湖〉詩：「當時手種斜橋
柳，無限鳴蜩翠掃空。」

〔4〕 「**千古事**」三句：「**百年**」，一生，終身，〔宋〕蘇軾〈渚宮〉詩：「百年
人事知幾變，直恐荒廢成空陂。」「**浮雲起滅**」，飄動的雲時隱時現、時
有時無，〔唐〕皇甫曾〈奉陪韋中丞使君游鶴林寺〉詩：「寒磬虛空裏，
孤雲起滅間。」

〔5〕 「**詩成卻對青山笑**」：「**青山**」，青蔥的山嶺，也指歸隱之處。「**畢竟**」，到
底、終歸，〔唐〕許渾〈聞開江宋相公申錫下世〉詩之一：「畢竟成功
何處是？五湖雲月一帆開。」

（四）鷓鴣天・九月八日寄松京故舊〔1〕

客裡良辰屢已孤。菊花明日共誰娛〔2〕。閉門暮色迷紅草，敧枕秋
聲度碧梧〔3〕。　　三尺喙〔4〕，數莖鬚。獨吟詩句當歌呼。故園
依舊龍山會，賸肯樽前說我無〔5〕。

〔1〕 **松京故舊**：「**松京**」，韓國開城古地名，原高句麗王宮所在地，在今朝鮮
開城市，李齊賢原籍開城。「**故舊**」，舊交、舊友。

〔2〕 「**客裡良辰屢已孤**」二句：「**良辰**」，美好的時光。「**明日**」，指農曆九月
初九，古人以九為陽數，二「九」相重，故名重陽。《文藝類聚》四引
魏文帝〈與鍾繇書〉：「歲往月來，忽復九月九日。九為陽數，而日月並
應，俗嘉其名，以為宜於長久。」重陽正是菊花盛開之際，有登高賞菊
的習俗。〔唐〕孟浩然〈過故人莊〉詩：「待到重陽日，還來就菊花。」

又〈秋登蘭山寄張五〉：「何當載酒來，共醉重陽節」。

〔3〕 「**閉門暮色迷紅草**」二句：「**暮色**」，傍晚昏暗的天色。「**紅草**」，即荔草，
又名水荔，古時傳說中的一種瑞草。〔唐〕段成式《酉陽雜俎・草篇》：
「紅草，山戎之北有草，莖長一丈，葉如車輪，色如朝虹。齊桓時，山
戎獻其種，乃植於庭，以表霸者之瑞。」「**秋聲度碧梧**」，指追尋秋天裡
自然界的聲音，就在風聲穿過綠色的梧桐樹中，意境頗似〔宋〕歐陽脩
〈秋聲賦〉：「四無人聲，聲在樹間。予曰：『噫嘻，悲哉，此秋聲也。』」
「**碧梧**」，比喻美好的才德或英俊的儀態。

〔4〕 三尺喙：〔唐〕馮贄《雲仙雜記》卷九「喙長三尺手重五斤」：「陸餘慶
爲洛州長史，善論事而繆於決判。時嘲之曰：『說事則喙長三尺，判事
則手重五斤。』」原有譏諷人善於論事而少機判，此指人善於言詞。

〔5〕 「**故園依舊龍山會**」二句：「**故園**」，指舊家園、故鄉。「**龍山會**」，典出
《晉書・孟嘉傳》：「孟嘉爲桓溫參軍，九月九日桓溫燕於龍山，寮佐畢
集。有風至，吹落孟嘉帽墮落，嘉不之覺。溫命孫盛作文嘲之。嘉即答
之，其文甚美。」「**膣肯**」，眞肯。「**無**」，副詞，用於句末，表示疑問，
相當於「否」。

（五）鷓鴣天・飲酒其法不篘不壓〔1〕，插竹筒甕中，座客以次就而吸之，傍置杯水，量所飲多少，挹注〔2〕其中，酒若不盡，其味不渝

未用眞珠滴夜風〔3〕。碧篘醇酎氣相通〔4〕。舌頭金液凝初滿，眼
底黃云陷欲空〔5〕。　　香不斷，味難窮。更添春露吸長虹〔6〕。
飲中妙訣人如問，會得吹笙便可工〔7〕。

〔1〕 **不篘不壓**：「**篘**」指「濾酒」；「**壓**」指「壓酒」，米酒釀製將熟時，壓榨
取酒。

〔2〕 **挹注**：謂將彼器的液體傾注於此器。

〔3〕 「**未用眞珠**」一句：「**眞珠**」，指酒。〔宋〕蘇軾〈浣溪沙〉（醉夢醺醺曉
未蘇）：「廢圃寒蔬挑翠羽，小槽春酒凍眞珠。」〔宋〕羅大經《鶴林玉
露》卷四：「太守王元邃以白酒之和者，紅酒之勁者，手自劑量，合而
爲一，殺以白灰一刀圭，風韻頓奇。索余作詩，余爲長句云：『小槽眞
珠太森嚴，兵廚玉友專甘醇。兩家風味欠商略，偏剛偏柔俱可憐。』」

〔4〕 「**碧篘醇酎**」一句：「**碧篘**」，亦作「碧筒杯」，一種用荷葉製成的飲酒器，
〔唐〕段成式《酉陽雜俎》：「魏鄭公愍率賓佐避暑，取荷葉盛酒，刺葉

與柄通，屈莖如象鼻，傳吸之，名曰碧筩杯。」〔宋〕蘇軾〈泛舟城南會者五人分韻賦詩得人皆若炎字〉詩：「碧筩時作象鼻彎，白酒微帶荷心酣。」「**醇酎**」，味厚的美酒，〔漢〕劉歆《西京雜記》：「漢制以正月旦造酒，八月成，名爲九醞，一名醇酎。」《初學記》卷二六引〔漢〕鄒陽〈酒賦〉：「凝醳醇酎，千日一醒。」〔宋〕辛棄疾〈粉蝶兒〉詞：「把春波，都釀作一江醇酎。」

〔5〕「**舌頭金液**」二句：「**金液**」，喻美酒，〔唐〕白居易〈遊寶稱寺〉詩：「酒嬾傾金液，茶新碾玉塵。」「**黃雲**」，原比喻成熟的稻麥，此指金黃色的麥酒。

〔6〕「**更添春露吸長虹**」一句：此句意謂當甕中之酒逐漸減少時，續添新酒，才能繼續吸上來。「**春露**」，指酒。「**吸長虹**」，即「虹吸」之意。

〔7〕「**飲中妙訣**」二句：此二句謂若問吸酒訣竅，可體會吹笙動作：吹笙之法，吹氣孔用彎管，既能吹，也能吸。「**妙訣**」，靈妙的訣竅。「**吹笙**」，喻飲酒，況周頤《蕙風詞話》卷三：「竊嘗，嘗酒也……《織餘瑣述》云：『樂器竹製者唯笙，用吸氣吸之，恆輕，故以喻竊嘗。』」

（六）鷓鴣天・揚州平山堂〔1〕，今為八哈師〔2〕所居

樂府曾知有此堂。路人猶解說歐陽〔3〕。堂前楊柳經搖落，壁上龍蛇逸杳茫〔4〕。　雲澹泞，月荒涼。感今懷古欲沾裳〔5〕。胡僧可是無情物，疊衲蒙頭入睡鄉〔6〕。

〔1〕 **揚州平山堂**：〔宋〕王象之《輿地紀勝》：「在揚州城西北大明寺側，登堂而望，江南諸山，拱列檐下，故名。」是北宋大文學家歐陽脩在揚州作官時所建。歐陽脩去世後，該處牆壁上還刻著他的手書筆跡。其所寫〈朝中措〉一詞中即有「文章太守，揮毫萬字，一飲千鍾」等句子。

〔2〕 **八哈師**：即八哈思，西蕃僧名，見《高麗史・世家・忠宣王一》。

〔3〕 「**樂府曾知有此堂**」二句：此二句指〔宋〕蘇軾曾寫〈西江月・平山堂〉：「三過平山堂下，半生彈指聲中。十年不見老仙翁，壁上龍蛇飛動。欲吊文章太守，仍歌楊柳春風。休言萬事轉頭空，未轉頭時皆夢。」蘇詞是圍繞著平山堂牆上歐陽脩留下的〈朝中措〉筆跡和歌女們唱誦這首詞的事實所寫成的，此詞仍爲後人津津樂道歐陽脩的事蹟。「**樂府**」，詩體名，初指樂府官署所采製的詩歌，後將魏晉至唐可以入樂的詩歌，以及仿樂府古題的作品統稱樂府，宋以後的詞、散曲、劇曲、因配樂，有時也稱樂府。「**歐陽**」，即歐陽脩，平山堂於宋慶歷年間由他所建。

〔4〕「堂前楊柳經搖落」二句：歐陽脩曾在平山堂前種植楊柳，其〈朝中措〉詞云：「手種堂前垂柳，別來幾度春風。」**「壁上龍蛇」**，此指歐陽脩寫在牆壁上的筆跡，就像蛇行龍飛一樣，〔唐〕曹唐〈游仙〉詩：「大篆龍蛇隨筆札，小天星斗滿衣裳。」**「杳茫」**，渺茫、迷茫。此二句云自宋到元，平山堂依舊，但過往的事蹟已隨時光湮沒。

〔5〕「雲澹汀」三句：**「澹汀」**，清深貌。**「月荒涼」**，月色淒涼、淒清，〔唐〕李賀〈金銅仙人辭漢歌〉：「攜盤獨出月荒涼，渭城已遠波聲小。」

〔6〕「胡僧」二句：**「胡僧」**，古代泛稱西域、北地或外來的僧人。**「毳衲」**，毛織衲衣，僧人所服，〔宋〕周密《癸辛雜識》：「唐裴休晚年，披毳衲……。按毳，走獸細毛；衲，僧衣。」**「睡鄉」**，睡眠狀態、睡夢中的境界。

（七）鷓鴣天·鶴林寺〔1〕

夾道修篁接斷山。小橋流水走平田〔2〕。雲間無處尋黃鶴，雪裡何人聞杜鵑〔3〕。　　誇富貴，慕神仙。到頭還是夢悠然〔4〕。僧窗半日閒中味，只有詩人得祕傳〔5〕。

〔1〕　**鶴林寺**：在今江蘇省鎮江市南黃鶴山下。始建於晉代，南朝宋武帝劉裕微時曾游於此。〔宋〕祝穆《方輿勝覽·鎮江府》：「鶴林寺，在黃鶴山，舊名竹林寺，宋高祖嘗遊，獨臥講堂前，上有五色龍章。即位，改名鶴林，今名報恩。」唐宋時已為古蹟，歷來題詠極多，清幽風物，人間勝境。〔唐〕劉長卿〈送靈澈上人〉詩：「蒼蒼竹林寺，杳杳鐘聲晚。」

〔2〕　「夾道修篁接斷山」二句：斷山接以夾道綿延的竹林，平田依傍橋下潺潺的流水。**「夾道修篁」**，道路兩旁種滿修長的竹子。**「斷山」**，陡峭壁立的高山。

〔3〕　「雲間無處尋黃鶴」二句：仙人黃鶴，神仙傳說，是否真有其事？用殷七七、韓湘之典，喻示花開頃刻，只是虛空。**「黃鶴」**，《蘇詩編注集成》卷十二注云：「宋時竹林寺有黃鶴飛舞，因名黃鶴山。」前句化用〔唐〕崔顥〈黃鶴樓〉詩：「昔人已乘黃鶴去，此地空餘黃鶴樓。黃鶴一去不復返，白雲千載空悠悠。」後句參《太平廣記》卷五十二引《續仙傳》殷七七「能開頃刻花」事，略謂周寶詢殷七七曰：「鶴林之花（指杜鵑花），天下奇絕，嘗聞能開頃刻花，此花可開否？」七七應可，乃前二日往鶴林宿，晨起，寺僧忽訝花漸吐蕊，及九日，爛漫如春；另參〔唐〕段成式《酉陽雜俎》**「韓湘冬日開花顯字」**事，略謂韓愈之侄韓湘自江

淮來，爲韓愈多日催開牡丹，每朵顯一聯詩，字色分明，乃韓出官時詩，一韻曰：「雲橫秦嶺家何在，雪擁藍關馬不前」，韓大驚異。佊後辭歸江淮，竟不願仕。

〔4〕 「**誇富貴**」三句：承上二句，雲間黃鶴，杳然不返，雪中杜鵑，頃刻虛花，功名富貴、神仙之境還不是到頭一夢、萬事皆空。

〔5〕 「**僧窗半日閒中味**」二句：承前領悟到「萬事轉眼成空」之道，對人生景況，深有所悟，於是心地空明，欲辯忘言，那就放意自適地去追尋不可言說的人生境界吧！前句化用〔唐〕李涉〈題鶴林寺僧舍〉詩：「因過竹院逢僧話，又得浮生半日閒」；〔宋〕蘇軾〈同曾元恕遊龍山寺〉：「共知寒食明朝過，且赴僧窗半日閒。」

（八）太常引〔1〕‧暮行

棲鴉去盡遠山青。看暝色、入林坰〔2〕。燈火小於螢。人不見、苔扉半扃〔3〕。　　照鞍涼月，滿衣白露，繫馬睡寒廳〔4〕。今夜候明星。又何處、長亭短亭〔5〕。

〔1〕 **太常引**：此詞牌始見於辛棄疾《稼軒長短句》中。雙調，四十九字，平韻，又名「臘前梅」。

〔2〕 「**棲鴉去盡遠山青**」二句：薄暮光景，歸鴉爭樹、斜日沉落的時刻已過，現在是林際昏鴉盡，原野俱無人，暮色似霧如煙地慢慢飄入客子所行的林野。「**暝色**」，夜色，〔唐〕李白〈菩薩蠻〉詞：「暝色入高樓，有人樓上愁。」「**林坰**」，林外謂之坰，遠處視野中的林影，〔唐〕杜甫〈橋陵〉：「朝儀限霄漢，容思回林坰。」

〔3〕 「**燈火小於螢**」二句：野驛荒村，人跡杳然，遠處微茫的燈火，依稀照見即將投宿的處所，門扉半掩。「**燈火小於螢**」句意近似〔宋〕陸游〈宿能仁寺〉詩：「孤燈如秋螢，清夜自開闔。」以螢比燈火，形容燈光微小閃爍。「**苔扉**」，柴門上長青苔。「**半扃**」，半掩。

〔4〕 「**照鞍**」三句：這一個明月白露的秋宵，旅人解鞍繫馬，暫住客店，此地只有寒廳可宿，涼月相伴，但夜涼如水，清露滿衣，荒野獨宿，倍感蕭然，疲軀不得入夢。「**白露**」，秋天的露水。「**寒廳**」，冷清的廳堂。

〔5〕 「**今夜候明星**」兩句：今宵愁思滿溢，無法入睡，只有等待啓明星出現天邊，再度上路，旅途未盡，心生悵然，明日不知又到哪裡行宿？「**明星**」，即太白金星，據《韓詩外傳》云：「太白晨出東方爲啓明，昏見西方爲長庚。」「**候明星**」，等候啓明星，即等天亮之意。「**長亭短亭**」，古

代行旅者休息之處，〔南朝‧梁〕庾信〈哀江南賦〉：「十里五里，長亭
短亭。」古時十里置一長亭，五里置一短亭，既為送行分手處，亦供歇
腳之需，化用〔唐〕李白〈菩薩蠻〉：「何處是歸程，長亭更短亭。」

（九）浣溪沙‧早行

旅枕生寒夜慘悽。半庭明月露淒迷。疲僮夢語馬頻嘶〔1〕。 人
世幾時能少壯，宦遊何處計東西。起來聊欲舞荒雞〔2〕。

〔1〕 「旅枕」三句：旅枕夢殘，半庭明月，朝露溥溥，一片淒迷清冷的侵曉
氛圍，被「疲童夢語」與「馬頻嘶」的聲音打破寂靜。「旅枕」，旅途夜
臥。「淒迷」，形容景物淒涼迷茫，亦指心情悲涼悵惘。「疲僮夢語」，連
日來行程的疲累，使得隨行家僮睡意未消，還沒有休息夠，猶自夢醅囈
語。「馬頻嘶」，馬匹頻頻哀鳴，彷彿催促旅人起行，「早行」詩詞慣見
的描寫，如〔宋〕劉一止〈喜遷鶯‧早行〉：「迤邐煙村，馬嘶人起，殘
月尚穿林薄。」

〔2〕 「人世幾時能少壯」三句：「人世幾時能少壯」，化用〔唐〕杜甫〈贈衛
八處士〉：「少壯能幾時，鬢髮各已蒼。」「宦遊」，舊謂外出求官或做官。
「宦遊何處計東西」，化用〔宋〕蘇軾〈和子由澠池感舊〉詩意：「泥上
偶然留指爪，鴻飛那復計東西。」「荒雞」，指三更前啼叫的雞。舊以其
鳴為惡聲，主不祥，《晉書‧祖逖傳》：「（祖逖）」與司空劉琨俱為司州
主簿，情好綢繆，共被同寢。中夜聞荒雞鳴，蹴琨覺曰：『此非惡聲也。』
因起舞。」〔宋〕蘇軾〈召還至都門先寄子由〉詩：「荒雞號月未三更，
客夢還家得俄頃。」

（十）浣溪沙‧黃帝鑄鼎原〔1〕

見說軒皇此鍊丹。乘龍一去杳難攀。鼎湖流水自清閒〔2〕。 空
把遺弓號地上，不蒙留藥在人間。古今無計駐朱顏〔3〕。

〔1〕 黃帝鑄鼎原：「黃帝」，《史記‧五帝本紀》：「黃帝者，少典之子，姓公
孫，名曰軒轅。生而神靈，弱而能言，幼而徇齊，長而敦敏，成而聰明。」
「鑄鼎原」，今陝西省黃陵縣西北之橋山。「黃帝鑄鼎」，指黃帝鑄鼎乘
龍的傳說。《史記‧封禪書》：「黃帝采首山銅，鑄鼎於荊山下。鼎既成，
有龍垂鬍髯下迎黃帝。黃帝上騎，群臣後宮從上者七十餘人，龍乃上去。
餘小臣不得上，乃悉持龍髯，龍髯拔，墮，墮黃帝之弓。百姓仰望黃帝
既上天，乃抱其弓與鬍髯號。」

〔2〕「見說軒皇此鍊丹」三句:「見說」,猶聽說。「軒皇」,即黃帝軒轅氏。「鍊丹」,道家法術之一,源於古代方術,原指置硃砂於爐中煉製,後有內丹、外丹之分,以氣功修煉人體精、氣、神謂之內丹,以爐火燒煉藥石謂之外丹。「乘龍一去」,指黃帝鑄鼎乘龍的傳說。「鼎湖」,黃帝鑄鼎於荊山下,有沮水流經,故名鼎湖,傳說黃帝在鼎湖乘龍升天。「清閒」,指清靜。

〔3〕「空把遺弓號地上」三句:「空把遺弓號地上」,傳說黃帝采首山銅,鑄鼎於荊山下。鑄鼎成,有龍迎之上天,後宮從上者七十餘人,餘小臣不得上,攀持龍鬚,鬚拔,墜黃帝弓,百姓抱弓、鬚號泣,此弓名曰「烏號弓」(見《史記‧封禪書》)。「不蒙」,即夫蒙,古西羌姓。「駐朱顏」,使容顏不衰老。

(十一)大江東去‧過華陰〔1〕

三峰奇絕,儘披露、一掬天慳風物〔2〕。聞說翰林曾過此,長嘯蒼松翠壁〔3〕。八表遊神,三杯通道,驢背鬚如雪〔4〕。塵埃俗眼,豈知天下人傑〔5〕。　　猶想居士胸中,倚天千丈氣,星虹開發〔6〕。縹渺仙蹤何處問,箭筈天光明滅〔7〕。安得聯翩,雲裾霞佩,共散騏驎髮〔8〕。花間玉井,一樽轟醉秋月〔9〕。

〔1〕　華陰:郡名,在今天陝西華縣,郡中有華陰縣,縣南「西嶽」華山,為名勝地,因該縣在華山之陰,故名華陰。

〔2〕　「三峰奇絕」二句:「三峰」,指華山之芙蓉、明星、玉女三峰。「一掬」,兩手所捧,亦表示少而不定的數量。「慳」,不多、稀少。「風物」,風光景物。

〔3〕　「聞說翰林曾過此」二句:「翰林」,指李白,曾官翰林學士,天寶十五年,寫〈西上蓮花山〉詩,蓮花山即西嶽華山,在今陝西省華陰縣。「長嘯」,撮口發出悠長清越的聲音,古人常以此述志。

〔4〕　「八表遊神」三句:「八表」,指四面八方以外極遠的地方,〔晉〕陶淵明〈歸鳥〉詩:「遠之八表,近憩雲岑。」「遊神」,古代方士迷信認為精神可以離開軀體出游。「三杯通道」,典出《漢書‧朱博傳》:「博為人廉儉,不好酒色游宴,自微賤至富貴,食不重味,案上不過三杯。」〔唐〕李白〈月下獨酌四首其二〉:「三杯通大道,一斗合自然。」「驢背鬚如雪」,出自《全唐詩話》:「相國鄭綮善詩,或曰:『相國近為新詩否?』對曰:『詩思在灞橋風雪中、驢子背上,此何所得之』。」

〔5〕 「塵埃俗眼」二句：「塵埃」，猶塵俗。「俗眼」，借指凡夫俗子。「人傑」，
人中豪傑。

〔6〕 「猶想居士胸中」三句：「居士」，文人雅士的自稱，此指李白（自稱青
蓮居士）。「倚天」，靠著天，形容極高。「星虹」，猶虹霓。

〔7〕 「縹緲仙蹤」二句：「縹緲」，高遠隱約貌。「仙蹤」，仙人的蹤跡。「箭筈」，
華山嶺道名，即岐山最高處曰「箭括嶺」，在陝西省岐山縣東北；嶺巔
有缺，形似箭括，故名。舊設關於此，曰箭筈關，是宋、金交戰之重要
關隘。

〔8〕 「安得聯翩」三句：「聯翩」，鳥飛貌，〔晉〕陸機〈文賦〉：「浮藻聯翩，
若翰鳥纓繳而墜曾雲之峻。」李周翰注：「聯翩，鳥飛貌。」「雲裾」，
狀如衣襟的雲片。「霞佩」，仙女的飾物，借指仙女。「雲裾霞佩」，即仙
人的服飾。「共散麒麟髮」，〔唐〕韓愈〈雜詩〉：「……共升崑崙顛，長
風飄襟裙。……飄然下大荒，被髮騎騏驎。」

〔9〕 「花間玉井」二句：「花間玉井」，蓋指《華山記》云：「山頂有池，生千
葉蓮花，服之羽化。」〔唐〕韓愈〈古意〉詩：「太華峰頭玉井蓮，花
開十丈藕如船。」「玉井」，指華山西峰之下的深潭。「轟醉」，謂狂飲而
大醉。「一樽轟醉秋月」，句似〔宋〕蘇軾〈念奴嬌・赤壁懷古〉：「人生
如夢，一樽還酹江月。」

（十二）蝶戀花・漢武帝茂陵〔1〕

石室天壇封禪了〔2〕。青鳥含書，細報長生道〔3〕。寶鼎光沈仙掌
倒。茂陵斜日空秋草〔4〕。　　百歲真同昏與曉。羽化何人，一見
蓬萊島〔5〕。海上安期今亦老。從教喫盡如瓜棗〔6〕。

〔1〕 漢武帝茂陵：陵墓名，漢武帝劉徹的陵墓。在今陝西省興平縣東北，《漢
書・武帝紀》：「（後元二年）二月丁卯，帝崩於五柞宮，入殯於未央宮
前殿。三月甲申，葬茂陵。」顏師古注引臣瓚曰：「自崩至葬凡十八日。
茂陵在長安西北八十里也。」

〔2〕 「石室天壇封禪了」一句：此句指漢武帝曾至泰山封禪（見《史記・孝
武本紀》）。「石室」，古代宗廟中藏神主的石函。「天壇」，封建帝王祭天
的高臺。「天壇封禪」，古代帝王祭天地的大典，在泰山上築土爲壇，報
天之功，稱封；在泰山下的梁父山上辟場祭地，報地之德，稱禪。

〔3〕 「青鳥含書」二句：承上句，當年漢武帝窺石室、封泰山，一心希望使
者傳書，得到長生不老的秘訣。「青鳥」，神話傳說中爲西王母取食傳信

的神鳥，此指方士。《藝文類聚》卷九一引舊題〔漢〕班固《漢武故事》：
「七月七日，上（漢武帝）於承華殿齋，正中，忽有一青鳥從西方來，
集殿前。上問東方朔，朔曰：『此西王母欲來也。』有頃，王母至，有
兩青鳥如鳥，挾侍王母旁。」後遂以「青鳥」爲信使的代稱。「長生道」，
指道家求長生的法術，據《史記‧孝武本紀》載：武帝晚年寵信方士李
少君、少翁等，冀得長生不老之術，曾派人至海上求仙。

〔4〕「寶鼎光沈仙掌倒」二句：寫漢武帝求仙長生的失敗。昔日的寶鼎已沈
淪黃土，失去光彩；托盤的仙人已不復存在，成爲歷史遺跡；那顯赫一
時的漢武帝也命歸黃泉，化爲塵土，只留下茂陵荒草，在夕陽下被秋風
吹得瑟瑟抖動。「寶鼎」，古代的鼎，原爲炊器，後以鼎爲傳國之重器，
是政權的象徵，故稱寶鼎。相傳黃帝鑄寶鼎三，禹鑄九鼎，均爲鎮國之
寶，周衰，寶鼎沈淪不見，武帝時，在汾水發現寶鼎，被看做國運昌盛
的徵兆。「仙掌」，《三輔黃圖》：「神明臺，漢武帝造。上有承露盤，有
銅仙人舒掌捧銅盤玉杯，以承雲表之露，和玉屑服之，以求仙道。」漢
武帝爲求仙，在建章宮神明台上造銅仙人，舒掌捧銅盤玉杯，以承接天
上的仙露，後稱承露金人爲仙掌。

〔5〕「百歲眞同昏與曉」三句：一個人的一生短暫猶如朝夕，一晃即逝，又
有誰羽化成神仙，看到了蓬萊仙島？「羽化」，指飛升成仙，《晉書‧許
邁傳》：「好道者，皆謂之羽化矣。」「蓬萊島」，蓬萊山，古代傳說中的
神山名，《史記‧封禪書》：「自威、宣、燕昭使人入海求蓬萊、方丈、
瀛洲，此三神山者，其傳在勃海中。」

〔6〕「海上安期今亦老」二句：海上仙人安期生，縱令吃盡像瓜一樣大的仙
棗，到現在也要老死的，連傳說中的仙人也要老死，更何況是區區凡人
之軀呢？「安期」，亦稱「安期生」、「安其生」，秦、漢間仙人名，傳說
他曾從河上丈人習黃帝、老子之說，賣藥東海邊。秦始皇請與語三日夜，
賜金璧數千萬，皆置之而去，留書曰：「後千歲求我於蓬萊山。」後始
皇遣使入海求之，未至蓬萊山，遇風波而返。後之方士、道家因謂其爲
居海上之神仙（見〔漢〕劉向《列仙傳》等）。「從教」，聽任、任憑。「瓜
棗」，漢武帝時，方士李少君謂曰：「臣常遊海上，見安期生，食巨棗，
大如瓜。」（見《史記‧孝武本紀》）

（十三）人月圓‧馬嵬效吳彥高〔1〕

五雲繡嶺明珠殿，飛燕倚新妝〔2〕。小輦中有，漁陽胡馬，驚破霓
裳〔3〕。　　海棠正好，東風無賴，狼藉春光〔4〕。明眸皓齒，如

今何在，空斷人腸〔5〕。

〔1〕 **馬嵬效吳彥高**：此詞爲李齊賢仿〔金〕吳激詞體之作。「**馬嵬**」，地名，在陝西省興平縣西二十五里，唐安史之亂，玄宗奔蜀，途次馬嵬驛，衛兵殺楊國忠，玄宗被迫賜楊貴妃死，葬於馬嵬坡。「**吳彥高**」，即吳激（1090～1142），金人，米芾之婿，工詩能文，和蔡松年所做樂府體稱爲「吳蔡體」，著《東山樂府》；作詞善化用前人詩詞成語，代表作爲〈人月圓・宴張侍御家有感〉：「南朝千古傷心事，猶唱後庭花。舊時王謝，堂前燕子，飛向誰家？　恍然一夢，仙肌勝雪，宮髻堆鴉。江州司馬，青衫淚濕，同是天涯。」

〔2〕 「**五雲繡嶺**」二句：「**五雲**」，五色瑞雲，多作吉祥的徵兆，〔宋〕張君房《雲笈七籤》：「元洲有絕空之宮，在五雲之中。」「**繡嶺明珠殿**」，山名，在今陝西省臨潼縣驪山上，〔明〕都穆《驪山記》：「驪山左肩曰東繡嶺，右肩曰西繡嶺。」喬宇《驪山記》：「宜春宮內有飛霜、九龍、長生、明珠等殿。」〔唐〕杜牧〈華清宮三十韻〉：「繡嶺明珠殿，層巒下繚牆。」「**飛燕倚新妝**」，化用〔唐〕李白〈清平調〉：「借問漢宮誰得似，可憐飛燕倚新妝。」「**飛燕**」，指漢成帝趙皇后，《漢書・外戚傳下・孝成趙皇后》：「孝成趙皇后，本長安宮人……學歌舞，號曰飛燕。」

〔3〕 「**小顰中有**」三句：「**小顰**」，微微皺眉，三句化用〔唐〕白居易〈長恨歌〉：「漁陽鼙鼓動地來，驚破霓裳羽衣曲」，也用蘇軾〈眉子石硯歌贈胡誾〉詩意：「遊人指點小顰處，中有漁陽胡馬嘶。」「**漁陽胡馬**」，安史之亂始於漁陽（今天津市薊縣），故漁陽胡馬爲安祿山所領胡人軍隊。「**驚破**」，猶震碎。「**霓裳**」，《霓裳羽衣曲》的略稱。

〔4〕 「**海棠正好**」三句：「**無賴**」，無聊賴，〔唐〕杜甫〈奉陪鄭駙馬韋曲〉：「韋曲花無賴，家家惱殺人。」「**狼藉春光**」，此以落花縱橫散亂貌，比喻楊貴妃被迫而死。

〔5〕 「**明眸皓齒**」三句：三句化用〔唐〕杜甫〈哀江頭〉詩：「明眸皓齒今何在？血污遊魂歸不得。」「**明眸皓齒**」，明亮的眼睛，潔白的牙齒，形容女子的美貌，此代指楊貴妃。

（十四）水調歌頭・過大散關〔1〕

行盡碧溪曲，漸到亂山中〔2〕。山中白日無色，虎嘯谷生風〔3〕。萬仞崩崖疊嶂，千歲枯藤怪樹，嵐翠自濛濛〔4〕。我馬汗如雨，修徑轉層空〔5〕。　　登絕頂，覽元化，意難窮〔6〕。群峰半落天外，

滅沒度秋鴻〔7〕。男子平生大志，造物當年真巧，相對孰為雄〔8〕。
老去臥丘壑，說此詫兒童〔9〕。

〔1〕 **大散關**：大散關地處陝西寶雞縣南大散嶺上，亦稱散關，是關中四關之一，為周朝散國之關隘，故名。大散關是秦嶺南北咽喉，控扼四川與陝西之間最重要的通道──陳倉道，是關中西南面的重要關隘，形勢異常險要，為「秦蜀之噤喉」，也是宋、金交戰關隘。

〔2〕 **「行盡碧溪曲」兩句**：水行舒緩，山行艱難，詞人旅途從輕鬆舒緩的節奏過度到艱難險峻。

〔3〕 **「山中白日無色」兩句**：秦嶺峻峭，峰峰相連，道路中穿一線，山路崎嶇，林木茂密，以致陽光無法透進；且在大白天裡可以聽見遠處傳來的虎嘯，隨著虎嘯，深谷裡吹來的陣陣陰風，令人不寒而慄。「**無色**」，形容秋日慘淡無光。

〔4〕 **「萬仞崩崖疊嶂」三句**：腳下萬丈懸崖，頭頂奇峰突起，遠處山崖重疊，氣勢磅礴，其間千年枯藤纏繞著參差糾結的老樹，形狀千奇百怪，山嵐圍繞山間，白霧茫茫，足見山路險峻。「**疊嶂**」，重疊之山峰。「**嵐翠**」，山嵐之翠色。「**濛濛**」，昏暗不明也。

〔5〕 **「我馬汗如雨」兩句**：寫詞人騎馬登山之情狀。狹長的山路百轉千折，直上雲端，騎著馬在這樣的旅程上行走，顯得加倍艱難，需要花費大量體力，所以馬匹大汗淋漓，疲憊不堪。「**修徑**」，長徑也，〔唐〕王僧儒〈侍宴〉詩：「交枝隱修徑，回流影遙皐。」

〔6〕 **「登絕頂」三句**：經過一番艱苦的攀登，終於到達山之絕頂，登高望遠，興味無窮。「**絕頂**」，山之最高峰。「**元化**」，指大自然的發展變化，〔唐〕李白〈江寧楊利物畫贊〉詩：「筆鼓元化，形分自然。」

〔7〕 **「群峰半落天外」兩句**：站在峰頂，景觀高遠遼闊，群山連綿，一望無際，一直延伸到很遠的天邊；一行秋雁飛向遠方，漸漸模糊了詞人的視線。

〔8〕 **「男子平生大志」三句**：面對江山奇景，詞人所想到的是與造物者比試高低的想法。從攀登山路的艱難，到登臨絕頂一覽眾山的勝利喜悅，詞人以征服者的身份發出豪言壯語，表現出克服困難取得勝利後的激動情懷。

〔9〕 **「老去臥丘壑」兩句**：此段不平凡的登山經過，詞人一輩子也忘不了，即使將來老了，把這段經歷告訴晚輩，他們也一定感到驚奇不已。「**丘壑**」，指隱者所居也。「**詫**」，訝異。

（十五）水調歌頭・望華山〔1〕

天地賦奇特，千古壯西州〔2〕。三峰屹起相對，長劍凜清秋〔3〕。
鐵鑱高垂翠壁，玉井冷涵銀漢，知在五雲頭〔4〕。造物可無物，掌
迹宛然留〔5〕。　　記重瞳，崇祀秩，答神休〔6〕。真誠若契真境，
青鳥引丹樓〔7〕。我欲乘風歸去，只恐煙霞深處，幽絕使人愁〔8〕。
一嘯蹇驢背，潘閬亦風流〔9〕。

〔1〕　華山：山名，五岳之一，在陝西省華陰市南，北臨渭河平原，屬秦嶺東
　　　段，又稱太華山，古稱「西嶽」。有蓮花（西峰）、落雁（南峰）、朝陽
　　　（東峰）、玉女（中峰）、五雲（北峰）等峰，爲遊覽勝地。

〔2〕　「天地賦奇特」二句：「賦」，賦予。「西州」，指陝西地區，《戰國策・韓
　　　策三》：「昔者秦穆公一勝於韓原而霸西州，晉文公一勝於城濮而定天
　　　下。」

〔3〕　「三峰屹起相對」二句：「三峰」，指華山之芙蓉、明星、玉女三山峰，
　　　〔唐〕陶翰〈望太華贈盧司倉〉詩：「行吏到西華，乃觀三峰壯。」「屹」，
　　　挺拔雄勁貌。

〔4〕　「鐵鑱高垂翠壁」三句：「銀漢」，天河、銀河。「五雲」，華山北峰之五
　　　雲峰，「玉井」，即五雲峰上的深潭。

〔5〕　掌迹宛然留：所指爲華山東峰朝陽峰崖壁上之天然石紋，像一巨型掌
　　　印，此爲關中八景之首的華嶽仙掌。〔唐〕王涯《太華仙掌辨》：「西嶽
　　　太華山之首峰有五崖，自下遠望，偶爲掌形。」〔唐〕崔顥〈行經華陰〉
　　　詩：「岧嶢太華俯咸京，天外三峰削不成。武帝祠前雲欲散，仙人掌上
　　　雨初晴。」

〔6〕　「記重瞳」三句：「重瞳」，《史記・項羽本紀》：「舜目重瞳」。又《史記・
　　　封禪書》謂：「舜東巡至泰山。柴，望秩於山川。」案：「柴，望秩」，
　　　謂祭時積柴其上而燔之。「神休」，神明賜予的福祥，〔漢〕揚雄〈甘泉
　　　賦〉：「擁神休，尊明號。」〔宋〕于石〈小石塘源〉：「豚蹄一盂酒，神
　　　休答豐穰。」

〔7〕　「真誠若契真境」二句：「契」，感通。「真境」，道教之地，亦指仙境，《宋
　　　史・樂志・鼓吹上》：「蓬萊邃館，金碧照三山，真境勝人間。」「青鳥」，
　　　神話傳說中爲西王母取食傳信的神鳥。「丹樓」，紅樓，多指宮、觀。

〔8〕　「我欲乘風歸去」三句：化用〔宋〕蘇軾〈水調歌頭〉詞意：「我欲乘風
　　　歸去，又恐瓊樓玉宇，高處不勝寒。」「煙霞」，煙霧、雲霞。「幽絕」，
　　　清幽殊絕。

〔9〕「一嘯蹇驢背」二句：「蹇驢」，跛蹇駑弱的驢子。「潘閬」，北宋大名（今屬河北）人，字逍遙（？～1009），曾爲四門國子博士，後因受政治迫害，長期流亡，有《逍遙集》，詞集爲《逍遙詞》，其〈過華山〉詩有「高愛三峰插太虛，掉頭吟望倒騎驢」。「風流」，灑脫放逸、風雅瀟灑。

（十六）玉漏遲・蜀中〔1〕中秋值雨

一年唯一日。遊人〔2〕共惜，今宵明月。露洗霜磨，無限金波洋溢〔3〕。幸有瑤琴玉笛，更是處、江樓清絕〔4〕。邀俊逸。登臨一醉，將酬佳節〔5〕。　　豈料數陣頑雲，忽掩卻天涯，廣寒宮闕〔6〕。失意初筵，唯聽秋蟲嗚咽〔7〕。莫恨姮娥薄相，且吸盡、杯中之物〔8〕。圓又缺。空使早生華髮〔9〕。

〔1〕　蜀中：蜀，古國名，爲秦所滅，有今四川省中部地，因泛稱蜀地爲「蜀中」。

〔2〕　遊人：此處指遊子、離家在外或久居外鄉的人。

〔3〕　「露洗霜磨」二句：「金波」，謂月光。《漢書・禮樂志》：「月穆穆以金波，日華燿以宣明。」顏師古注：「言月光穆穆，若金之波流也。」〔唐〕李白〈贈宣城宇文太守兼呈崔侍御〉詩：「危苦惜頹光，金波忽三圓。」

〔4〕　「幸有瑤琴玉笛」二句：「是處」，到處、處處。「清絕」，淒清至極，〔唐〕杜甫〈奉同郭給事湯東靈湫作〉詩：「浩歌淥水曲，清絕聽者愁。」

〔5〕　「邀俊逸」三句：「俊逸」，指超群拔俗的人，〔唐〕杜甫〈春日憶李白〉詩：「清新庾開府，俊逸鮑參軍。」「登臨」，登山臨水，也指游覽。「酬」，敬酒。

〔6〕　「豈料數陣頑雲」三句：「頑雲」，密布不散的烏雲。〔唐〕陸龜蒙〈奉酬襲美苦雨見寄〉：「頑雲猛雨更相欺，聲似虓號色如墨。」「廣寒宮闕」，即廣寒宮，代指月亮，〔唐〕柳宗元《龍城錄》：「唐明皇與申天師、鴻都客，八月望日夜，同游月中，見牓曰：『廣寒清虛之府』。」

〔7〕　「失意初筵」二句：「失意」，不遂心、不得志。「初筵」，指宴飲之始，亦泛指宴飲。《詩・小雅・賓之初筵》：「賓之初筵，左右秩秩。」鄭玄箋：「大射之禮，賓初入門，登堂即席，其趨翔威儀甚審知，言不失禮也。」朱熹集傳：「初筵，初即席也。」

〔8〕　「莫恨姮娥薄相」二句：「姮娥」，即嫦娥，借指月亮。「薄相」，指月亮形相淡薄，爲頑雲遮蔽故也。「杯中物」，指酒。〔晉〕陶潛〈責子〉詩：「天運苟如此，且進杯中物。」

〔9〕「圓又缺」二句：「圓又缺」，指月亮圓缺。〔宋〕蘇軾〈水調歌頭〉：「人有悲歡離合，月有陰晴圓缺，此事古難全。」「華髮」，花白頭髮。「空使早生華髮」，化用〔宋〕蘇軾〈念奴嬌・赤壁懷古〉：「多情應笑我，早生華髮。」

（十七）菩薩蠻・舟中夜宿

西風吹雨鳴江樹。一邊殘照青山暮〔1〕。繫纜近漁家。船頭人語譁〔2〕。　　白魚兼白酒。徑到無何有〔3〕。自喜臥滄洲。那知是宦遊〔4〕。

〔1〕「西風吹雨鳴江樹」二句：「殘照」，落日餘暉。〔唐〕李白〈憶秦娥〉詞：「西風殘照，漢家陵闕。」

〔2〕「繫纜近漁家」二句：「繫纜」，繫結船索，謂泊舟。〔南朝・宋〕謝靈運〈登臨海嶠與從弟惠連〉詩：「日落當棲薄，繫纜臨江樓。」

〔3〕「白魚兼白酒」二句：此句化用〔宋〕蘇軾〈謫居三適之午窗坐睡〉詩：「此間道路熟，徑到無何有。」「無何有」，「無何有之鄉」之省稱，《莊子・逍遙遊》：「今子有大樹，患其無用，何不樹之於無何有之鄉，廣莫之野。」〔宋〕蘇軾〈和擬古〉之一：「問我何處來，我來無何有。」

〔4〕「自喜臥滄洲」二句：「自喜」，自樂。「滄洲」，濱水的地方，古時常用以稱隱士的居處，〔晉〕陸雲〈泰伯碑〉：「滄洲遁跡，箕山辭位。」〔唐〕杜甫〈曲江對酒〉詩：「吏情更覺滄洲遠，老大悲傷未拂衣。」「宦遊」，舊謂外出求官或做官。

（十八）菩薩蠻・舟次青神〔1〕

長江日落煙波綠。移舟漸近青山曲〔2〕。隔竹一燈明。隨風百丈輕〔3〕。　　夜深篷底宿。暗浪鳴琴筑〔4〕。夢與白鷗盟。朝來莫漫驚〔5〕。

〔1〕舟次青神：「舟次」，船停泊之所。「青神」，今四川省眉山縣南瀨岷江北岸，在岷江中游，西魏置青衣縣，北周改青神縣。

〔2〕「長江日落煙波綠」二句：「煙波」，指煙霧蒼茫的水面。「曲」，山勢彎曲隱蔽處。

〔3〕「隔竹一燈明」二句：「百丈」，牽船的篾纜。〔唐〕杜甫〈十二月一日〉詩之一：「一聲何處送書雁，百丈誰家上瀨船。」〔宋〕程大昌《演繁露・百丈》：「杜詩舟行多用百丈，問之蜀人，云，水峻岸石又多廉稜……

故劈竹爲大瓣，以麻索連貫其際，以爲牽具，是名『百丈』。」

〔4〕「夜深篷底宿」二句：「篷底」，謂船篷之下，指船艙。〔唐〕杜牧〈獨酌〉詩：「何如釣船雨？篷底睡秋江。」

〔5〕「夢與白鷗盟」二句：「白鷗盟」，謂隱士與白鷗作伴，典出《列子集釋》卷二〈黃帝篇〉：「海上之人有好漚鳥者，每旦之海上，從漚鳥游，漚鳥之至者百住而不止。其父曰，『吾聞漚鳥皆從汝游，汝取來，吾玩之。』明日之海上，漚鳥舞而不下也。故曰，至言去言，至爲無爲。齊智之所知，則淺矣。」〔宋〕黃庭堅〈登快閣〉詩：「萬里歸船弄長笛，此心吾與白鷗盟。」

（十九）洞仙歌・杜子美草堂〔1〕

百花潭上，但荒煙秋草。猶想君家屋烏好〔2〕。記當年，遠道華髮歸來，妻子冷，短褐天吳顛倒〔3〕。　　卜居少塵事，留得囊錢，買酒尋花被春惱〔4〕。造物亦何心，枉了賢才，長羈旅、浪生虛老〔5〕。卻不解消磨盡詩名，百代下，令人暗傷懷抱〔6〕。

〔1〕 杜子美草堂：〔唐〕杜甫故居，在四川成都附近。杜甫〈狂夫〉詩：「萬里橋西一草堂，百花潭水即滄浪。」〔宋〕陸游《老學庵筆記》卷一：「杜少陵在成都有兩草堂，一在萬里橋之西，一在浣花，皆見於詩中。」

〔2〕 「百花潭上」三句：「百花潭」，潭名，在今四川省成都市西郊，潭北有唐代著名詩人杜甫的草堂，〔宋〕樂史《太平寰宇記・劍南西道一・益州》：「杜甫宅在西郭外，地屬犀浦縣，接浣花溪，地名百花潭。」「荒煙」，荒野的煙霧，常指荒涼的地方。「屋烏」，《說苑・貴德》：「武王克殷，召太公而問曰：『將奈其士眾何？』太公對曰：『臣聞愛其人者，兼愛屋之烏。……』」屋上的烏鴉，指推愛之所及，此指杜甫〈奉贈射洪李四丈〉詩：「丈人屋上烏，人好烏亦好。」

〔3〕 「記當年」四句：「遠道」，猶遠路。「短褐天吳顛倒」，出自〔唐〕杜甫〈北征〉詩：「天吳及紫鳳，顛倒在短褐。」「短褐」，粗布短衣，古代貧賤者或僮豎之服。「天吳」，水神名，《山海經・海外東經》：「朝陽之谷，神曰天吳，是爲水伯。」《山海經・大荒東經》：「有神人，八首人面，虎身十尾，名曰天吳。」本謂短褐上補有刺繡天吳、紫鳳之布，致使圖像顛倒。此四句係指杜甫中年到長安應試，卻困居長安十年，抑鬱不得志。安史之亂後，投奔唐肅宗，遂能「麻鞋見天子」，任左拾遺；後又因直諫被貶，故棄官西行，於成都浣花溪畔築茅屋而居。

〔4〕「卜居少塵事」三句：「卜居」，擇地居住。杜甫〈寄題江外草堂〉詩：「嗜酒愛風竹，卜居必林泉。」「塵事」，塵俗之事。「囊錢」，杜甫〈空囊〉詩：「翠柏苦猶食，晨霞高可餐。世人共鹵莽，吾道屬艱難。不爨井晨凍，無衣床夜寒。囊空恐羞澀，留得一錢看。」「尋花」，出遊賞花。

〔5〕「造物亦何心」三句：「賢才」，才智出眾的人。「羈旅」，寄居異鄉。「虛老」，等閑地老去。

〔6〕「卻不解消磨盡詩名」三句：「不解」，不休止或不理解。「消磨」，消耗、磨滅。「詩名」，善於作詩的名聲。「百代」，指很長的歲月。

（二十）滿江紅‧相如駟馬橋〔1〕

漢代文章，誰獨步、上林詞客〔2〕。遊曾倦、家徒四壁，氣吞七澤〔3〕。華表留言朝禁闥，使星動彩歸鄉國〔4〕。笑向來、父老到如今，知豪傑〔5〕。　　　人世事，真難測。君亦爾，將誰責。顧金多祿厚，頓忘疇昔〔6〕。琴上早期心共赤，鏡中忍使頭先白〔7〕。能不改、只有蜀江邊，青山色〔8〕。

〔1〕　**相如駟馬橋**：「駟馬橋」，原名升仙橋，在今四川成都西北。據民間傳說，司馬相如與卓文君成婚後對自己的平民身分一直強烈不滿，後被武帝召入長安，臨行前，在家鄉的橋頭憤然道：「大丈夫不駟馬高車，不過此橋！」後來果然高車駟馬地回了家鄉，因之此橋改名為「駟馬橋」。〔唐〕許渾〈將赴京師留題孫處士山居〉詩之一：「應學相如志，終須駟馬回。」

〔2〕　「**漢代文章**」二句：司馬相如的文章在漢代獨一無二。「**上林詞客**」，指司馬相如，上林是漢代皇家苑囿，在今陝西盩厔縣一帶，司馬相如曾寫過一篇著名大賦〈上林賦〉：「……獨不聞天子之上林乎？」遂享譽文壇。

〔3〕　「**遊曾倦**」二句：司馬相如厭倦遊宦生涯，而且一貧如洗，但卻氣魄宏大氣質不凡。「**遊曾倦**」，曾經厭倦游宦生涯，出自《史記‧司馬相如列傳》：「長卿故倦遊。」相如早年曾事景帝，後免官遊梁，為梁孝王門客，梁孝王卒，乃歸鄉，故言「故倦遊」。「**家徒四壁**」，形容家中貧窮，一無所有，出自《史記‧司馬相如列傳》：「文君夜亡奔相如，相如乃與馳歸成都。家居徒四壁立。」司馬貞索隱引孔文祥云：「徒，空也。家空無資儲，但有四壁而已。」「七澤」，相傳古時楚有七處沼澤，後以「七澤」泛稱楚地諸湖泊，司馬相如〈子虛賦〉曾言及：「臣聞楚有七澤，嘗見其一，未睹其餘也。臣之所見，蓋特其小小者耳，名曰雲夢。」

〔4〕「華表留言朝禁闥」二句：司馬相如不僅是位文學家，在政治上也有作為，他題橋柱，赴長安，得到皇帝重用，後衣錦還鄉，出使巴蜀，安撫邊夷，對溝通漢王朝和西南少數民族間的關係有重大貢獻。「華表」，古代用以指示道路的木柱，此指升仙橋柱，司馬相如赴長安時曾在此題字。「禁闥」，天子所居，門閣有禁，非侍御之臣，不得妄入。「使星」，即使者，此指司馬相如，《史記·司馬相如列傳》載：相如曾以中郎將身份，通西南夷，獲得成就，寫下著名的〈論巴蜀檄〉、〈難蜀父老〉等。

〔5〕「笑向來」二句：堪笑過去不能充分認識相如才華的鄉親父老，這時才知他識英雄豪傑！「向來」，從前、過去。

〔6〕「人世事」六句：人間世事難以預料，相如做官富貴後，頓忘往昔卓文君對他的一片深情，欲另娶小妾，貪新厭舊。「疇昔」，往日，從前。

〔7〕「琴上早期心共赤」二句：二句寫司馬相如與卓文君二人情事之變化，言司馬相如當年以一曲〈鳳求凰〉贏得佳人芳心，但富貴之後，卻背棄前情，文君因憂思而愁白了頭髮。《史記·司馬相如傳》載：卓文君本為富商卓王孫之女，有文才。司馬相如飲於卓府，時文君新寡，相如鼓琴一曲〈鳳求凰〉以琴心挑之，文君夜奔相如，同歸成都。卓王孫大怒，不予接濟。後二人回臨邛賣酒，卓王孫引以為恥，不得已才將財物、僮僕分與。〔漢〕劉歆《西京雜記》又云：相如欲娶茂陵女為妾，文君賦〈白頭吟〉：「淒淒重淒淒，嫁娶不得啼。願得一心人，白頭不相離」，相如乃止。

〔8〕「能不改」二句：寫相如薄倖心易變，只有青山色不改，藉此譴責司馬相如的負情。「蜀江」，蜀郡境內的江河。

（二十一）木蘭花慢·長安〔1〕懷古

騷人多感慨，況故國、遇秋風〔2〕。望千里金城，一區天府，氣勢清雄〔3〕。繁華事〔4〕，無處問，但山川景物古今同。鶴去蒼雲太白，燕嘶紅樹新豐〔5〕。　　夕陽西下水流東。興廢夢魂中。笑弱吐強吞，縱成橫破，鳥沒長空〔6〕。爭如似犀首飲，向蝸牛角上任窮通〔7〕。看取麟臺圖畫，□餘馬鬣蒿蓬〔8〕。

〔1〕長安：古都城名。漢高祖七年（公元前 200 年）定都於此。此後東漢獻帝初、西晉愍帝、前趙、前秦、後秦、西魏、北周、隋、唐皆於此定都。西漢末綠林、赤眉，唐末黃巢領導的農民起義軍也曾建都於此。故城有

二：漢城築於惠帝時，在今西安市西北。隋城築於文帝時，號大興城，故址包有今西安城和城東、南、西一帶。唐末就舊城北部改築新城，即今西安城。

〔2〕「騷人多感慨」二句：時值朝鮮內亂，李齊賢作詞有感。「**騷人**」，詩人、文人，此爲李齊賢自稱。

〔3〕「望千里金城」三句：「**金城**」，京城，〔晉〕張協〈詠史〉：「朱軒曜金城，供帳臨長衢。」劉良注：「金城，長安城也。」「**一區**」，一個區域。「**天府**」，指朝廷，《隸釋・漢平都相蔣君碑》：「輸力王室，以篤臣節。功列天府，令問不已。」「**清雄**」，清峻雄渾。

〔4〕**繁華事**：指歷代在長安建都繁榮美盛的歷史。

〔5〕「鶴去蒼雲太白」二句：「**太白**」，山名，在今陝西省，〔唐〕李白〈蜀道難〉詩：「西當太白有鳥道。」「**新豐**」，縣名。漢置，在今陝西省臨潼縣西北。漢高祖定都關中，其父太上皇居長安宮中，思鄉心切，鬱鬱不樂。高祖乃依故鄉豐邑街里房舍格局改築驪邑，並遷來豐民，改稱新豐。據說士女老幼各知其室，從遷的犬羊雞鴨亦競識其家。太上皇居新豐，日與故人飲酒高會，心情愉快。後乃用作新興貴族游宴作樂及富貴後與故人聚飲敘舊之典。

〔6〕「夕陽西下水流東」五句：「**興廢**」，盛衰，興亡。「**弱吐強吞**」，謂弱國土地被強國侵占。「**縱成橫破**」，戰國時有縱橫家，蘇秦聯六國以拒秦爲縱，張儀說六國以事秦爲橫。「**鳥沒長空**」，化用〔唐〕杜牧〈登樂游原〉：「長空澹澹孤鳥沒，萬古銷沉向此中。看取漢家何事業，五陵無樹起秋風。」

〔7〕「爭如似犀首飲」二句：「**爭如**」，怎麼比得上。「**犀首**」，戰國魏公孫衍號犀首，《史記・陳軫傳》：「陳軫曰：『公何好飲也？』犀首曰：『無事也。』」後即以「犀首」指無事好飲之人。〔唐〕韓愈〈秋懷〉詩之三：「犀首空好飲，廉頗尚能飯。」「**蝸牛角**」，指微小之地，微不足道，《莊子集釋・雜篇・陽則》：「惠子聞之而見戴晉人。戴晉人曰：『有所謂蝸者，君知之乎？』曰：『然。』有國於蝸之左角者曰觸氏，有國於蝸之右角者曰蠻氏，時相與爭地而戰，伏尸數萬，逐北旬有五日而後反。」〔晉〕郭象注：「誠知所爭者若此之細也，則天下無爭矣。」〔唐〕成玄英疏：「蝸之兩角，二國存焉。蠻氏觸氏，頻相戰爭，殺傷既其不少，進退亦復淹時。此起譬也。」「**任窮通**」，謂各國間之爭地鬥爭，成敗得失，不足掛懷。《莊子・讓王》：「古之得道者，窮亦樂，通亦樂，所樂非窮通也；道德於此，則窮通爲寒暑風雨之序矣。」

〔8〕「看取**麟臺圖畫**」二句：此二句謂看世間功成名就之人，到頭來，墳墓上只剩下蓬蒿野草。「**看取**」，猶且看。「**麟臺圖畫**」，麟臺爲漢代閣名，在未央宮中，漢宣帝時曾圖霍光等十一功臣像於閣上，以表揚其功績，封建時代多以畫像於「麒麟閣」表示卓越功勛和最高的榮譽，〔唐〕李白〈塞下曲六首之三〉：「功成畫麟閣，獨有霍嫖姚。」「**馬鬣**」，墳墓封土的一種形狀，亦指墳墓，《禮記・檀弓》：「馬鬣，封之謂也。」「**蒿蓬**」，墳上雜草叢生。

（二十二）木蘭花慢・書李將軍〔1〕家壁

將軍真好士，識半面〔2〕、足吾生。況西自岷峨，北來燕趙，竝轡論情〔3〕。相牽挽、歸故里，有門前稚子候淵明〔4〕。對酒歡酣四坐，挑燈話到三更〔5〕。　　高歌伐木鳥嚶鸎。懷抱向君傾〔6〕。任客路光陰，欲停歸騎，更盡飛觥〔7〕。人間世、逢與別，似浮雲聚散月虧盈〔8〕。但使金軀健在，白頭會得尋盟〔9〕。

〔1〕　李將軍：指漢代名將李廣，《史記・李將軍列傳》謂其作戰時身先士卒，平日能和士卒同甘共苦。李廣駐軍右北平（今河北省北部），匈奴稱之爲「飛將軍」。

〔2〕　半面：《後漢書・應奉傳》：「奉少聰明。」李賢注引〔三國・吳〕謝承《後漢書》：「奉年二十時，嘗詣彭城相袁賀，賀時出行閉門，造車匠於內開扇出半面視奉，奉即委去。後數十年於路見車匠，識而呼之。」後因用以稱瞥見一面。

〔3〕　「況西自岷峨」三句：「**岷峨**」，岷山和峨眉山的並稱。「**燕趙**」，指戰國時燕趙二國，泛指其所在地區，即今河北省北部及山西省西部一帶。「**竝轡**」，兩馬並馳。

〔4〕　「相牽挽」二句：「**牽挽**」，援引，指用人。「**淵明**」，指陶淵明，隱逸的代表，此指李將軍。

〔5〕　「**對酒歡酣四坐**」二句：「**對酒**」，面對著酒。〔三國・魏〕曹操〈短歌行〉：「對酒當歌，人生幾何？」「**四坐**」，指四周座位上的人。〔三國・魏〕曹操〈善哉行〉：「弦歌感人腸，四坐皆歡悅。」「**挑燈話到三更**」，指陶淵明歸里後，在燈下與親朋話舊到深夜。

〔6〕　「**高歌伐木鳥嚶鸎**」二句：出自《詩・小雅・伐木》詩云：「伐木丁丁，鳥鳴嚶嚶……嚶其鳴矣，求其友聲。」後因以「伐木」表達朋友間的深情厚誼。

〔7〕「任客路光陰」三句：「**客路**」，指外鄉的路。「**飛觥**」，指舉杯飲酒。

〔8〕「人間世逢與別」二句：「**浮雲**」，人生離合，一如浮雲，〔唐〕李白〈送友人〉詩：「浮雲遊子意，落日故人情。」「**聚散**」，會聚與分散，《莊子・則陽》：「安危相易，禍福相生，緩急相摩，聚散以成。」〔宋〕沈瀛〈念奴嬌〉詞：「須臾聚散，人生眞信如客。」

〔9〕「但使金軀健在」二句：只要身體健康，到老年還會前來憑弔。「**金軀**」，謂貴重身體。〔唐〕李白〈贈僧朝美〉：「了心何言說，各勉黃金軀。」「**健在**」，健康地活。「**白頭**」，猶白髮，形容年老。「**會得**」，猶言能夠。「**尋盟**」，重溫舊盟。

（二十三）巫山一段雲・瀟湘八景〔1〕平沙落雁

玉塞多繒繳，金河欠稻粱。兄兄弟弟自成行。萬里到瀟湘〔2〕。　　遠水澄拖練，平沙白耀霜。波頭人散近斜陽。欲下更悠揚〔3〕。

〔1〕 **瀟湘八景**：李齊賢有十六首〈巫山一段雲〉，分詠「瀟湘八景」，是題畫之作。宋代宋迪以瀟湘風景，畫了八幅山水畫，時稱瀟湘八景，見於沈括《夢溪筆談・書畫》：「度支員外郎宋迪工畫，尤善爲平遠山水。其得意者有〈平沙雁落〉、〈遠浦歸帆〉、〈山市晴嵐〉、〈江天暮雪〉、〈洞庭秋月〉、〈瀟湘夜雨〉、〈煙寺晚鐘〉、〈漁村落照〉，謂之八景。好事者多傳之。」瀟湘八景風物多晴嵐、暮雪、秋月、夜雨、煙波、落照……不僅籠罩著傳統山水之美的意涵，更便於藝術家比況造境。

〔2〕 「玉塞多繒繳」四句：寫雁之遷徙——因爲天氣轉寒，有太多的獵人要獵取牠們，也缺乏主食穀物，原先生活在玉門關的大雁，於是成群結隊，結伴飛到萬里之外、物產豐饒的瀟湘之地。「**玉塞**」，玉門關的別稱，漢武帝置，因西域輸入玉石時取道於此而得名，漢時爲通往西域各地的門戶，故址在今甘肅敦煌西北小方盤城。〔南朝・宋〕謝莊〈舞馬賦〉：「乘玉塞而歸寶。」「**繒繳**」，即矰繳，獵取飛鳥的射具；繳爲繫在短箭上的絲繩；繒，通「矰」，〔五代〕馬縞《中華古今注・雁》：「雁自河北渡江南，瘠瘦能高飛，不畏繒繳。」「**金河**」，即古倒剌山水，其水映石如今，故名，在今內蒙古自治區呼和浩特一帶，古爲北方交通要道，也常在這一帶用兵。〔唐〕上官儀〈王昭君〉詩：「玉關春色晚，金河路幾千。」〔唐〕柳中庸〈征人怨〉詩：「歲歲金河復玉關，朝朝馬策與刀環。」「**稻粱**」，稻和粱，穀物的總稱。〔唐〕杜甫〈重簡王明府〉詩：「君聽鴻雁響，恐致稻粱難。」〔宋〕曾鞏〈鴻雁〉詩：「長無矰繳意自閑，不飽稻粱心亦足。」「**瀟湘**」，湘江與瀟水的並稱，多借指今湖南地區。

〔3〕「**遠水澄拖練**」四句：飛行的路途，一片空曠遼闊，在陽光的照射下，地上的河流蜿蜒澄澈如白練，廣闊的沙原閃爍耀眼似白霜。直到夕陽西下，成「人」字飛行之隊伍漸低飛分散，欲找尋今晚休憩之所，雁行更顯綿長悠遠、起伏不定。「**澄練**」，白絹。「**平沙**」，指廣闊的沙原。「**白耀霜**」，形容平沙潔白的顏色。「**悠揚**」，起伏不定、飄忽。

（二十四）巫山一段雲・遠浦歸帆〔1〕

南浦寒潮急，西岑落日催。雲帆片片趁風開。遠映碧山來〔2〕。　　出沒輕鷗舞，奔騰陣馬回〔3〕。船頭浪吐雪花堆。畫鼓殷春雷〔4〕。

〔1〕　**遠浦歸帆**：李齊賢詠瀟湘八景第一組詞中的第二首，寫遠浦歸帆的景象。「**遠浦**」，遠處的水邊。

〔2〕　「**南浦寒潮急**」四句：帆影自遠歸來，時為黃昏，眾船爭歸。遠地裡片片彩雲般的風帆，正襯映著碧山倒影的南浦冉冉而至，千帆競發、山隨水轉的景象，十分鮮明。況周頤《蕙風詞話》曾稱讚此句：「益齋詞寫景極工。〈巫山一段雲〉『雲帆片片趁風開』云云，筆姿靈活，得帆隨湘轉之妙。」「**南浦**」，南方的水邊。「**西岑**」，西山，〔唐〕皇甫冉〈早發中巖寺〉：「蒼蒼松桂陰，殘月半西岑。」「**雲帆**」，帆大如雲也。

〔3〕　「**出沒輕鷗舞**」兩句：歸帆如輕鷗出沒於急流之中，嬉戲於波浪之間，上下飛舞，而南浦晚潮洶湧奔騰，如陣馬馳騁迴旋。

〔4〕　「**船頭**」兩句：遠帆漸漸歸來，不僅那銀濤雪浪歷歷可見，而且浪擊船頭如雷鼓之聲也已充耳相聞。暗用〔漢〕枚乘〈七發・廣陵觀濤〉：「沌沌渾渾，壯如奔馬；混混庬庬，聲如雷鼓」的句意。「**殷春雷**」，出自《詩經・殷其雷》：「殷其雷，在南山之陽。」〔宋〕蘇軾〈惜花〉：「腰鼓百面如春雷，打徹涼州花自開。」

（二十五）巫山一段雲・瀟湘〔1〕夜雨

潮落蒹葭浦，煙沈橘柚洲〔2〕。黃陵祠下雨聲秋。無限古今愁〔3〕。　　漠漠迷漁火，蕭蕭滯客舟〔4〕。箇中誰與共清幽。唯有一沙鷗〔5〕。

〔1〕　**瀟湘**：瀟、湘二水合流於今湖南省零陵縣，其地有瀟湘鎮。

〔2〕　「**潮落蒹葭浦**」二句：汐退之後的入夜時分，瀟湘江面上雨意正濃。「**蒹葭**」，蒹和葭都是水草，《詩經・蒹葭》：「蒹葭蒼蒼，白露為霜。」「**橘洲**」，洲名，在今湖南省長沙市西湘江中，多美橘，故名，今稱「橘子

洲」，〔宋〕辛棄疾〈昭君怨·豫章寄張定叟〉詞：「長記瀟湘秋晚，歌舞橘洲人散。」蒹葭和橘柚都是瀟湘特有的風物。

〔3〕「黃陵祠下雨聲秋」二句：作者觸景生情，從舜之二妃娥皇、女英沉溺於秋風夜雨的湘水中，勾起無限弔古傷今的愁思。「**黃陵祠**」，即「黃陵廟」，在湖南省湘陰縣北，濱洞庭湖，傳說舜二妃墓在其上。〔北魏〕酈道元《水經注》：「湘水又北經黃陵亭西，又合黃陵水口，其水上承太湖，湖水西流。經二妃廟南，世謂之黃陵廟也。言大舜之陟方也，二妃從征，溺於湘江，神遊洞庭之淵，出入瀟湘之浦……故民立爲祠。」

〔4〕「漠漠迷漁火」二句：江上漁火迷茫於一片煙雨之中，煙雨秋聲也滯留住行旅，客船無法航行，只能停靠在二妃廟前的蒹葭浦畔、橘柚洲頭。「**漠漠**」，迷濛貌。「**蕭蕭**」，象聲詞，此指風雨打在水草上的聲響。

〔5〕「箇中誰與共清幽」二句：這樣秀麗而幽靜的景色有誰能跟我共享呢？大概只有停佇在沙洲中的那隻水鳥可以陪伴獨自欣賞的我了。「**箇中**」，此中，這當中，〔宋〕蘇軾〈李頎畫山見寄〉詩：「平生自是箇中人，欲向漁舟便寫眞。」「**清幽**」，風景秀麗而幽靜。「**唯有一沙鷗**」，化用〔唐〕杜甫〈旅夜書懷〉：「飄飄何所似，天地一沙鷗。」

（二十六）巫山一段雲·洞庭秋月

萬里天浮水，三秋露洗空〔1〕。冰輪輾上海門東。弄影碧波中〔2〕。
蕩蕩開銀闕，亭亭插玉虹〔3〕。雲帆便欲掛西風。直到廣寒宮〔4〕。

〔1〕「萬里天浮水」二句：秋高氣爽的夜晚，洞庭湖煙波浩淼，水天無際，天空好像漂浮在洞庭湖的水面上；秋夜的露水，將天空洗滌的一塵不染，萬里無雲。「**浮水**」，漂於水面，」「**萬里天浮水**」句意似〔唐〕杜甫〈登岳陽樓〉詩：「吳楚東南坼，乾坤日夜浮。」「**三秋**」，指秋季，七月稱孟秋、八月稱仲秋、九月稱季秋，合稱三秋。

〔2〕「冰輪輾上海門東」二句：一輪明月由東邊升起，漸漸高掛天空，移動的月影倒映在湖水蕩漾的洞庭湖面。「**冰輪**」，比喻月輪皓白如冰，〔宋〕蘇軾〈宿九仙山〉詩：「夜半老僧呼客起，雲峰缺處湧冰輪。」〔宋〕陸游〈月下作〉：「玉鈎定誰掛，冰輪了無轍。」「**海門**」，海口、內河通海之處，〔宋〕吳琚〈酹江月·觀潮應制〉詞：「晚來波靜，海門飛上明月。」「**弄影**」，謂物動使影子也隨著搖晃或移動，〔宋〕張先〈天仙子〉詞：「沙上並禽池上暝，雲破月來花弄影。」「**碧波**」，清澄綠色的

水波，常用以形容湘江之水，如〔唐〕李白〈江夏送林公上人游衡岳序〉：「欲將振五樓之金策，浮三湘之碧波。」〔唐〕許渾〈夜泊永樂有懷〉詩：「蓮渚愁紅蕩碧波，吳娃齊唱采蓮歌。」

〔3〕 「**蕩蕩開銀闕**」二句：月光傾灑在湖面上，一束束的光芒，如湖中升起的玉虹，明亮而美好。「**蕩蕩**」，廣大貌、博大貌。「**銀闕**」，指代明月，〔宋〕蘇軾〈中秋見月和子由〉：「明月未出群山高，瑞光萬丈生白毫。一杯未盡銀闕涌，亂雲脫壞如崩濤。」「**亭亭**」，明亮美好貌，〔宋〕蘇轍〈中秋夜〉詩之三「欲見初容燭，將升尚有星。漸高圍漸小，雲外轉亭亭。」「**玉虹**」，喻帶狀的光。

〔4〕 「**雲帆便欲掛西風**」二句：我想乘著小船，藉西風的牽引，把我送到美麗的廣寒月宮。頗有〔宋〕蘇軾〈水調歌頭〉：「明月幾時有，把酒問青天……我欲乘風歸去，又恐瓊樓玉宇，高處不勝寒」之意。

（二十七）巫山一段雲‧江天暮雪

風緊雲容慘，天寒雪勢嚴〔1〕。篩寒灑白弄纖纖。萬屋盡堆鹽〔2〕。
　　遠浦回漁棹，孤村落酒帘〔3〕。三更霽色妒銀蟾。更約掛疏簾
〔4〕。

〔1〕 「**風緊雲容慘**」二句：寒風冷冽，雲層低壓，詭譎多變，天寒地凍之中，漫天大雪紛飛。「**風緊**」，風急。

〔2〕 「**篩寒灑白弄纖纖**」二句：片片柔細、晶瑩如鹽粒的雪花彷彿自空中篩落下來，堆積在萬千屋頂上。「**纖纖**」，細微、細微的事物。「**篩寒灑白弄纖纖**」此句指落雪。「**萬屋盡堆鹽**」，比喻積雪，以鹽比雪，典出〔南朝‧宋〕劉義慶《世說新語‧言語》：「謝太傅寒雪日內集，與兒女講論文義。俄而雪驟，公欣然曰：『白雪紛紛何所似？』兄子胡兒曰：『撒鹽空中差可擬。』兄女曰『未若柳絮因風起。』」

〔3〕 「**遠浦回漁棹**」二句：江面漫天飛雪，遠處的漁船趕緊歸航，曠野鄉村的小酒店也紛紛收起酒帘。「**酒帘**」，酒店所用的幌子，以布綴竿，懸於門首，作招徠酒客之用。「**落**」，拿下、收起。

〔4〕 「**三更霽色妒銀蟾**」二句：夜半雪停，雲開月現，月色耀眼更勝銀白雪景。「**霽色**」，下雪之後晴朗的天色，〔唐〕元稹〈飲致用神麴酒三十韻〉：「雪映煙光薄，霜涵霽色泠。」「**銀蟾**」，月亮的別稱，傳說月中有蟾蜍，故稱。〔唐〕朱鄴〈扶桑賦〉：「玉漏聲殘，銀蟾影度。」〔唐〕李中〈思朐陽春遊感舊寄柴司徒詩五首之四〉：「紅袖歌長金翠亂，銀蟾飛出海東頭。」「**疏簾**」，指稀疏的竹織窗簾。

（二十八）巫山一段雲・煙寺晚鐘

楚甸秋霖捲，湘岑暮靄濃〔1〕。一舂容罷一舂容。何許日沈鐘〔2〕。
搖月傳空谷，隨風渡遠峰〔3〕。溪橋有客倚寒筇。一徑入雲松〔4〕。

〔1〕「楚甸秋霖捲」二句：秋雨霏霏，籠罩整個楚地，暮靄沉沉，正值黃昏入夜之時。「楚甸」，猶楚地；「甸」，古代指郊外的地方。「秋霖」，秋日的淫雨。「捲」，收。「湘岑」，湘地的小山。「暮靄」，傍晚的雲霧，〔宋〕柳永〈雨霖鈴〉詞：「念去去千里煙波，暮靄沈沈楚天闊。」

〔2〕「一舂容罷一舂容」二句：晚鐘一聲接著一聲傳來，太陽何時才會完全下山。「舂容」，形容用力撞擊的鐘聲，出自《禮記・學記》：「善待問者如撞鐘，叩之以小者則小鳴，叩之以大者則大鳴；待其從容，然後盡其聲。」鄭玄注：「『從』，讀如『富父舂戈』之『舂』。舂容，謂重撞擊也。」

〔3〕「搖月傳空谷」二句：穩重悠遠的鐘聲震盪著月光，傳入山谷，並且隨著晚風傳送到遙遠的山頭。

〔4〕「溪橋有客倚寒筇」二句：夜色漸深，有個旅客正倚著竹杖走過溪橋，沿著小路走入松林中。「寒筇」，指竹杖。

（二十九）巫山一段雲・山市晴嵐〔1〕

遠岫螺千點，長溪玉一圍〔2〕。日高山店未開扉。嵐翠落殘霏〔3〕。
隱隱樓台遠，濛濛草樹微〔4〕。市橋曾記買魚歸。一望卻疑非〔5〕。

〔1〕山市晴嵐：「山市」，山中蜃景。「晴嵐」，晴日山中的霧氣。〔元〕趙顯宏〈晝夜樂・春〉曲：「遊賞園林酒半酣，停驂；停驂看山市晴嵐。」

〔2〕「遠岫螺千點」二句：遠處成群山巒上的碧綠山石盤旋如點點螺髻，細長的溪流如晶瑩玉帶般蜿蜒圍繞著山邊。「遠岫」，遠處的峰巒。「螺」，形容深碧色的山石蟠旋似螺髻，借指青山。〔唐〕皮日休〈縹緲峰〉詩：「似將青螺髻，撒在明月中。」〔宋〕韓琦〈北塘春雨〉詩：「晴來西北憑欄望，拂黛遙峰濯萬螺。」〔宋〕陸游〈初夏郊行〉詩：「破雲山踴千螺翠，經雨波涵一鏡秋。」〔宋〕辛棄疾〈水龍吟〉詞：「遙岑遠目，獻愁供恨，玉簪螺髻。」「玉」，比喻色澤晶瑩如玉之物，此喻水。如〔宋〕曾鞏〈早起赴行香〉詩：「井轆聲急推寒玉，籠燭光繁秉絳紗。」

〔3〕「日高山店未開扉」二句：太陽已高掛天空，山中客店卻還未開門做生意，蒼翠的山霧早已驅散了清晨瀰漫的雲氣，形成一片如夢似幻的海市蜃樓。「山店」，山中客店。「嵐翠」，蒼翠色的山霧，〔唐〕杜牧〈雨霽〉詩：「水聲侵笑語，嵐翠撲衣裳。」「霏」，瀰漫的雲氣，〔南朝・宋〕謝靈運〈石壁精舍還湖中作〉詩：「林壑斂暝色，雲霞收夕霏。」

〔4〕「隱隱樓台遠」二句：承上句，山嵐透過光影的變化形成海市蜃樓，隱約可見遠處樓台的輪廓和草木模糊的形貌。「隱隱」，隱約不分明貌。「濛濛」，迷茫貌。

〔5〕「市橋曾記買魚歸」二句：遠處的橋頭上有人正從市集買了魚要回家，但再定睛一望，似乎又不是真的，因為山中多嵐翠，使得眼前近景遠景都似在濛濛雲霧中，看不真切。

（三十）巫山一段雲・漁村落照

遠岫留殘照，微波映斷霞〔1〕。竹籬茅舍是漁家。一徑傍林斜〔2〕。
　　綠岸雙雙鷺，青山點點鴉。時聞笑語隔蘆花。白酒換魚蝦〔3〕。

〔1〕「遠岫留殘照」二句：落日餘暉還殘留在遠處的峰巒上，一片金黃；微波躍動的湖水映照著斷斷續續的晚霞，紅光閃爍。遠山和湖水，殘照與斷霞，相互呼應，形成一片充滿生機活力的湖光山色。「遠岫」，遠處的峰巒。「殘照」，落日餘暉。「斷霞」，片段的雲霞。

〔2〕「竹籬茅舍是漁家」二句：竹片籬笆，草屋茅舍，一條小徑沿著竹林邊蜿蜒而去，這便是漁民的住處。「竹籬茅舍」，常指鄉村中因陋就簡的屋舍。〔宋〕張昇〈離亭燕〉詞：「蓼嶼荻花洲，掩映竹籬茅舍。」

〔3〕「綠岸雙雙鷺」四句：成雙成對的白鷺在綠草如茵的湖邊玩耍，歸巢的暮鴉在蒼翠的山林中翩翩起舞。隔著蘆花，時時傳來一陣陣歡聲笑語，是漁民們打魚歸來的歡樂情景，頗有〔唐〕王維〈鹿柴〉詩意：「深山不見人，但聞人語響」。作者用白酒向漁民們交換了新鮮魚蝦，並受到漁民們歡樂氣氛的感染，表現出對純樸漁村生活的熱愛。「點點」，〔北周〕庾信〈晚秋〉詩：「可憐數行雁，點點遠空排。」

（三十一）巫山一段雲・平沙落雁

醉墨疏還密，殘棋整復斜〔1〕。料應遺跡在泥沙。來往歲無差〔2〕。
　　水暖仍菰米，霜寒尚葦花〔3〕。心安只合此為家。何事客天涯〔4〕。

〔1〕「醉墨疏還密」二句：看醉中所畫之「平沙落雁」圖，筆劃有粗疏和精密之處。剛剛還沒下完的棋局擺在一邊，先來欣賞這幅醉中之作。「醉墨」，謂醉中所作的詩畫，〔宋〕陸游〈五月十四日夜夢——僧持詩編過予有暴雨詩語頗〉詩：「我詩欲成醉墨翻，安得此雨洗中原，長河衮衮來昆侖，鸛鵲下看黃流渾。」「疏密」，粗疏與精密。「殘棋」，中斷的或將盡的棋局。

〔2〕「料應遺跡在泥沙」二句：畫中歲末南下避冬的鴻雁，腳印應該還遺留在泥沙上，南來北往的經歷，年年相同，似乎沒有差別。「料應」，估計、想來應是。「遺跡」，謂忘乎形跡。〔南朝·梁〕劉孝標〈廣絕交論〉：「寄通靈臺之下，遺跡江湖之上。」李善注：「《莊子》曰：『魚相忘於江湖，人相忘於道術。』郭象曰：『各自足，故相忘也。』今引『江湖』，唯取『相忘』之義也。」張銑注：「遺跡，謂心相知而跡相忘也。」

〔3〕「水暖仍菰米」二句：春天來臨，氣溫回升，但寒氣未盡，五穀不生，糧食不足，寒霜還凍結在葦花上。「菰米」，菰之實，一名雕胡米，古以為六穀之一。〔明〕李時珍《本草綱目·穀二·菰米》〔集解〕引蘇頌曰：「菰生水中……至秋結實，乃雕胡米也，古人以為美饌。今飢歲，人猶採以當糧。」「霜寒」，寒光閃閃貌。

〔4〕「心安只合此為家」二句：本來待在家鄉才會感到心安，到底為了何事要浪跡天涯。「只合」，只應、本來就應該。

（三十二）巫山一段雲·遠浦歸帆

解纜離淮甸，揚舲指楚鄉〔1〕。風聲颯颯水茫茫。帆席上危檣〔2〕。

斷送浮雲影，驚回過雁行〔3〕。江樓紅袖倚斜陽。遠引客心忙〔4〕。

〔1〕「解纜離淮甸」二句：解開船纜，準備開船離開淮河流域，揚帆向楚地前進。「解纜」，解去繫船的纜繩，指開船。「淮甸」，淮河流域。「揚舲」，猶揚帆。「楚鄉」，楚地。

〔2〕「風聲颯颯水茫茫」二句：船帆高掛，帆張風滿，帆船疾行，只聽到颯颯風聲，放眼望去水面一片蒼茫。「颯颯」，象聲詞，《楚辭·九歌·山鬼》：「風颯颯兮木蕭蕭，思公子兮徒離憂。」「帆席」，船帆，舊時船帆或以席為之，故稱。「危檣」，高的桅杆。

〔3〕「斷送浮雲影」二句：雲影隨風不斷飄過，原在眼前飛雁的行列，轉瞬間已在船後，顯得船速極快。「斷送」，飄過、度過。〔唐〕韓愈〈遊城南十六首·遣興〉：「斷送一生唯有酒，尋思百事不如閒。」

〔4〕「江樓紅袖倚斜陽」二句：夕陽西斜，遠處江邊高樓有位女子倚欄憑眺，客舟游子無心觀望，心中滿是遠遊的無奈、羈旅之憂思。「**紅袖**」，指美女，〔晉〕〈白紵舞歌詩〉：「聲發金石媚笙簧，羅袿徐轉紅袖揚。」「**遠引**」，遠去、遠游。「**客心**」，旅人之情，游子之思，〔唐〕韓翃〈和高平朱參軍思歸作〉：「一雁南飛動客心，思歸何待秋風起。」〔金〕元好問〈永寧南原秋望〉詩：「火苦教鄉信斷，砧聲偏與客心期。」

（三十三）巫山一段雲・瀟湘夜雨

暗澹青楓樹，蕭疏斑竹林〔1〕。篷窗夜雨冷難禁。欹枕故鄉心〔2〕。

二女湘紅淚，三閭楚澤吟〔3〕。白雲千載恨沈沈。滄海未為深〔4〕。

〔1〕「**暗澹青楓樹**」二句：昏暗的青楓樹在夜雨中起伏，蕭疏的竹林在秋風中搖曳，這樣蕭瑟淒涼的景象撩撥起羈旅之人的相思之情。〔唐〕劉長卿〈餘干旅社〉：「搖落暮天迴，青楓霜葉稀。」〔唐〕劉禹錫〈瀟湘神〉：「斑竹枝，斑竹枝，淚痕點點寄相思。」〔唐〕李祐〈袁江口懷王司勳王吏部〉：「若個最爲相憶處，青楓黃竹入袁江。」以上三詩皆以楓、竹寫相思，齊賢詞亦然。「**暗澹**」，昏暗不明貌。「**蕭疏**」，寂寞、淒涼。「**斑竹**」，即紫竹，因竹身有紫色或灰褐色斑紋，故名，亦稱湘妃竹，相傳舜南巡死於蒼梧，葬於九疑，其妃娥皇、女英追至，思之不已，淚灑竹上，留下淚跡斑斑。

〔2〕「**篷窗夜雨冷難禁**」二句：篷窗擋不住秋日淒冷的夜雨，陣陣寒氣伴隨思鄉之苦折磨著異鄉遊子輾轉難眠。「**欹**」，通「倚」。

〔3〕「**二女湘紅淚**」二句：滔滔湘水，似乎就是娥皇、女英的淚水匯集而成；曠遠的大澤，好像到處迴盪著屈原吟誦懷國詩篇的音響，他們的憂思是如此深廣強烈。此二句化用〔唐〕李涉〈鷓鴣詞〉：「二女虛垂淚，三閭枉自沉。」「**二女**」，指舜的妃子娥皇、女英，當她們得知舜已死，傷心至極，便投身湘水，成爲湘水之神。「**三閭**」，指屈原，他曾任楚國三閭大夫，後遭讒被放逐到楚國大澤中，日夜思念故國，寫下《離騷》等名篇，後爲明志而自沉汨羅江（湘江支流）。〔唐〕李商隱〈過鄭廣文舊居〉詩：「宋玉平生恨有餘，遠循三楚吊三閭。」「**楚澤**」，古楚地有雲夢等七澤，後以「楚澤」泛指楚地或楚地的湖澤。

〔4〕「**白雲千載恨沈沈**」二句：千百年來，連白雲也爲之動容，爲之憤慨不平；滄海之深遠不及思鄉愁緒來的深，幽怨的思鄉之愁，綿綿不盡，深深不絕。〔唐〕崔顥〈黃鶴樓〉詩：「黃鶴一去不復返，白雲千載空悠悠。」

（三十四）巫山一段雲・洞庭秋月

衡岳寬臨北，君山小近南〔1〕。中開七百里湖潭。吳楚入包含〔2〕。
　　銀漢秋相接，金波夜正涵〔3〕。舉杯長嘯待鸞驂。且對影成三
〔4〕。

〔1〕「**衡岳寬臨北**」二句：洞庭湖北橫亙寬廣挺拔的南嶽衡山，湖南佇立秀
　　　麗小巧的君山。「**衡岳**」，南岳衡山。「**君山**」，山名，在湖南洞庭湖口，
　　　又名湘山，〔北魏〕酈道元《水經注・湘水》：「湖（洞庭湖）中有君山……
　　　湘君之所遊處，故曰君山矣。」

〔2〕「**中開七百里湖潭**」二句：衡山與君山間廣闊的洞庭湖，曾是春秋吳楚
　　　的故地。「**吳楚**」，泛指春秋吳楚之故地，即今長江中、下游一帶。

〔3〕「**銀漢秋相接**」二句：銀河斗杓指西，時入秋序，月光浸潤著大地，湖
　　　面上泛起金波流光。「**銀漢**」，天河，銀河。「**金波**」，月光。

〔4〕「**舉杯長嘯待鸞驂**」二句：作者秋夜在洞庭湖飲酒賞月，月光浸淫，如
　　　夢似幻，彷彿仙人也將從天而降與作者同樂；作者亦學李白的詩情畫
　　　意，舉杯邀月，共享秋夜浪漫情懷。「**鸞驂**」，仙人的車乘，〔南朝・
　　　梁〕江淹〈別賦〉：「駕鶴上漢，驂鸞騰天。」「**且對影成三**」化用〔唐〕
　　　李白〈月下獨酌〉：「花間一壺酒，獨酌無相親。舉杯邀明月，對影成
　　　三人。」

（三十五）巫山一段雲・江天暮雪

向夕迴征棹，淩寒上酒樓〔1〕。江雲作雪使人愁。不見古潭洲〔2〕。
　　聲緊雲邊雁，魂清水上鷗〔3〕。千金駿馬擁貂裘。何似臥漁舟
〔4〕。

〔1〕「**向夕迴征棹**」二句：日暮時分，遠行的漁船紛紛回航，作者冒著嚴寒，
　　　獨自登上酒樓遠眺。「**向夕**」，傍晚、薄暮。「**征棹**」，指遠行的船。「**淩
　　　寒**」，冒寒、嚴寒。

〔2〕「**江雲作雪使人愁**」二句：江上雲霧濃重，將起風雪，眼前一片白茫茫，
　　　無法見得長沙壯闊的全景，引人愁思。二句化用〔唐〕李白〈登金陵鳳
　　　凰臺〉詩意：「總為浮雲能蔽日，長安不見使人愁。」「**作雪**」，謂醞釀
　　　降雪，下雪。「**潭洲**」，即今湖南長沙，隋、唐稱潭洲。長沙北瞰洞庭，
　　　南依衡岳，為荊豫唇齒，扼黔粵咽喉，既是戰略要地，又是文化重鎮；
　　　歷代騷人遷客，名賢俊傑，都曾「一為遷客去長沙」，或謫居、或題詠，
　　　憂國憂民，以屈原、賈誼曾流放貶謫於此抒發情懷，被古人譽為「此地

既佳麗，斯人亦豪英」的「屈賈之鄉」，並營造了「唯楚有材，于斯爲盛」的人文環境。

〔3〕「**聲緊雲邊雁**」二句：爲避風雪，天邊群雁，引吭呼叫同伴疾找掩蔽，水上鷗鳥，身在冷清寂寥的沙洲中，亦欲避風寒。

〔4〕「**千金駿馬擁貂裘**」二句：坐臥漁舟之中，休閒自得地觀賞這蒼茫風雪的美景，勝過坐擁千金、騎乘駿馬、身穿貂皮製成的衣裘的富貴生活。

（三十六）巫山一段雲·煙寺晚鐘　（原缺）

（三十七）巫山一段雲·山市晴嵐

海氣蒸秋熱，山容媚曉晴〔1〕。森森萬樹立無聲。空翠襲人清〔2〕。
　　鏡裡雙蛾斂，機中匹練橫〔3〕。隔溪何處鷓鴣鳴。雲日翳還明〔4〕。

〔1〕「**海氣蒸秋熱**」二句：秋天熱氣蒸騰，水氣氤氳，將晴空下的山容襯托的千嬌百媚。「**海氣**」，海上蜃氣，光線經不同密度的空氣層，發生折射或反射，把遠處景物顯示在空中或地面的奇異幻景，〔唐〕駱賓王〈蓬萊鎮〉詩：「野樓疑海氣，白鷺似江濤。」「**山容**」，山的姿容。

〔2〕「**森森萬樹立無聲**」二句：置身在萬樹深叢中，周圍悄然無聲，一陣山嵐襲來，頓覺清爽沁涼。「**森森**」，樹木繁密貌。「**空翠**」，指青色的潮濕的霧氣，〔唐〕王維〈山中〉詩：「山路元無雨，空翠濕人衣。」

〔3〕「**鏡裡雙蛾斂**」二句：倒映在水面的青山輪廓，好似女子微蹙的雙眉，蒸騰的山嵐水氣，猶如機杼中橫匹的白絹。「**雙蛾**」，指美女的兩眉，〔南朝·梁〕沈約〈昭君辭〉：「朝發披香殿，夕濟汾陰河，於茲懷九逝，自此斂雙蛾。」「**匹練**」，白絹，常以形容奔馳的白馬、光氣、瀑布、水面、雲霧等，此指蒸騰的水氣，〔宋〕陳造〈縣西〉詩：「坡頭嘉樹千幢立，煙際長江匹練橫。」

〔4〕「**隔溪何處鷓鴣鳴**」二句：隔著小溪，隱約傳來鷓鴣鳴叫；天空風雲變幻，浮雲一下遮蔽陽光，大地昏晦，一下又消散無蹤，晴空萬里。「**鷓鴣**」，鳥名，形似雌雉，爲中國南方留鳥，古人諧其鳴聲爲「行不得也哥哥」，詩文中常用以表示思念故鄉。「**翳**」，謂浮雲蔽日；「**明**」，謂雲開日出。

（三十八）巫山一段雲・漁村落照

雨霽長江碧，雲歸遠岫青〔1〕。一邊殘照在林坰。綠網曬苔局〔2〕。

波影明重綺，沙痕射遠星〔3〕。鱸魚白酒醉還醒。身世任浮萍〔4〕。

〔1〕「雨霽長江碧」二句：雨過天青，長江一片碧綠；彩雲歸去，遠山更顯青綠。「霽」，雨止天晴。

〔2〕「一邊殘照在林坰」二句：落日餘暉，夕陽斜照在郊野的一角，生滿青苔的漁村小屋前，還曬著捕魚用的漁網。

〔3〕「波影明重綺」二句：江面閃耀著夕陽餘暉，波光粼粼，光彩明亮，潮汐在沙灘上留下的沙痕，彷彿指向天邊的明星。「綺」，光彩，〔晉〕張協〈七命〉：「流綺星連，浮綵艷發。」李善注：「綺，光色也。」

〔4〕「鱸魚白酒醉還醒」二句：在漁村生活，吃著捕來的鱸魚，喝著換來的白酒，看著江邊夕照，感嘆身世飄零，無所依歸。「鱸魚」，隱逸的象徵，〔宋〕戴復古〈都下書懷〉詩：「出處古人都說盡，功名未必勝鱸魚。」「浮萍」，一種無根的水上植物，比喻飄泊無定的身世或變化無常的人世間，〔唐〕杜甫〈又呈竇使君〉詩：「相看萬里外，同是一浮萍。」

（三十九）巫山一段雲・松都八景　紫洞尋僧〔1〕

傍石過清淺，穿林上翠微〔2〕。逢人何更問僧扉。午梵出煙霏〔3〕。

草露沾芒屨，松花點葛衣〔4〕。鬢絲禪榻坐忘機。山鳥漫催歸〔5〕。

〔1〕松都八景・紫洞尋僧：所詠為朝鮮古都開城的景致，共有「紫洞尋僧」、「青郊送客」、「北山煙雨」、「西江風雪」、「白岳晴雲」、「黃橋晚照」、「長湍石壁」、「朴淵瀑布」等地方八景。「紫洞」即松都松嶽山下的「紫霞洞」。

〔2〕「傍石過清淺」二句：踏著凸出河面的小石塊，度過清淺的河水，穿過濃密的樹林，走進青山崇嶺間。「清淺」，此指謂清澈不深的河水。「翠微」，泛指青山。

〔3〕「逢人何更問僧扉」二句：不需逢人便問寺廟在何處，只要循著僧人午間誦經的聲音，便可辨別方向。「午梵」，謂僧人中午的誦經讚唱之聲，〔宋〕王安石〈遊鍾山〉詩之二：「午梵隔雲知有寺，夕陽歸去不逢僧。」「煙霏」，煙霧雲團，〔唐〕韓愈〈山石〉詩：「天明獨去無道路，出入

高下窮煙霏。」

〔4〕 「草露沾芒屨」二句：草上的露水沾濕了我的芒鞋，細小的松花滿佈在我的夏衣。「芒屨」，芒鞋，〔宋〕蘇軾〈梵天寺見僧守詮小詩次韻〉：「幽人行未已，草露溼芒屨。」「葛衣」，用葛布製成的夏衣，〔宋〕陸游〈夜出偏門還三山〉詩：「水風吹葛衣，草露溼芒屨。」

〔5〕 「鬢絲禪榻坐忘機」二句：希望能尋得高僧，指點我消除機巧之心，達到物我兩忘的精神境界，山林中迴盪著杜鵑的啼聲，彷彿指引我走向正確的路途。「鬢絲」，鬢髮。「禪榻」，禪床，〔唐〕杜牧〈題禪院〉詩：「今日鬢絲禪榻畔，茶煙輕颺落花風。」「忘機」，消除機巧之心，《莊子・天地》：「有機事者必有機心。」忘機，即忘其機心，常用以指甘於淡泊，與世無爭，此處也指佛家物我兩忘的精神境界，〔唐〕李白〈下終南山過斛斯山人宿置酒〉詩：「我醉君復樂，陶然共忘機。」「漫」，莫。「催歸」，子規，杜鵑的別稱，此處有雙關意。

（四十）巫山一段雲・青郊〔1〕送客

芳草城東路，疏松野外坡〔2〕。春風是處別離多。祖帳簇鳴珂〔3〕。

村暖雞呼屋，沙晴燕掠波〔4〕。臨分立馬更婆娑。一曲渭城歌〔5〕。

〔1〕 青郊：此指松都西方的「青郊驛」。

〔2〕 「芳草城東路」二句：城東道路兩旁長滿萋萋芳草，引起作者的離別愁緒。作者和友人離別的地點就在點綴著幾棵松樹的野外山坡上。

〔3〕 「春風是處別離多」二句：春風拂面而來，令作者聯想到離別總在春暖花開的時節；在郊外搭起了帳帷，是專為好友而設的餞別酒宴，帳外馬匹上的玉飾錚錚作響，似在催促好友趕緊上路。「春風」，是別離的象徵，舊俗於分別之際常折楊枝以送行，楊柳生於春天，柳條在春風的吹拂下，更添離愁。「祖帳」，古代送人遠行，在郊外路旁為餞別而設的帷帳，亦指送行的酒筵，〔唐〕李白〈經亂離後天恩流夜郎憶舊遊書懷贈江夏韋太守良宰〉詩：「開筵引祖帳，慰此遠祖征。」「簇」，叢聚貌。「鳴珂」，顯貴者所乘的馬以玉為飾，行則作響，因名，〔唐〕儲光羲〈洛陽道〉詩：「五陵貴公子，雙雙鳴玉珂。」

〔4〕 「村暖雞呼屋」二句：描寫送別的背景，雞啼顯示正值黎明時分，當天晴空萬里，清楚可見燕子掠過水面的優雅姿態。

〔5〕 「臨分立馬更婆娑」二句：「臨分」，猶臨別分離。「立馬婆娑」，馬匹欲

去又同，表示惜別之意。「一曲渭城歌」，渭城曲爲送友離別的象徵，出自〔唐〕王維〈送人使安西〉詩：「渭城朝雨浥輕塵，客舍青青柳色新。勸君更盡一杯酒，西出陽關無故人。」

（四十一）巫山一段雲・北山煙雨

萬壑煙光動，千林雨氣通〔1〕。五冠西畔九龍東。水墨古屏風〔2〕。巖樹濃凝翠，溪花亂泛紅〔3〕。斷虹殘照有無中。一鳥沒長空〔4〕。

〔1〕「萬壑煙光動」二句：萬丈深谷間，雲靄霧氣流動，蓊鬱樹林中，雨水濕氣瀰漫。「煙光」，雲靄霧氣。「雨氣」，潮濕的空氣、水氣。

〔2〕「五冠西畔九龍東」二句：古屏風上有以水墨繪成的北山景致，北山西畔狀如五頂帽冠，東側則似九龍盤踞。「五冠」、「九龍」，均是朝鮮山名。「水墨」，水墨畫的簡稱。

〔3〕「巖樹濃凝翠」二句：雨後山崖邊高聳的綠樹，濃翠欲滴，溪流旁紛繁的花朵，姹紫千紅。「巖」，崖岸，山或高地的邊。「亂」，紛繁。

〔4〕「斷虹殘照有無中」二句：夕陽餘暉映照著天邊一道殘虹若有似無，一隻孤鳥，振翅遠飛，隱沒在天際間。「斷虹」，一段彩虹、殘虹。「一鳥沒長空」化用〔唐〕杜牧〈登樂遊原〉：「長空澹澹孤鳥沒，萬古銷沉向此中。」

（四十二）巫山一段雲・西江風雪

過海風淒緊，連雲雪杳茫〔1〕。落花飄絮滿紅鄉。偷放一春狂〔2〕。漁市關門早，征帆入浦忙〔3〕。酒樓何處咽絲簧。愁殺孟襄陽〔4〕。

〔1〕「過海風淒緊」二句：冷風吹過海面，更加寂厲，寒氣逼人，天邊雲層低壓，降下紛飛大雪。「淒緊」，謂寒風疾厲，寒意逼人，〔宋〕柳永〈八聲甘州〉詞：「漸霜風淒緊，關河冷落，殘照當樓。」「連雲」，與天空之雲相連，形容高遠，眾多。「杳茫」，指渺茫的天際。

〔2〕「落花飄絮滿紅鄉」二句：含苞初放的花蕊，不敵突來的風雪，花落一地，它們的生命雖然短暫，卻不後悔趕在寒氣仍甚的初春綻放的癡狂。「江鄉」，水旁鄉村，〔唐〕杜甫〈送大理封主簿五郎親事不合卻赴通州主簿前閬－親事遂停〉詩：「餘寒折花卉，恨別滿江鄉。」「一春」，應指春天第一個月，即初春，此時春寒料峭，寒意仍甚。

〔3〕 「漁市關門早」二句：大雪紛飛，氣候惡劣，魚貨市場早早休市，遠行的漁船也急忙入港以避風雪。「征帆」，指遠行的船。

〔4〕 「酒樓何處咽絲簧」二句：不知從哪處酒樓傳來幽咽悲切的絲竹之樂，要是孟浩然聽了也會牽引出他仕途失意的愁思吧！「絲簧」，管弦樂器，引申為音樂。「咽」，謂聲音滯澀，多用於形容悲切，〔唐〕李端〈代宗輓歌〉：「寒霜凝羽葆，野吹咽笳簫。」「孟襄陽」，即孟浩然，隱居在湖北襄陽，故稱。

（四十三）巫山一段雲・白岳晴雲

菖杏春風後，茅茨野水頭〔1〕。晴雲弄色藹林丘。雨意未能休〔2〕。
　京縣民無賦，郊田歲有秋〔3〕。明朝去學種瓜侯。身世寄菟裘
〔4〕。

〔1〕 「菖杏春風後」二句：溫暖的春風襲來，杏花菖草遍開，作者的茅屋就蓋在流水旁，擁有欣賞湖光山色的絕佳視野。「茅茨」，茅草蓋的屋頂，亦指茅屋，〔唐〕錢起〈谷口書齋寄楊補闕〉詩：「泉壑帶茅茨，雲霞生薜帷。」「野水」，野外的流水。

〔2〕 「晴雲弄色藹林丘」二句：晴空白雲，恣意流動的優美雲影，倒映在蒼綠的山頭；春雨綿綿，似要洗淨山頭，盡顯綠林濃翠，才肯罷休。「弄色」，顯現美色。「藹」，映照，〔南朝・梁〕江淹〈雜體詩・效袁淑從駕〉：「羽衛藹流景，綵吹震沉淵。」張銑注：「藹，映也。」「林丘」，樹木與土丘，泛指山林。

〔3〕 「京縣民無賦」二句：希望家國能年歲上好，京城的百姓沒有苛捐雜稅，郊野的田地也收穫豐盈。「京縣」，國都所轄之縣，泛指京畿。「無賦」，無賦稅。「歲」，年景，一年的農業收穫。「秋」，收成、收穫，《書・盤庚上》：「若農服田力穡，乃亦有秋。」

〔4〕 「明朝去學種瓜侯」二句：承上句，當天下太平時，為展抱負、仕宦多年的作者可以功成身退，告老還鄉，過著逍遙自在的隱居生活。「種瓜侯」，指昔日居官今已隱居故園的人，作者引此以自喻，典出《史記・蕭相國世家》：「召平者，故秦東陵侯。秦破，為布衣，貧，種瓜於長安城東，瓜美，故世俗謂之『東陵瓜』，從召平以為名也。」「菟裘」，地名，在今山東省泗水縣，《左傳・隱公十一年》：「羽父請殺桓公，以求大宰。公曰：『為其少故也，吾將授之矣。』使營菟裘，吾將老焉。」後因以稱士大夫告老退隱的居處。

（四十四）巫山一段雲・黃橋〔1〕晚照

隱見溪流轉，縱橫野壟分〔2〕。隔林人語遠堪聞。村徑綠如裙〔3〕。

鳶集蜈山樹，鴉投鵠嶺雲〔4〕。來牛去馬更紛紛。城郭日初曛〔5〕。

〔1〕　黃橋：位在在松都西方的青郊驛。

〔2〕　「隱見溪流轉」二句：作者在黃橋橋頭欣賞夕照時，隱隱可見遠處溪流曲折流動，溪旁田陌縱橫交錯。「隱見」，若隱若現。

〔3〕　「隔林人語遠堪聞」二句：隔著橋邊濃密的樹林，依稀可聞從遠處村間小路向橋頭走來的人聲。「村徑」，村間小路。「裙」，指「裙腰」，比喻狹長的小路。

〔4〕　「鳶集蜈山樹」二句：黃昏時，倦鳥歸巢，鳶鳥聚集在蜈山樹頭，烏鴉飛向鵠嶺雲端，準備找地方休憩。「蜈山」、「鵠嶺」爲松都名勝，松都即被松嶽山、蜈蚣山等山脈環抱，鵠嶺就在松嶽山。

〔5〕　「來牛去馬更紛紛」二句：城牆上，夕陽西斜，日色漸暗，橋頭滿是來來往往、牽著牛馬準備歸家的人們。「曛」，昏暗，〔南朝・梁〕庾肩吾〈和劉明府觀湘東王書〉：「峰樓霞早發，林殿日先曛。」

（四十五）巫山一段雲・長湍石壁

插水雲根聳，橫空黛壁開〔1〕。魚龍吹浪轉隅隈。百里綠徘徊〔2〕。

日浸玻璨色，花分錦繡堆〔3〕。畫船載酒管絃催。一日繞千回〔4〕。

〔1〕　「插水雲根聳」二句：山石高聳峭拔，如筆直插入水中；山勢綿延寬廣，如橫亙天際，劈開晴空的刀刃。「雲根」，山石。「橫空」，橫亙天空。

〔2〕　「魚龍吹浪轉隅隈」二句：「魚龍」，魚和龍，泛指鱗介水族。「隅隈」，角落和彎曲之處，〔晉〕潘岳〈笙賦〉：「隅隈夷險之勢，禽鳥翔集之嬉。」李善注引《毛詩》鄭玄箋：「隅，角也。」

〔3〕　「日浸玻璨色」二句：「日浸玻璨色」，謂陽光照在水中。「玻璨」，指水，〔宋〕陸游〈八月十四日夜湖山觀月〉詩：「長空露洗玻璃碧，紫金之盤徑三尺。」〔宋〕歐陽脩〈浣溪沙〉詞：「溶溶春水浸春雲，碧玻璃滑淨無塵。」「錦繡」，比喻美麗或美好的事物

〔4〕　「畫船載酒管絃催」二句：畫船上載了許多悠閒飲酒的文人騷客，船上傳出的管絃之音，在廣闊的江面上，幽深的山谷中，一日之間可迴環往復，不絕於耳。

（四十六）巫山一段雲‧朴淵〔1〕瀑布

日照群峰秀，雲蒸〔2〕一洞深。人言玉輦昔登臨。盤石在潭心〔3〕。
　　白練飛千尺，青銅徹萬尋〔4〕。月明笙鶴下遙岑。吹送水龍吟〔5〕。

〔1〕　朴淵：古山名，位於朝鮮中部東海岸太白山脈之北。

〔2〕　雲蒸：雲氣升騰。

〔3〕　「人言玉輦昔登臨」二句：「玉輦」，天子所乘之車，以玉爲飾。「登臨」，
　　　登山臨水，也指遊覽，語本《楚辭‧九辯》：「憭慄兮若在遠行，登山臨
　　　水兮送將歸。」「盤石」，即磐石、大石。

〔4〕　「白練飛千尺」二句：「白練」，喻指像白絹一樣的東西，此指瀑布，化
　　　用〔唐〕李白〈望廬山瀑布水〉之一：「飛流直下三千尺，疑是銀河落
　　　九天。」〔唐〕徐凝〈廬山瀑布〉：「今古長如白練飛，一條界破青山色。」
　　　「青銅」，淵潭似鏡，〔宋〕蘇軾〈登州海市〉詩：「斜陽萬里孤鳥沒，
　　　但見碧海磨青銅。」「尋」，古代長度單位，一般爲八尺。

〔5〕　「月明笙鶴下遙岑」二句：「笙鶴」，〔漢〕劉向《列仙傳》載：「周靈
　　　王太子晉（王子喬），好吹笙，作鳳鳴，游伊洛間，道士浮丘公接上嵩
　　　山，三十餘年後乘白鶴駐緱氏山頂，舉手謝時人仙去。」後以「笙鶴」
　　　指仙人乘騎之仙鶴，〔唐〕杜甫〈玉臺觀〉詩之一：「人傳有笙鶴，時
　　　過北山頭。」「遙岑」，遠處陡峭的小山崖。「水龍吟」，形容簫笛類管
　　　樂器聲音響亮，後沿用爲詞牌名，〔清〕毛先舒《塡詞名解》：「越調
　　　曲也，取名於李白〈宮中行樂詞〉之三：『笛奏龍吟水，簫鳴鳳下空。』」

（四十七）巫山一段雲‧紫洞尋僧

老喜身猶健，閒知興更添。芒鞋竹杖度千巖。迎送有蒼髯〔1〕。　　坐
久雲歸岫〔2〕，談餘月掛簷。但教沽酒引陶潛。來往意何厭〔3〕。

〔1〕　「芒鞋竹杖度千巖」二句：「芒鞋竹杖」，化用〔宋〕蘇軾〈宿石田驛南
　　　野人舍〉詩：「芒鞋竹杖自輕軟，蒲薦松床亦香滑。」「迎送」，迎來送
　　　往。

〔2〕　雲歸岫：指雲霧向峰巒靠攏。「雲岫」，語本〔晉〕陶潛〈歸去來辭〉：「雲
　　　無心以出岫，鳥倦飛而知還。」後因用「雲岫」指雲霧繚繞的峰巒。

〔3〕　「但教沽酒引陶潛」二句：「沽酒」，買酒。「厭」，厭厭，安詳貌。

（四十八）巫山一段雲‧青郊送客

野寺松花落，晴川柳絮飛〔1〕。臨風白馬紫金羈。欲去惜芳菲〔2〕。

聚散今猶古，功名夢也非〔3〕。青山不語暗相譏。誰見二疏歸
〔4〕。

〔1〕「野寺松花落」二句：「野寺」，野外廟宇。「晴川」，晴天下的江面，〔唐〕
　　崔顥〈黃鶴樓〉詩：「晴川歷歷漢陽樹，芳草萋萋鸚鵡洲。」

〔2〕「臨風白馬紫金韉」二句：「紫金韉」，用珍貴的紫金做成的馬韁繩和絡
　　頭，〔宋〕蘇軾〈作書寄王晉卿忽憶前年寒食北城之遊走筆為此〉詩：
　　「王孫出遊樂忘歸，門前驄馬紫金韉。」「芳菲」，香花芳草。

〔3〕「聚散今猶古」二句：聚散乃人間常見，古今皆然；功名富貴轉眼成空，
　　如夢境般捉摸不定。

〔4〕「青山不語暗相譏」二句：為了追求功名而離鄉背井的人們，有幾人能
　　像漢朝的疏廣和疏受叔姪倆不眷戀祿位，致仕還鄉呢？「相譏」，相互
　　嘲諷。「二疏」，指漢宣帝時名臣疏廣與兒子受。廣為太傅，受為少傅，
　　同時以年老乞致仕，辭官退隱，時人賢之。歸日，送者車數百輛，設祖
　　道，供張東都門外。（事見《漢書·疏廣傳》卷七十一）

（四十九）巫山一段雲·西江風雪

雪壓江邊屋，風鳴浦口檣〔1〕。時登草閣掛南窗。雲海杳茫忙〔2〕。
　　斫膾銀絲細，開尊綠蟻香〔3〕。高歌一曲禮成江。腸斷賀頭綱
〔4〕。

〔1〕「雪壓江邊屋」二句：「雪壓」，積雪壓著。「浦口」，小河入江之處。

〔2〕「時登草閣掛南窗」二句：「南窗」，向南的窗子，因窗多朝南，故亦泛
　　指窗子。「雲海」，指廣闊無垠的雲。「忙」，通「茫」

〔3〕「斫膾銀絲細」二句：「斫膾」，即「斫鱠」，薄切魚片。〔唐〕段成式《酉
　　陽雜俎·物革》：「進士段碩嘗識南孝廉者，善斫鱠，縠薄絲縷，輕可吹
　　起，操刀響捷，若合節奏。」「開尊」，即「開樽」，舉杯（飲酒），〔唐〕
　　杜甫〈獨酌〉詩：「步屧深林晚，開樽獨酌遲。」「綠蟻」，酒面上浮起
　　的綠色泡沫，亦借指酒，〔唐〕白居易〈問劉十九〉詩「綠螘（蟻）新
　　醅酒，紅泥小火爐。」

〔4〕「高歌一曲禮成江」二句：「高歌一曲」，高聲歌吟，化用〔唐〕許渾〈秋
　　思〉詩：「高歌一曲掩明鏡，昨日少年今白頭。」「禮成江」、「賀頭綱」
　　出自《高麗史·樂志》中的〈禮成江曲〉記載的一個傳說：「禮成江」，
　　朝鮮河水名，發源於黃海道之真彥山，南流注於黃海，是高麗王朝和國
　　外往來的一個重要門戶，高麗王朝時期中國宋朝文化大量傳播到朝鮮，

宋朝商船雲集禮成江，一位擅長下圍棋中國商人「賀頭綱」愛上了一位有夫的高麗美婦人。婦人的丈夫好弈，於是商人就投這個美婦人丈夫所好，和他下棋，並故意輸棋給他。到婦人丈夫確信商人的棋藝甚劣之時，商人便建議和他賭一盤，以商船和美婦人爲賭注，結果商人勝了，帶走了美婦人，高麗人失魂落魄，就對著遠去商船擊節而歌，訴說自己悲傷的心情，這就是〈禮成江曲〉。

（五十）巫山一段雲・北山煙雨

澹澹青空遠，亭亭碧巘重〔1〕。忽驚雷雨送飛龍。欲洗玉芙蓉〔2〕。
　　稍認巖間寺，都迷壑底松。良工吮筆未形容。疑是九疑峰〔3〕。

〔1〕「澹澹青空遠」二句：「澹澹」，廣漠貌，〔唐〕杜牧〈登樂游原〉詩：「長空澹澹孤鳥沒，萬古銷沉向此中。」「亭亭」，高聳貌。「巘」，險峻的山。「亭亭碧巘重」，即碧綠的層巒疊嶂。

〔2〕「忽驚雷雨送飛龍」二句：「飛龍」，傳說龍能興雲雨，〔唐〕杜甫〈戲題王宰畫山水圖〉：「赤岸水與銀河通，中有雲氣隨飛龍。」「玉芙蓉」，喻雪峰。

〔3〕「良工吮筆未形容」二句：「良工」，古代泛稱技藝高超的人。「吮筆」，猶含毫，借指構思爲文或繪畫。「九疑」，山名，在湖南寧遠縣南，《史記・五帝本紀》：「〔舜〕葬於江南九疑，是爲零陵。」〔唐〕李涉〈寄荊娘寫眞〉詩：「蒼梧九疑在何處，斑斑竹淚連瀟湘。」

（五十一）巫山一段雲・白岳晴雲

曉過青郊驛，春遊白岳山〔1〕。提壺勸酒語關關。一聽一開顏〔2〕。
　　村舍疏林外，田畦亂水間〔3〕。郊原雨足信風還。羨殺嶺雲閒〔4〕。

〔1〕「曉過青郊驛」二句：「青郊驛」，位在松都之西。「春遊」，泛指春日出遊。「白岳山」，即太白山脈之最高峰。

〔2〕「提壺勸酒語關關」二句：「提壺」，鳥名，即鵜鶘，又名「提胡蘆」，「提壺勸酒」出自〔宋〕歐陽脩〈啼鳥〉詩：「獨有花上提壺蘆，勸我沽酒花前醉。」〔宋〕梅堯臣〈和永叔六篇・啼鳥〉：「提胡蘆，提胡蘆，爾莫勸翁沽美酒，公多金錢賜醇酎，名聲壓時爲不朽。」「關關」，泛指鳥鳴聲，《詩・周南・關雎》：「關關雎鳩，在河之洲。」「開顏」，臉上現出高興的樣子。

〔3〕「村舍疏林外」二句：「村舍」，農家房舍。「疏林」，稀疏的林木。「田畦」，田地。

〔4〕「郊原雨足信風還」二句：「郊」，原野。「雨足」，雨量充足。「郊原雨足」化用〔宋〕蘇軾〈過雲龍山人張天驥〉詩：「郊原雨初足，風日清且好。」「信風」，隨時令變化，定期定向而至的風。

（五十二）巫山一段雲・黃橋晚照

曠望茲田路，嵯峨柳院樓〔1〕。夕陽行路卻回頭。紅樹五陵秋〔2〕。
　　城郭遺基壯，干戈往事悠〔3〕。村家童子不知愁。橫笛〔4〕倒騎牛。

〔1〕「曠望茲田路」二句：「曠望」，極目眺望，遠望。「茲田」，茲即菰菜，俗稱茭白。「嵯峨」，屹立。

〔2〕「夕陽行路卻回頭」二句：「紅樹」，指經霜葉紅之樹，如楓樹等。「五陵」，高祖長陵、惠帝安陵、景帝陽陵、武帝茂陵、昭帝平陵的合稱，均在渭水北岸，今陝西咸陽市附近，爲西漢五個皇帝陵墓所在地，此以中國五陵比擬松京風景。

〔3〕「城郭遺基壯」二句：「遺基」，猶遺址。「干戈」，指戰爭。

〔4〕　橫笛：笛子，即今七孔橫吹之笛，與古笛之直吹者相對而言。

（五十三）巫山一段雲・朴淵瀑布

絕壁開嵌竇〔1〕，長川掛半天。跳珠噴玉幾千年。爽氣白如煙〔2〕。
　　豈學然犀客，誰期駐鶴仙〔3〕。淋衣暑汗似流泉。到此欲裝綿〔4〕。

〔1〕　絕壁開嵌竇：陡峭的山壁上突然綻開一個洞口。

〔2〕「跳珠噴玉幾千年」二句：「跳珠」，喻指濺起來的水珠或雨點。「噴玉」，水花激濺貌。「爽氣」，謂涼爽之氣。

〔3〕「豈學然犀客」二句：「然犀」，傳說點燃犀牛角可以照見水中之怪物，《晉書・溫嶠傳》：「〔溫嶠〕至牛渚磯，水深不可測，世云其下多怪物，嶠遂燬犀角而照之。須臾見水族覆火，奇形異狀，或乘馬車著赤衣者。」〔唐〕王績〈游仙〉詩之四：「照水然犀角，遊山費虎皮。」〔宋〕張孝祥〈水調歌頭・和龐佑父〉詞：「膽喜然犀處，駭浪與天浮。」後亦以喻洞察幽隱。「駐鶴仙」，典出〔漢〕劉向《列仙傳》：「王喬約家人七月七日會晤，至期，果乘白鶴駐山頭，望之不得到。」

〔4〕　**裝綿**：謂綿絮衣服。〔唐〕杜甫〈陪鄭廣文遊何將軍山林〉之六：「酒
　　　醒思臥簟，衣冷欲裝綿。」

（五十四）巫山一段雲・長湍石壁

瘦骨千年立，蒼根百里盤〔1〕。橫張側展綠波閒。一帶玉孱顏〔2〕。
　　獵騎何曾顧，漁郎只漫看〔3〕。詩人強欲狀天慳。贏得鬢毛斑
〔4〕。

〔1〕　「**瘦骨千年立**」二句：「**瘦骨**」，指巍峨石壁。「**蒼根**」，指山腳。「**百里盤**」，
　　　指溪流百里盤旋。

〔2〕　「**橫張側展綠波閒**」二句：「**綠波**」，綠色水波。「**一帶**」，一條帶子，常
　　　用以形容東西或景物像一條帶子，此指瀑布。〔唐〕冷朝陽〈登靈善寺
　　　塔〉詩：「華岳三峰小，黃河一帶長。」「**孱顏**」，險峻、高聳貌。〔漢〕
　　　司馬相如〈大人賦〉：「放散畔岸，驤以孱顏。」

〔3〕　「**獵騎何曾顧**」二句：「**獵騎**」，騎馬行獵者。「**漁郎**」，打魚的年輕男子。

〔4〕　「**詩人強欲狀天慳**」二句：此二句謂作者強令自己描寫此奇麗山景，指
　　　剩得頭髮斑白，極言山景無法形容，枉自勞神而已。「**天慳**」，謂山景奇
　　　麗，天地間少見。〔宋〕蘇軾〈凌虛臺〉詩：「奔騰赴幽賞，披豁露天
　　　慳。」「**贏得**」，剩得。〔唐〕杜牧〈遣懷〉詩：「十年一覺揚州夢，贏
　　　得青樓薄倖名。」「**鬢毛斑**」，鬢髮漸白，〔宋〕劉過〈水調歌頭〉詞：
　　　「人生行樂，何自催得鬢毛斑。」

附錄三：金元十六位少數民族詞人五十八首註

一、女眞族詞人

（一）海陵王完顏亮

1. 昭君怨・雪

　　昨日樵村漁浦。今日瓊川銀渚。山色捲簾看。老峰巒〔1〕。　　錦帳美人貪睡。不覺天孫剪水。驚問是楊花。是蘆花〔2〕。

　　〔1〕「昨日樵村漁浦」四句：昨日還是一片山青水綠的鄉村景象，一夜大雪後，變成銀白色的雪國。捲簾遠看山色，連綿的山峰盡覆白雪。「**漁浦**」，江河邊打魚的出入口處。「**峰巒**」，連綿的山峰。

　　〔2〕「錦帳美人貪睡」四句：山巒橫臥，猶如美人在錦帳中蜷曲熟睡的姿態。想不到此時織女剪取江水，灑落天際，形成飄落人間的片片雪花，作者看了，震懾不已，驚問這究竟是隨風飄揚的柳絮或是蘆絮。「**錦帳**」，錦製的帷帳，亦泛指華美的帷帳。「**天孫**」，即織女。「**楊花**」，指柳絮。「**蘆花**」，蘆絮。

2. 鵲橋仙・待月

　　停杯不舉，停歌不發，等候銀蟾出海〔1〕。不知何處片雲來，做許大、通天障礙〔2〕。　　虯髯撚斷，星眸睜裂，唯恨劍鋒不快。一揮截斷紫雲腰，仔細看、嫦娥體態〔3〕。

　　〔1〕「停杯不舉」三句：停下酒杯和歌舞，只爲靜靜等待皎潔月光從海面升

起。「**銀蟾**」，月亮的別稱，傳說月中有蟾蜍，故稱。

〔2〕「**不知何處片雲來**」二句：不知從何處飄來片片雲朵，風起雲湧，雲勢作大，阻礙銀蟾出海。「**許大**」，這般大。

〔3〕「**虬髯撚斷**」五句：正等著賞月的作者，急得快將髭鬚搓弄欲斷，氣得雙眸怒睜，恨不得能揮劍斬開漫天烏雲，讓月光重現，好好欣賞月色之美。「**虬髯**」，拳曲的連鬢鬍鬚。「**星眸**」，明亮的目光。

3. 喜遷鶯・賜大將軍韓夷耶〔1〕

旌麾初舉。正駃騠力健，嘶風江渚〔1〕。射虎將軍，落鵰都尉，繡帽錦袍翹楚〔3〕。怒磔戟髯，爭奮捲地，一聲鼙鼓。笑談頃，指長江齊楚，六師飛渡〔4〕。　　此去。無自墮，金印如斗，獨在功名取。斷鎖機謀，垂鞭方略，人事本無今古〔5〕。試展臥龍韜韞，果見成功旦莫。問江左，想雲霓望切，玄黃迎路〔6〕。

〔1〕　**韓夷耶**：完顏亮率軍南征時所欽點之御前驃騎大將軍。〔宋〕岳珂《桯史》卷八：「使御前都統驃騎衛大將軍韓夷耶將射雕軍二萬三千，圍子細軍一萬，先下兩淮。臨發，賜所製〈喜遷鶯〉以爲寵。」

〔2〕　「**旌麾初舉**」三句：此句指完顏亮南征大軍出發前軍容盛大之貌。南征旌旗高舉，準備出征的軍隊兵強馬壯，戰馬迎風嘶叫，顯示我軍軍容威武雄壯。「**旌麾**」，帥旗，借指戰爭。「**駃騠**」，亦作「駃騠」，良馬名。「**嘶風**」，馬迎風嘶叫，形容馬勢雄猛。「**江渚**」，指江邊。

〔3〕　「**射虎將軍**」三句：形容韓夷耶的將軍氣概和輝赫戰功，是適合領兵伐宋的傑出將領。「**射虎**」，指〔漢〕李廣和〔三國・吳〕孫權射虎的故事。《史記・李將軍列傳》：「廣所居郡，聞有虎，嘗自射之。及居右北平，射虎，虎騰傷廣，廣亦竟射殺之。」《三國志・吳志・吳主傳》：「〔建安〕二十三年十月，權將如關，親乘馬射虎於庱亭。馬爲虎所傷，權投以雙戟，虎卻廢，常從張世擊以戈，獲之。」以「射虎將軍」稱韓夷耶，形容其豪氣萬千之貌。「**翹楚**」，比喻傑出的人材或突出的事物。

〔4〕　「**怒磔戟髯**」六句：形容戰事一觸即發，金軍軍容壯盛，士氣高昂，有必勝的決心和自信，可以直指江南，輕取大宋。「**磔**」，張開。「**戟髯**」，戟形的鬚髯。「**爭奮**」，競相奮發。「**捲地**」，謂貼近地面迅猛向前推進。「**鼙鼓**」，古代軍所用的小鼓和大鼓，〔唐〕白居易〈長恨歌〉：「漁陽鼙鼓動地來，驚破《霓裳羽衣曲》。」「**六師**」，天子所統領的軍隊。「笑談頃，指長江齊楚，六師飛渡」頗有蘇軾〈念奴嬌〉：「談笑間，檣櫓灰飛煙滅」的豪壯之情。

〔5〕「**此去**」七句：此爲完顏亮對韓夷耶的勉勵之辭。此去攻宋，必勝而還，到時將軍功成名就，名留青史；人事無常，古今皆然，大宋積弱已久，大金取而代之的時機已成熟，將軍儘管奇謀盡用、精銳盡出，必能手到擒來、馬到功成。「**金印**」，舊時帝王或高級官員金質的印璽。「**機謀**」，猶計謀，計策。「**方略**」，權謀、策略。

〔6〕「**試展臥龍韜韞**」五句：承上，完顏亮的話語加強韓夷耶的信心，再次勉勵韓夷耶只要凱旋歸來，就能魚躍龍門，到時宋室開城請降，百姓夾道恭迎，成功之期，指日可待。「**臥龍**」，喻尚未嶄露頭角的傑出人材。「**韜韞**」，懷藏、蘊含。「**且莫**」，即「且暮」，早晚、喻短時間內。「**江左**」，東晉及南朝宋、齊、梁、陳各代的基業都在江左，故稱這五朝及其統治下的全部地區爲江左，南朝人則專稱東晉爲江左，在此指宋領土。「**雲霓**」、「**玄黃**」，在此皆指五彩軍旗。

4. 念奴嬌

天丁震怒，掀翻銀海，散亂珠箔。六出奇花飛滾滾，平填了、山中丘壑〔1〕。皓虎顛狂，素麟猖獗，挈段真珠索。玉龍酣戰，鱗甲滿天飄落〔2〕。　誰念萬里關山，征夫僵立，縞帶占旗腳。色映戈矛，光搖劍戟，殺氣橫戎幕〔3〕。貔虎豪雄，偏禈真勇，非與談兵略。須拚一醉，看取碧空寥廓〔4〕。

〔1〕「**天丁震怒**」五句：天上兵將震怒，將銀白的雲海掀起洶湧波濤，濺起的水珠，就像散落一地的珍珠簾幕，落到地面成了晶瑩潔白的雪花。從天而降的雪花，漫天飛舞，似乎就要塡平山谷。「**天丁**」，天兵。「**銀海**」，銀色的海洋，雲、水、冰雪與日、月光華互相輝映產生的景色。「**珠箔**」，珍珠綴成的簾子，〔漢〕劉歆《西京雜記》卷二：「昭陽殿織珠爲簾，風至則鳴，如玎珮之聲。」《晉書‧苻堅載記上》：「堅自平諸國之後，國內殷實，遂示人以侈，懸珠簾於正殿，以朝群臣。」珠簾掛在殿前，亦代指宮殿或朝廷。「**六出**」，花分瓣叫出，雪花六角，因以爲雪的別名。

〔2〕「**皓虎顛狂**」五句：風起雲湧的天際，如同一頭發狂的白虎，和一隻橫行的白麟，扯斷了如珍珠色澤般雪白的繩索，與玉龍進行激戰，飄落的白色鱗甲，便是眼前這漫天飛雪。「**顛狂**」，舉止狂亂貌。「**猖獗**」，任意橫行。「**酣戰**」，激戰。

〔3〕「**誰念萬里關山**」六句：「**萬里關山**」，連綿的關隘山嶺，化用《樂府詩集‧橫吹曲辭五‧木蘭詩一》：「萬里赴戎機，關山度若飛。」「**征夫僵立**」，出征的士兵直立不動。「**縞帶占旗腳**」，白色的絹佔據在旗尾。「戎

幕」，軍府。

〔4〕「貔虎豪雄」五句：「貔虎」，比喻勇猛的將士。「偏裨」，偏將，裨將，將佐的通稱。「兵略」，用兵的謀略。「碧天寥廓」，青天空曠深遠。

（二）金世宗完顏雍

1. 減字木蘭花・賜玄悟玉禪師〔1〕

但能了淨。萬法因緣何足問。日月無為。十二時中更勿疑〔2〕。
常須自在。識取從來無罣礙。佛佛心心。佛若休心也是塵〔3〕。

〔1〕 **玄悟玉禪師**：南海普陀嗣祖沙門〔西蜀〕性統編集《續燈正統》卷四十一曾記載金世宗賜玄悟玉禪師詞一事：「順天府慶壽寺玄悟玉禪師（雲門宗，嗣圓通）金顯宗遣中使，持紙一張，書『心佛』二字，問師者是甚麼字。師曰：『不是心不是佛』。稱旨。次日，賜十一字句詩曰：『但能了淨。萬法因緣何足問。日用無為。十二時中更勿疑。　常須自在。識取從來無罣礙。佛佛心心，心若依佛也是塵。』師答曰：『無為無作，認作無為還是縛。照用同時。電卷星流已是遲。　非心非佛。喚作非心猶是物。人境俱空。萬象森羅一鏡中。』」

〔2〕 「**但能了淨**」四句：「萬法」，佛教語，梵語 dharma，意譯「法」，指事物及其現象，也指理性、佛法等，「萬法」指一切事物。「因緣」，佛教語，佛教謂使事物生起、變化和壞滅的主要條件為因，輔助條件為緣。「無為」，佛教語，指無因緣造作，無生住異滅四相之造作為「無為」。「十二時」，古時分一晝夜為十二時，以干支為記。

〔3〕 「**常須自在**」四句：「自在」，佛教以心離煩惱之繫縛，通達無礙為自在，〔唐〕王維〈為舜闍黎謝御題大通大照和尚塔額表〉：「見聞自在，不住無為。」「識取」，辨別。「罣礙」，佛教語，謂凡心因迷成障，未能悟脫，《般若波羅密多心經》：「菩提薩埵，依般若波羅密多故，心無罣礙；無罣礙故，無有恐怖。」

（三）金章宗完顏璟

1. 蝶戀花・聚骨扇

幾股湘江龍骨瘦〔1〕。巧樣翻騰，疊作湘波皺〔2〕。金縷小鈿花草鬥〔3〕。翠條更結同心扣〔4〕。　　金殿珠簾閒永晝。一握清風，暫喜懷中透〔5〕。忽聽傳宣須急奏。輕輕褪入香羅袖〔6〕。

〔1〕 「幾股」句：描寫扇骨。「湘江龍骨」指的是湘妃竹所做的扇骨，湘妃竹上斑痕如淚點，十分美麗，又以「龍骨」形容之，可知此扇之華貴。湘妃竹又名湘竹、淚竹，相傳舜崩於蒼梧，娥皇、女英二妃哭帝極哀，淚染竹上，成斑痕。

〔2〕 「巧樣翻騰」兩句：形容展開來排列整齊的扇骨，如同湘江之水所起之漣漪，比喻貼工精巧，意境優美。

〔3〕 「金縷」句：描寫扇面。「金縷」指扇面面料的珍貴，扇面由金色絲線密密編織而成。「小鈿」是指鑲嵌在扇面上的金色小裝飾。「花草鬥」形容扇面上所繡之花草爭奇鬥豔。

〔4〕 「翠條」句：描寫扇骨聚頭處結為一體，而用「同心扣」這一男女結歡相愛的信物來比喻翠條的聚頭扭結。「同心扣」猶如「同心結」，常用以比喻愛情，此處暗喻折扇與主人的喜結歡情。〔唐〕李嶠〈詠扇詩〉：「同心如可贈，持表合歡情。」

〔5〕 「金殿」三句：指白天無事，閒暇無聊之時，主人手揮折扇，搧風取涼，暫時撫慰主人心懷。「金殿珠簾」，形容主人身分雍容華貴。「一握」，即「一把」，形容扇風之微。「暫」，頓，片刻。「透」，指清風入懷，滿懷通透生涼。

〔6〕 「忽聽傳宣」二句：時時被主人拿在手中的寶物，因主人要處理緊急的公事，而悄悄被藏入衣袖。「輕輕」二字顯示主人對扇的珍愛之情。「褪」有「藏入」意思。此扇主人極有分寸，遇急奏迭報，個人清玩也必須讓路，如〔漢〕傅毅《扇銘》所說：「知進知退，隨時出處。」

2. 生查子·軟金杯

風流紫府郎，痛飲烏紗岸。柔軟九回腸，冷怯玻璃盌〔1〕。　　纖纖白玉蔥，分破黃金彈〔2〕。惜得洞庭春，飛上桃花面〔3〕。

〔1〕 「風流紫府郎」四句：風雅瀟灑的仙人，盡情地喝酒，但未得佳釀，喝得並不盡興。「紫府」，道教稱仙人所居。「烏紗」，指古代官員所戴的烏紗帽。「九回腸」，愁腸反覆翻轉，比喻憂思鬱結難解，語出〔漢〕司馬遷〈報任少卿書〉：「是以腸一日而九迴。」

〔2〕 「纖纖白玉蔥」二句：「纖纖白玉蔥」，比喻女子柔細的手指。「分破」，分開。「黃金彈」，比喻金橘，〔宋〕黃庭堅〈歐陽從道許寄金橘以詩督之〉：「霜枝搖落黃金彈，許送筠籠殊未來。」

〔3〕 「惜得洞庭春」二句：「洞庭春」，酒名，「洞庭春色」之省稱，以黃柑釀

就，〔宋〕蘇軾〈洞庭春色〉詩序：「安定郡王（趙世準）以黃甘釀酒，謂之洞庭春色，色香味三絕。」**「桃花面」**，謂飲酒後面呈桃紅色。

（四）密國公完顏璹

1. 朝中措

襄陽古道灞陵橋。詩興與秋高〔1〕。千古風流人物，一時多少雄豪〔2〕。　　霜清玉塞，雲飛隴首，風落江皋〔3〕。夢到鳳凰臺〔4〕上，山圍故國周遭〔5〕。

〔1〕　**「襄陽」**兩句：**「襄陽古道」**和**「灞陵橋」**為著名古蹟。**「襄陽」**漢末為荊州治，曹操得荊州後，以為重鎮，故以「襄陽古道」見證三國歷史；**「灞陵」**為漢文帝陵，陵畔有橋即灞陵橋，為漢唐人折柳送別之地，又名**「銷魂橋」**。**「秋高」**，深秋之意。詩人在颯颯秋風之中，面對漫漫襄陽古道、哀哀灞陵別橋，在這蒼涼悲壯的景色之中，勾起強烈的思古幽情。

〔2〕　**「千古」**二句：化用〔宋〕蘇軾〈念奴嬌・赤壁懷古〉詞：「大江東去，浪淘盡，千古風流人物，⋯⋯一時多少豪傑」。千百年來的英雄豪傑，紛紛浮現在詩人的腦海中，颯颯秋風更襯出英雄們的勃勃豪氣。

〔3〕　**「霜清玉塞」**三句：遙遠的玉門關已經下霜，稍近的隴山山頭秋雲亂飛，江邊低地也風吹落葉，敗草遍地，舉國一片衰敗的景象，就像古代英雄豪傑的功績，經時間淘洗，至今也已蕩然無存。**「玉塞」**即玉門關，**「隴首」**即甘、陝交界處的隴山之頂，**「江皋」**即江邊低地。

〔4〕　**「鳳凰臺」**：金陵（今南京）之古蹟，傳說南朝宋時有三彩鳥飛集，時人以為是鳳凰築臺於山。懷古題材常化用其意：〔唐〕李白〈登金陵鳳凰臺〉詩：「鳳凰臺上鳳凰遊，鳳去臺空江自流。吳宮花草埋幽徑，晉代衣冠成古丘。」〔宋〕万俟紹〈賀新郎・秣陵懷古〉詞（秦時改金陵為秣陵）：「鳳去臺空簫聲斷，唯有疏林鴉噪。但空鎖，吳時花草。」〔宋〕王奕〈酹江月・和辛稼軒金陵賞心亭〉詞：「鳳去臺空，鷺飛洲冷，幾度斜陽木。」此句是說面對眼前蕭條淒涼的景象，不忍再觀，希望到金陵這一歷史名都去尋覓古人的輝煌成就。

〔5〕　**「山圍故國」**一句：化用〔唐〕劉禹錫〈金陵五題・石頭城〉詩：「山圍故國周遭在，潮打空城寂寞回。」當年繁華壯麗的金陵城，如今只剩下環城聳立的青山依舊，金陵已成一片空城。這一片空城也代表著歷代英雄豪傑的一切功績都徹底消逝，嘆古傷今，頗有對時間無情的感嘆。

2. 春草碧

幾番風雨西城陌。不見海棠紅、梨花白〔1〕。底事勝賞匆匆，正自
天付酒腸窄〔2〕。　　更笑老東君、人間客〔3〕。賴有玉管新翻，
羅襟醉墨〔4〕。望中倚闌人，如曾識〔5〕。舊夢回首何堪，故苑春
光又陳迹〔6〕。落盡後庭花，春草碧〔7〕。

〔1〕　「**幾番風雨**」兩句：寫殘春景象。以紅色海棠與白色梨花代表了春天所
有的花朵，風雨過後，西城郊外的春花都被打落，表示春景不在，春光
易逝的意思。

〔2〕　「**底事**」二句：寫春日賞花樂事匆匆而過，被幾番風雨掃了興，詩人無
法忍受殘春景象所引起的極大傷感，於是備上幾杯淡酒，借此消除心中
哀痛。但詩人偏偏天生酒量淺，剛飲幾杯，便有些醉意，詩人於是藉酒
來傷春。「**底事**」，因何，為什麼。〔宋〕謝薖〈減字木蘭花・中秋〉詞：
「試問嫦娥，底事清光此夜多？」〔宋〕程珌〈西江月・癸巳自壽〉詞：
「底事中秋無月？元來留待今宵。」

〔3〕　「**更笑老東君**」句：詩人嘲笑司春之神，降臨人間之時如此短暫，就好
像在人間作客一般，不能常留，十分感慨遺憾。「**東君**」為太陽之神或
司春之神，亦稱「東皇」、「青帝」，後多用以詠春、頌春。《史記・封禪
書》：「秦宣公作密時於渭南，祭青帝。」《尚書緯・刑德放》：「春為東
皇，又為青帝。」〔宋〕成彥雄〈柳枝詞〉：「東君愛惜與先春，草澤無
人處也新。」

〔4〕　「**賴有**」二句：聽聽幾首新鮮的樂曲，吟咏幾篇詩詞文章，傷春之情才
略歸於平淡。「**賴**」，幸好。「**玉管**」，玉造之簫，為六孔樂器，此處以樂
器代替音樂。〔宋〕辛棄疾〈菩薩蠻・和夏中玉〉詞：「臨風橫玉管，
聲散江天滿。」「**羅襟**」，羅衣之襟，即衣襟。「**醉墨**」，即醉筆，呼應前
面「正自天付酒腸窄」。完顏璹作為一個女真貴族，受漢文化影響深刻，
又常與漢儒士大夫交往，不僅能詩，也擅長書法，金史本傳亦曰：「工
真草書。」又載：「初，宣宗南遷，諸王宗室顛沛奔走，璹乃盡載其家
法書名畫，一帙不遺。」可見完顏璹對書畫藝術之喜愛。

〔5〕　「**望中**」二句：傷春之情勾起舊日情懷，不禁回憶起舊人往事。「**望中**」，
眼前。〔宋〕管鑒〈水龍吟・夷陵雪作〉詞：「曉來密雪如篩，望中瑩
徹還如洗。」〔宋〕沈唐〈霜飛葉〉詞：「望中閒想，洞庭波面，亂紅
初墜。」

〔6〕　「**舊夢**」二句：回首往事，又引起更大傷感，難以忍受，而春光又一次
悄然逝去，就像自己逝去的青春時光，令人感傷。

〔7〕「**落盡**」二句：後庭院花凋零殆盡，而春草卻悄悄綠了，風雨送春卻迎
夏，與李清照「應是綠肥紅瘦」，有異曲同工之妙。「**後庭花**」，爲亡國
之音的代名詞，爲南朝亡國之君陳後主所創制，〔唐〕杜牧〈泊秦淮〉：
「商女不知亡國恨，隔江猶唱後庭花。」

3. 青玉案

凍雲封卻駝岡路〔1〕。有誰訪、溪梅去。夢裡疏香風似度〔2〕。覺
來惟見，一窗涼月，瘦影無尋處〔3〕。 明朝畫筆江天暮。定向
漁蓑得奇句〔4〕。試問簾前深幾許。兒童笑道，黃昏時候，猶是簾
纖雨〔5〕。

〔1〕「**凍雲**」一句：寫天氣的晦暗陰鬱，烘托出一種幽冷昏暝的氣氛。

〔2〕「**有誰訪**」兩句：承上句，在這種凍雲橫空，晦暗昏暝之時，還有誰能
去賞梅呢？在夢憶中，卻似乎傳來梅花暗香。此句化用〔宋〕林逋〈山
園小梅〉的詠梅絕句：「疏影橫斜水清淺，暗香浮動月黃昏。」

〔3〕「**覺來惟見**」三句：寫夢中醒來，不見梅花蹤跡，也聞不到梅花暗香，
只剩一窗冰冷的月色，無處可尋梅花那嶙峋的瘦影。

〔4〕「**明朝**」兩句：以詩畫自娛，排遣自己的愁緒。前句說用畫筆勾勒出遼闊
蒼茫的江天暮色；後句說自己在淡泊生活中，寫作詩詞，覓得佳句。「**漁
蓑**」，象徵隱居生活。〔唐〕張志和〈漁歌子〉：「西塞山前白鷺飛，桃花
流水鱖魚肥。青箬笠，綠蓑衣，斜風細雨不須歸。」完顏璹雖貴爲王公，
卻個性簡淡，自甘清寒，立身行事宛若寒儒。〔元〕劉祁《歸潛志》卷
一曾說：「其舉止談笑眞一老儒，殊無驕貴之態。後因造其第，一室蕭然，
琴書滿案。」由此可知，「漁蓑」所代表的也是完顏璹淡泊的生活。

〔5〕「**試問**」四句：似李清照〈醉花陰〉：「試問捲簾人，卻道海棠依舊。知
否？知否？應是綠肥紅瘦」之意境。由借問兒童之事，點出淫雨霏霏，
黃昏寂寞的景況，表現出詞人慵懶惆悵、百無聊賴、無以打發時日的煩
憂之感。「**簾纖雨**」，微雨，或作「纖纖雨」，〔唐〕韓愈〈晚雨詩〉：「簾
纖晚雨不能晴，池上草間蚯蚓鳴。」〔宋〕蘇軾〈雪夜書北臺壁二首〉
之一：「黃昏猶作雨纖纖，夜靜無聲勢轉嚴。」

4. 秦樓月

寒仍暑。春去秋來無今古。無今古。梁臺風月，汴堤煙語〔1〕。 水
涵天影秋如許。夕陽低處征帆舉。征帆舉。一行驚雁，數聲柔艣
〔2〕。

〔1〕「寒仍暑」五句：「梁臺」，南朝梁的禁城。「風月」，清風明月，泛指美好的景色。

〔2〕「水涵天影秋如許」五句：「征帆」，指遠行的船，〔宋〕張先〈離亭宴〉詞：「更上玉樓西，歸雁與征帆共遠。」「驚雁」，猶言驚弓之鳥。「柔櫓」，船槳輕划之聲。

5. 沁園春

壯歲耽書，黃卷青燈，留連寸陰〔1〕。到中年贏得，清貧更甚，蒼顏明鏡，白髮輕簪〔2〕。衲被蒙頭，草鞋著腳，風雨瀟瀟秋意深。淒涼否，缾中匱粟，指下忘琴〔3〕。　　一篇梁父高吟。看谷變陵遷古又今。便離騷經了，靈光賦就，行歌白雪，愈少知音〔4〕。試問先生，如何即是，布袖長垂不上襟。掀髯笑，一杯有味，萬事無心〔5〕。

〔1〕「壯歲耽書」三句：壯年酷嗜書籍，將青春年華奉獻在學問之中。「耽書」，酷嗜書籍。「黃卷」，書籍。〔晉〕葛洪《抱樸子·疾謬》：「雜碎故事，蓋是窮巷諸生，章句之士，吟詠而向枯簡，匍匐以守黃卷者所宜識。」楊明照校箋：「古人寫書用紙，以黃蘗汁染之防蠹，故稱書為黃卷。」「青燈」，光線青焱的油燈，借指孤寂、清苦的生活。

〔2〕「到中年贏得」四句：承上，畢生致力作學，到了中年，卻只換來更加清苦的生活，明亮鏡子裡映照出衰老的容顏，烏絲已成白髮。「蒼顏」，蒼老的容顏。

〔3〕「衲被蒙頭」六句：披掛著補綴過的被子，穿著粗糙不堪的草鞋，此時正值風雨瀟瀟的深秋時節；這樣的日子淒涼嗎？瓶甕裡早已無米，為生活所需而奔波勞碌，連怎麼彈琴都忘了。「衲被」，補綴過的被子；「衲被蒙頭」，出自〔宋〕蘇轍〈上元雪〉詩：「衲被蒙頭真老病，紗籠照佛本無心。」「缾中匱粟」，用〔晉〕陶淵明〈歸去來兮辭序〉：「幼稚盈室，缾無儲粟。」謂生活清貧。

〔4〕「一篇梁父高吟」六句：吟誦一篇〈梁父吟〉，看古往今來，時光飛逝；在大雪中邊走邊唱著〈離騷〉和〈靈光賦〉，感嘆自己懷才不遇、知音凋零的遭遇。「梁父吟」，蓋言人死葬於梁父山（泰山下的一座小山，在今山東省新泰市西。古代皇帝常在此山闢基祭奠山川），亦為葬歌，今傳諸葛亮所作〈梁父吟〉辭，乃述春秋齊相晏嬰二桃殺三士事；李白所作辭，則抒寫其抱負不能實現的悲憤。《三國志·蜀志·諸葛亮傳》：

「亮躬耕隴畝，好爲〈梁父吟〉。」「**離騷經**」，指屈原所做之《楚辭・離騷》，〔漢〕王逸注：「離，別也；騷，愁也；經，徑也。言己放逐離別，中心愁思，猶陳直徑，以風諫君也。」「**靈光賦**」，指〔漢〕王延壽所作〈魯靈光殿賦〉的略稱，〔北周〕庾信〈哀江南賦〉：「死生契闊，不可問天。況復零落將盡，靈光巋然。」倪璠注：「喻知交將盡，惟己獨存，若魯靈光矣。」「**行歌**」，邊行走邊歌唱，藉以發抒自己的感情，表示自己的意向、意願等。

〔5〕「**試問先生**」六句：試問先生，如何才能像您一樣瀟灑度日，一聲長笑，只要沈醉在酒中滋味，其他一切事物都拋諸腦後、毋須在意。「**即是**」，如此。「**掀髯**」，笑時啓口張鬚貌。

6. 西江月

一百八般佛事，二十四考中書。山林城市等區區。著甚由來自苦〔1〕。　過寺談些波若，逢花倒箇葫蘆。少時伶俐老來愚。萬事安於所遇〔2〕。

〔1〕「**一百八般佛事**」四句：「**一百八**」，佛教習用之數，佛教認爲人生之煩惱凡一百零八種，爲去除煩惱，故貫珠一百八顆，念佛一百八遍，叩鐘一百八下等。「**區區**」，形容微不足道。「**著甚**」，猶言憑什麼，〔宋〕蘇軾〈滿庭芳〉詞：「蝸角虛名，蠅頭微利，算來著甚乾忙。」「**自苦**」，自尋苦惱。

〔2〕「**過寺談些波若**」四句：「**波若**」，佛教語，梵語的譯音，意譯「智慧」，佛教用以指如實理解一切事物的智慧，爲表示有別於一般所指的智慧，故用音譯，大乘佛教稱之爲「諸佛之母」。

7. 臨江仙

倦容更遭塵事冗，故尋閒地婆娑。一尊芳酒一聲歌〔1〕。盧郎心未老，潘令鬢先皤〔2〕。　醉向繁臺臺上問，滿川細柳新荷。薰風樓閣夕陽多〔3〕。倚闌凝思久，漁笛起煙波〔4〕。

〔1〕「**倦容**」三句：金宣宗由中都燕京南遷，詞人跟著顛沛奔走，身心疲憊不堪，卻又遭逢冗雜的俗事，只想尋求一個清幽安靜的地方，放任自由地飲酒唱歌，自斟自酌，自歌自賞，輕鬆瀟灑，悠閒自得，遠離冗雜的俗事。「**婆娑**」，放任自由地盤旋，〔戰國・楚〕宋玉〈神女賦〉：「既姽嫿於幽靜兮，又婆娑乎人間。」李善注：「婆娑，猶盤姍也。」劉良說：「婆娑，放逸貌。」

〔2〕「**盧郎**」兩句：詞人以盧郎、潘岳二人典故，寄託言外之意，希望能擺脫俗事，充分利用有生之年以酬素志。《金史》本傳記載：金哀宗天興初年，璹已臥疾，論及時事，猶十分關心。見哀宗於隆德殿，談論國事，「君臣相顧泣下」，可知詞人願爲朝廷建功立業之志，始終如一。「**盧郎**」，應指盧思道，《北史》卷三十本傳中說：「文宣帝崩，當朝文士各作挽歌十首，擇其善者而用之。魏收、陽休之、祖孝徵等不過得一、二首，唯思道獨有八篇，故時人稱爲八米盧郎。」又盧思道在〈孤鴻賦序〉裡說：「雖籠絆朝市且三十載，而獨往之心未始去懷也。」「**潘令**」，指潘岳，《晉書》卷五十五本傳曰：「岳才名冠世，爲眾所疾，遂棲遲十年，出爲河陽令，負其才而鬱鬱不得志。」又潘岳在〈秋興賦序〉有言：「晉十有四年，余春秋三十有二，始見二毛。」

〔3〕「**醉向繁臺台上問**」三句：此三句所寫爲醉中所見之眼前景況，自問這滿目清新的柳荷和暖風中的樓閣，表面上雖綺麗壯美，實際上不正走向即將來臨的秋天嗎？「**繁臺**」，在今河南開封市東南約三里，原名婆臺，後因附近居住者多姓繁，遂改爲繁臺，「繁」音仍讀「婆」。「**夕陽多**」，給人一種「夕陽無限好，只是近黃昏」的惆悵之感。

〔4〕「**倚欄**」兩句：聯想到〔唐〕崔顥：「日暮鄉關何處是，煙波江上使人愁」，引起故都之思。「**凝思**」，聚精會神的思考。

8. 漁父

楊柳風前白板扉。荷花雨裡綠蓑衣〔1〕**。紅稻美，錦鱗肥。漁笛閒拈月下吹**〔2〕**。**

〔1〕「**楊柳風前白板扉**」二句：時序入夏，漁家白色門板前的柳絮隨風飄揚，穿著蓑衣的漁人在雨中的荷花池裡悠閒的垂釣。

〔2〕「**紅稻美**」三句：在這生意盎然的季節，滿目皆是豐美的稻田和肥美的錦魚，漁人隨意擺弄笛子，在月下吹奏出悠揚的笛聲。「**紅稻**」，稻的一種。「**紅稻美，錦鱗肥**」，語似〔宋〕王禹偁〈送李著作〉詩：「飯饋海陵紅稻軟，鱠擎淮水白魚肥。」「**漁笛**」，漁人的笛聲，〔唐〕杜牧〈登九峰樓〉詩：「牛歌漁笛山月上，鷺渚鴛梁溪日斜。」

9. 漁父

釣得魚來臥看書。船頭穩置酒葫蘆。煙際柳，雨中蒲〔1〕**。乞與**〔2〕**人間作畫圖。**

〔1〕「**煙際柳**」二句：煙雨蒼茫的湖面，柳條、水陽迎風搖曳。「**煙際**」，雲

煙迷茫之處。「蒲」，植物名，蒲柳，即水楊，《詩・王風・揚之水》：「揚之水，不流束蒲。」鄭玄箋：「蒲，蒲柳。」

〔2〕 **乞與**：給與。

（五）金宗室完顏從郁

1. 西江月・題邯鄲王化呂仙翁祠堂〔1〕

壁斷何人舊字，鑪寒隔歲殘香〔2〕。洞天人去海茫茫。玩世仙翁已往〔3〕。　　西日長安道遠，春風趙國臺荒〔4〕。行人雖不悟黃粱。依舊紅塵陌上〔5〕。

〔1〕 **題邯鄲王化呂仙翁祠堂**：「邯鄲」，古地名，今河北省邯鄲市。「呂仙翁」，指傳說中的仙人呂洞賓。

〔2〕 **「壁斷何人舊字」二句**：邯鄲呂洞賓祠堂的斷垣殘壁上還留著前人所題的舊字，案前的香爐早已冷卻，只插著數根還未燒盡的殘香。「**殘香**」，將要燒盡的香，〔宋〕趙鼎〈雨夜不寐〉詩：「西風吹雨夜瀟瀟，冷爐殘香共寂寥。」

〔3〕 **「洞天人去海茫茫」二句**：仙翁祠堂早已人去樓空、空盪寂寥，遊樂人間的仙人不知道到哪去雲遊四海了。「**洞天**」，道教稱神仙的居處，意謂洞中別有天地。「**玩世**」，遊樂於人間。

〔4〕 **「西日長安道遠」二句**：夕陽西下，長安古道顯得空曠遼遠，春風拂面，只見趙國舊城（邯鄲）荒涼殘破，眼前盡是逝者已矣的傷感。

〔5〕 **「行人雖不悟黃粱」二句**：旅人想起呂洞賓在邯鄲因黃粱一夢點化成仙，不能參透仙翁如何能超然得道，因此至今仍在紅塵路上躊躇徘徊。「**黃粱**」，〔唐〕沈既濟〈枕中記〉載：「盧生在邯鄲客店遇道士呂翁，生自嘆窮困，翁探囊中枕授之曰：『枕此當令子榮適如意。』時主人正蒸黃粱，生夢入枕中，享盡富貴榮華。及醒，黃粱尚未熟，怪曰：『豈其夢寐耶？』翁笑曰：『人世之事亦猶是矣。』」後因以「黃粱夢」喻虛幻的事和不能實現的欲望。又傳說呂洞賓因應舉不第，道經邯鄲，得遇正陽子師父，點化黃粱一夢，遂成仙道。「**紅塵**」，佛教、道教等稱人世為「紅塵」。

（六）僕散汝弼

1. 風流子

三郎年少客，風流夢、繡嶺蠹瑤環〔1〕。看浴酒發春，海棠睡暖，

笑波生媚，荔子漿寒〔2〕。況此際、曲江人不見，偃月事無端。羯鼓數聲，打開蜀道，霓裳一曲，舞破潼關〔3〕。　　馬嵬西去路，愁來無會處，但淚滿關山。賴有紫囊來進，錦韈傳看〔4〕。嘆玉笛聲沉，樓頭月下，金釵信杳，天上人間。幾度秋風渭水，落葉長安〔5〕。

〔1〕「三郎年少客」二句：壯年時期，風流倜儻的唐明皇為楊貴妃的絕色所媚惑。「三郎」，唐玄宗小字，因其排行第三，故稱。〔唐〕鄭嵎〈津陽門〉詩：「三郎紫笛弄煙月，怨如別鶴呼羈雌。」〔宋〕馬永卿《懶眞子》卷一：「三郎謂明皇也。明皇兄弟六人，一人早亡，胡明皇為太子時，號五王宅。寧王、薛王，明皇兄也，申王、岐王，明皇弟也，故謂三郎。」「繡嶺」，指「繡嶺宮」，唐宮名，唐高宗顯慶三年建。「瑤環」，本指玉環，此處代稱楊貴妃（貴妃小名玉環）。

〔2〕「看浴酒發春」四句：寫唐明皇沉迷楊貴妃美色、兩人相處的情形，如貴妃醉酒、賜浴華清池、快馬送荔枝等。「荔子」，荔枝樹的果實。

〔3〕「況此際」六句：敘寫楊貴妃惑主誤國，致使楊國忠、李林甫等奸臣當道，是安史之亂的罪魁禍首。「曲江」，即曲江池，在今陝西省西安市東南，唐開元時，為都人中和、上巳等盛節游賞勝地。「偃月」，即「偃月堂」，〔唐〕李林甫堂名，《新唐書・姦臣傳上・李林甫》：「林甫有堂如偃月，號月堂。每欲排構大臣，即居之，思所以中傷者。若喜而出，即其家碎矣。」後因以喻稱權臣嫉害忠良的地方。「羯鼓」，古代打擊樂器的一種，起源於印度，從西域傳入，盛行於唐開元、天寶年間，〔唐〕溫庭筠〈華清宮〉詩：「宮門深鎖無人覺，半夜雲中羯鼓聲。」「蜀道」，蜀中的道路，亦泛指蜀地，為玄宗奔逃之處，〔唐〕溫庭筠〈過華清宮二十二韻〉：「早梅悲蜀道，高樹隔昭丘。」「霓裳」，指《霓裳羽衣曲》，可舞，〔唐〕裴鉶《傳奇・薛昭》：「妃（楊貴妃）甚愛惜，常令獨舞《霓裳》於繡嶺宮。」「潼關」，關隘名，安史之亂，叛軍破關，欲擒玄宗，〔唐〕陳鴻〈長恨歌傳〉：「潼關不守，翠華南幸，出咸陽，道次馬嵬亭，六軍徘徊，持戟不進，從官郎吏伏上馬前，請誅晁錯以謝天下，國忠奉氂纓盤水，死於道周。」

〔4〕「馬嵬西去路」五句：玄宗為平眾怒，不得已賜死貴妃，對她滿懷歉疚與思念，只能憑佳人遺物，追憶往日恩愛之情。「馬嵬」，地名，安史之亂，玄宗奔蜀，途次馬嵬驛，衛兵殺楊國忠，玄宗被迫賜楊貴妃死，葬於馬嵬坡。「關山」，山名。

〔5〕「嘆玉笛聲沉」六句：笛聲止歇，月下樓頭，佳人已逝，過往恩情不再，玄宗發出沉痛的嘆息，哀嘆兩人從此陰陽相隔；痛失摯愛的他，孤身一人，看著長安城春去秋來、物換星移，期待能有與貴妃相見的一天。「天上人間」，天上和人間，化用〔唐〕白居易〈長恨歌〉：「但令心似金鈿堅，天上人間會相見。」「渭水」，水名，黃河最大支流，橫貫陝西省中部，至潼關入黃河。

（七）兀顏思忠

1. 水調歌頭・偕憲掾分司尉邑，偶得友人招隱之章，率爾次韻〔1〕

白雲渺何許，目斷楚江天。悲風大河南北，跋涉幾山川〔2〕。手綫征衫塵暗，雁足帛書天闊，恨入短長篇。青鏡曉慵看，華髮早盈巔〔3〕。　嘆流光，真逝水，自堪憐。明年屈指半百，勳業愧前賢〔4〕。霄漢驂鸞無夢，桑梓歸耕有計，醉且付高眠。寄謝鹿門老，待我共談玄〔5〕。

〔1〕 偕憲掾分司尉邑，偶得友人招隱之章，率爾次韻：「憲掾」，掌刑獄的佐貳官。「尉邑」，指河南尉氏縣。「分司」，分掌。「招隱」，招人歸隱。「率爾」，隨便，此為自謙之詞。「次韻」，依次用所和詩中的韻作詩。

〔2〕 「白雲渺何許」四句：「目斷」，猶望斷，一直望到看不見。「悲風」，凄厲的寒風。「大河」，即黃河。「跋涉」，登山涉水，謂旅途艱苦，《詩・鄘風・載馳》：「大夫跋涉，我心則憂。」

〔3〕 「手綫征衫塵暗」五句：「手綫」，慈母為子女縫衣的線，借指母愛。「征衫」，旅人之衣。「雁足帛書」，指書信。「短長篇」，詞曲的別稱，詞曲的句子，長短不一，因調而異，故稱。「青鏡」，即青銅鏡。

〔4〕 「嘆流光」五句：「屈指」，彎著指頭計數。「勳業」，功名。

〔5〕 「霄漢驂鸞無夢」五句：「霄漢」，天河。「驂鸞」，謂仙人駕馭鸞鳥雲游。「桑梓」，借指故鄉或鄉親父老，〔漢〕張衡〈南都賦〉：「永世克孝，懷桑梓焉；真人南巡，睹舊里焉。」「歸耕」，謂辭官回鄉。「高眠」，高枕安眠。「談玄」，談論宗教義理。

二、契丹族詞人

（一）耶律履

1. 虞美人‧寄雲中完顏公

水收霜落雲中早。群雁雲中道。夜來明月過西山。料得水邊石上不勝寒〔1〕。　　黃塵堆裡人相看。未慣雲林眼。當年曾說探崆峒。怕有黃庭消息寄西風〔2〕。

〔1〕「**水收霜落雲中早**」四句：形容仙風道骨的完顏公，在傍晚群雁歸巢時分，高入雲霄之中。夜晚經過西山日入之處，料想山頂高處不勝寒。「**雲中**」，雲霄之中，高空。「**西山**」，西方的山，引申爲日入處。

〔2〕「**黃塵堆裡人相看**」四句：想自身處在紅塵之中隱居，遙念當年探訪崆峒仙山，欲取《黃庭經》修道。「**黃塵**」，比喻俗世、塵世。「**雲林**」，隱居之所。「**崆峒**」，山名，在今甘肅平涼市西，相傳是黃帝問道於廣成子之所，《莊子‧在宥》：「黃帝立爲天子，十九年，令行天下，聞廣成子在於空同之上，故往見之。」「**黃庭**」，指《黃庭經》，道教的經典著作。

2. 朝中措‧寄雲中完顏公

何年仙節弭人寰。玉立紫雲間。氣吐虹蜺千丈，辭源江漢翻瀾〔1〕。　　金門大隱，管中誰見，位列清班。看取酒酣風味，何如明月緱山〔2〕。

〔1〕「**何年仙節弭人寰**」四句：不知何年，仙人挺立在紫色祥雲之上，吐納間操弄虹蜺、言語間倒捲江河的仙氣已消弭於人間。「**人寰**」，人間、人世。「**玉立**」，猶言挺拔，矗立。「**紫雲**」，紫色雲，古以爲祥瑞之兆。「**虹蜺**」，舊時以虹蜺色彩艷麗，比喻人的才華藻繪。「**辭源**」，謂文辭或言辭如水之流，源源而來。「**江漢翻瀾**」，長江、漢水波瀾翻捲。

〔2〕「**金門大隱**」五句：仙人落入凡間，隱於朝廷之中，雖才華洋溢，卻不爲人所識。且看暢飲酒醉之後，仙氣盡現，再登緱山得道成仙。「**金門大隱**」，指身居朝廷而志在玄遠的人，化用〔唐〕李白〈玉壺吟〉：「世人不識東方朔，大隱金門是謫仙。」「**金門**」，唐時宮門名，金明門內爲翰林院所在。「**清班**」，清貴的官班，多指文學侍從一類臣子。「**看取**」，猶且看。「**酒酣**」，謂酒喝得盡興，暢快。「**緱山**」，即「緱氏山」，山名，在河南省偃師縣，〔漢〕劉向《列仙傳‧王子喬》：「王子喬者，周靈王太子晉也。好吹笙，作鳳凰鳴。游伊洛之間，道士浮丘公接以上嵩山。三十餘年後，求之於山上，見桓良曰：『告我家：七月七日待我於緱氏山巔。』至時，果乘白鶴駐山頭，望之不得到，舉手謝時人，數日而去。」後因以爲修道成仙之典。

3. 念奴嬌・寄雲中完顏公

紫瓊窪橢，算何年、礱琢雲根山骨。理潤堅溫，知雅稱、絕格風流
人物〔1〕。待價因循，一時奇遇，得失纔容髮。千金先許，玉堂初
認髣髴〔2〕。　　老坡疑是前身，赤蛇宵吼，肯遲留捫拂。尚有當
時耽玩趣，習氣終難摩沒〔3〕。更莫矜誇，武夷玉寶，千尺興平窟。
開奩發冪，隸僮已倦嗟咄〔4〕。

〔1〕「紫瓊窪橢」四句：「礱琢」，磨煉。「雲根」，石也。〔唐〕賈島〈題李
凝山居〉：「過橋分野色，移石動雲根。」「山骨」，山中巖石。〔唐〕劉
師服〈侯喜軒轅彌月・石鼎聯句〉：「巧匠斸山骨，刳中事煎烹。」「雅
稱」，美稱。

〔2〕「待價因循」五句：「待價」，「待價而沽」之省，等待善價出售，比喻懷
才待用或待時而行，語本《論語・子罕》：「子貢曰：『有美玉於斯，韞
櫝而藏諸？求善賈而沽諸？』子曰：『沽之哉，沽之哉！我待賈者也。』」
「因循」，道家謂順應自然。「奇遇」，意外奇特的相逢或遇合。「得失」，
指名利的得到與失去。「玉堂」，神仙的居處，〔晉〕左思〈吳都賦〉：「玉
堂對霤，石室相距。」劉逵注：「玉堂石室，仙人居也。」「髣髴」，依
稀，不甚真切。

〔3〕「老坡疑是前身」五句：「老坡」，指蘇軾，別號東坡居士，故稱。「前身」，
佛教語，猶前生。「赤蛇」，赤色的蛇，古代以為祥瑞之物。「遲留」，停
留、逗留。「習氣」，佛教語，謂煩惱的殘餘成分，佛教認為一切煩惱皆
分現行、種子、習氣三者，既伏煩惱之現行，且斷煩惱之種子，尚有煩
惱之餘氣，現煩惱相，名為「習氣」，《華嚴經・普賢行願品》：「摧伏眾
魔及諸外道，滅除一切煩惱習氣，入菩薩地，近如來地。」

〔4〕「更莫矜誇」五句：「矜誇」，誇耀。「玉寶」，指仙人所居的洞府。「隸僮」，
奴僕。

（二）耶律楚材

1. 鷓鴣天・題七真〔1〕洞

花草傾頹事已遷。浩歌遙望意茫然〔2〕。江山王氣空千劫，桃李春
風又一年〔3〕。　　橫翠嶂，架寒煙。野花平碧怨啼鵑〔4〕。不知
何限人間夢，併觸沉思到酒邊〔5〕。

〔1〕「七真」：為道教祖師茅盈、茅固、茅衷、許旌等七人的合稱。〔唐〕顧

況〈步虛詞〉：「迴步遊三洞，清心禮七眞。」〔唐〕陸龜蒙〈和懷茅山〉：
「一片輕帆背夕陽，望三峰拜七眞堂。」現代學者李暉注：「三茅、二
許、一楊、一郭，是爲七眞。」又云：「仙人好居洞壑，故道家稱仙人
爲『洞仙』，稱仙人所居爲『洞天』。」本詞所題之七眞洞究竟爲何處，
已無可考，大抵爲一處道觀所在。

〔2〕「花界」二句：荒蕪淒冷道觀，昔日曾是香火旺盛之處，然幾經風雨
淘洗，已變遷爲今日一副傾頹的景象。詞人心中一陣興廢之感襲來，
藉浩歌一嘯以驅散無限惆悵，世事滄桑，不得不將一顆痛楚之心遙
寄虛碧的遠方。這道觀的今昔變遷，體現的正是世事無常，人事否
泰之無定。「花界」，即「香界」，本指佛寺，此處借指道觀。〔唐〕
韋應物〈遊琅琊寺〉詩：「塡壑躋花界，疊石構雲房。」〔唐〕羅鄴
〈匡廬寺宿〉詩：「侯門聚散眞如夢，花界登臨轉悟空。」「浩歌」，
放聲高歌。〔戰國‧楚〕屈原《九歌‧少司命》：「望美人兮未來，
臨風怳兮浩歌。」〔唐〕李白〈春日醉起言志〉詩：「浩歌待明月，
曲盡已忘情。」〔宋〕馮去非〈喜遷鶯‧涼生遙渚〉詞：「倦遊也，
便檣雲柁月，浩歌歸去。」

〔3〕「江山」二句：此二句言儘管春風蕩漾，桃李爭豔，但江山不再，王氣
已盡，撫今追昔，怎能不叫人欷歔感嘆。「王氣」，象徵帝王運數的祥瑞
之氣，《太平御覽》卷一百七十引〈金陵圖〉所載，楚威王曾見金陵有
王氣，秦併天下後，望氣者（即觀天象以預卜吉凶之人）亦言江東有天
子氣。「千劫」，佛家言天地的形成到毀滅爲一劫，形容時間之久。

〔4〕「橫翠嶂」三句：在通向遠山的平展原野上，碧草萋萋，野花片片，聲
聲杜鵑啼；山野春光，年年如是，而道觀曾幾何時已成爲歷史陳跡，這
興衰之對比，更引人感慨。「煙泛寒」、「鵑啼怨」都顯示出詞人觸目成
愁，眼前景物皆成寄情寓思的對象。「啼鵑」，《蜀志》記載望帝讓位隱
遁西山，化爲杜鵑鳥，至春月間則晝夜悲鳴不止，後以杜鵑啼聲描寫哀
怨、淒涼的心情。〔五代〕無名氏〈搗練子‧雲染幕〉：「一片芳菲吹不
起，閒愁損，更啼鵑。」

〔5〕「不知人間」二句：承上寫詞人面對寂寞荒寒的景象，伴隨著杜鵑的悲
啼，使人產生如夢似幻的感覺。這千絲萬縷，剪不斷、理還亂的情懷，
只好憑酒打發了，這其中透出了對歷史興亡、對人生無可奈何的感嘆。
意境頗似楚材〈乙丑過雞鳴山〉詩：「古今興亡都莫問，穹廬高臥醉騰
騰。」

（三）耶律鑄

1. 鵲橋仙‧閬州得稼軒樂府全集〔1〕，有西江月而今何事最相宜，宜醉
宜閒宜睡。或曰，不若道宜笑宜狂宜醉。請足成之。

皇都門外，玄都觀裡。露井樹旁歌意。先生憑恁作生涯，只嘲柳嘲
桃嘲李〔2〕。　　　酒龍歌鳳，莫相迴避。就取逢場□戲。且聽人勸
要推移，更宜笑宜狂宜醉〔3〕。

〔1〕　閬州：今四川閬中縣西，元代保寧府在閬州。

〔2〕　「皇都門外」五句：「皇都」，國都、京城。「玄都觀」，泛指道觀。「露
井」，沒有覆蓋的井，《宋書‧樂志三》：「《雞鳴高樹顛》……桃生露井
上，李樹生桃傍。」〔唐〕陸龜蒙〈野井〉詩：「朱閣前頭露井多，碧
梧桐下美人過。」「生涯」，生命、生活。

〔3〕　「酒龍歌鳳」五句：「酒龍」，以豪飲著名的人，〔唐〕陸龜蒙〈自遣〉
詩之八：「思量北海徐劉輩，枉向人間號酒龍。」「歌鳳」，《論語‧微
子》：「楚狂接輿歌而過孔子曰：『鳳兮鳳兮！何德之衰？往者不可諫，
來者猶可追。已而，已而！今之從政者殆而！』」後遂以「歌鳳」為避
世隱居之典。「迴避」，顧忌。「逢場」，遇到某場合。「推移」，變化、
移動或發展。

2. 太常引‧題李隱君〔1〕文集

扣聲寂寞播陽春。看流水、混行雲。大雅□扶輪。忍顏繼、齊梁後
塵〔2〕。　　　清風明月，四時長在，光景自長新。不見謫仙人。更
何處、乘槎問津〔3〕。

〔1〕　李隱君：《雙溪醉隱集》卷四云：「李隱卿名谷，與青城劉翁同舟至蘭
溪，卿大夫脩生者館之。道侶贈李詩云：『李郎涉世似虛舟，片帆來度
楚江秋』。又毗陵家弟季天和此篇云：『夢蝶豈知真是蝶，騎牛何必更
尋牛』。老夫亦慕道者，次韻和之，記劉李事蹟。劉本書生，工詩奇異，
飄然塵外也。」李隱君許是李隱卿。

〔2〕　「扣聲寂寞播陽春」四句：「陽春」，溫暖的春天。「行雲流水」，比喻詩
文純任自然，毫無拘執。「大雅」，稱德高而有大才的人。「扶輪」，扶
翼車輪，謂在側推進。〔南朝‧宋〕顏延之〈迎送神歌〉：「月御案節，
星驅扶輪。」〔唐〕高彥休《唐闕史序》：「皇朝濟濟多士，聲名文物
之盛，兩漢才足以扶輪捧轂而已。」「齊梁」，指南朝齊與梁的詩體，

作詩多講求音律對偶，詞藻浮艷，而內容空泛，〔唐〕杜甫〈戲爲六絕句〉之五：「竊攀屈宋宜方駕，恐與齊梁作後塵。」

〔3〕 **「清風明月」五句**：**「清風明月」**，清涼的風，明亮的月，語出《南史・謝譓傳》：「有時獨醉，曰：『入吾室者，但有清風，對吾飲者，唯有明月。』」**「四時」**，四季。**「光景」**，風光、景象。**「謫仙」**，謫居世間的仙人，常用以稱譽才學優異的人，《南齊書・高逸傳・杜京產》：「永明中會稽鍾山有人姓蔡，不知名。山中養鼠數十頭，呼來即來，遣去便去。言語狂易。時謂之『謫仙』。」〔唐〕李白〈玉壺吟〉：「世人不識東方朔，大隱金門是謫仙。」**「乘槎」**，乘坐竹、木筏，傳說古時天河與海相通，漢代曾有人從海渚乘槎到天河，遇見牛郎織女，見〔晉〕張華《博物志》卷三。**「問津」**，詢問渡口。

3. 眼兒媚・醴泉和高齋，欲煬帝故宮〔1〕

隔江誰唱後庭花。煙淡月籠沙。水雲凝恨，錦帆何事，也到天涯〔1〕。　寄聲衰柳將煙草，且莫怨年華。東君也是，世閒行客，知遇誰家〔2〕。

〔1〕 **醴泉和高齋，欲煬帝故宮**：**「醴泉」**，指及時之雨。**「煬帝」**，隋煬帝楊廣（569～618）是隋朝第二個皇帝，以殘暴留名於世。

〔2〕 **「隔江誰唱後庭花」五句**：寫隋煬帝窮極奢侈、虐待百姓，造成一片民怨載道，終致亡國。**「後庭花」**，樂府清商曲吳聲歌曲名，本名〈玉樹後庭花〉，南朝陳後主製，其辭輕蕩，而其音甚哀，故後多用以稱亡國之音。**「隔江誰唱後庭花」**，化用〔唐〕杜牧〈泊秦淮〉詩：「商女不知亡國恨，隔江猶唱〈後庭花〉。」**「月籠」**，月光照耀，亦指月光。**「煙淡月籠沙」**，化用〔唐〕杜牧〈泊秦淮〉詩：「煙籠寒水月籠沙，夜泊秦淮近酒家。」**「水雲」**，水和雲，多指水雲相接之景。**「錦帆」**，錦製的船帆，亦指有錦製船帆的船，〔唐〕顏師古《大業拾遺記》：「煬帝幸江都……至汴，御龍舟，蕭妃乘鳳舸，錦帆綵纜，窮極侈靡。」**「錦帆何事，也到天涯」**，化用〔唐〕李商隱〈隋宮〉詩：「玉璽不緣歸日角，錦帆應是到天涯。」

〔3〕 **「寄聲衰柳將煙草」五句**：寫亡國之音伴隨著荒煙漫草，似在控訴著施政者的暴行；後人應當要記取教訓，明主應行仁政，司春之神才會再度帶給人間希望。**「寄聲」**，托人傳話。**「煙草」**，煙霧籠罩的草叢，亦泛指蔓草。**「年華」**，歲月、時光。**「東君」**，司春之神。**「行客」**，過客、旅客。**「知遇」**，相交、相識。**「誰家」**，何處。

4. 木蘭花慢・丙戌歲，遊永安故宮，徧覽太液池、蓮瀛桂窟殿、天香閣，同坐中諸客，感而賦此〔1〕。

花枝臨太液，□解語、入溫柔。衒桂窟低迷，天香飄蕩，倒影遲留〔2〕。須知畫圖難足，更青山環抱帝王州〔3〕。□□□□□，□□□□□。　　□□□□□。鳳吹繞瀛洲。記水淺蓬萊，塵揚滄海，一醉都休〔4〕。華胥夢，雖無迹，甚鼎湖、龍去水空流。青鳥不來難問，玉妃幾度仙遊〔5〕。

〔1〕 **丙戌歲，遊永安故宮，徧覽太液池、蓮瀛桂窟殿、天香閣，同坐中諸客，感而賦此**：「永安宮」，初建於唐太宗貞觀八年（634），是爲太上皇李淵避暑而建的夏宮，貞觀九年正月改名爲大明宮。自唐高宗起，唐歷代皇帝大都在此居住和處理朝政，是兩百餘年間唐代的政令中樞。「**太液池**」，古池名，唐太液池，在大明宮中含涼殿後，中有太液亭，〔唐〕李白〈宮中行樂詞〉之八：「鶯歌聞太液，鳳吹遶瀛洲。」參閱清《嘉慶一統志・西安府二・大明宮》。

〔2〕 「**花枝臨太液**」五句：寫玄宗與貴妃在太液池邊賞蓮，蓮如美人，溫柔婉約，能爲君解語。蓮花香味幽雅，清香瀰漫於桂窟殿與天香閣，連倒影的姿態都我見猶憐，引人駐足觀賞，不忍離去。「**花枝**」，比喻美女。「**解語**」，「解語花」，代指楊貴妃，〔五代〕王仁裕《開元天寶遺事・解語花》：「明皇秋八月，太液池有千葉白蓮數枝盛開，帝與貴戚宴賞焉。左右皆歡羨，久之，帝指貴妃示於左右曰：『爭如我解語花？』」「**衒**」，顯露。「**桂窟**」，神話謂月中有桂樹，因稱月宮爲「桂窟」，此爲太液池旁的桂窟殿。「**低迷**」，迷離，迷濛。「**天香**」，本指牡丹花香色不凡，後多用以形容女子之美，此亦指太液池旁的天香閣。

〔3〕 「**須知畫圖難足**」二句：蓮花的美、貴妃的嬌，是圖畫難以形容的，朝野上下洋溢著一片歌舞昇平的景象，而青山環抱著帝都，更象徵著王朝的穩固與祥和。「**帝王州**」，帝王居住的地方，亦用指京都，〔南朝・齊〕謝朓〈入朝曲〉：「江南佳麗地，金陵帝王州。」

〔4〕 「**鳳吹繞瀛洲**」四句：寫玄宗與貴妃只知行樂，風花雪月，醉生夢死，以致朝政荒廢，盛世休矣。「**鳳吹**」，對笙簫等細樂的美稱，〔漢〕劉向《列仙傳》：「王子喬，周宣王太子晉也。好吹笙，作鳳鳴，遊伊雒之間。」「**瀛洲**」，傳說中的仙山。「**鳳吹繞瀛洲**」，化用〔唐〕李白〈宮中行樂詞〉之八：「鶯歌聞太液，鳳吹遶瀛洲。」「**蓬萊**」，蓬萊山，古代傳說中的神山名。「**滄海**」，我國古代對東海的別稱。

〔5〕 「**華胥夢**」五句：寫王朝盛世不再、王者已逝，繁華景象如過往雲煙，往日痕跡已難再尋，升仙的貴妃雖幾度重遊舊地，只是人事已非，徒留嘆息。「**華胥夢**」，《列子·黃帝》：「〔黃帝〕晝寢，而夢遊於華胥氏之國。華胥氏之國在弇州之西，台州之北，不知斯齊國幾千萬里。蓋非舟車足力之所及，神遊而已。其國無帥長，自然而已；其民無嗜欲，自然而已……黃帝既寤，怡然自得。」後用以指理想的安樂和平之境，或作夢境的代稱。「**鼎湖**」，古代傳說黃帝在鼎湖乘龍升天，借指帝王。「**青鳥**」，神話傳說中為西王母取食傳信的神鳥，以「青鳥」為信使的代稱，〔唐〕李商隱〈無題〉詩：「蓬山此去無多路，青鳥殷勤為探看。」「**難問**」，提出疑問、請教。「**玉妃**」，指楊貴妃，〔唐〕陳鴻〈長恨歌傳〉：「見最高仙山，上多樓闕，西廂下有洞戶，東向，闔其門，署曰：『玉妃太真院』。」「**仙遊**」，游於仙界，成仙而去。

5. 憶秦娥·贈前朝宮人琵琶色蘭蘭〔1〕

恨凝積。佳人薄命尤堪惜。尤堪惜。事如春夢，了無遺跡〔2〕。　　人生適意無南北。相逢何必曾相識。曾相識。恍疑猶覽，內家圖籍〔3〕。

〔1〕 **前朝宮人琵琶色蘭蘭**：蘭蘭，金代宮中的侍女。

〔2〕 「**恨凝積**」五句：「**凝積**」，聚積。「**春夢**」，喻易逝的榮華和無常的世事。

〔3〕 「**人生適意無南北**」五句：「**適意**」，稱心，合意。「**相逢何必曾相識**」，化用〔唐〕白居易〈琵琶行〉：「同是天涯淪落人，相逢何必曾相識」。「**恍疑**」，猶仿佛。「**內家**」，指宮女。「**圖籍**」，文籍圖書。

6. 南鄉子·送人北行入燕〔1〕作

匹馬赴嚴宸。將謂青雲上致身。不是男兒容易事，風塵。水遠山長愁殺人〔2〕。　　離別若為情。雪暗西山淚滿巾。還憶夜來分手處，天津。桃李無言各自春〔3〕。

〔1〕 **燕**：舊時河北省的別稱，亦指河北省北部。

〔2〕 「**匹馬赴嚴宸**」五句：「**青雲**」，喻遠大的抱負和志向。「**致身**」，《論語·學而》：「事父母能竭其力，事君能致其身，與朋友交言而有信。」原謂獻身，後用作出仕之典。「**風塵**」，謂行旅辛苦勞頓。

〔3〕 「**離別若為情**」五句：「**雪暗**」，大雪瀰漫。「**夜來**」，夜間、昨夜。「**天津**」，銀河，《楚辭·離騷》：「朝發軔於天津兮，夕余至乎西極。」王逸注：「天津，東極箕斗之間，漢津也。」「**桃李**」，喻人的青春年少，〔南朝·梁〕

江淹〈別賦〉：「攀桃李兮不忍別，送愛子兮沾羅裙。」

7. 滿庭芳・西園〔1〕席間用人韻

酒陣詩壇，徵兵命將，得無傾動華筵擬勸春事，還自要相先〔2〕。
天地元如逆旅，應自愧、不駐流年。憑誰問，姮娥心事，何惜月長
圓〔3〕。　　西園張樂地，獻歌呈舞，燕擾鶯喧。儘未妨頹玉，錦
瑟旁邊〔4〕。脫落塵凡健筆，終不負、與染芳煙。歡緣在，判家視
草，仍是玉堂仙〔5〕。

〔1〕　**西園**：園林名，在河南省臨漳縣鄴縣舊治北，傳為曹操所建。

〔2〕　「**酒陣詩壇**」四句：調兵遣將。「**得無**」，猶言能不、豈不、莫非。「**傾動**」，
　　　震動；轟動。「**華筵**」，豐盛的筵席。「**春事**」，春色；春意。「**自要**」，必
　　　須；只要。「**相先**」，互相遜讓，《禮記・儒行》：「儒有聞善以相告也，
　　　見善以相示也，爵位相先也。」鄭玄注：「相先，猶相讓也。」

〔3〕　「**天地元如逆旅**」五句：「**逆旅**」，旅居，常用以喻人生匆遽短促。〔唐〕
　　　李白〈春夜宴從員桃李園序〉：「夫天地者，萬物之逆旅；光陰者，百代
　　　之過客。」「**流年**」，如水般流逝的光陰、年華。

〔4〕　「**西園張樂地**」五句：「**張樂**」，置樂、奏樂。「**燕鶯**」，鶯善鳴，燕善舞，
　　　因以「鶯燕」比喻歌姬、舞女或妓女。「**未妨**」，不妨，表示可以這樣做。
　　　「**頹玉**」，形容醉後的體態，如玉山傾頹，亦用為對醉人的美稱，語本
　　　〔南朝・宋〕劉義慶《世說新語・容止》：「其醉也，傀俄若玉山之將崩。」
　　　「**錦瑟**」，漆有織錦紋的瑟，〔唐〕杜甫〈曲江對雨〉詩：「何時詔此金
　　　錢會，暫醉佳人錦瑟傍。」

〔5〕　「**脫落塵凡健筆**」五句：「**脫落塵凡**」，落下凡塵。「**健筆**」，雄健的筆，
　　　謂善於為文，亦借指雄健的文章。「**視草**」，古代詞臣奉旨修正詔諭一類
　　　公文，稱「視草」。「**玉堂仙**」，翰林學士的雅號。

8. 六國朝令・家園〔1〕席間作

鳴珂繡轂，錦帶吳鈎。曾雅量、量金結勝游〔2〕。信人間無點事、
可掛心頭。須知，不待把閑情釀做閑愁。只恐落高人第二籌〔3〕。
　　歌雲容裔，夢雨遲留。殢慣振芳塵，不夜樓〔4〕。光飾仙春盛
跡，點化溫柔。索教頹縱惜花人，標榜風流。快入醉鄉來，劉醉侯
〔5〕。

〔1〕　**家園**：自家的園林。

〔2〕「鳴珂繡轂」四句：無論是達官顯貴、騷人墨客，只要是能開懷痛飲，酒量奇佳者，都是不惜千金，值得結交的對象。「**鳴珂**」，顯貴者所乘的馬以玉爲飾，行則作響，因名，亦指居高位。「**錦帶**」，錦製的帶子，《禮記・玉藻》：「居士錦帶，弟子縞帶。」孔穎達疏：「錦帶者，以錦爲帶。」「**吳鉤**」，鉤，兵器，形似劍而曲，春秋吳人善鑄鉤，故稱，後也泛指利劍。「**雅量**」，漢荆州牧劉表好酒，爲三爵，大曰伯雅，次曰中雅，小曰季雅；伯雅受七升，中雅受六升，季雅受五升（見〔三國・魏〕曹丕《典論・酒誨》），後世因稱人善飮爲「雅量」。「**量金**」，用量器計量黃金，喻不惜重價。「**勝遊**」，快意的游覽，「**結勝遊**」，化用〔金〕元好問〈探花詞〉：「美酒清歌結勝游，紅衣先爲渚蓮愁。」

〔3〕「信人間無點事」四句：「**須知**」，應該知道。「**不待**」，用不著。「**閒情**」，閑散的心情。「**閒愁**」，無端無謂的憂愁。「**高人**」，志行高尙的人，多指隱士、修道者。

〔4〕「歌雲容裔」四句：「**歌雲**」，指動聽的歌聲，典出《列子・湯問》：「薛譚學謳於秦青，未窮青之技，自謂盡之，遂辭歸。秦青弗止；餞於郊衢，撫節悲歌，聲振林木，響遏行雲。薛譚乃謝求反，終身不敢言歸。」〔宋〕張先〈鳳栖梧〉詞：「可惜歌雲容易去，東城楊柳東城路。」「**容裔**」，隨風飄送。「**夢雨**」，迷濛細雨。「**殢**」，迷戀；沉湎。「**芳塵**」，指落花。「**不夜**」，沒有黑夜，形容月光或燈火照耀如同白天。

〔5〕「光飾仙春盛跡」六句：「**光飾**」，輝映裝點。「**盛跡**」，猶勝境。「**點化**」，謂加以點染而使之美化。「**溫柔**」，指溫柔鄉。「**頹縱**」，猶頹放。「**標牓**」，稱揚。「**標牓風流**」，化用〔晉〕袁宏〈三國名臣序贊〉：「堂堂孔明，基宇宏邈……標牓風流，遠明管樂。」「**醉鄉**」，指醉酒後神志不清的境界。「**劉醉侯**」，指〔晉〕劉伶（約 221～300），字伯倫，「竹林七賢」之一，平生嗜酒，曾作《酒德頌》，宣揚老莊思想和縱酒放誕之情趣。〔唐〕皮日休〈夏景沖淡偶然作〉詩之二：「他年謁帝言何事，請贈劉伶作醉侯」。

9. 鵲橋仙・崇霞臺

崇霞臺外，明霞觀裡，著處蟠桃栽遍。花開動是一千年，知閱了春風幾面〔1〕。　　丁寧休把，玉鸞金鳳，也比雲間雞犬。且傾靈液莫留殘，說道蓬萊路遠〔2〕。

〔1〕「崇霞臺外」五句：「**崇霞臺**」，傳說爲燕昭王爲玄天二女所設的住所，《太平廣記・女仙一・玄天二女》第一卷・卷五十六：「燕昭王即位二年，

廣延國來獻善舞者二人，一名旋波，一名提謨。……昭王知爲神異，處於崇霞之台，設枕席以寢宴，遣人以衛之。王好神仙之術，故玄天之女，托形作二人。」「**明霞觀**」，亦爲神仙居所。「**蟠桃**」，神話中的仙桃，據《太平廣記》卷三引〈漢武內傳〉載：「七月七日，西王母降，以仙桃四顆與帝。帝食輒收其核，王母問帝，帝曰：『欲種之。』王母曰：『此桃三千年一生實，中夏地薄，種之不生。』帝乃止。」〔宋〕張孝祥〈水調歌頭・爲時傳之壽〉詞：「蟠桃未熟，千歲容與且人間。」「**開動**」，萌動。

〔2〕「**丁寧休把**」五句：「**丁寧**」，古代樂器名，即鉦，似鐘而小，《國語・吳語》：「昧明，王乃秉枹，親就鳴鐘鼓。丁寧，錞於振鐸，勇怯盡應。」韋昭注：「丁寧，謂鉦也，軍行鳴之，與鼓相應。」「**玉鸞**」，玉鑾，車鈴的美稱。「**金鳳**」，琵琶、琴、箏之屬，因弦柱上端刻鳳爲飾，故稱。「**雲間**」，指天上。「**靈液**」，仙液，喻指美酒。

三、畏兀族詞人

（一）廉希憲

1. 水調歌頭・讀書巖〔1〕

杜陵佳麗地，千古盡英遊。雲煙去天尺五，繡閣倚朱樓〔2〕。碧草荒巖五畝，翠靄丹崖百尺，宇宙為吾留。讀書名始起，萬古入冥搜〔3〕。　　鳳池崇，金谷樹，一浮鷗。彭殤爾能何許，也欲接余眸〔4〕。喚起終南靈與，商略昔時名物，誰劣復誰優。白鹿廬山夢，頡頏天地秋〔5〕。

〔1〕　**讀書巖**：引〔元〕元明善《清河集・讀書巖記》，謂讀書巖爲故相太傅魏國廉文正公之別業，在京兆樊川少陵原之陽（長安近郊）。「**巖**」，可指高崖或洞穴。

〔2〕　「**杜陵佳麗地**」四句：秀麗的漢宣帝杜陵，自古以來吸引許多才智傑出之輩來此；此地高拔近天，有裝飾華美的樓閣。「**杜陵**」，地名，在今陝西省西安市東南，古爲杜伯國，漢宣帝築陵於東原上，因名杜陵；漢宣帝在位期間曾召集著名儒生在未央宮講論五經異同，進一步確立儒家地位，使「吏稱其職，民安其業」，號稱「中興」，是漢朝武力最強盛、經濟最繁榮的時候。「**英遊**」，英俊之輩，才智傑出的人物。「**尺五**」，一尺五寸，極言離高處距離近，〔唐〕杜甫〈贈韋七贊善〉詩：「爾家最近

魁二象，時論同歸尺五天」自注：「俚諺曰：『城南韋杜，去天尺五。』」「**繡閣**」，猶繡房，女子的居室裝飾華麗如繡，故稱。「**朱樓**」，謂富麗華美的樓閣。

〔3〕「**碧草荒巖五畝**」五句：碧綠的青草滿佈荒涼的巖原，高聳入雲霄的巖壁環繞著迷濛的山嵐，這方天地是造物主爲我所留；這裡是啓發我讀書的起點，我要窮盡古往今來的一切知識。「**丹崖**」，綺麗的巖壁。「**萬古**」，猶萬代、萬世，形容經歷的年代久遠。「**入冥**」，猶言上青天；冥，青冥。

〔4〕「**鳳池崇**」五句：能位居高位或是富貴顯達，都是眾所追求的境界，但這一切都如飄忽不定的鷗鳥，好景不常；而能延年益壽，操控自己生命長短的能力，就算擺在我眼前，也不是我所想要的。「**鳳池**」，即「鳳凰池」，禁苑中池沼，魏晉南北朝時設中書省於禁苑，掌管機要，接近皇帝，故稱中書省爲「鳳凰池」。「**金谷**」，指〔晉〕石崇所築的金谷園，泛指富貴人家盛極一時但好景不常的豪華園林，多含諷喻義。「**浮鷗**」，鷗鳥，常比喻飄忽不定。「**彭殤**」，猶言壽夭；彭，彭祖，指高壽；殤，未成年而死，語本《莊子‧齊物論》：「莫壽於殤子，而彭祖爲夭。」

〔5〕「**喚起終南靈與**」五句：我眞正所想要的是如廬山白鹿洞般讀書的地方，窮盡世間一切學問，才能判斷古往今來的制度風物，去蕪存菁，留下的眞理歷久不衰，能與天地歲月抗衡。「**商略**」，品評，評論。「**白鹿廬山**」，指廬山白鹿洞，在江西省星子縣北廬山五老峰下，唐貞元中李渤與兄涉隱居讀書於此，畜一白鹿，因名。《續資治通鑑‧宋太宗太平興國五年》：「白鹿洞在廬山之陽，常聚生徒數百人。」「**頡頏**」，謂不相上下，相抗衡。

（二）薛昂夫

1. 最高樓‧九日〔1〕

登高嬾，且平地過重陽。風雨又何妨〔2〕。問牛山悲淚又何苦，龍山佳會又何狂。笑淵明，便歸去，又何忙〔3〕。　　也休說、玉堂金馬樂。也休說、竹籬茅舍惡。花與酒，一般香〔4〕。西風莫放秋容老，時時留待客徜徉。便百年，渾是醉，幾千場〔5〕。

〔1〕　九日：指農曆九月九日重陽節。〔南朝‧梁〕吳均《續齊諧記》：「今世人每至九日，登山飲菊酒。」

〔2〕「**登高嬾**」三句：「登高」，指農曆九月初九日登高的風俗。「**嬾**」，懶惰、

懈怠。「且」，副詞，將要。

〔3〕「問牛山悲淚又何苦」五句：「牛山」，《晏子春秋‧諫上十七》：「景公遊於牛山，北臨其國城而流涕曰：『若何滂滂去此而死乎？』」後以「牛山歎」、「牛山淚」、「牛山悲」、「牛山下涕」喻為人生短暫而悲歎，〔唐〕李白〈君子有所思行〉：「無作牛山悲，惻愴淚霑臆。」「龍山佳會」，出於「孟嘉落帽」之典，《晉書‧孟嘉傳》卷九十八：「九月九日，溫（桓溫）燕龍山，僚佐畢集。時佐吏並著戎服。有風至，吹嘉帽墮落，嘉不之覺。溫使左右勿言，欲觀其舉止。嘉良久如廁，溫令取還之，命孫盛作文嘲嘉，著嘉坐處。嘉還見，即答之，其文甚美，四坐嗟歎。」孟嘉在宴席上雖被風將帽子吹落，仍顯得灑脫風流，後形容才子名士的瀟灑儒雅、才思敏捷。李白亦有〈九日龍山飲〉詩：「九日龍山飲，黃花笑逐臣。」「淵明」，指陶淵明。「歸去」，回去，〔晉〕陶潛〈歸去來兮辭〉：「歸去來兮！田園將蕪，胡不歸？」

〔4〕「也休說」四句：「玉堂金馬」，金馬門與玉堂署，漢時學士待詔之處，後因以稱翰林院或翰林學士，也指進朝廷做官。「竹籬茅舍」，常指鄉村中因陋就簡的屋舍。

〔5〕「西風莫放秋容老」五句：「秋容」，秋天的景色。「徜徉」，猶徘徊，盤旋往返。

2. 最高樓‧暮春

花信緊，二十四番愁。風雨五更頭〔1〕。侵階苔蘚宜羅襪，逗衣梅潤試香篝〔2〕。綠窗閒，人夢覺，鳥聲幽〔3〕。　　按銀箏、學弄相思調。寫幽情、恨殺知音少。向何處，說風流〔4〕。一絲楊柳千絲恨，三分春色二分休〔5〕。落花中，流水裡，兩悠悠〔6〕。

〔1〕「花信緊」三句：自早春至暮春，每次花開花謝，都牽繫著主人翁的情懷，使他憂愁多於喜悅，再加上此刻正是風雨交加的五更時分，那摧枝打葉的風雨聲使他憂愁更烈。「花信」，指花信風，在花期內來的風叫花信風，帶來花開的消息。據〔宋〕陳元靚《歲時廣記》卷一引《東皋雜錄》：「江南自初春至初夏，五日一番風候，謂之花信風。」從小寒到穀雨四個月的花期內有八個節氣，共一百二十日，每五日為一候，計二十四候，始梅花，終楝花，每候應一種花信，即有二十四番花信風。〔宋〕晏幾道〈點絳唇〉詞：「花信來時，恨無人似花依舊。」〔宋〕盧祖皋〈西江月〉詞：「漫著宮羅試暖，閒呼社酒酬春。晚風帘幕悄無人，二十四番花信。」「緊」，此指春光一而再，再而三，連續不斷，

毫無喘息的流逝著。

〔2〕「**侵階苔蘚**」二句：值此暮春時分，一位久鎖深閨的思婦想到室外走走，
但爬滿台階的濕滑苔蘚令她卻步，故又折回房間。而這黃梅季節，衣
裳容易潮濕，既然無所事事，那就用薰籠將衣裳薰乾，藉以消磨時光
吧！「**侵階苔蘚**」，顯示女主人已很久不曾步出閨房，也不見他人進出，
苔蘚才得以生滿台階，可見其人之孤獨與寂寞。「**羅襪**」，代指步履，「**宜
羅襪**」，化用〔唐〕李白〈玉階怨〉：「玉階生白露，夜久侵羅襪」之詩
意。「**梅潤**」，即梅雨天潮濕的空氣，〔宋〕林逋〈夏日即事詩〉：「石
枕涼生菌閣虛，已應梅潤入圖書。」「**香篝**」，即薰籠。

〔3〕「**綠窗閒**」三句：化用〔唐〕孟浩然〈春曉〉：「春眠不覺曉，處處聞啼
鳥。夜來風雨聲，花落知多少」之詩意。女主人被鳥聲從夢中啼醒，
鳥鳴更顯所居環境的清幽寂靜。「**閒**」字呼應上句女主人清閒的生活。

〔4〕「**按秦箏**」四句：春日將盡，良人未歸，孤獨寂寞的思婦只有輕按秦箏，
訴說自己深切的相思，可惜卻無人理解她曲中真意，幽愁更甚、暗恨
更深，還能向誰傾訴她心中的思念之情呢？此句與〔唐〕魚玄機〈贈
鄰女〉：「易求無價寶，難得有情郎」之情思相似。「**秦箏**」，古弦樂器
名，最早為五弦，傳說秦朝蒙恬增為十二弦，故稱秦箏，音調幽咽淒
婉，〔唐〕趙璘《因話錄》曾記載其由來：「秦人鼓瑟，兄弟爭之，破
而兩，箏之名，自此始。」「**相思調**」前綴以「學弄」，因女主人本少
撫琴弄調，但相思之情已溢滿胸中，這才學著寄相思於琴音，加以宣
洩一番。「**風流**」，此指女主人心中之情思。

〔5〕「**一絲楊柳**」二句：暮春之時，窗外長條披拂的楊柳，絲絲縷縷，都勾
起她的離別之恨。「**楊柳**」，古有「折柳為別」的習俗，因而「楊柳」
是為離別的見證。〔唐〕劉禹錫〈楊柳枝詞〉：「長安陌上無窮樹，唯
有垂楊管別離。」「**三分春色二分休**」，春天有三個月，即孟春、仲春、
暮春，已過了兩個月，剩下的春光也將悄然告逝，語出〔宋〕葉清臣
〈賀聖朝〉：「三分春色二分愁，更一分風雨。」這傷春之嘆，也象徵
著女主人紅顏將老、韶華將逝的傷感。

〔6〕「**落花**」三句：春色不為人情所動，照樣悠悠離去。化用〔南唐〕李煜
〈浪淘沙〉詞：「落花流水春去也，天上人間。」「**落花流水**」，用流水
沖走春花比喻景色的衰落，時光的一去不復返。敦煌詞〈山花子〉：「落
花流水東西路，難期會。」〔宋〕呂巖〈減字木蘭花・暫遊大庾〉：「春
來春去，人在落花流水處。」

3. 太常引‧題朝宗亭督孟博早歸〔1〕

冷煙千頃釀寒威。曉霜重壓征衣。休教六花飛。憶尚有、遊人未歸
〔2〕。　　　江空歲晚，故園秋老，行色莫依違。特地與君期。趁南
浦、蓴鱸正肥〔3〕。

〔1〕 **題朝宗亭督孟博早歸**：「**朝宗亭**」，在湖北武漢市漢陽附近，相傳大禹治
水成功於此，《尚書‧禹貢》有大禹治水「江漢朝宗於海」的說法。

〔2〕 「**冷煙千頃釀寒威**」四句：「**寒威**」，嚴寒的威力。「**六花飛**」，猶雪花飛
舞，雪花結晶六瓣，故名。〔宋〕樓鑰〈謝林景思和韻〉：「黃昏門外六
花飛，困倚胡床醉不知。」

〔3〕 「**江空歲晚**」五句：「**行色**」，行旅出發前後的情狀、氣派。「**依違**」，遲
疑。「**南浦**」，南面的水邊，後常用稱送別之地，《楚辭‧九歌‧東君》：
「子交手兮東行，送美人兮南浦。」〔南朝‧梁〕江淹〈別賦〉：「春草
碧色，春水淥波，送君南浦，傷如之何。」「**蓴鱸**」，蓴菜和鱸魚，江南
物產的代表，〔南朝‧宋〕劉義慶《世說新語‧識鑒》載：「晉張翰在
洛，見秋風起而思故鄉蓴鱸，因辭官歸。」後因以「鱸蓴」為思鄉之典。

（三）貫雲石

1. 水龍吟‧詠揚州明月樓〔1〕

晚來碧海風沈，滿樓明月留人住。璚花香外，玉笙初響，修眉如妒
〔2〕。十二闌干，等閒隔斷，人間風雨。望畫橋檐影，紫芝塵暖，
又喚起、登臨趣〔3〕。　　　回首西山南浦。問雲物、為誰掀舞。關
河如此，不須騎鶴，儘堪來去〔4〕。月落潮平，小衾夢轉，已非吾
土。且從容對酒，龍香涴繭，寫平山賦〔5〕。

〔1〕 **揚州明月樓**：〔明〕都穆《南濠詩話》：「元盛時，揚州有趙氏者，富
而好客。其家有明月樓，人作春題，多未當其意者。一日，趙子昂
過揚，主人知之，迎致樓上，盛筵相款，所用皆銀器。酒半，出紙
筆求作春題。子昂援筆書云：『春風閬苑三千客，明月揚州第一樓。』
主人得之喜甚，盡徹酒器以贈子昂。貫雲石亦有詞詠樓，調寄《水
龍吟》云……」

〔2〕 「**晚來碧海風沈**」五句：「**碧海**」，指夜晚的天空，天色藍若海。「**璚花**」，
即「瓊花」，一種珍貴的花，〔宋〕周密《齊東野語‧瓊花》：「揚州后
土祠瓊花，天下無二本，絕類聚八仙，色微黃而有香。……今后土之花

已薪，而人間所有者，特當時接本，髣髴似之耳。」「玉笙」，飾玉的笙，
為笙之美稱。「修眉」，長眉，〔宋〕柳永〈少年游〉詞：「修眉斂黛，
遙山橫翠，相對結春愁。」

〔3〕「十二闌干」六句：「等閒隔斷」，輕易隔開。「畫橋」，雕飾華麗的橋梁。
「紫芝」，比喻賢人。

〔4〕「回首西山南浦」五句：「雲物」，雲彩。「掀舞」，飛舞。「關河」，關山
河川。「騎鶴」，謂仙家、道士乘鶴雲游，〔唐〕賈島〈遊仙〉詩：「歸
來不騎鶴，身自有羽翼。」

〔5〕「月落潮平」六句：「潮平」，謂潮水漲至最高水位，又叫滿潮。「衾」，
被子。「非吾土」，不是我的故鄉，語出〔漢〕王粲〈登樓賦〉：「雖信美
而非吾土兮，曾何足以少留！」〔唐〕孟浩然〈宿桐廬江寄廣陵舊游〉
詩：「建德非吾土，維揚憶舊遊。」〔唐〕杜甫〈長沙送李十一〉詩：「遠
愧尚方曾賜履，竟非吾土倦登樓。」「龍涎」，即「龍涎香」，抹香鯨病
胃的分泌物，香氣持久，是極名貴的香料。「浣繭」，香氣薰染上棉衣；
「浣」，染上；「繭」，絮絲綿的衣服，後作「襺」，《左傳·襄公二十一
年》：「重繭衣裘，鮮食而寢。」杜預注：「繭，綿衣也。」孔穎達疏：「繭
是袍之別名。謂新綿著袍，故云綿衣。」「平山」，〔宋〕歐陽脩貶謫揚
州太守時，在西湖蜀崗建一「平山堂」，史載，每到暑天，公餘之暇，
他常攜朋友來此飲酒賦詩。

2. 蝶戀花·錢塘燈夕〔1〕

燈意留人雲自列。六市輕簾，鬪露錢塘月。十二脩鬟流翠結。東風
搖落仙肌雪〔2〕。　　淺淺銀壺催曉色。蘭影香中，總是江南客。
去國一場春夢滅。關情不記分吳越〔3〕。

〔1〕 錢塘燈夕：「錢塘」，古縣名，地在今浙江省，古詩文中常指今杭州市。
「燈夕」，舊俗於農曆正月十五日元宵節夜張燈游樂，故稱其夕為「燈
夕」。

〔2〕「燈意留人雲自列」五句：「六市」，猶六街，指都市的大街鬧市。「鬟
結」，古代婦女的環形髮髻。「肌雪」，指女子像雪那樣白潤的肌膚，〔南唐〕
李煜〈玉樓春〉詞：「晚粧初了明肌雪，春殿嬪娥魚貫列。」

〔3〕「淺淺銀壺催曉色」五句：「去國」，離開京都或朝廷。「關情」，動心，
牽動情懷。「吳越」，指春秋吳越故地（今江浙一帶），〔唐〕李白〈夢
游天姥吟留別〉：「我欲因之夢吳越，一夜飛度鏡湖月。」

（四）偰玉立

1、菩薩蠻・蒙嵓石刻〔1〕

蒙嵓幾日桃花雨。依稀流水章橋去。只恐到天台。誤通劉阮來〔2〕。
玉堂開綺戶。不隔塵寰路。休認避秦人。壺中別有春〔3〕。

〔1〕　石刻：刻有文字、圖畫的碑碣或石壁。

〔2〕　「蒙嵓幾日桃花雨」四句：「桃花雨」，〔唐〕李賀〈將進酒〉詩：「況是
青春日將暮，桃花亂落如紅雨。」後因用「桃花雨」指暮春飄飛的桃花，
〔宋〕周邦彥〈一落索〉詞：「倚闌一霎酒旗風，任撲面、桃花雨。」
「劉阮」，東漢劉晨和阮肇的並稱，相傳永平年間，劉阮至天台山采藥
迷路，遇二仙女，蹉跎半年始歸，時已入晉，子孫已過七代，後復入天
台山尋訪，舊蹤渺然。（見〔南朝・宋〕劉義慶《幽明錄》）

〔3〕　「玉堂開綺戶」四句：「玉堂」，神仙的居處。「綺戶」，彩繪雕花的門戶，
〔宋〕蘇軾〈水調歌頭・丙辰中秋歡飲達旦大醉作此篇兼懷子由〉詞：
「轉朱閣，低綺戶，照無眠。」「塵寰」，人世間。「避秦」，〔晉〕陶潛
〈桃花源記〉：「自云先世避秦時亂，率妻子邑人，來此絕境，不復出焉。」
後以「避秦」指避世隱居。「壺中別有春」，傳說東漢費長房為市掾時，
市中有老翁賣藥，懸一壺於肆頭，市罷，跳入壺中。長房於樓上見之，
知為非常人。次日復詣翁，翁與俱入壺中，唯見玉堂嚴麗，旨酒甘肴盈
衍其中，共飲畢而出。（事見《後漢書・方術傳下・費長房》）後即以「壺
天」謂仙境、勝境，〔唐〕張喬〈題古觀〉詩：「洞水流花早，壺天閉
雪春。」

四、其他

（一）阿拉伯　蒲壽宬

1. 滿江紅・登樓偶作

樓倚虛空，覺人世，不知何處。人縹緲，半簷星斗，一窗風露〔1〕。
潮退沙平鳧雁靜，夜深月黑魚龍怒。把清樽，獨自笑餘生，成何事
〔2〕。　　塵埃外，談高趣。煙波上，題詩句。這美景良宵，且休
虛度〔3〕。夢覺宦情甜似蠟，老來況味酸如醋。念兒曹，南北幾時
歸，情朝暮〔4〕。

〔1〕「**樓倚虛空**」六句：倚靠在樓頭欄干上，心感空虛，不知自己身在何處，在人間隨波逐流，孑然一身。站在樓頂，自覺渺小，所擁有的只是被屋簷遮住的半天星斗和一窗的風寒露重。

〔2〕「**潮退沙平鳧雁靜**」五句：登高遠望，看潮退撫平沙灘，水鳥無聲，而夜深無月，只有水底魚龍自翻騰。一時感傷，舉杯苦笑殘生究竟有何成就？「**魚龍**」，魚和龍，泛指鱗介水族，〔北周〕庾信〈哀江南賦〉：「草木之遇陽春，魚龍之逢風雨。」〔唐〕杜甫〈秋興〉詩之四：「魚龍寂寞秋江冷，故國平居有所思。」「**清樽**」，酒器，借指清酒。

〔3〕「**塵埃外**」六句：遠離俗世紅塵，談起自己高雅的志趣，希望過著漁父悠遊的生活，享受煙波之樂，別白白虛度這景色美好的夜晚。「**塵埃**」，猶塵俗，《史記·屈原賈生列傳》：「濯淖汙泥之中，蟬蛻於濁穢，以浮游塵埃之外。」

〔4〕「**夢覺宦情甜似蠟**」五句：夢醒方覺從前作官時意氣風發，而今老來景況淒涼慘澹，思念分散各地的親友，如今只希望兒輩歸來團聚。「**夢覺**」，猶夢醒。「**宦情**」，做官的志趣、意願。「**蠟**」，應為「蠟蜜」，指蜂蜜。「**況味**」，景況和情味。「**兒曹**」，猶兒輩。

2. 賀新郎·贈鐵笛〔1〕

鐵笛穿花去。問長安，市上生涯，而今何似。破帽青衫塵滿面。不識何人共語〔2〕。且面壁，聽風雨。惟我虛中元識破，笑人間，日月無停杼。名與利，莫輕許〔3〕。　　人生窮達皆天鑄。試燈前，為問靈龜，勸君休怒〔4〕。心肯命通元有數，何幸知音記取。季主也，應留得住〔5〕。百歲光陰彈指過，算伯夷，盜跖俱塵土。心一寸，人千古〔6〕。

〔1〕　**鐵笛**：鐵製的笛管。相傳隱者、高士善吹此笛，笛音響亮非凡。〔宋〕朱熹〈武夷精舍雜詠·鐵笛亭序〉：「〔武夷山中之隱者劉君〕 善吹鐵笛，有穿雲裂石之聲。」

〔2〕「**鐵笛穿花去**」六句：「**長安**」，唐以後詩文中常用作都城的通稱。「**青衫**」，借指學子、書生，〔唐〕白居易〈琵琶行〉：「座中泣下誰最多？江州司馬青衫濕！」後因借指失意的官員。

〔3〕「**且面壁**」七句：閉門獨處，靜聽自然風雨聲，心神專注，而能參透世事真相。光陰一去不復返，從無一刻停留，人生苦短，不應浪費在追求名利上。「**面壁**」，指閉門獨處，不與聞外事。「**虛中**」，沒有雜念，心神專注。

〔4〕 「**人生窮達皆天鑄**」四句：人生的困頓和顯達自由天定，問前程，不如己意，不須因此而動怒。「**窮達**」，困頓與顯達，《墨子·非儒下》：「窮達、賞罰、幸否，有極，人之知力，不能為焉。」「**試燈**」，舊俗農曆正月十五日元宵節晚上張燈，以祈豐稔，未到元宵節而張燈預賞謂之試燈。「**靈龜**」，泛指用以占卜的大龜。

〔5〕 「**心肯命通元有數**」四句：「**命通**」，命運亨通。「**元**」，天。「**何幸**」，用反問的語氣表示很幸運。「**季主**」，漢代卜筮者司馬季主，《史記·日者列傳》：「司馬季主者，楚人也。卜於長安東市。」後用以指代卜筮者。

〔6〕 「**百歲光陰彈指過**」五句：「**彈指**」，捻彈手指作聲，佛家多以喻時間短暫。「**伯夷**」，舜的臣子，齊太公的祖先，為明禮儀之官，《書·舜典》：「帝曰：『咨！四岳。有能典朕三禮？』僉曰：『伯夷。』」孔傳：「伯夷，臣名，姜姓。」「**盜跖**」，相傳為古時民眾起義的領袖，名跖，「盜」是當時統治者對他的貶稱，《莊子·盜跖》：「盜跖從卒九千人，橫行天下，侵暴諸侯。」〔唐〕杜甫〈醉時歌〉：「儒術於我何有哉，孔丘、盜跖俱塵埃。」後指盜賊或盜魁的代稱。「**心一寸**」，指心，古人謂心為方寸之地，故稱。

3. 漁父詞之一（十三首）

萬里長江一釣絲。蕭蕭蓬鬢任風吹〔1〕。微雨過，片帆敧〔2〕。青山濃淡更多奇。

〔1〕 「**萬里長江一釣絲**」二句：「**釣絲**」，釣竿上的垂線。「**蕭蕭蓬鬢**」，稀疏而蓬亂的鬢髮，〔宋〕李綱〈摘鬢間白髮有感〉詩：「蕭蕭不勝梳，擾擾僅盈捊。」

〔2〕 **片帆敧**：「**片帆**」，孤舟、一隻船。「**敧**」，傾斜。

4. 漁父詞之二

江渚春風澹蕩時〔1〕。斜陽芳草鷗鴣飛。蒓菜滑，白魚〔2〕肥。浮家泛宅〔3〕不曾歸。

〔1〕 **江渚春風澹蕩時**：「**江渚**」，江邊。「**澹蕩**」，謂使人和暢，多形容春天的景物，〔南朝·宋〕鮑照〈代白紵曲〉之二：「春風澹蕩俠思多，天色淨淥氣妍和。」「**蒓菜**」，又名鳧葵，多年生水草，嫩葉可做湯菜，〔三國·吳〕陸璣《毛詩草木鳥獸蟲魚疏·薄采其茆》：「茆與荇葉相似，南人謂之蒓菜。」

〔2〕 **白魚**：白鰷。

〔3〕　**浮家泛宅**：謂以船爲家，《新唐書・隱逸傳・張志和》：「顏眞卿爲湖州
刺史，志和來謁，眞卿以舟敝漏，請更之，志和曰：『願爲浮家泛宅，
往來苕雪間。』」

5. 漁父詞之三

煙浦〔1〕**迴環幾百灣。無人知此橛頭船**〔2〕**。風露冷，月娟娟**〔3〕**。
雲間一過看飛仙**〔4〕**。**

〔1〕　**煙浦**：雲霧迷漫的水濱。
〔2〕　**橛頭船**：尖頭小船，〔唐〕張志和〈漁父歌〉：「釣車子，橛頭船，樂在
風波不用仙。」
〔3〕　**娟娟**：月光明媚貌，〔宋〕司馬光〈和楊卿中秋月〉：「嘉賓勿輕去，桂
影正娟娟。」
〔4〕　**飛仙**：會飛的仙人，《海內十洲記・方丈洲》：「（蓬萊山）周迴五千里外
別有圓海繞山，圓海水正黑，而謂之冥海也，無風而洪波百丈，不可得
往來……惟飛仙有能到其處耳。」

6. 漁父詞之四

野纜閒移石筍〔1〕**江。旁人爭看老眉龐**〔2〕**。鋪月席，展風窗。飛
來何處白鷗雙。**

〔1〕　**石筍**：挺直的大石，其狀如筍，故名。
〔2〕　**老眉龐**：此代指老漁夫。

7. 漁父詞之五

蒹荻〔1〕**橫披眾木東。浪花如雪晚來風。雲母幌，水晶宮**〔2〕**。蓮
花一葉白頭翁**〔3〕**。**

〔1〕　**蒹荻**：蘆葦。〔明〕李時珍《本草綱目・草四・蘆》：「蘆有數種：其長
丈許中空皮薄色白者，葭也，蘆也，葦也。短小於葦而中空皮厚色青蒼
者，薍也，荻也，萑也。其最短小而中實者蒹也，薕也。」
〔2〕　**「雲母幌，水晶宮」** 二句：「**雲母幌**」，像布幔一樣的垂雲。「**水晶宮**」，
傳說中的月宮。
〔3〕　**蓮花一葉白頭翁**：「**一葉**」，比喻小船。「**白頭翁**」，白髮老人，〔唐〕王
昌齡〈題灞池〉詩之二：「借問白頭翁，垂綸幾年也？」

8. 漁父詞之六

飄忽狂風一霎間。長魚〔1〕吹浪勢如山。牢繫纜，蓼花〔2〕灣。白
鷗沙上伴人閒。

〔1〕　**長魚**：大魚。

〔2〕　**蓼花**：水草名，蓼之花。《宋史・樂志》：「風入松蓼花紅，曳珠佩，遶
渚鴻。」〔唐〕柳宗元〈田家詩〉：「蓼花被隄岸，陂水寒更深。」〔唐〕
溫庭筠〈東歸有懷詩〉：「鷺民荇葉折，魚靜蓼花垂。」

9. 漁父詞之七

清曉朦朧古渡頭。煙中人語艕聲〔1〕柔。雲五色，蜃成樓〔2〕。雞
鳴日出似羅浮〔3〕。

〔1〕　**艕聲**：搖櫓聲。

〔2〕　**蜃樓**：古人謂蜃氣變幻成的樓閣。

〔3〕　**羅浮**：山名，在廣東省東江北岸，風景優美，〔晉〕葛洪曾在此山修道，
道教稱爲「第七洞天」，相傳〔隋〕趙師雄在此夢遇梅花仙女，後多爲
詠梅典實。

10. 漁父詞之八

搔首推篷曉色新。雪花飄瞥〔1〕大江濱。漁父醉，不收緡〔2〕。白
髭紅頰玉為人〔3〕。

〔1〕　**飄瞥**：迅速飄落或飄過。

〔2〕　**緡**：釣絲，《詩・召南・何彼襛矣》：「其釣維何？維絲伊緡。」高亨注：
「緡，釣魚繩也。」

〔3〕　**白髭紅頰玉爲人**：「髭」，髭鬚。「玉人」，風神秀異的人。

11. 漁父詞之九

明月愁人夜未央〔1〕。篷窗如畫水浪浪〔2〕。何處笛，起凄涼。梅
花噴作一天霜。

〔1〕　**明月愁人夜未央**：「夜未央」，夜未半，《詩・小雅・庭燎》：「夜如何其？
夜未央。」朱熹集傳：「央，中也。」「**明月愁人夜未央**」，意近〔晉〕
傅玄〈雜詩〉：「志士惜日短，愁人知夜長。」

〔2〕　**浪浪**：象聲詞，形容雨、水等流動的聲音。

12. 漁父詞之十

白首漁郎不解愁，長歌箕踞亦風流〔1〕。江上事，寄蜉蝣〔2〕。靈均〔3〕那更恨悠悠。

〔1〕　**長歌箕踞亦風流**：「長歌」，放聲高歌。「箕踞」，一種輕慢、不拘禮節的坐姿，即隨意張開兩腿坐著，形似簸箕，《莊子‧至樂》：「莊子妻死，惠子弔之，莊子則方箕踞鼓盆而歌。」成玄英疏：「箕踞者，垂兩腳如簸箕形也。」

〔2〕　**蜉蝣**：猶浮蟻，浮於酒面上的泡沫。

〔3〕　**靈均**：戰國楚文學家屈原字，《楚辭‧離騷》：「名余曰正則兮，字余曰靈均。」

13. 漁父詞之十一

琉璃為地水精天〔1〕。一葉漁舟浪滿顛。風肅肅，露娟娟〔2〕。家在蘆花何處邊。

〔1〕　**琉璃為地水精天**：「琉璃」，喻晶瑩碧透之水波。「水精天」，猶「水晶天」，指天空澄澈明亮。

〔2〕　**風肅肅，露娟娟**：「肅肅」：疾速貌。「露娟娟」，露水飄動。

14. 漁父詞之十二

江上浪花飛灑天。拍堦鞺鞳〔1〕屋如船。月不夜，水無邊。何處笛聲人未眠。

〔1〕　**鞺鞳**：即「鏜鞳」，象聲詞，鐘鼓聲，〔唐〕白居易〈敢諫鼓賦〉：「又如殷其雷，在南山之限。音鏘鏘以鏜鞳，響容與以徘徊。」

15. 漁父詞之十三

遠入茫茫無盡邊。漁舟來往似行天。攲枕看，不成眠。誰識人間太乙仙〔1〕。

〔1〕　**太乙仙**：天神名，《史記‧封禪書》：「天神貴者太一。」司馬貞索隱引宋均云：「天一、太一，北極神之別名。」

16. 漁父詞二首之一‧書玄真祠〔1〕壁

白水塘邊白鷺飛。龍湫山下鯽魚肥。攲雨笠，著雲衣。玄真不見又空歸〔2〕。

〔1〕　**玄眞祠**：〔唐〕張志和坐事貶南浦尉，會赦還，以親既喪，不復仕，居

江湖，自稱「煙波釣徒」，著《玄眞子》，亦以自號（參閱《新唐書・隱逸傳・張志和》），此應指祭祀張志和的廟祠。

〔2〕 「**白水塘邊白鷺飛**」五句：全首化用〔唐〕張志和〈漁歌子〉：「西塞山前白鷺飛，桃花流水鱖魚肥。青箬笠，綠簑衣，斜風細雨不需歸。」「**龍湫**」，上有懸瀑下有深潭謂之龍湫。「**雨笠**」，遮雨的笠帽。「**雲衣**」，指雲氣，「**著雲衣**」意似《楚辭・劉向〈九嘆・怨思〉》：「遊清靈之颯戾兮，服雲衣之披披。」王逸注：「上遊清冥清涼之處，被服雲氣而通神明也。」「**玄眞**」，也可指「玄眞子」，傳說中的古神仙。

17. 漁父詞二首之二

巖下無心雲自飛。塘邊足雨水初肥。龜曳尾〔1〕，綠毛衣。荷盤〔2〕無數爾安歸。

〔1〕 **龜曳尾**：典出《莊子・秋水》：「莊子持竿不顧，曰：『吾聞楚有神龜，死已三千歲矣，王巾笥而藏之廟堂之上。此龜者寧其死爲留骨而貴乎？寧其生而曳尾於塗中乎？』二大夫曰：『寧生而曳尾塗中。』」比喻與其顯身揚名於廟堂之上而毀身滅性，不如過貧賤的隱居生活而得逍遙全身。〔晉〕葛洪《抱朴子・博喻》：「故靈龜寧曳尾於塗中，而不願巾笥之寶；澤雉樂十步之啄，以違雞鶩之禍。」〔宋〕黃庭堅〈次韻文潛同游王舍人園〉：「故作龜曳尾，頗深漆園方。」

〔2〕 **荷盤**：指荷葉，荷葉形圓，似盤，故名。

18. 欸乃詞〔1〕・贈漁父劉四

白頭翁，白頭翁。江海為田魚作糧。相逢祇可喚劉四，不受人呼劉四郎〔2〕。

〔1〕 **欸乃詞**：「欸乃」，象聲詞，搖櫓聲。〔唐〕元結〈欸乃曲〉：「誰能聽欸乃，欸乃感人情。」題注：「棹舡之聲。」

〔2〕 「**白頭翁**」五句：劉四這位白髮漁翁，生平以打魚爲生，以江海爲田地，漁獲爲糧食；若在江上與他相逢，只能叫他「劉四」，他不喜歡別人扭捏作態的喚他劉四郎。

（二）蒙古　拜住

1. 菩薩蠻

紅繩畫板柔荑指，東風燕子雙雙起。誇俊與爭高，更將裙繫牢〔1〕。

牙床和困睡，一任金釵墜。推枕起來遲，紗窗月上時〔2〕。

〔1〕 「**紅繩畫板柔荑指**」四句：形容女子盪鞦韆的景況。穿過秋千踏板的紅
繩襯托女子的手更加雪白，女子高盪鞦韆，似被東風吹起，與燕子爭高。
羅裙被風吹起，趕緊將裙擺繫牢。「**紅繩**」，〔元〕朱無〈春愁詩〉：「金
雁塵香暗鳳絃，紅繩風緊閣秋千。」「**畫板**」，指彩繪的鞦韆踏板。「**柔
荑**」，喻指女子柔嫩的手。

〔2〕 「**牙床和困睡**」四句：盪完秋千，疲累乏力，在床榻上和衣而睡，任金釵
垂墜，也渾然不知。等到醒來的時候，已是月亮高掛的時分。「**牙床**」，
飾以象牙的眠床或坐榻。「**和**」，和衣，謂不脫衣服。